Windows 8

PARA

DUMMIES™

Windows 8

PARA
DUMMIES™

Andy Rathbone

Obra editada en colaboración con Centro Libros PAPF, S.L.U. – España

Edición publicada mediante acuerdo con Wiley Publishing, Inc.
...For Dummies y los logos de Wiley Publishing, Inc. son marcas registradas utilizadas bajo
licencia exclusiva de Wiley Publishing, Inc.

© 2012, Andy Rathbone

© 2012, José Luis Díez Lerma, Eugenia Arrés López, Jose Manuel Manteca Merino,
Francisca Barceló Avila, de la traducción

© 2012, Centro Libros PAPF, S.L.U.
Grupo Planeta
Avda. Diagonal, 662-664
08034 – Barcelona, España

Reservados todos los derechos

© 2012, Editorial Planeta Mexicana, S.A. de C.V.
Bajo el sello editorial CEAC M.R.
Avenida Presidente Masarik núm. 111, 2o. piso
Colonia Chapultepec Morales
C.P. 11570, México, D. F.
www.editorialplaneta.com.mx

Primera edición impresa en España: noviembre de 2012
ISBN: 978-84-329-0077-8

Primera edición impresa en México: noviembre de 2012
ISBN: 978-607-07-1463-4

Impreso en los talleres de Litográfica Ingramex, S.A. de C.V.
Centeno núm. 162, colonia Granjas Esmeralda, México, D.F.
Impreso en México – Printed in Mexico

¡La fórmula del éxito!

*T*omamos un tema de actualidad y de interés general, añadimos el nombre de un autor reconocido, montones de contenido útil y un formato fácil para el lector y a la vez divertido, y ahí tenemos un libro clásico de la colección Para Dummies.

Millones de lectores satisfechos en todo el mundo coinciden en afirmar que la colección Para Dummies *ha revolucionado la forma de aproximarse al conocimiento mediante libros que ofrecen contenido serio y profundo con un toque de informalidad y en lenguaje sencillo.*

Los libros de la colección *Para Dummies* están dirigidos a los lectores de todas las edades y niveles del conocimiento interesados en encontrar una manera profesional, directa y a la vez entretenida de aproximarse a la información que necesitan.

www.paradummies.com.mx

¡Entra a formar parte de la comunidad Dummies!

El sitio web de la colección ...para Dummies está pensado para que tengas a mano toda la información que puedas necesitar sobre los libros publicados. También te permite conocer las últimas novedades antes de que se publiquen.

Desde nuestra página web, también, puedes ponerte en contacto con nosotros para resolver las dudas o consultas que te puedan surgir.

Asimismo, en la página web encontrarás muchos contenidos extra, como por ejemplo los audios de los libros de idiomas.

También puedes seguirnos en Facebook (facebook.com/dummies.mx), un espacio donde intercambiar tus impresiones con otros lectores de la colección ... para Dummies.

10 cosas divertidas que puedes hacer en www.paradummies.com.mx y en nuestra página de Facebook:

1. Consultar la lista completa de libros ...para Dummies.
2. Descubrir las novedades que vayan publicándose.
3. Ponerte en contacto con la editorial.
4. Recibir noticias acerca de las novedades editoriales.
5. Trabajar con los contenidos extra, como los audios de los libros de idiomas.
6. Ponerte en contacto con otros lectores para intercambiar opiniones.
7. Comprar otros libros de la colección en línea.
8. ¡Publicar tus propias fotos! en la página de Facebook.
9. Conocer otros libros publicados por Grupo Planeta.
10. Informarte sobre promociones, presentaciones de libros, etc.

El autor

El frikismo informático de Andy Rathbone empezó allá por 1985 cuando se compró un CP/M Kaypro 2X portátil de 12 kilos. Como el resto de los cerebritos de la época, empezó a enredar con adaptadores null módem, a conectarse a un tablón de anuncios electrónico y a trabajar a tiempo parcial en Radio Shack.

Escribió artículos para varias revistas de tecnología antes de pasar en 1992 al mundo de los manuales informáticos. Es el autor de toda la colección de *Windows para Dummies* y de *Upgrading and Fixing PCs For Dummies, TiVo For Dummies, PCs: The Missing Manual*, además de otros muchos libros de informática.

A día de hoy se han editado más de quince millones de copias de sus libros y se han traducido a más de treinta idiomas. Puedes ponerte en contacto con Andy a través de su web: www.andyrathbone.com.

Agradecimientos del autor

Quiero darle las gracias a Dan Gookin, Matt Wagner, Tina Rathbone, Steve Hayes, Nicole Sholly, Virginia Sanders y Russ Mullen.

También quiero darle las gracias a toda esa gente que conocí en la editorial, al equipo de ventas, marketing, corrección, maquetación, diseño e imprenta que le han dedicado muchas horas para que puedas tener este libro.

Sumario

● ●

Parte IV: Cómo personalizar y actualizar Windows 8....261

Introducción

*T*e doy la bienvenida a *Windows 8 para Dummies*, el libro sobre Windows 8 más vendido del mundo.

La popularidad de este libro seguramente se basa solo en esta sencilla cuestión: algunas personas quieren ser unos sabelotodo de Windows. Les gusta interactuar con cuadros de diálogo. Otras personas pulsan teclas al azar buscando descubrir características ocultas y no documentadas. Y unas pocas memorizan largas cadenas de comandos informáticos mientras se lavan el pelo.

¿Y tú? Bueno, tú eres un *dummy*, no cabe duda. Pero Windows y las computadoras no son temas fascinantes para ti. Quieres hacer tu trabajo, terminarlo y ponerte a hacer algo más importante. No tienes intención de cambiar, y eso no es nada malo.

Eso es lo bueno de este libro. En vez de convertirte en un sabelotodo de Windows, el libro se limita a repartir pequeñas cantidades de información útil relacionadas con la informática cuando las necesitas. En vez de convertirte en un especialista en Windows 8, sabrás lo suficiente para moverte rápido, sin complicaciones y de forma casi indolora, de modo que puedas dedicarle tiempo a otros asuntos más agradables.

Y podrás hacerlo en todas las situaciones, ya sea con una pantalla táctil, una portátil o una computadora de escritorio.

Acerca de este libro

No intentes leer todo el libro de un tirón: no hace falta. En vez de eso, utilízalo como si de un diccionario o una enciclopedia se tratara. Ve a la página que contiene la información que necesitas y exclama: "¡Ah, a esto se referían!". Luego cierra el libro y sigue con tu vida.

No te molestes en intentar memorizar toda la jerga de Windows 8, como *Selecciona el elemento de menú del Cuadro de lista desplegable*. Déjalo para los amantes de las computadoras. De hecho, si en algún capítulo figura algún tecnicismo, un símbolo de alerta te avisa de ello con mucha antelación. Según te apetezca, puedes pararte a leerlo detenidamente o pasar de largo.

Este libro, en vez de estar lleno de elegante jerga informática, trata temas como los siguientes en un lenguaje llano:

✔ cómo mantener segura tu computadora;

✔ cómo comprender el sentido de la nueva pantalla Inicio;

✔ cómo buscar, abrir y cerrar programas y aplicaciones;

✔ cómo localizar el archivo que guardaste o descargaste el día anterior;

✔ cómo configurar una computadora para uso de toda la familia;

✔ cómo copiar información desde o a un CD o DVD;

✔ cómo guardar y compartir fotos de tu cámara digital;

✔ cómo imprimir tu trabajo;

✔ cómo crear una red entre computadoras para compartir una conexión a internet o una impresora;

✔ cómo resolver los problemas que causa Windows 8.

No tienes ni que memorizar ni aprender nada. Tan solo ve a la página adecuada, lee la breve explicación y vuelve al trabajo. A diferencia de otros, este libro permite hacer frente a los tecnicismos mientras cumples con tu trabajo.

Cómo utilizar este libro

Es muy probable que en algún momento Windows 8 te haga dudar. Es la versión comercializada de Windows que más confunde a los usuarios, por lo que siéntete orgulloso de tener la fuerza suficiente para perseverar.

Cuando Windows 8 te deje perplejo, utiliza este libro como referencia. Puedes buscar el tema de resolución de problemas en la tabla de contenidos o en el índice del libro. La tabla de contenidos enumera los títulos de cada sección y capítulo, y sus números de página. El índice enumera los temas y sus números de página. Avanza por la tabla de contenidos o el índice para buscar el apartado donde se trata ese punto negro de la informática, lee solo lo que tienes que leer, cierra el libro y ponlo en práctica.

Si te pica la curiosidad y quieres saber más, sigue leyendo hasta los elementos con viñetas que se encuentran bajo cada sección. Podrás encontrar más información de carácter optativo, consejos o referencias cruzadas para consultarlas. Pero no te agobies. Nadie te va a obligar a descubrir nada que no quieras o para lo que simplemente no tengas tiempo.

Si tienes que escribir algo en la computadora, verás texto en negrita, como en el siguiente ejemplo:

Escribe **Media Player** en el cuadro Buscar.

En el ejemplo anterior, tienes que escribir las palabras "Media Player" y después pulsar la tecla Intro del teclado. Escribir palabras en una computadora puede ser confuso, por lo que describo lo que deberías ver en la pantalla.

Cuando describo una combinación de teclas que tienes que pulsar, lo hago de esta forma:

Pulsa Ctrl+B.

Significa que tienes que mantener pulsada la tecla Control al mismo tiempo que pulsas la tecla B (es la combinación de teclas que sirve para poner un texto en negrita).

Cuando escribo una dirección de correo electrónico o un nombre de archivo, lo hago así:

```
notepad.exe
```

Y las direcciones de sitios web aparecen así:

```
www.andyrathbone.com
```

Ten en cuenta también que las referencias a programas, apps, menús, bibliotecas y carpetas se marcan con mayúscula inicial para distinguirlas de las acciones propiamente dichas. Las cursivas se utilizan únicamente en los términos ingleses que tienen un uso restringido en el campo de la informática. Hemos optado por dejar en redonda el resto de los términos de procedencia inglesa, aunque no hayan sido aceptados todavía por la RAE, dado su uso constante.

Este libro no se lava las manos diciéndote: "Si necesitas más información, consulta el manual". Windows 8 ni siquiera viene con un manual. Este libro tampoco contiene información sobre cómo manejar paquetes de software de Windows, como Microsoft Office. Windows 8 ya es bastante complicado de por sí. Por suerte, otros libros *Para Dummies* explican la mayoría de los paquetes de software más conocidos.

Pero no te sientas abandonado. Este libro describe Windows con gran detalle para que puedas sacarle provecho. Además, si tienes alguna duda o comentario sobre *Windows 8 para Dummies*, no dudes en ponerte en contacto conmigo en www.andyrathbone.com. Cada semana respondo una pregunta que un lector deja en mi sitio web.

Por ultimo, ten en cuenta que este libro se usa como referencia. No está pensado para enseñarte a manejar Windows 8 como un experto, gracias a Dios. En cambio, este libro reparte las pequeñas cantidades de información necesarias como para que no tengas que aprender a manejar Windows.

No me olvido de los que usan tabletas

Pese a que Windows 8 viene preinstalado en todas las computadoras Windows, Microsoft dirige esta nueva versión de Windows no tan disimuladamente a los usuarios de pantallas táctiles. Las tabletas, al igual que algunas portátiles y monitores de escritorio, cuentan con pantallas que puedes controlar tocándolas con los dedos.

Si acabas de comprar una pantalla táctil, no te preocupes. Este libro explica en dónde tienes que deslizar o tocar con los dedos.

Si las explicaciones dirigidas a usuarios de ratón te producen quebraderos de cabeza, recuerda estas tres reglas sobre las pantallas táctiles:

✔ **Cuando dice "haz clic", tienes que tocar.** Tocar y soltar rápidamente el dedo de un botón es lo mismo que hacer clic con el ratón.

✔ **Cuando te digan que hagas doble clic, toca dos veces.** Dar dos toques seguidos te servirá.

✔ **Cuando te digan "haz clic con el botón derecho" sobre algo, mantén el dedo sobre ese elemento. Cuando aparezca un pequeño menú, levanta el dedo.** El menú quedará fijado en la pantalla (es lo mismo que habría ocurrido si hubieras hecho clic con el botón derecho del ratón). Echa un vistazo a ese menú emergente y toca cualquier elemento de la lista para que Windows cumpla tus órdenes.

Si piensas que es engorroso estar con una pantalla táctil si estás sentado en una mesa, siempre puedes conectar un ratón y un teclado a tu tableta con pantalla táctil. Funcionarán a la perfección. De hecho, suelen funcionar mejor cuando trabajas en el escritorio de Windows que en la pantalla Inicio.

¿Y qué pasa contigo?

Es muy probable que ya tengas Windows 8 o que estés pensando en actualizar. Sabes lo que quieres hacer con la computadora. El problema se encuentra en conseguir que la computadora haga lo que tú quieres. Te has desenvuelto bien hasta ahora, puede que con la ayuda de un experto en informática —o un colega de trabajo, algún vecino o un hijo en edad escolar.

En aquellas ocasiones en que no tienes a tu experto en informática, este libro puede sustituirlo si lo necesitas (ten unas galletas a mano por si tienes que sobornar a alguien).

Cómo está organizado este libro

La información que contiene este libro ha sido examinada cuidadosamente. Se divide en siete partes, que se dividen a su vez en capítulos relacionados con el tema de esa parte. Siendo todavía más preciso, divido cada capítulo en secciones breves que ayudan a comprender un poco las rarezas de Windows 8. Puede que a veces lo que busques se encuentre en uno de los recuadros complementarios. Otra veces, puede que tengas que navegar por toda una sección o capítulo. Depende de ti y de la tarea que tengas entre manos.

Estas son las categorías nominadas (pásame el sobre, por favor).

Parte I: Cosas de Windows 8 que todo el mundo cree que ya sabes

Esta parte analiza detenidamente la columna vertebral de Windows 8: la nueva pantalla Inicio, en la que cargas apps y programas. También explica cómo encontrar el escritorio clásico de Windows —el fondo de pantalla que se encuentra en todas las versiones de Windows de la última década. Describe cómo mover las ventanas y cómo hacer clic en los botones adecuados en el momento oportuno. Enseña todas esas cosas de Windows 8 que todo el mundo cree que ya sabes.

Parte II: Cómo trabajar con programas, apps y archivos

Windows 8 incluye una serie de programas gratuitos. Sin embargo, encontrar los programas y abrirlos a menudo supone una ardua tarea. Esta parte del libro enseña cómo instar a los programas a que funcionen. Si el radar no detecta un archivo o programa importantes, descubrirás que Windows 8 draga el interior de los abarrotados estantes de la computadora para traerlo de vuelta. También explica cómo trasladar la pantalla de la computadora al papel usando la impresora.

Parte III: Cómo conseguir tus objetivos en internet

Ven a esta parte si quieres dar de lleno con el patio de recreo de la informática de hoy en día, internet. Esta parte cuenta cómo enviar un correo electrónico y cómo ir de trotamundos por los sitios web. Y lo que es mejor, un capítulo entero explica cómo hacerlo de forma segura.

Un apartado describe las herramientas de seguridad integradas de Internet Explorer. Estas herramientas evitan que los malvados sitios de suplantación de identidad (phishing) te engañen y que los virus se contagien a tu computadora mientras vas de un sitio web a otro.

Parte IV: Cómo personalizar y actualizar Windows 8

Cuando Windows 8 necesite un empujoncito, soluciónalo apretando alguno de los interruptores ocultos en el Panel de control que se describen en esta parte. Otro capítulo aporta modos de llevar a cabo el mantenimiento de la computadora que puedes poner en práctica con facilidad, lo que contribuye a reducir las facturas de reparaciones. Descubrirás cómo compartir tu computadora con varios miembros de tu familia o en un piso compartido —sin dejar que nadie husmee en la información de otro.

Y cuando quieras añadir una segunda computadora, ve al capítulo acerca de las redes para acceder a unas breves instrucciones sobre cómo vincular computadoras para que compartan una conexión a internet, archivos y también una impresora.

Parte V: Música, fotos y películas

Dirígete a esta parte si quieres información acerca de la reproducción de CD de música, música digital y películas. Compra unos cuantos CD baratos y crea tus CD de grandes éxitos con tus canciones favoritas (o copia un CD para que tu disco preferido no se raye en el coche).

Quienes tengan una cámara digital deberían consultar el capítulo sobre cómo transferir imágenes de la cámara a la computadora, organizarlas y enviarlas por correo electrónico a los amigos.

Parte VI: ¡Ayuda!

Aunque la computadora no se suba encima de ti cuando Windows se cuelga, sigue siendo doloroso. En esta parte encontrarás las pomadas más calmantes para las irritaciones más dolorosas. Además, descubrirás formas de liberar todo el conjunto de solucionadores de los programas de Windows.

¿Te has quedado atascado a la hora de trasladar los archivos de la computadora vieja a una nueva? También encontrarás ayuda para solucionar ese problema (si quieres actualizar tu computadora con Windows XP, Windows Vista o Windows 7 a Windows 8, consulta las instrucciones que encontrarás en `www.dummies.com/go/windows8`).

Parte VII: El rincón de los diez malditos

A todo el mundo le gustan las listas (menos cuando toca hacer la declaración de la renta). Esta parte cuenta con listas de trivialidades relacionadas con Windows, como 10 cosas molestas de Windows 8 (y cómo solucionarlas). A modo de regalo para quienes tienen tabletas o portátiles, he reunido los trucos sobre movilidad para Windows 8 más útiles y los he colocado en un mismo capítulo. Encontrarás instrucciones detalladas de las tareas más comunes que se llevan a cabo mientras se está en movimiento, ya sea viajando por todo el mundo o andando por la calle.

Íconos usados en este libro

Con tan solo echar un pequeño vistazo a Windows 8, veremos sus "íconos", que son botones que pulsas para abrir diversos programas. Los íconos de este libro son muy prácticos e, incluso, cuesta menos descifrarlos.

¡Cuidado! Esta señal alerta de que hay información técnica inútil a la vuelta de la esquina. Apártate de este ícono para quedarte a salvo de espantosas tonterías técnicas.

Este ícono alerta de la presencia de información jugosa que hace más fácil la informática: por ejemplo, un método para evitar que el gato se ponga a dormir encima de tu tableta.

No olvides tener presentes estas importantes cuestiones (o, por lo menos, manosea y marca las páginas para que puedas consultarlas otro día).

La computadora no explotará mientras realizas las tareas delicadas asociadas a este ícono. Pese a ello, es recomendable llevar guantes y actuar con precaución.

¿Vas a cambiarte de una versión antigua de Windows a Windows 8 (W8)? Pues este ícono avisa de las áreas en que Windows 8 funciona de forma significativamente diferente a sus predecesores.

Las pantallas táctiles, controladas con los dedos en vez de con ratón y teclado, son habituales en las tabletas, así como en algunas portátiles y monitores de computadoras de escritorio. Este ícono aparece junto a información dirigida a los usuarios a los que les gusta tocar cosas.

Qué hacer a partir de ahora

Ya estás listo para la acción. Hojea rápidamente las páginas y examina una sección o dos que sepas que vas a necesitar más tarde. Recuerda que este es tu libro —tu arma para combatir a los frikis que te han metido todo este complicado concepto de la informática en la cabeza. Resalta todos los párrafos que te sean útiles, subraya los conceptos clave, añade notas y haz garabatos junto a los temas complicados.

Cuantas más señales pongas en el libro, más fácil te será volver a encontrar la información útil.

Si quieres acceder a más contenidos sobre Windows 8, visita `www.dummies.com/go/windows8`. A veces publicamos actualizaciones de nuestros libros sobre tecnología. Si a este libro se le añade una actualización técnica, será publicada en `www.dummies.com/go/windows8fdupdates`.

Parte I
Cosas de Windows 8 que todo el mundo cree que ya sabes

En esta parte...

Muchos se ven arrastrados a Windows 8 sin más remedio: sus computadoras nuevas seguramente venían con Windows 8 ya instalado. O puede que en la oficina hayan cambiado a Windows 8 y que todos tengan que aprender a usarlo, salvo el jefe, que todavía no tiene computadora. O puede que el bombo publicitario de Microsoft te llevara hacia él.

Sea cual sea tu situación, esta parte explica la extraña nueva pantalla Inicio de Windows 8. También muestra cómo encontrar el escritorio de Windows clásico y sirve de repaso de las nociones básicas de Windows y de las expresiones de moda, como "arrastrar y soltar", "cortar y pegar" e incluso "tocar la pantalla táctil".

Esta parte explica qué ha cambiado Windows 8 para mejor y te avisa de dónde ha metido la pata.

Capítulo 1

¿Qué es Windows 8?

En este capítulo

▶ Introducción a Windows 8

▶ Presentación de las nuevas características de Windows 8

▶ Cómo decidir si cambiar a Windows 8

▶ Cómo averiguar si tu PC es lo bastante potente como para funcionar con Windows 8

▶ Cómo averiguar qué versión de Windows 8 necesitas

*E*s muy probable que hayas oído hablar de Windows: todos esos cuadros de texto y ventanas que te reciben al encender la computadora. De hecho, millones de personas de todo el mundo intentan comprender Windows mientras lees este libro. Prácticamente todas las computadoras de escritorio y portátiles que se venden hoy en día vienen con Windows preinstalado, listo para arrojar cuadros de texto de colores a la pantalla.

Este capítulo ayudará a comprender por qué vive Windows dentro de la computadora. Haré una introducción a la versión más reciente de Windows de Microsoft, llamada "Windows 8". También explicaré en qué se diferencia Windows 8 de las versiones anteriores de Windows, si debes actualizar a Windows 8 y de qué forma soportarán tu PC y tus programas la actualización.

¿Qué es Windows 8 y por qué lo usas?

Windows, creado y comercializado por una empresa llamada Microsoft, no se parece a los programas habituales que permiten calcular impuestos o enviar correos electrónicos de queja a empresas de venta por correo. Nada de eso: Windows es un "sistema operativo", es decir, controla el modo en que trabajas con la computadora. Tiene casi treinta años de vida y su versión más reciente se llama "Windows 8", como se puede ver en la figura 1-1.

Figura 1-1:
La versión
más
reciente de
Windows,
Windows
8, viene
preinstalada
en la
mayoría de
los equipos
actuales

El nombre "Windows" procede de todas las pequeñas ventanas (en inglés, *windows*) que coloca en la pantalla de la computadora. Cada ventana muestra información, como una imagen, un programa o una desconcertante regañina técnica. Puedes colocar varias ventanas en la pantalla a la vez y pasar de una a otra consultando diferentes programas. También puedes aumentar de tamaño una ventana para que ocupe toda la pantalla.

Cuando enciendes la computadora, Windows aparece en la pantalla y empieza a supervisar todos los programas que se estén ejecutando. Si todo funciona bien, realmente no te das cuenta de la presencia de Windows, solo ves los programas o tu trabajo. En cambio, si hay algún problema, Windows hace que te quedes un buen rato pensando ante un mensaje de error desconcertante.

Además de controlar la computadora y de dar órdenes a tus programas, Windows 8 cuenta con una serie de programas gratuitos y "apps" —o miniprogramas. Estos programas y aplicaciones permiten realizar distintas tareas, como escribir e imprimir cartas, navegar por internet, reproducir música y enviar fotos poco iluminadas de lo último que has comido.

¿Y por qué utilizas Windows 8? Bueno, seguramente no tenías muchas opciones. Prácticamente todas las computadoras vendidas desde finales de octubre de 2012 vienen con Windows 8 preinstalado. Algunos evitaron Windows comprando computadoras de Apple (esas bonitas computadoras que son mucho más caras). Pero lo más probable es que tus vecinos, tu jefe, millones de personas de todo el mundo y tú mismo utilicen Windows.

✔ Windows 8 incorpora un menú Inicio a pantalla completa totalmente diferente diseñado para pantallas táctiles —pantallas controladas con los dedos. Ahora se llama "pantalla Inicio" y también aparece en las computadoras de escritorio, por extraño que parezca. Prepárate para pasar unos momentos iniciales de incomodidad con el ratón mientras intentas imitar un dedo con el puntero del ratón.

✔ El nuevo programa de copias de seguridad automáticas de Windows 8, Historial de archivos, simplifica muchísimo lo que tendrías que haber hecho siempre: crear copias de tus archivos importantes para guardarlos de forma segura. Dado que Microsoft la deja desactivada, explicaré cómo activarla en el capítulo 13.

Cómo separar la publicidad de las características

Microsoft vende Windows como un compañero servicial que siempre piensa en lo mejor para ti, pero esa descripción no es del todo cierta. Windows siempre piensa en lo mejor para los intereses de Microsoft. Te darás cuenta de ello en cuanto llames por teléfono a Microsoft para pedir ayuda sobre un problema de Windows.

Microsoft también utiliza Windows para dar publicidad a sus propios productos y servicios. La página de inicio de Internet Explorer es el sitio web de Microsoft MSN.com, por ejemplo. La sección Favoritos del navegador, un lugar en el que puedes añadir tus páginas web favoritas, viene surtida de sitios web de Microsoft.

La aplicación Mapas utiliza el servicio de mapas Bing de Microsoft, en vez de Google Maps u otro servicio de la competencia. Y la lista es larga.

En pocas palabras, Windows no solo controla tu computadora, sino que también funciona como un enorme medio publicitario de Microsoft. Trata a estos folletos publicitarios incorporados como a los vendedores que llaman a tu puerta.

¿Qué novedades hay en Windows 8?

Puede que hayas trabajado con versiones anteriores de Microsoft Windows. En tal caso, deshazte de ese conocimiento adquirido a conciencia, ya que Windows 8 parte de cero. ¿Por qué? Porque Windows 8 intenta atraer a dos grupos de usuarios de computadoras.

Algunos son mayoritariamente "consumidores": leen correos electrónicos, miran videos, escuchan música y navegan por internet, a menudo no desde su computadora de escritorio. Ya sea durante un viaje o sentados en el sofá, consumen medios (y palomitas).

Otros son mayoritariamente "creadores": redactan ponencias, preparan declaraciones de la renta, actualizan blogs, editan videos o, muy a menudo, pulsan las teclas que el jefe les pide ese día.

Para atraer a ambos mercados, Microsoft separó Windows 8 en dos secciones muy diferentes:

✔ **Pantalla Inicio:** para quienes buscan información al instante, la pantalla Inicio de Windows 8 ocupa toda la pantalla con grandes y coloridos mosaicos que se actualizan constantemente con el fin de mostrar los valores de bolsa más recientes, el tiempo, el correo electrónico, las actualizaciones de Facebook y otros atractivos. Como se ha mostrado antes en la figura 1-1, esa información aparece antes de tocar ningún botón. Y "tocar" es una palabra clave. La pantalla Inicio funciona mejor con una pantalla táctil o una tableta.

✔ **Mosaico Escritorio:** cuando toque trabajar, busca el mosaico Escritorio en la pantalla Inicio. Aparecerá el escritorio clásico de Windows, mostrado en la figura 1-2, con toda su potencia —y sus detallados y engorrosos menús.

A algunos les gusta la comodidad de tener dos tipos de computadora integradas en una sola. Otros piensan que las dos experiencias son inconexas de una forma extraña.

✔ De algún modo, Windows 8 cuenta con lo mejor de los dos conceptos: puedes permanecer en la pantalla Inicio para navegar rápidamente y al instante. Y si el trabajo te reclama, puedes ir al escritorio, donde te esperan los programas tradicionales de Windows.

✔ La trampa consiste en que el escritorio de Windows ya no incluye el botón Inicio clásico ni el menú Inicio que brotaba de la esquina.

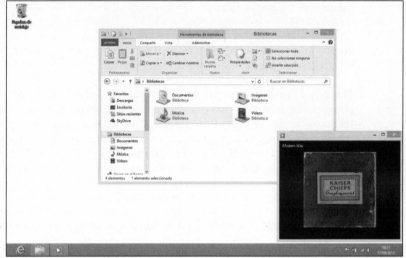

Figura 1-2:
El escritorio
de Windows 8
funciona igual
que el de
Windows 7,
pero le falta el
botón Inicio

En vez de eso, debes regresar a la nueva pantalla Inicio. Para abrir
un programa, haz clic o toca el mosaico del programa en la pantalla
Inicio y Windows te llevará de vuelta al escritorio, donde espera el
programa que acabas de abrir.

✔ ¡Te damos la bienvenida a la personalidad desdoblada que te espera
en Windows 8! Explicaré la pantalla Inicio en el capítulo 2. El escritorio de Windows te aguarda en el capítulo 3.

¿Debería molestarme en cambiar a Windows 8?

En una palabra: no. Muchos se quedan con la versión de Windows que
venía instalada en su computadora. De esta forma, se ahorran la tarea de
pensar en una nueva versión de Windows. Además, la curva de aprendiza-
je de Windows 8 es especialmente acusada, ya que es bastante diferente a
las versiones anteriores de Windows.

Asimismo, la mayoría de los cambios más importantes de Windows 8
funcionan mejor con pantallas táctiles, esas pantallas controladas con los

dedos que se encuentran en teléfonos celulares caros, tabletas y algunas de las portátiles más recientes. Da igual en qué dispositivo funcione, Windows 8 tiene el mismo aspecto y se comporta de la misma forma, ya esté controlado con los dedos en una tableta con pantalla táctil o con un ratón y un teclado en una computadora de escritorio.

Como nota positiva, si consigues entender Windows 8 una vez, sabrás cómo manejarlo en todos tus dispositivos Windows: en una tableta, un teléfono celular Windows, una portátil, una computadora de escritorio y puede que incluso en un televisor con pantalla táctil. Como nota negativa, el hecho de haberse diseñado para tantas cosas diferentes hace que Windows 8 se comporte de manera un poco extraña en todas ellas.

En vez de actualizar, sigue a la gran masa y quédate con tu computadora actual. Cuando estés a punto para comprar una nueva computadora, la versión más reciente de Windows estará instalada y esperándote.

Windows 8 no es compatible con el *modo Windows XP*, un método popular de ejecutar el escritorio de Windows XP dentro de su propia ventana en Windows 7. Si necesitabas el modo Windows XP en Windows 7, no actualices a Windows 8.

¿Puede funcionar todavía mi computadora actual con Windows 8?

Si quieres actualizar a Windows 8, tu computadora seguramente no pondrá ningún reparo. Windows 8 debería funcionar sin problemas en cualquier equipo que en la actualidad funcione con Windows 7 o Windows Vista. De hecho, Windows 8 podría funcionar más rápido en tu vieja computadora que Windows Vista, en especial en portátiles.

Si tu equipo funciona con Windows XP, podría funcionar todavía con Windows 8, pero probablemente no de forma óptima.

Si en tu familia hay un friki de la tecnología, dile que te traduzca la tabla 1-1, que muestra los requisitos de *hardware* de Windows 8.

Tabla 1-1 Requisitos de hardware de Windows 8		
Arquitectura	*x 86 (32 bits)*	*x 86 (64 bits)*
Procesador	1 GHz	
Memoria (RAM)	1 GB	2 GB
Tarjeta gráfica	Dispositivo gráfico DirectX 9 con WDDM 1.0 o controlador superior	
Espacio libre en el disco duro	16 GB	20 GB

En lenguaje llano, la tabla 1-1 simplemente dice que casi cualquier computadora vendida en los últimos cinco años puede ser actualizada a Windows 8 con pocos problemas.

Windows 8 ejecuta cualquier programa que funcione en Windows 7 y Windows Vista. Incluso ejecuta algunos programas de Windows XP también. Sin embargo, algunos programas más antiguos no funcionarán, incluidos muchos programas relacionados con la seguridad, como antivirus, firewalls y suites de seguridad. Deberás ponerte en contacto con el fabricante del programa para que te proporcione una versión actualizada.

¿Estás buscando un equipo que funcione con Windows 8? Para comprobar cómo maneja Windows 8 un equipo de exposición concreto, dirige el ratón a la esquina inferior izquierda de cualquier pantalla y haz clic con el botón derecho del ratón. Cuando aparezca el menú, elige Sistema. Aparecerá la Evaluación de la experiencia de Windows. Ya se ha encargado de evaluar el equipo y le ha dado una nota que va desde el 1 (muy mala) al 9.9 (extraordinaria).

¿No sabes qué versión de Windows tiene tu equipo actual? Ve al menú Inicio, haz clic con el botón derecho y elige Propiedades. La pantalla que aparecerá indica la versión de Windows que tienes (si el menú Inicio llena la pantalla de mosaicos de colores, ya tienes Windows 8. En ese caso, haz clic con el botón derecho en la esquina inferior izquierda, elige Sistema en el menú emergente y en la ventana Sistema de la sección Edición de Windows se indica la versión de Windows 8 instalada).

Las cuatro estaciones de Windows 8

Microsoft ofrece cuatro versiones principales de Windows 8, aunque probablemente solo querrás comprar una: la versión llamada con acierto "Windows 8".

Las pequeñas empresas elegirán Windows 8 Pro, mientras que las empresas de mayor tamaño preferirán Windows 8 Enterprise. Pese a todo, para aclarar la confusión, describiré todas las versiones en la tabla 1-2.

Tabla 1-2   Las cuatro estaciones de Windows 8

Versión de Windows 8	Características
Windows RT	Diseñada para alargar la vida de la batería, esta versión solo viene preinstalada en la mayoría de las tabletas con pantalla táctil y portátiles. Ejecuta la pantalla Inicio y las aplicaciones, pero su escritorio limitado no permitirá ejecutar los programas de Windows. Como compensación, Windows RT cuenta con versiones de Microsoft Word, Excel, PowerPoint y OneNote.
Windows 8	Esta versión, dirigida a los consumidores, cuenta con la pantalla Inicio, las aplicaciones y un escritorio Windows con todas las funciones que puede ejecutar la mayoría de los programas de Windows.
Windows 8 Pro	Esta versión, dirigida al mercado de las pequeñas empresas, incluye todo lo de la versión Windows 8, así como herramientas empleadas por pequeñas empresas: cifrado, funciones de red añadidas y herramientas similares. Si compras una actualización Media Center Pack, Windows 8 Pro puede grabar programas de televisión mediante una sintonizadora de televisión con Windows Media Center, así como reproducir DVD (para actualizar Windows 8 a Media Center, compra un Windows 8 Pro Pack).
Windows 8 Enterprise	Microsoft vende esta versión al por mayor a grandes empresas.

Cada versión de la tabla incluye todas las características de las versiones que la preceden. Windows 8 Pro incluye todas las características de Windows 8, por ejemplo.

A continuación, se encuentra una guía para ayudarte a elegir la versión que necesitas.

✔ Si estás pensando en comprar una tableta con **Windows RT**, ten siempre presente que no puede ejecutar programas normales de Windows. Solo puedes usar los programas de Office incorporados y las aplicaciones que hayas descargado de la Tienda de Windows.

✔ Si vas a utilizar la computadora de casa, elige **Windows 8** o **Windows 8 Pro.**

✔ Si necesitas conectarte a un dominio mediante una red de trabajo y quieres asegurarte de que podrás hacerlo, la opción que quieres es **Windows 8 Pro**.

¿Quieres reproducir DVD o grabar programas de televisión con Windows Media Center en Windows 8 Pro? Pues saca la tarjeta de crédito y actualiza en línea para conseguir el Media Center Pack (para actualizar el Windows 8 dirigido a consumidores con Windows Media Center, compra el Windows 8 Pro Pack).

✔ Si eres informático y trabajas para empresas, ve a hablar con tu jefe sobre si necesitan **Windows 8 Pro** o **Windows 8 Enterprise**. Tu jefe decidirá en función de si la empresa es pequeña (Windows 8 Pro) o de gran tamaño (Windows Enterprise).

La mayoría de las computadoras permiten actualizar a una versión de Windows 8 más potente desde la sección Sistema del Panel de Control del escritorio (busca tu tarjeta de crédito antes de hacer clic en el enlace Consigue más características con una nueva edición de Windows).

Capítulo 2

La misteriosa pantalla de inicio nueva

Si bien es cierto que Windows 8 incluye el escritorio tradicional de Windows, tendrás toda la emoción que necesitas con la nueva pantalla Inicio. Los mosaicos grandes y a todo color de la pantalla Inicio te proporcionarán una vía de acceso rápida para consultar el correo, ver videos y poner a prueba tu tarifa de internet.

Con una tableta táctil, podrías pasar horas navegando por el interior de esta pantalla Inicio repleta de apps a pantalla completa, manipulándola elegantemente con la punta de los dedos.

Sin embargo, en una computadora de escritorio equipada con tan solo un ratón y un teclado, puede que te pases todo el día intentando evitar la pantalla Inicio y buscando el escritorio tradicional de Windows.

Debes saber que, te guste o no, la nueva pantalla Inicio desempeña un papel crucial en Windows 8. En este capítulo se explica cómo sacarle el máximo partido, independientemente de que quieras disfrutar de ella o evitarla en la medida de lo posible.

Cuando te quedes pasmado ante la confusa nueva pantalla Inicio, prueba estos trucos: haz clic con el botón derecho en un punto vacío o lleva el puntero del ratón a una esquina de la pantalla. Con estas acciones se accede a los menús ocultos, lo que traerá un gran soplo de esperanza a tu navegación.

Si utilizas una computadora con pantalla táctil, cuando leas "haz clic", sustituye la acción por "toca". Si tocas la pantalla dos veces es como si hicieras doble clic. Y, cuando veas la expresión "haz clic con el botón derecho", toca y mantén el dedo sobre la pantalla; levanta el dedo cuando aparezca el menú de clic derecho.

Bienvenido al universo de Windows 8

Arrancar Windows 8 es tan sencillo como encender la computadora: Windows 8 aparecerá en la pantalla automáticamente con una floritura. Pero, antes de que puedas empezar a trabajar, Windows 8 te parará en seco: mostrará una pantalla bloqueada, como la que puede verse en la figura 2-1, sin clave de acceso pululando por los alrededores.

En versiones anteriores de Windows, puedes iniciar sesión en cuanto enciendes la computadora. Por contra, en Windows 8 deberás desbloquear una pantalla antes de pasar a la página de inicio de sesión, donde introducirás el nombre de usuario y contraseña.

Figura 2-1: Para pasar de esta pantalla de bloqueo, arrastra el dedo o el ratón hacia arriba por la pantalla, o pulsa una tecla del teclado

20:16
jueves, 11 de octubre

¿Cómo se desbloquea la pantalla de bloqueo? La respuesta depende de si utilizas ratón, teclado o pantalla táctil:

✔ **Ratón:** en una computadora de escritorio o portátil, haz clic con cualquier botón del ratón.

✔ **Teclado:** pulsa cualquier tecla y la pantalla de bloqueo desaparecerá. ¡Facilísimo!

✔ **Pantallas táctiles:** toca la pantalla con el dedo y deslízalo hacia arriba. Bastará con un movimiento rápido del dedo.

Cuando pases esta pantalla, Windows te pedirá que inicies sesión, como puede verse en la figura 2-2; para ello, deberás hacer clic en tu nombre e introducir la contraseña.

Yo he personalizado mi pantalla de inicio de sesión. La tuya tendrá un aspecto diferente. Si no ves una cuenta con tus datos en la pantalla de inicio de sesión, dispondrás de distintas opciones:

✔ **Si ves tu nombre y dirección de correo electrónico, introduce tu contraseña.** Windows 8 te dejará acceder y mostrará la pantalla Inicio, tal como la dejaste por última vez.

✔ **Si no ves tu nombre, pero tienes una cuenta en la computadora, haz clic en la flecha que apunta a la izquierda, como la del margen.** Windows 8 mostrará una lista con todos los titulares de cuentas. Podrás ver el nombre del propietario de la computadora, así como una cuenta de administrador y otra de invitado.

Figura 2-2: Haz clic en el nombre de tu cuenta de usuario y, a continuación, introduce tu nombre y contraseña en la pantalla siguiente

✔ **Si acabas de comprar la computadora, utiliza la cuenta de administrador.** El usuario de la cuenta de administrador, diseñada para dar a su propietario un control total de la computadora, puede configurar nuevas cuentas para otros usuarios, instalar programas, iniciar una conexión a internet y acceder a todos los archivos de la computadora, incluso los que pertenecen a otros usuarios. Windows 8 requiere que al menos una persona actúe como administrador.

✔ **Utiliza la cuenta de invitado.** Diseñada para los usuarios que visitan otra casa, esta cuenta permite a los invitados, tales como la niñera o los familiares de visita, utilizar la computadora de forma temporal.

✔ **¿No hay cuenta de invitado?** Entonces averigua quién es el propietario de la computadora y pídele a esa persona que te configure una cuenta o que active la cuenta de invitado.

Si necesitas más información sobre las cuentas de usuario, incluido cómo crear nuevas cuentas, gestionar cuentas antiguas o activar la cuenta de invitado, avanza al capítulo 14.

¿No quieres iniciar sesión en la pantalla de inicio de sesión? Los dos botones de las esquinas inferiores de la pantalla ofrecen estas opciones:

✔ **El botón pequeño en forma de silla de ruedas,** tal y como puede verse en la figura 2-2 y en el margen, permite personalizar Windows 8 para adaptarlo a personas con distintas habilidades visuales, auditivas o de destreza manual, tema que se tratará con detalle en el capítulo 12. Si pulsas este botón de forma involuntaria, haz clic o toca una parte distinta de la pantalla para evitar cambiar alguna opción.

✔ **El botón pequeño en la esquina inferior derecha de la pantalla,** que puede verse en la figura 2-2 y en el margen, permite apagar o reiniciar la computadora (si has hecho clic de forma involuntaria en este botón y has apagado la computadora, no te preocupes. Pulsa el botón de encendido de la computadora y volverás a esta pantalla).

Aunque esté bloqueada, tal y como puede verse en la figura 2-1, la pantalla de la computadora mostrará la información actual en la esquina inferior izquierda. En función de cómo esté configurada, podrás ver la fecha y la hora, la intensidad de la señal inalámbrica de internet (cuantas más barras, mejor), la intensidad de la batería (cuanto más intenso sea el color del ícono, mejor), la próxima cita programada y el número de mensajes de correo no leídos, entre otras funciones.

¿Qué son las cuentas de usuario?

Windows 8 permite que varios usuarios trabajen en la misma computadora, aunque mantiene el trabajo individual por separado. Para ello, tiene que saber quién está sentado delante del teclado en cada momento. Cuando inicies sesión, preséntate haciendo clic en tu nombre, tal y como puede verse en la figura 2-2. Windows 8 te presentará tu pantalla de inicio, lista para que la personalices a tu antojo.

Cuando hayas terminado de trabajar o quieras tomarte un descanso, cierra sesión (se explica al final de este capítulo) para que otro usuario pueda utilizar la computadora. Cuando vuelvas a iniciar sesión más tarde, tus archivos te estarán esperando.

Aunque tu espacio de trabajo acabe siendo un caos, es tu caos particular. Cuando vuelvas a la computadora, todo estará tal y como lo guardaste. José no ha eliminado involuntariamente tus archivos o carpetas mientras jugaba al Angry Birds. La pantalla Inicio de Mónica sigue conteniendo los enlaces a sus sitios web de tejido favoritos. Y nadie podrá leer tus mensajes de correo electrónico.

Hasta que personalices la imagen para tu nombre de usuario, tendrás una silueta, como la cuenta de invitado que puede verse en la figura 2-2. Para añadir una foto a tu cuenta de usuario, haz clic en tu nombre de usuario en la esquina de la pantalla y selecciona Cambiar imagen de cuenta. Haz clic en el botón Cámara para hacer una foto rápida con la cámara web integrada en la computadora. ¿No tienes cámara web? Entonces haz clic en Examinar para buscar entre las fotos que ya tienes. **Sugerencia:** haz clic en la palabra Archivos y selecciona Imágenes para ver todas las fotos de la computadora.

Cómo mantener la privacidad de tu cuenta con una contraseña

Ya que Windows 8 permite que varios usuarios utilicen la misma computadora, ¿cómo podrás impedir que Alberto lea las cartas de amor de Diana a Justin Bieber? ¿Cómo evitará Juan que Elisa borre sus películas de Star Wars? Con una contraseña resolverás todos estos problemas.

De hecho, las contraseñas son más importantes que nunca en Windows 8 porque algunas cuentas se pueden vincular a una tarjeta de crédito. Al introducir una contraseña secreta cuando inicies sesión, tal y como puede verse en la figura 2-3, permitirás que tu computadora te reconozca a ti y

Cómo arrancar Windows 8 por primera vez

Si has trabajado con Windows anteriormente, es posible que no reconozcas Windows 8. Cuando enciendas la computadora por primera vez, el escritorio no te resultará familiar. En su lugar, te verás inmerso en una pantalla de mosaicos de colores brillantes. Para aumentar la confusión, algunos mosaicos parecen una marquesina en la que se suceden palabras e imágenes.

Pero si haces clic en un mosaico llamado Escritorio, aparecerá el escritorio tradicional de Windows.

Aunque estos dos universos radicalmente distintos, la pantalla Inicio y el escritorio, parecen totalmente aislados entre sí, en realidad están conectados de muchas formas. Sin embargo, es difícil encontrar las conexiones, porque están bien ocultas.

Así que, cuando arranques Windows 8 por primera vez, prueba los siguientes trucos para hacer que los menús salgan de sus cuevas. Se pueden abrir estos menús ocultos desde la pantalla Inicio y desde el escritorio:

✔ **Lleva el puntero del ratón a las esquinas.** Cuando trabajes con el ratón, lleva el puntero a cada esquina. Si lo llevas a las esquinas superior e inferior derecha, por ejemplo, verás la barra Charms, un menú especial del que hablaremos en este capítulo. Si lo llevas a la esquina superior izquierda, verás una miniatura de la última app que hayas utilizado, lista para ejecutarse de nuevo con solo hacer clic en ella. Y, si lo llevas a la esquina inferior izquierda, tendrás una miniatura de la pantalla Inicio, también lista para abrirse con un clic. Al desplazar el ratón de cualquier esquina

hacia el centro, los menús se retirarán, ocultándose de nuevo.

✔ **Haz clic con el botón derecho en una app de la pantalla Inicio.** Siempre que te encuentres en la pantalla Inicio o ejecutes una de estas apps, podrás utilizar todos los trucos de las esquinas. Pero hay uno más: haz clic con el botón derecho en cualquier punto de la pantalla Inicio o en una app para que aparezca la barra de apps. La barra de apps, una franja en la parte inferior de la pantalla, contiene menús para cualquier elemento que esté en la pantalla en ese momento. Vuelve a hacer clic con el botón derecho y la barra de apps desaparecerá.

Estos trucos con el ratón funcionan independientemente de que el ratón esté conectado a una computadora de escritorio, una computadora portátil o una tableta.

Si trabajas con Windows 8 en una tableta, podrás utilizar los dedos para encontrar los mismos menús.

✔ **Desliza el dedo hacia dentro desde el borde derecho de la pantalla.** Así aparecerá la barra Charms desde cualquier punto cuando trabajes con Windows 8. Para cerrar la barra Charms, toca la pantalla alejando el dedo de la barra Charms.

✔ **Desliza el dedo desde el borde superior al borde inferior.** Cuando deslices el dedo hacia abajo, la app que estés utilizando actualmente seguirá el movimiento, reduciéndose finalmente a un mosaico. Cuando el dedo alcance la parte inferior de la pantalla, la app desaparecerá. Ya está cerrada correctamente. Repite el proceso, cerrando otras apps, y al final llegarás a la única pantalla que no se puede cerrar: la pantalla Inicio.

proceso y al final pasarás por todas las apps y los programas abiertos, incluido el propio escritorio.

✔ **Desliza el dedo hacia dentro desde el borde izquierdo.** Cuando deslices el dedo hacia dentro, arrastrarás la última app o el último programa utilizado a la pantalla y podrás empezar a utilizarlo. Repite el

No temas experimentar con las esquinas y los laterales de la pantalla, señalar, hacer clic, tocar o deslizar el dedo por la pantalla. El primer paso para comprender el maravilloso mundo de Windows 8 es encontrar todos los menús ocultos.

a nadie más. Si proteges tu nombre de usuario con una contraseña, nadie podrá acceder a tus archivos. Y nadie podrá tocar tu cuenta y gastarse el dinero en videojuegos cuando no estés en casa.

Para configurar o cambiar la contraseña, sigue estos pasos:

1. **Abre la barra Charms y haz clic en el ícono Configuración.**

   Más adelante en este capítulo hablaré de la barra *Charms*, una barra con íconos llena de accesos directos, a menudo denominados *charms*, que ocupa el borde derecho de la pantalla. Para encontrar la

Figura 2-3:
Si utilizas una contraseña, mantendrás la privacidad de tu material

barra Charms, deberás seguir distintos procedimientos en función de si estás utilizando el ratón, el teclado o una pantalla táctil:

- *Ratón:* mueve el puntero del ratón hacia la esquina superior o inferior derecha de la pantalla.
- *Teclado:* mantén pulsada la tecla y pulsa la letra C.
- *Pantallas táctiles:* desliza el dedo hacia dentro desde el borde derecho de la pantalla.

Cuando aparezca la barra Charms, haz clic en el ícono **Configuración**. Aparecerá la pantalla **Configuración**.

2. **Haz clic en la opción Cambiar configuración de PC en la parte inferior de la pantalla Configuración.**

Aparecerá la pantalla Configuración de PC.

3. **Haz clic en la categoría Usuarios de la izquierda y, a continuación, haz clic en el botón Cambiar la contraseña. También puedes hacer clic en el botón Crear una contraseña para crearla.**

Es posible que tengas que introducir tu contraseña actual para poder acceder.

4. **Introduce una contraseña que te resulte fácil de recordar.**

Por ejemplo, elige el nombre de tu verdura favorita o de tu marca de hilo dental. Para reforzar el nivel de seguridad, introduce algunas letras en mayúsculas e inserta un número en la contraseña como, por ejemplo, **Desliza2** o **Aceit1s** (procura no utilizar estos ejemplos, ya que probablemente se han añadido a todos los arsenales de los generadores de contraseñas).

5. **Si se te pide, introduce la misma contraseña en el cuadro Vuelve a escribir la contraseña, de forma que Windows sepa que la estás escribiendo correctamente.**

6. **En el cuadro Inicio de contraseña, introduce una pista que te recuerde tu contraseña, a ti y solo a ti.**

Windows no dejará que introduzcas tu contraseña exacta como pista. Tendrás que ser más creativo.

7. **Haz clic en el botón Siguiente y, a continuación, haz clic en Finalizar.**

¿Sospechas que has olvidado algo durante el proceso? Haz clic en Cancelar para volver al paso 3 e iniciar el proceso de nuevo o salir.

Una vez que hayas creado la contraseña, Windows 8 te la pedirá cada vez que inicies sesión.

✔ En las contraseñas se distingue entre mayúsculas y minúsculas. Las palabras *Caviar* y *caviar* se consideran dos contraseñas distintas.

✔ ¿Temes olvidarte de la contraseña? Protégete ahora: avanza al capítulo 14, donde describo cómo crear un disco para restablecer la contraseña, un método especial para restablecer contraseñas perdidas.

✔ Windows también ofrece la posibilidad de crear una contraseña de imagen en el paso 3, donde deberás arrastrar un dedo o el ratón sobre una foto en una determinada secuencia. De elegir este tipo, en lugar de introducir una contraseña, tendrás que redibujar la secuencia en la imagen de inicio de sesión (las contraseñas de imagen funcionan mucho mejor en las tabletas con pantalla táctil que en los monitores de las computadoras de escritorio).

✔ Otra opción nueva que se ofrece en el paso 3 es crear un PIN. Un PIN es un código de cuatro dígitos como los que se introducen en los cajeros automáticos. ¿Cuál es la desventaja de utilizar un PIN? No hay pista de contraseña para una contraseña de cuatro dígitos.

¡Quiero que Windows deje de pedirme la contraseña!

Windows te pedirá el nombre y la contraseña solo cuando tenga que saber quién está tecleando. Esta información es necesaria por alguno de estos cuatro motivos:

✔ Tu computadora forma parte de una red y tu identidad determina a qué elementos puedes acceder.

✔ El propietario de la computadora quiere limitar lo que puedes hacer en ella.

✔ Compartes la computadora con otros usuarios y quieres impedir que otros inicien sesión con tu nombre y cambien tus archivos y tu configuración.

✔ Dispones de una cuenta de Microsoft, que se requiere para algunas apps de la pantalla Inicio.

Si no se te aplican estos supuestos, elimina la contraseña. Para ello, selecciona Cambiar la contraseña en el paso 3 del apartado "Cómo mantener la privacidad de tu cuenta con una contraseña". En el siguiente paso, deja el cuadro Nueva contraseña vacío y haz clic en Siguiente.

Eso sí, deberás tener en cuenta que, sin la contraseña, cualquiera puede iniciar sesión, utilizar tu cuenta de usuario y ver (o destruir) tus archivos. Si estás trabajando en una oficina, esta configuración puede resultar peligrosa. Si se te ha asignado una contraseña, lo mejor es acostumbrarse a ella.

✔ ¿Ya se te ha olvidado la contraseña? Cuando introduzcas una contraseña que no sea correcta, Windows 8 mostrará automáticamente tu pista (si creaste una), lo que debería ayudarte a recordar la
contraseña. Eso sí, ten cuidado, ya que todo el mundo podrá leer la
pista; asegúrate de que sea algo que solo tenga sentido para ti. Como
último recurso, inserta el disco para restablecer la contraseña, una
tarea que trataremos en el capítulo 14.

Si necesitas saber más sobre las cuentas de usuario, encontrarás mucha
más información en el capítulo 14.

Cómo iniciar sesión en una cuenta de Microsoft

Cuando inicies sesión en Windows 8 por primera vez, intentes acceder a
alguna app de la pantalla Inicio o simplemente pretendas cambiar una opción, verás una pantalla similar a la que puede verse en la figura 2-4.

Esta pantalla aparece porque Windows 8 introduce un nuevo tipo de
cuenta de usuario. Ahora puedes iniciar sesión con una cuenta de Microsoft o con una cuenta local. Cada una responde a unas necesidades
distintas:

✔ **Cuenta local:** esta cuenta es perfecta para los usuarios que trabajan con los programas tradicionales de Windows en el escritorio de
Windows. Los propietarios de cuentas locales no podrán ejecutar
muchas de las apps de la pantalla Inicio integradas en Windows 8,
incluida la app Correo. Tampoco podrán descargar nuevas apps de la
Tienda Windows.

✔ **Cuenta Microsoft:** esta cuenta, que incluye una dirección de correo
electrónico y una contraseña, permite descargar apps de la Tienda
Windows y ejecutar todas las aplicaciones integradas en Windows 8.
Puedes vincular una cuenta de Microsoft a tus cuentas de las redes
sociales, con lo que se almacenará automáticamente tu libreta de
direcciones con tus amigos de Facebook, Twitter y otros sitios (además, podrá acceder a tus fotos y a las de tus amigos en Facebook).

Para iniciar sesión con una cuenta de Microsoft, puedes utilizar dos métodos, que aquí ordenamos según su facilidad:

✔ **Utilizar una cuenta Microsoft.** Si ya has utilizado Hotmail, Outlook, Live, Xbox Live o Windows Messenger antes, tendrás una cuenta de Microsoft con su respectiva contraseña. Introduce esa dirección de correo electrónico y su contraseña en la pantalla, como puede verse en la figura 2-4 y, a continuación, haz clic en el botón de inicio de sesión.

✔ **Iniciar sesión con una cuenta Microsoft nueva.** Haz clic en el enlace Agregar su cuenta Microsoft, como puede verse en la figura 2-4, y Microsoft te llevará a un sitio web donde podrás convertir tu dirección de correo actual en una cuenta de Microsoft (iniciar sesión con una nueva dirección de correo de Microsoft es la mejor opción, ya que te deja utilizar la app de correo integrada en Windows 8).

Si estás iniciando sesión en Windows 8 por primera vez y no quieres tener una cuenta de Microsoft, verás un botón para cancelar. Haz clic en él y, en la siguiente pantalla, verás un botón que te dejará iniciar sesión con una cuenta local.

Eso sí, hasta que crees una cuenta de Microsoft, la pesada pantalla de la figura 2-4 te perseguirá cada vez que intentes acceder a una función de Windows 8 que requiera una cuenta de Microsoft.

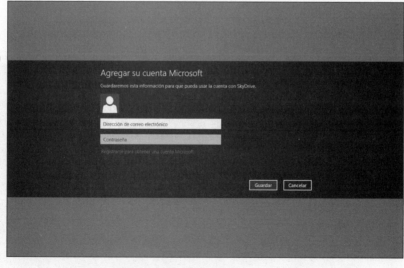

Figura 2-4: Necesitarás una cuenta de Microsoft para acceder a muchas de las funciones de Windows 8

Cómo descifrar la nueva pantalla Inicio en Windows 8

La nueva pantalla Inicio de Windows 8 te aleja del escritorio tradicional de Windows y te transporta a un territorio extraño sin traductores amigos de tu lado. Y sí: Windows 8 ya no tiene un botón Inicio o un menú Inicio.

En lugar de ello, la nueva pantalla Inicio de Windows 8, que puede verse en la figura 2-5, aparecerá cada vez que enciendas la computadora. Mientras que las versiones más antiguas de Windows tenían un pequeño menú Inicio en el escritorio, la pantalla Inicio de Windows 8 ocupa toda la pantalla, con grandes mosaicos que se extienden más allá del borde derecho. Cada mosaico representa un programa instalado en tu computadora.

Cuando trabajes, cambiarás constantemente de la pantalla Inicio que llena toda la pantalla al escritorio tradicional (esto lo veremos en el siguiente capítulo).

A pesar de esta remodelación tan drástica, la pantalla Inicio sigue permitiendo ejecutar programas, ajustar la configuración de Windows, buscar ayuda en situaciones escabrosas o, para nuestra alegría, apagar Windows y apartarnos de la computadora un rato.

Figura 2-5: Haz clic en un mosaico de la pantalla Inicio para ejecutar un programa

No es necesario abrir algunos mosaicos de la pantalla Inicio para poder ver su contenido. Por ejemplo, el mosaico Calendario se actualiza continuamente para mostrar la fecha y el día de la semana actuales, así como tus próximas citas. El mosaico Correo muestra secuencialmente los primeros fragmentos de tus últimos correos.

La pantalla Inicio cambiará cuando añadas más programas y apps a tu computadora. Por eso es posible que la pantalla Inicio de la computadora de tu amigo, así como la pantalla que aparece en este libro, esté organizada de forma distinta a la pantalla Inicio de tu computadora.

Prueba los siguientes trucos para familiarizarte con tu pantalla Inicio:

- ✔ ¿Ves el mosaico de la pantalla Inicio que se llama Escritorio? Haz clic en este mosaico para ir al escritorio tradicional de Windows. (Hablaré del escritorio en el capítulo 3.)

- ✔ Si prefieres evitar la pantalla Inicio y permanecer en el escritorio tradicional de Windows tanto como sea posible, también lo explico en el capítulo 3.

- ✔ ¿Tu ratón tiene una pequeña rueda integrada en la parte posterior? Gira la rueda y la pantalla Inicio se desplazará consecuentemente a derecha o izquierda. Resulta un método práctico para desplazarse rápidamente por toda la pantalla Inicio, de izquierda a derecha.

- ✔ Cuando muevas el puntero del ratón, la pantalla Inicio lo seguirá. Por ejemplo, cuando el puntero llegue al borde derecho de la pantalla, la pantalla Inicio mostrará las partes escondidas fuera de la pantalla.

- ✔ ¿Ves la barra pequeña a lo largo del borde inferior de la pantalla Inicio? Esa es la **barra de desplazamiento**. Arrastra la parte de color claro de la barra de desplazamiento a la izquierda o la derecha: cuando muevas esa parte, la pantalla Inicio se moverá con ella, permitiéndote ver elementos que estaban escondidos tras el borde derecho de la pantalla.

- ✔ Si utilizas una pantalla táctil, desplázate por la pantalla Inicio con el dedo. Imagínate que la pantalla Inicio es una hoja de papel sobre una mesa. Cuando muevas el dedo, la pantalla Inicio se moverá con él.

- ✔ Si usas un teclado, pulsa las teclas de flecha hacia la derecha o la izquierda y los mosaicos de la pantalla Inicio se moverán en consecuencia. Pulsa la tecla Fin del teclado para desplazarte hasta el final de la pantalla Inicio; la tecla Inicio te devolverá al principio de la pantalla Inicio.

- ✔ Windows 8 contiene puertas ocultas escondidas en las esquinas, así como pasajes secretos que se activan al pulsar determinadas combinaciones de teclas. En la tabla 2-1 se muestran distintos métodos ocultos para acceder a la pantalla Inicio y cambiar de una app a otra, independientemente de que utilices un ratón, el teclado o una pantalla táctil.

Tabla 2-1   Búsqueda de zonas activas ocultas en Windows 8

Para hacer esto...	...con esto...	...haz esto
Acceder a la pantalla Inicio	Ratón	Lleva el puntero del ratón a la esquina inferior izquierda de la pantalla. Cuando aparezca el ícono de la pantalla Inicio, haz clic con el ratón.
	Teclado	Pulsa la tecla Windows, ▦, que se encuentra cerca de la barra espaciadora en la mayoría de los teclados.
	Pantalla táctil	Pulsa la tecla ▦ situada debajo de la pantalla de tu tableta.
Cambiar a otra app que esté ejecutándose en ese momento	Ratón	Lleva el puntero del ratón a la esquina superior izquierda de la pantalla y, a continuación, desliza el puntero del ratón hacia abajo. Cuando aparezcan las miniaturas de las apps en ejecución, haz clic en aquella que quieras ver a pantalla completa.
	Teclado	Mantén pulsada la tecla Alt y pulsa Tab para alternar entre apps abiertas actualmente; suelta la tecla Alt cuando veas resaltada la app deseada.
	Pantalla táctil	Desliza el dedo hacia dentro desde el borde derecho de la pantalla y de nuevo hacia fuera. A continuación, toca la miniatura de la app que desees recuperar.

Cómo ejecutar una app o un programa de la pantalla Inicio

Windows 8 llena la pantalla Inicio de apps, que son pequeños programas para realizar tareas sencillas. De hecho, Windows 8 ahora llama "apps" a todos los programas de Windows (incluso llama "app Escritorio" a tu otrora todopoderoso escritorio).

Cada mosaico de la pantalla Inicio es un botón para ejecutar una app o un programa de Windows tradicional. Haz clic en el botón y la app o el programa empezará a funcionar. Windows 8 complica las cosas, ya que ofrece varios métodos para pulsar un botón:

¿Qué es una app?

Abreviatura de aplicación en inglés ("application"), las apps proceden del mundo de los dispositivos *smartphones*: teléfonos celulares suficientemente potentes como para ejecutar programas pequeños y realizar llamadas telefónicas. Las apps de Windows 8 se diferencian de los programas del Windows tradicional en varias cosas:

✔ Las apps de Windows proceden de un único sitio: la Tienda Windows. La app Tienda, disponible como una aplicación propia, permite descargar apps de Microsoft; una vez descargadas, se instalarán automáticamente en la computadora. Muchas apps son gratuitas, pero hay otras por las que deberás pagar.

✔ Solo las apps de Windows pueden ejecutarse en Windows. Las apps de los teléfonos Android y iPhone no están diseñadas para ejecutarse en una computadora con Windows 8. Los creadores de algunas aplicaciones populares crean versiones para cada plataforma, pero a menudo difieren ligeramente. ¿Has comprado apps para tu teléfono Android

o iPhone? Entonces tendrás que volver a pagar para comprar las versiones de estas apps para Windows.

✔ Por naturaleza, las apps ocupan toda la pantalla cuando se ejecutan, aunque Windows 8 ofrece un método curioso para "pegar" dos apps, que trataremos más adelante en este capítulo.

✔ Por lo general, las apps son fáciles de utilizar, pero la sencillez implica limitaciones. Muchas apps no te dejarán que copies palabras, fotos o enlaces. Con frecuencia, no habrá forma posible de compartir el contenido de una app con un amigo o dejar comentarios públicos. La mayoría de las apps no tienen la funcionalidad de los programas del escritorio tradicional.

Aunque Windows 8 llama "apps" a los programas del escritorio tradicional, hay una gran diferencia: los programas de Windows solo se ejecutan en tu escritorio de Windows 8, mientras que las apps solo se ejecutan en el nuevo universo de la pantalla Inicio.

✔ **Ratón:** lleva el puntero del ratón al mosaico y haz clic en el botón izquierdo del ratón.

✔ **Teclado:** pulsa las teclas de flecha hasta que aparezca un cuadro alrededor del mosaico deseado. A continuación, pulsa la tecla Intro.

✔ **Pantallas táctiles:** toca el mosaico con el dedo.

Independientemente del elemento elegido, llenará la pantalla, listo para informarte, entretenerte o incluso ambas cosas.

Más adelante en este capítulo explicaré las apps integradas en la pantalla Inicio. Si te apetece hincarle el diente ya, puedes hacer clic en el mosaico Tienda de la pantalla Inicio para empezar a descargar e instalar tus propias apps (explicaré cómo descargar apps en el capítulo 6).

Visualización o cierre de las apps abiertas

Por naturaleza, la ejecución de una app en la pantalla Inicio consume toda la pantalla, sin menús visibles. Esto dificulta tanto su control como la posibilidad de alternar entre ellas. Lo mismo ocurre cuando trabajas en el universo paralelo del tradicional escritorio de Windows.

Figura 2-6:
Lleva el ratón a la esquina inferior izquierda de la pantalla Inicio. Desliza el ratón hacia arriba por el borde para ver una lista de las apps en ejecución en la pantalla Inicio

Para pasar a una app utilizada hace poco, haz clic en su miniatura

Para ver la última app utilizada, lleva el puntero del ratón a esta esquina y cuando aparezca su miniatura, haz clic en ella para abrirla

Para ver otras apps utilizadas recientemente, lleva el puntero del ratón a la esquina inferior izquierda y deslízalo hacia arriba por el margen izquierdo y aparecerán las apps utilizadas recientemente

¿Cómo puedo alternar entre apps y programas utilizados recientemente? Windows 8 permite alternar entre ellos de una forma bastante sencilla siguiendo estos pasos:

1. **Lleva a la esquina inferior izquierda de la pantalla el puntero del ratón.**

   Aparecerá una miniatura de la última app utilizada. Puedes hacer clic en ella para traer esa app a la pantalla. Si quieres volver a abrir otras apps que se ejecutan en segundo plano, tienes otra opción: avanza al siguiente paso.

2. **Cuando aparezca el ícono del escritorio, sube el puntero del ratón a lo largo del borde izquierdo de la pantalla.**

   Cuando subas por la pantalla, tal y como puede verse en la figura 2-6, aparecerá una barra en el borde izquierdo de la pantalla con miniaturas de las apps que tengas abiertas.

3. **Para regresar a una app, haz clic en su miniatura.**

4. **Para cerrar una app, haz clic con el botón derecho en su miniatura y selecciona Cerrar.**

Estas sugerencias te permitirán no perderle la pista a las aplicaciones en ejecución, así como cerrar las que ya no quieras abrir:

✔ Para alternar secuencialmente entre las apps que tengas abiertas en este momento, mantén pulsada la tecla ▦ y pulsa Tab: la misma barra que ves en la figura 2-6 aparecerá en el borde izquierdo. Cada vez que pulses Tab, elegirás la siguiente app. Cuando selecciones la app que quieras recuperar, suelta la tecla ▦, y la app ocupará la pantalla.

✔ Puedes ver las apps utilizadas más recientemente independientemente de que estés trabajando en el escritorio de Windows o en la nueva pantalla Inicio. Desde el escritorio, lleva el ratón a la esquina inferior izquierda de la pantalla, desliza el puntero del ratón hacia arriba por el borde izquierdo de la pantalla y, a continuación, haz clic en la app que quieras volver a abrir. En dispositivos con pantalla táctil, desliza el dedo hacia dentro y de nuevo hacia fuera desde el borde derecho de la pantalla. Cuando la lista de apps se adhiera al borde izquierdo de la pantalla, toca la que quieras recuperar.

✔ Una vez que cierres una app en el paso 4, la barra en la que se muestran las apps en ejecución permanecerá en pantalla. Entonces también podrás cerrar las demás apps haciendo clic con el botón derecho y seleccionando Cerrar.

✔ Para cerrar una app en la que estés trabajando en este momento, lleva el ratón o el dedo al borde superior de la pantalla. Cuando el puntero del ratón se convierta en una mano (como la del margen), mantén pulsado el botón del ratón (o desliza el dedo) y arrastra la app hacia la parte inferior de la pantalla. Cuando el ratón alcance el borde inferior de la pantalla, la app se cerrará (este truco también lo permite la app Escritorio).

Búsqueda de una app o un programa de la pantalla Inicio

Puedes desplazarte por la pantalla Inicio hasta que tus ojos de halcón detecten el mosaico que necesitas y, a continuación, te lances sobre él con un clic rápido del ratón o un golpe de dedo. Pero para cuando la emoción de la caza decaiga, Windows 8 ofrece varios accesos directos para buscar apps y programas ocultos dentro de una pantalla Inicio repleta de mosaicos.

Cuando busques una app o programa particularmente escurridizo, prueba estos trucos:

✔ Los usuarios de ratón pueden hacer clic con el botón derecho en un espacio vacío de la pantalla Inicio. Una barra subirá desde la parte inferior de la pantalla, mostrando un ícono llamado Todas las aplicaciones (como el del margen). Haz clic en el ícono Todas las aplicaciones para ver un listado ordenado alfabéticamente con todos los programas y las apps de tu computadora. Haz clic en la app o el programa que quieras para abrirlo.

✔ En la pantalla Inicio, los usuarios de teclado pueden comenzar a introducir el nombre del programa o de la app que deseen así: **facebook**. Conforme escribas, Windows 8 mostrará todas las aplicaciones que coincidan con lo que hayas escrito hasta ese momento, reduciendo al final la búsqueda al objetivo escurridizo.

✔ En dispositivos con pantalla táctil, desliza el dedo hacia arriba desde la parte inferior de la pantalla. Cuando aparezca el menú inferior, toca el ícono Todas las aplicaciones para ver un listado ordenado alfabéticamente con todos tus programas y apps.

Cómo añadir elementos a la pantalla Inicio o eliminarlos de ella

Eliminar algo de la pantalla Inicio es fácil, así que puedes empezar a hacerlo ya. Para eliminar un mosaico que no utilices o no quieras tener en la pantalla de Inicio, haz clic con el botón derecho y selecciona Desanclar de Inicio desde el menú desplegable situado en la parte inferior de la pantalla. El mosaico no deseado desaparecerá sin mayor problema.

Pero es probable que quieras pasar más tiempo añadiendo elementos a la pantalla Inicio. ¿El motivo? Es fácil escapar de la pantalla Inicio haciendo clic en la app Escritorio pero, una vez que estés seguro en el escritorio, ¿cómo ejecutarás un programa sin tener que volver a la pantalla Inicio?

Para escapar de este laberinto sin fin, llena la pantalla Inicio con íconos de tus destinos de escritorio favoritos, como programas, carpetas y ajustes. A continuación, en lugar de cargar el escritorio y parecer perdido, puedes acceder directamente a tu destino desde la pantalla Inicio.

Una vez que hayas llenado la pantalla de Inicio de tus cosas de escritorio favoritas, dirígete al apartado "Cómo personalizar la pantalla Inicio" de este capítulo para colocarlas en grupos ordenados. Cuando termines, acabarás con lo que empezabas en versiones anteriores de Windows: una pantalla Inicio bien aprovisionada.

Para añadir programas o apps a la pantalla Inicio, sigue estos pasos:

1. **Pulsa el botón Todas las aplicaciones de la pantalla Inicio.**

   Haz clic con el botón derecho en un espacio vacío de la pantalla Inicio (o pulsa ▦ +Z) y, a continuación, selecciona el botón Todas las aplicaciones en la parte inferior de la pantalla.

   Si utilizas una pantalla táctil, desliza el dedo hacia arriba desde el borde inferior de la pantalla y, a continuación, toca el ícono Todas las aplicaciones.

   Independientemente del camino que tomes, en la pantalla Inicio se mostrará una lista ordenada alfabéticamente de las apps y los programas instalados.

2. **Haz clic con el botón derecho en el elemento que quieras que aparezca en la pantalla Inicio y selecciona Anclar a Inicio.**

3. **Repite el paso 2 para cada elemento que quieras añadir.**

Desafortunadamente, no puedes seleccionar y añadir varios elementos de forma simultánea.

4. **Selecciona la app Escritorio.**

Aparecerá el escritorio.

5. **Haz clic con el botón derecho en los elementos que desees y selecciona Anclar a Inicio.**

Haz clic con el botón derecho en una biblioteca, una carpeta, un archivo u otro elemento que desees añadir a la pantalla Inicio; cuando aparezca el menú desplegable, selecciona Anclar a Inicio.

Cuando hayas terminado, la pantalla Inicio habrá crecido considerablemente con todos los destinos nuevos añadidos.

La barra Charms y sus accesos directos ocultos

La barra Charms es simplemente un menú, uno de los muchos menús de Windows 8. Pero el departamento de marketing de Microsoft, ansioso por darle algo de atractivo a tu computadora, lo llama "la barra Charms".

Figura 2-7:
La barra
Charms de
Windows
8 contiene
íconos
útiles para
realizar
tareas
habituales

Los cinco íconos de la barra Charms, llamados "charms", que pueden verse en la figura 2-7, señalan cosas que puedes hacer con la pantalla en la vista actual. Por ejemplo, cuando encuentres un sitio web que quieras que vea un amigo, busca la barra Charms, elige Compartir y selecciona el amigo. ¡Envío urgente directo!

La barra Charms se puede abrir desde cualquier ubicación en Windows 8: desde la pantalla Inicio, el escritorio de Windows e incluso desde los programas de escritorio y las apps.

Además, independientemente de la parte de Windows 8 con la que estés trabajando, puedes abrir la barra Charms con el ratón, el teclado o una pantalla táctil de la siguiente forma:

✔ **Ratón:** lleva el puntero del ratón a la esquina inferior o superior derecha.

✔ **Teclado:** pulsa ⊞ +C.

✔ **Pantalla táctil:** desliza el dedo hacia dentro desde el borde derecho de la pantalla.

Cuando aparezca la barra Charms extendiéndose por el borde derecho de la pantalla, mostrará cinco íconos, listos para que los toques o hagas clic en ellos. A continuación, se explica qué hace cada ícono:

✔ **Buscar:** si eliges este ícono, Windows asumirá que quieres buscar lo que estás viendo actualmente en pantalla. Para expandir la búsqueda, elige una de las otras ubicaciones de búsqueda: Aplicaciones, Configuración o Archivos (hablaré de las búsquedas en el capítulo 7).

✔ **Compartir:** al seleccionar este ícono, buscará opciones para compartir lo que está actualmente en la pantalla. Por ejemplo, cuando estés viendo una página web, haz clic en el botón Compartir y podrás elegir Correo para enviar por correo el enlace de la página a un amigo (hablaré del correo electrónico en el capítulo 10).

✔ **Inicio:** con este ícono volverás a la pantalla Inicio. La tecla ⊞ del teclado o de la tableta también te llevará allí.

✔ **Dispositivos:** elige este ícono para enviar la información que aparece en la pantalla actualmente a otro dispositivo como, por ejemplo, una impresora, un segundo monitor o incluso un teléfono (la opción Dispositivos muestra solo los dispositivos conectados actualmente a tu computadora y capaces de recibir la información de la pantalla).

✔ **Configuración:** este ícono permite hacer cambios rápidamente en los seis parámetros de configuración esenciales de la computadora, es decir, en Red, Volumen, Pantalla, Notificaciones, Iniciar/Apagar y Teclado. ¿No es suficiente? Entonces elige la opción Cambiar configuración de PC en la parte inferior para abrir el minipanel de control de la pantalla Inicio, que veremos en el capítulo 12.

Toca un ícono de la barra Charms y Windows te mostrará una pista sobre su finalidad. Por ejemplo, si tocas el ícono Pantalla del panel Configuración en una tableta, verás una barra deslizante para ajustar el brillo de la pantalla. Sobre la barra deslizante hay un ícono de bloqueo que impide que la pantalla gire, lo que es útil para leer libros electrónicos.

En la tabla 2-2 se muestran algunos métodos abreviados de teclado para omitir la barra Charms y acceder directamente a uno de sus íconos.

Tabla 2-2 Los métodos abreviados de teclado de la barra Charms

Para hacer esto...	*... Pulsa esto*
Abrir la barra Charms	+C
Buscar apps, archivos u opciones	+Q
Compartir lo que ves en pantalla	+H
Volver a la pantalla Inicio	
Interactuar con los dispositivos conectados	+K
Cambiar la configuración	+I

Presentación de las apps gratuitas

La pantalla Inicio de Windows 8 incluye varias apps gratuitas, cada una en su respectivo mosaico cuadrado o rectangular. Todos los mosaicos están etiquetados, por lo que sabrás qué es cada uno.

Los mosaicos de algunas apps, conocidos como "mosaicos vivos", cambian constantemente. Por ejemplo, el mosaico de la app Finanzas se actualiza sin cesar con las últimas fluctuaciones de la bolsa y el mosaico El tiempo te informa siempre de lo que te puedes esperar cuando salgas a la calle.

 En la pantalla Inicio de Windows 8 solo se muestran algunas de tus apps; para verlas todas, haz clic con el botón derecho en un espacio vacío de la pantalla Inicio y selecciona Todas las aplicaciones en la parte inferior de la pantalla.

Verás todas o algunas de las siguientes apps en la lista, preparadas para abrirse cuando hagas clic con el ratón sobre ellas o las toques con el dedo:

✔ **Calendario:** esta app te permite añadir tus citas o arrastrarlas automáticamente desde los calendarios que ya hayas creado en cuentas de Google, Hotmail o el nuevo sitio Outlook.com de Microsoft.

✔ **Cámara:** esta app, que se describirá en el capítulo 17, permite hacer fotos con tu webcam o con la cámara integrada en tu computadora.

✔ **Escritorio:** elige esta app para acceder al escritorio de Windows tradicional, en el que se ejecutan los programas de Windows que utilizaste en la década pasada (hablaré del escritorio en el capítulo 3).

✔ **Finanzas:** este mosaico vivo muestra los datos de los índices Dow, NASDAQ y S&P con un retraso de 30 minutos. Selecciona Finanzas para ver los gráficos habituales de temor e incertidumbre.

✔ **Juegos:** esta app, diseñada fundamentalmente para usuarios de Xbox 360, te permitirá ver tus logros en los juegos y tus amigos. Puedes explorar nuevos juegos, ver tráileres de juegos y comprar juegos nuevos para tu consola.

✔ **Internet Explorer:** esta miniversión de Internet Explorer, que se tratará en el capítulo 9, navega por internet a pantalla completa, sin nada que se interponga en tu camino, ya que no hay menús, ni pestañas; solo estarás tú y la página actual (una vez dentro, pulsa la tecla ⊞ del teclado para regresar a la pantalla Inicio).

✔ **Correo:** esta app, que se describe en el capítulo 10, te permitirá enviar y recibir correos electrónicos. Si accedes a una cuenta de Hotmail, Outlook.com o Google, la app Correo se configurará automáticamente, almacenando también tu lista Contactos.

✔ **Mapas:** la app Mapas, muy práctica para la planeación de viajes, ejecuta una versión de Microsoft Bing Maps.

✔ **Mensajes:** esta app, que se tratará en el capítulo 10, permite enviar mensajes de texto a amigos a través de Facebook, Messenger de Microsoft y otros sistemas.

✔ **Música:** esta app, descrita en el capítulo 16, reproduce la música almacenada en tu computadora. Cabe decir que Microsoft también espera que compres música en su tienda.

✔ **Noticias:** visita esta app para leer las noticias del día, compiladas por servicios de noticias.

✔ **Contactos:** la grandeza de la app Contactos, que trataremos en el capítulo 10, reside en su transparencia. Una vez que accedas a tus cuentas de Facebook, Twitter, Google y otras aplicaciones, la app Contactos obtendrá todos tus contactos, así como sus datos, y los almacenará automáticamente.

✔ **Fotos:** la app Fotos, de la que hablaremos en el capítulo 17, muestra fotos almacenadas en tu computadora, así como en las cuentas que puedas tener en Facebook, Flickr o SkyDrive.

✔ **Lector:** esta práctica app lee documentos almacenados en formato PDF (Adobe Portable Document Format). Se ejecutará cuando intentes abrir cualquier archivo almacenado en ese formato (la mayoría de los manuales disponibles en los sitios web vienen en formato PDF; también encontrarás este tipo de archivo adjunto a algunos mensajes de correo electrónico).

✔ **SkyDrive:** este término describe el compartimento de Microsoft en internet donde puedes almacenar tus archivos. Al almacenarlos en línea en SkyDrive, como se explicará en el capítulo 5, podrás acceder a ellos desde cualquier computadora conectada a internet.

✔ **Deportes:** aquí podrás encontrar noticias deportivas y resultados de partidos. También resulta un buen método para añadir listas con tus equipos favoritos.

✔ **Tienda:** la Tienda Windows, descrita en el capítulo 6, es la única forma de añadir más apps a tu pantalla Inicio (los programas que instales a través del escritorio de Windows, que tratamos en el capítulo 3, también añaden accesos directos a la pantalla Inicio).

✔ **Viajes:** como si fuera un pizarrón de anuncios de una agencia de viajes, esta app muestra lugares interesantes y lo completa con mapas, fotos panorámicas, opiniones y enlaces para reservar vuelos y hoteles.

✔ **Video:** esta app, que veremos en el capítulo 17, funciona como una tienda de alquiler de películas, con un pequeño botón que te permite ver los videos almacenados en tu computadora.

✔ **El tiempo:** esta estación meteorológica predice el tiempo de tu zona geográfica para una semana, pero solo si le das permiso para acceder a la información sobre tu ubicación (a menos que tu computadora tenga un sistema de posicionamiento global o GPS, la app limitará tu ubicación a la ciudad más cercana en lugar de a la dirección postal).

Las apps integradas en Windows 8 funcionan bien en los confines de la pantalla Inicio. Desafortunadamente, Microsoft configuró el escritorio de Windows 8 para que utilice algunas de estas apps de la pantalla Inicio en lugar de los programas del escritorio estándar.

En el capítulo 3 explico cómo elegir las apps y los programas con los que debes realizar una tarea, pero aquí les dejo un truco. En el escritorio, haz clic con el botón derecho en un archivo y elige Abrir con. Aparecerá un menú que te dejará elegir con qué programa debes realizar la tarea.

Cómo personalizar la pantalla Inicio

La pantalla Inicio se comporta como una lista de la compra, por lo que va creciendo y creciendo a medida que añades más elementos. Y esa falta de organización tiene su precio. ¿Cómo puedes encontrar las cosas importantes dentro de una extensa lista de mosaicos aleatorios a todo color?

Para sobrevivir al caos, intenta organizar la pantalla Inicio. Los siguientes pasos implican una pequeña dosis de organización: eliminar los mosaicos que no te interesen y añadir mosaicos para tus funciones favoritas.

Sigue estos pasos y acabarás alcanzando el nirvana organizativo: una pantalla repleta de "grupos" (colecciones de mosaicos relacionados) perfectamente etiquetados que respondan a tus intereses.

Puedes organizar los mosaicos como prefieras, en los grupos que quieras y con cualquier nombre. Por ejemplo, puede que quieras organizar los mosaicos de la pantalla Inicio en cuatro grupos: Principal, Trabajo, Ocio y Contactos (para echar un vistazo rápido al aspecto que tienen los grupos organizados y etiquetados, avanza a la figura 2-11).

No obstante, seas lo organizado que seas, sigue estos pasos para empezar a convertir esa pantalla Inicio caótica en tus propias agrupaciones de mosaicos:

1. **Elimina los mosaicos que no necesites.**

   ¿Has divisado un mosaico que no necesitas? Haz clic con el botón derecho sobre él y selecciona Desanclar de Inicio. Repite este paso hasta que hayas eliminado todos los mosaicos que no utilices.

   Cuando selecciones Desanclar de Inicio, no desinstalarás la app o el programa; al eliminar el mosaico solo eliminarás de la pantalla el botón de "arranque" de ese elemento. De hecho, si eliminas sin querer el mosaico de tu app o programa favorito, podrás recuperarlo fácilmente en el paso 3.

2. Coloca cerca los mosaicos relacionados.

A modo de ejemplo, imagina que quieres mantener cerca las apps relacionadas con la gente: Correo, Contactos y Calendario. Para mover una app a una ubicación nueva, arrastra su mosaico al punto deseado. A medida que arrastres el mosaico, verás que otros mosaicos se apartan para hacer espacio al recién llegado.

Cuando hayas arrastrado el mosaico de una app al punto deseado, coloca el mosaico en su nueva ubicación.

Para conservar el estado de la pantalla, reduce los mosaicos anchos para convertirlos de rectangulares a cuadrangulares; para ello, haz clic con el botón derecho en el mosaico ancho y haz clic en el botón Más pequeño.

3. Añade mosaicos para las apps, los programas, las carpetas y los archivos que necesites.

En el apartado "Cómo añadir elementos a la pantalla inicio o eliminarlos de ella" de este capítulo puedes consultar cómo añadir mosaicos para apps, programas, carpetas y archivos.

Una vez que hayas eliminado todos los mosaicos que no desees, reorganizado el resto de los mosaicos y añadido nuevos mosaicos para

La brecha que separa el grupo de mosaicos

Figura 2-8:
Una brecha
más amplia
separa los
mosaicos
en grupos

Un grupo de mosaicos   Otro grupo de mosaicos

Figura 2-9:
Para crear
un grupo
nuevo,
arrastra y
suelta un
mosaico
entre dos
grupos;
cuando
aparezca
la barra,
suelta el
mosaico

los elementos que necesites, la pantalla Inicio podrá responder a tus necesidades. Si es así, ¡detente! ¡Has terminado!

Pero si la pantalla Inicio se sigue extendiendo por el borde derecho de la pantalla y no puedes encontrar elementos importantes, sigue leyendo.

¿Sigues aquí? Perfecto. Cuando instales por primera vez Windows 8, la pantalla Inicio incluirá dos grupos de mosaicos sin etiquetar, con un espacio reducido entre los dos grupos. Windows 8 ni siquiera se ha molestado en ponerle un nombre a estos dos grupos. Y, si eres como la mayoría de la gente, probablemente no te hayas percatado del espacio ligeramente más ancho que separa estos dos grupos. Y eso te lleva al siguiente paso.

4. **Busca el espacio entre los grupos de mosaicos actuales de la pantalla Inicio.**

Sigue desplazándote hasta el borde derecho de la pantalla Inicio y acabarás descubriendo un lugar donde un grupo de mosaicos se separa del resto, dejando una brecha ligeramente mayor entre los dos grupos. Esta brecha más amplia, que puede verse en la figura 2-8, separa cada uno de los grupos de la pantalla Inicio.

5. Para crear un grupo nuevo, arrastra y suelta un mosaico en la brecha entre dos grupos existentes.

Arrastra y suelta cualquier mosaico en el espacio vacío entre dos grupos. Aparecerá una barra vertical, que puede verse en la figura 2-9, ampliando el espacio para hacer sitio al mosaico que estás desplazando. Arrastra el mosaico y este formará un nuevo grupo compuesto por un único mosaico, situado entre los otros dos grupos.

6. Para añadir más mosaicos al grupo que acabas de crear, arrastra y suelta mosaicos adicionales en el grupo.

Arrastra y suelta mosaicos nuevos junto al primer mosaico del nuevo grupo. Una vez que sueltes un mosaico en un grupo, podrás mover el mosaico y arrastrarlo a una nueva posición dentro del grupo.

¿Quieres crear otro grupo? Pues repite los pasos 4 y 5, arrastrando y soltando un mosaico entre dos grupos para crear un grupo nuevo.

Puede que tener grupos de mosaicos relacionados sea suficiente organización para ti. Si es así, ¡detente! Pero, si quieres etiquetar los grupos o desplazarlos a distintas posiciones en la pantalla Inicio, ve al siguiente paso.

7. Haz clic en la esquina inferior izquierda de la pantalla para cambiar a una vista de tus grupos. A continuación, arrastra los grupos en el orden que prefieras.

Figura 2-10:
Arrastra y suelta los grupos en el orden en que quieras que aparezcan en la pantalla Inicio

Ahora que ya has creado grupos de mosaicos que responden a tus intereses, puedes combinarlos en el orden que prefieras. Por ejemplo, puedes mover tu grupo favorito totalmente a la izquierda de la pantalla, donde siempre estará visible.

Para empezar a reorganizar tus grupos, haz clic en el ícono de signo menos (-) (como el del margen) de la esquina inferior derecha de la pantalla: la pantalla Inicio cambiará para mostrar todos tus mosaicos como una pequeña pila, como puede verse en la figura 2-10, donde cada pila representa un grupo.

Arrastra y suelta los grupos en el orden en que quieras que aparezcan en la pantalla Inicio.

8. Asigna un nombre a los grupos.

Con los grupos apilados todavía en pantalla tal como se muestra en la figura 2-10, añade el toque final de orden asignando un nombre a cada grupo.

Haz clic con el botón derecho en el grupo al que quieras poner un nombre y haz clic en el ícono Dar nombre al grupo que aparece en la parte inferior de la pantalla. Cuando aparezca el cuadro, introduce un nombre y, a continuación, haz clic en el botón Nombrar.

Figura 2-11:
Resultará más fácil trabajar con tu pantalla Inicio si la tienes organizada en grupos etiquetados de mosaicos relacionados

9. Vuelve a la pantalla Inicio.

Haz clic en cualquier punto de la pantalla Inicio reducida (excepto en los grupos), tal y como puede verse en la figura 2-10, y los grupos reducidos se expandirán a su tamaño normal, dejando que te deleites con tu proeza organizativa, como se muestra en la figura 2-11.

✔ No hay forma correcta o incorrecta de organizar la pantalla Inicio. Al igual que en la vida real, puedes ser tan organizado o desastroso como quieras.

✔ A medida que instales programas de escritorio y apps adicionales, volverás a encontrarte con un batiburrillo de mosaicos apilados en el borde derecho de la pantalla Inicio. Para mantener todo organizado, arrastra y suelta los nuevos elementos en los grupos existentes o crea grupos nuevos para los mosaicos nuevos.

✔ No dudes en crear también un grupo para tus sitios web favoritos, lo que te permitirá acceder a ellos con mayor facilidad en el explorador de la pantalla Inicio.

✔ Si te resulta chocante pasar de la pantalla Inicio al escritorio, cambia el color de fondo del escritorio para que coincida con el color de fondo de la pantalla Inicio (explicaré cómo cambiar el fondo del escritorio en el capítulo 12).

Cómo salir de Windows

Bien... Quizá lo más placentero que podrías hacer con Windows 8 sería dejar de utilizarlo. Sin embargo, salir de Windows añade un nuevo obstáculo al proceso: tendrás que decidir si quieres bloquear la computadora, cerrar sesión, apagar la computadora, reiniciarla o suspenderla.

La respuesta depende de cuánto tiempo vayas a abandonar tu computadora. ¿La dejarás solo unos minutos o ya has terminado tu jornada laboral y te marchas a casa?

Cubriré ambos casos (un breve descanso y dejar la computadora al final de la jornada) en los próximos dos apartados.

Pero, si no quieres lidiar con un manual para poder apagar la computadora, aquí te mostramos la forma más rápida de hacerlo:

1. **Mueve el puntero del ratón hacia la esquina inferior derecha para ver la barra Charms (en las pantallas táctiles, realiza un movimiento hacia dentro con el dedo desde el borde derecho).**

2. **Haz clic en el ícono Configuración y, a continuación, en el ícono Iniciar/Apagar.**

3. **Selecciona Apagar.**

4. **Si la computadora protesta diciéndote que perderás el trabajo que no hayas guardado, elige el modo Suspender.**

Los siguientes dos apartados tratan los matices de lo que se ha convertido en una tarea alarmantemente compleja.

Si abandonas temporalmente la computadora

Windows 8 ofrece tres opciones cuando abandonas temporalmente la computadora, quizá para calentar la comida en el microondas de la oficina y volver al cubículo antes de que alguien se dé cuenta. Para tomar la decisión adecuada entre los tres casos de "ausencia temporal" en Windows 8, sigue estos pasos:

Figura 2-12: Haz clic en tu nombre de cuenta en la esquina superior derecha de la pantalla Inicio para elegir una de estas opciones

1. **Vuelve a la pantalla Inicio.**

    Pulsa la tecla o abre la barra Charms y haz clic en el ícono Inicio.

2. **Haz clic en la imagen de tu cuenta de usuario en la esquina superior derecha de la pantalla Inicio.**

   Aquí, tal y como puede verse en la figura 2-12, puedes elegir tres opciones:

   - **Bloquear:** esta opción, diseñada para darte privacidad si das pequeños viajes al refrigerador, bloquea la computadora, cubriendo la pantalla con la imagen de la pantalla de bloqueo. Cuando regreses, desbloquea la pantalla e introduce la contraseña; Windows mostrará tu trabajo rápidamente, tal y como lo dejaste.

   - **Cerrar sesión:** elige esta opción cuando hayas terminado de trabajar con la computadora y otro usuario quiera utilizarla. Windows guardará tu trabajo y la configuración y, a continuación, regresará a la pantalla de bloqueo, lista para que otro usuario inicie sesión.

   - **Otra cuenta:** debajo de tu nombre, tal y como vimos anteriormente en la figura 2-10, Windows muestra los nombres de otras cuentas en la computadora. Si uno de esos usuarios quiere tomarla prestada unos minutos, deberá elegir su nombre de la lista. Cuando introduzca su contraseña, aparecerá su pantalla personalizada, lista para empezar a trabajar. Cuando este usuario cierre sesión y tú vuelvas a iniciar sesión, todo tu trabajo reaparecerá tal y como lo dejaste.

   Cada una de las tres opciones te deja abandonar la computadora un tiempo, pero estará esperando tu regreso.

   Si, por el contrario, has terminado de trabajar por hoy, pasa al siguiente apartado.

Si has terminado de trabajar con la computadora por hoy

Cuando termines tu jornada (o solo quieras apagar la portátil mientras vas en el metro o en ese vuelo a Roma), Windows 8 ofrece tres formas de manejar la situación.

Si sigues estos pasos, encontrarás cada opción:

Figura 2-13:
Si eliges
el modo
Suspender,
harás que
la computa-
dora reac-
cione más
rápidamente
cuando se
vuelva a
activar; si
eliges Apa-
gar, la
compu-
tadora se
apagará
totalmente

1. **Abre la barra Charms.**

2. **Haz clic en el ícono Configuración.**

   Este ícono con forma de engranaje está claramente etiquetado. ¡Por fin!

3. **Haz clic en el ícono Iniciar/Apagar.**

   El menú desplegable del ícono Iniciar/Apagar ofrece tres opciones, tal y como puede verse en la figura 2-13.

   A continuación puedes ver el resumen de tus opciones:

   - **Suspender:** esta opción, la más popular, guarda el trabajo en la memoria de tu computadora y en el disco duro y, a continuación, deja la computadora aletargada en un estado de bajo consumo. Más tarde, cuando regreses a la computadora, Windows te presentará todo rápidamente (incluso el trabajo no guardado), como si nunca te hubieras marchado. Además, si hay un apagón, la computadora seguirá activa con todo guardado, pero tardará algunos segundos más en recuperarlo.

   - **Reiniciar:** será tu primera opción cuando ocurra algo extraño (por ejemplo, un programa se bloquea o Windows parece aturdido y confundido). Windows apagará la computadora y volverá a arrancar como nueva. Algunos de los programas que instales por primera vez te pedirán que reinicies la computadora.

- **Apagar:** esta opción apagará la computadora totalmente. Es como la opción Reiniciar, pero sin encenderla de nuevo.

Creo que con esto podrás arreglártelas pero, si tienes más tiempo, hay otros factores que deben tenerse en cuenta.

No tienes que apagar la computadora todas las noches. De hecho, algunos expertos dejan las computadoras encendidas todo el tiempo, alegando que es mejor para la salud del equipo. Otros expertos afirman que sus computadoras estarán más sanas si se apagan a diario. Y otros incluso dicen que el modo Suspender ofrece el equilibrio ideal entre ambas opciones. Sin embargo, todos recomiendan apagar el monitor cuando termines de trabajar. Esto es porque a los monitores les encanta refrescarse cuando no están en uso.

Las computadoras más antiguas sin mucha memoria adicional no ofrecen la opción Suspender. Al no contar con suficiente memoria, no pueden almacenar el trabajo hasta que regreses. A menos que estés dispuesto a hacer un desembolso para una mejora de la memoria, estarás atrapado entre las opciones Apagar y Reiniciar.

No pulses el botón de apagado para apagar el equipo, o podrías perder el trabajo que no hayas guardado. En su lugar, asegúrate de apagarlo con una de sus opciones oficiales: Suspender o Apagar. De lo contrario, la computadora no podrá prepararse correctamente para el gran evento, lo que podría provocar problemas en el futuro.

¿Quieres que tu portátil o tableta se active en modo Avión con el acceso a internet restringido? Entonces cambia al modo Avión y selecciona Suspender en lugar de Apagar. Cuando tu portátil o tableta se active de nuevo, seguirá en modo Avión, desconectado de internet (hablaré del modo Avión en el capítulo 23).

Capítulo 3

El escritorio tradicional

En este capítulo

▶ Cómo acceder al escritorio

▶ Cómo acceder a la pantalla Inicio

▶ Cómo trabajar en el escritorio

▶ Cómo recuperar elementos eliminados de la Papelera de reciclaje

▶ Conocer la barra de tareas

▶ Cómo personalizar el escritorio

▶ Cómo hacer más fácil la búsqueda de programas

El universo lleno de apps de Windows 8 es más que apto para usuarios "de sofá". Sin abandonar la pantalla Inicio, podrás escuchar música, consultar el correo electrónico, echar un vistazo a los videos de gatitos más recientes y ver si ha ocurrido algo especialmente vergonzoso en Facebook.

Pero, cuando llega el lunes sin poder hacer nada por evitarlo, toca cambiar de rutina. El trabajo serio normalmente exige abandonar las apps sencillitas de la pantalla Inicio y abrazar los programas con mayor funcionalidad. Los jefes prefieren que trabajes con hojas de cálculo y procesadores de texto a que juegues a Angry Birds.

Ahí es cuando la segunda mitad de Windows 8, el escritorio, entra en juego. El escritorio funciona como un auténtico escritorio, un lugar donde organizarás tu trabajo y darás forma a tus ideas.

Afortunadamente, el escritorio reside en Windows 8, preparado para esas inevitables mañanas de lunes. En este capítulo te mostraremos cómo transformar tu computadora de dispositivo de ocio a bestia de carga.

¿Dónde está el botón Inicio?

Windows 8 ha renunciado a un elemento que nos había acompañado en cada versión de Windows durante más de una década: el botón Inicio. Ese botoncito redondo de la esquina inferior izquierda de la pantalla ha pasado a mejor vida.

Aunque el botón ha desaparecido, el viejo menú Inicio sigue vivo en forma de la nueva pantalla Inicio repleta de mosaicos, como vimos en el capítulo 2. Así que, en lugar de hacer clic en el botón Inicio para abrir un menú y ejecutar programas, haz que aparezca la pantalla Inicio de Windows 8 con estos trucos:

✔ **Ratón:** lleva el puntero del ratón a la esquina inferior izquierda de la pantalla y aparecerá una imagen en miniatura de la pantalla Inicio. Haz clic en esa imagen en miniatura y la pantalla Inicio ocupará la pantalla por completo.

✔ **Teclado:** pulsa la tecla de Windows (▦). La mayoría de los teclados tienen dos, una cerca de cada extremo de la barra espaciadora.

✔ **Pantalla táctil:** todas las tabletas con Windows 8 incluyen un botón de Windows integrado, que normalmente está centrado justo debajo de la pantalla (busca el logotipo de Windows sobre el botón). Pulsa el botón con el dedo para volver a la pantalla Inicio (vuelve a pulsarlo para regresar a la pantalla anterior).

Al elegir uno de los métodos descritos anteriormente, la pantalla Inicio aparecerá ocupando toda la pantalla. Para volver al escritorio, haz clic en el mosaico Escritorio de la pantalla Inicio (también puedes acceder a la pantalla Inicio desde la barra Charms, una nueva función de Windows 8 de la que hablé en el capítulo 2).

Cómo acceder al escritorio y a la pantalla Inicio

La pantalla Inicio de Windows 8 trata al escritorio como a cualquier otra app: un programa pequeño con un fin único. Así que puedes abrir el escritorio como abrirías cualquier otra app: haciendo clic en el mosaico Escritorio de la pantalla Inicio.

El mosaico Escritorio parece una versión en miniatura de tu auténtico escritorio, completado con tu fondo de escritorio actual.

Al abrirlo, el escritorio aparta la pantalla Inicio y ocupa toda la pantalla, listo para ejecutar tus programas del Windows tradicional.

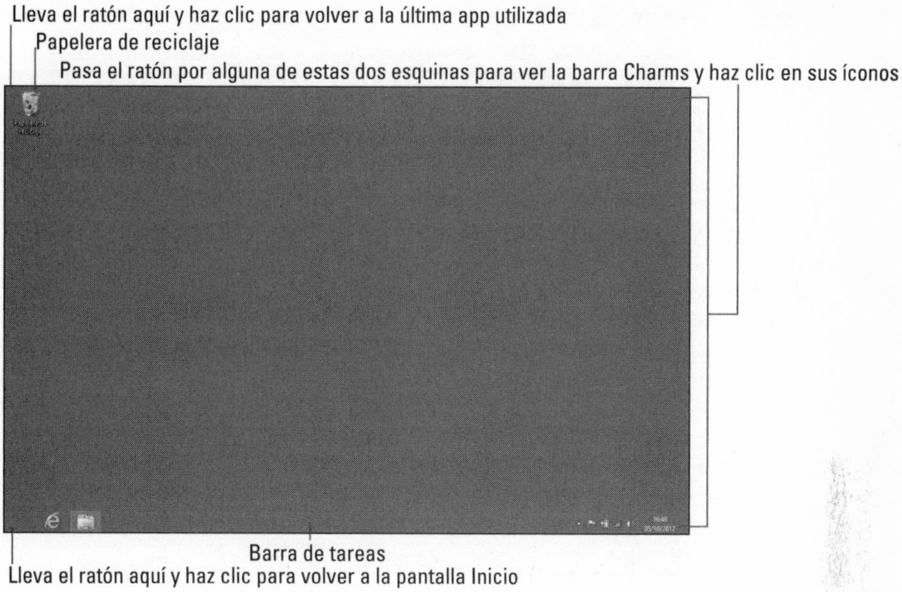

Lleva el ratón aquí y haz clic para volver a la última app utilizada
Papelera de reciclaje
Pasa el ratón por alguna de estas dos esquinas para ver la barra Charms y haz clic en sus íconos

Figura 3-1:
Al escritorio
de Windows
8 le falta el
botón Inicio
pero, por
otro lado, es
idéntico a
Windows 7

Barra de tareas
Lleva el ratón aquí y haz clic para volver a la pantalla Inicio

El escritorio de Windows 8 funciona mucho mejor que el escritorio que se incluía en las versiones anteriores de Windows 8. Tal y como puede verse en la figura 3-1, el escritorio de Windows 8 casi no se distingue del escritorio de la versión anterior (Windows 7).

El escritorio, con sus botones diminutos y sus barras finas, funciona mejor con un teclado y un ratón. Si utilizas Windows en una tableta con pantalla táctil, probablemente sea interesante comprar un ratón y un teclado portátil para cuando trabajes con el escritorio.

El escritorio de Windows 8 ejecutará prácticamente todos los programas de Windows que podías ejecutar en tu computadora antigua con Windows XP, Windows Vista o Windows 7. Entre las excepciones se encuentran los programas antivirus, los paquetes de seguridad y algunas utilidades. Por lo general, este tipo de aplicaciones no se transfieren bien de una versión de Windows a otra.

¿Sigues siendo adicto a las apps? Puedes "pegar" una app en el lado derecho o izquierdo del escritorio, lo que te proporcionará el equilibrio justo entre ambas interfaces. Te enseñaré cómo en el apartado "Cómo pegar una app en el escritorio" de este capítulo.

Cómo controlar el escritorio con el dedo en una pantalla táctil

Tocar la pantalla con los dedos es una buena opción si trabajas con los mosaicos extragrandes de la pantalla Inicio. Además, si te contorsionas lo suficiente, los controles táctiles de la pantalla funcionarán con los finos bordes y diminutos botones del escritorio. A continuación explicamos cómo controlar el escritorio con los dedos:

✔ **Seleccionar:** para seleccionar algo en el escritorio, tócalo con la punta del dedo; es posible que la yema del dedo sea demasiado grande.

✔ **Hacer doble clic:** para hacer doble clic en un elemento, tócalo dos veces. En este caso, la punta del dedo también es más adecuada.

✔ **Hacer clic con el botón derecho:** para hacer clic con el botón derecho en un elemento, pon la punta del dedo suavemente sobre él y espera a que un pequeño cuadrado aparezca en pantalla. Cuando aparezca el cuadrado, levanta el dedo y el menú emergente seguirá en pantalla. A continuación, puedes tocar la opción que quieras en el menú.

Si la punta del dedo te parece demasiado ancha para las delicadas maniobras con las ventanas del escritorio, compra un ratón y un teclado para usarlos con la tableta. Convertirán tu tableta en dos computadoras: las apps sencillas de la pantalla Inicio para un uso informal y el escritorio completo de Windows para el trabajo "de verdad".

Cómo trabajar con el escritorio

Las apps de la pantalla Inicio acaparan toda la pantalla, lo que hace difícil llevar a cabo varias tareas a la vez. Por contra, el escritorio permite ejecutar varios programas simultáneamente, cada uno en su propia ventanita. De esta forma, podrás extender varios programas por la pantalla, compartiendo fácilmente fragmentos de información entre ellos.

Windows 8 arranca con el escritorio recién limpiado y prácticamente vacío que mostramos anteriormente en la figura 3-1. Una vez que hayas trabajado un rato, el escritorio se llenará de "íconos", es decir, pequeños botones que te permitirán cargar tus archivos con un doble clic rápido. Muchos usuarios tienen los escritorios llenos de íconos para poder acceder a todo más fácilmente.

Otros organizan su trabajo: cuando terminan de trabajar en algo, guardan sus archivos en una carpeta (esta tarea se explica en el capítulo 4).

No obstante, independientemente de cómo utilices el escritorio, se divide en cuatro partes, etiquetadas anteriormente en la figura 3-1:

✔ **Pantalla Inicio:** aunque está oculta, la pantalla Inicio se puede visualizar si llevas el ratón a la esquina inferior izquierda y haces clic en la miniatura de la pantalla Inicio (al pulsar la tecla 🪟 , también regresarás a la pantalla Inicio). Cuando aparezca, la pantalla Inicio te dejará elegir programas para ejecutarlos en el escritorio.

En el capítulo 2 hablo de la nueva pantalla Inicio y sus peculiaridades.

✔ **Barra de tareas:** la barra de tareas, que reposa sobre el borde inferior de la pantalla, muestra los archivos y programas del escritorio que tienes abiertos en ese momento, así como los íconos de algunos programas privilegiados (coloca el ratón encima del ícono de un programa en la barra de tareas para ver el nombre del programa o quizá una foto en miniatura de ese programa en acción).

✔ **Papelera de reciclaje:** la Papelera de reciclaje del escritorio, ese ícono en forma de papelera, almacena los archivos que has borrado recientemente para poder recuperarlos fácilmente.

✔ **Barra Charms:** técnicamente, la barra Charms repleta de accesos directos no forma parte del escritorio; la encontrarás en cualquier rincón en Windows 8, oculta tras el borde derecho de cada pantalla. Para abrir la barra Charms con el ratón, lleva el puntero del ratón a la esquina superior o inferior derecha del escritorio. En el capítulo 2 hablo de la barra Charms y sus cinco íconos (Buscar, Compartir, Inicio, Dispositivos y Configuración).

Trataré estos elementos más adelante en este capítulo y a lo largo del libro, pero estos trucos te ayudarán mientras llegas a ese punto.

✔ Puedes iniciar proyectos nuevos directamente desde el escritorio: haz clic con el botón derecho en un espacio vacío del escritorio, elige Nuevo y selecciona el proyecto de tus sueños en el menú emergente, ya sea cargar tu programa favorito o crear una carpeta para almacenar archivos nuevos (en el menú Nuevo se muestran la mayoría de los programas de tu computadora, lo que te evitará un laborioso viaje de vuelta a la pantalla Inicio).

✔ ¿Te preguntas la razón de ser de algún objeto del escritorio? Coloca el puntero tímidamente sobre él y Windows desplegará un pequeño cuadro que te explicará qué es o qué hace esa cosa. Haz clic con el botón derecho en el objeto y el siempre servicial Windows 8 te mostrará un menú con prácticamente todo lo que puede hacer con ese objeto en concreto. Este truco funciona con la mayoría de los íconos y botones de tu escritorio y sus programas.

✔ Es posible que todos los íconos del escritorio desaparezcan de repente, dejándolo totalmente vacío. Es probable que Windows 8 los haya ocultado en un torpe intento de resultar de ayuda. Para recuperar tu trabajo, haz clic con el botón derecho en el escritorio vacío y elige Ver en el menú emergente. Por último, asegúrate de que la opción de menú Mostrar íconos del escritorio tenga una marca de verificación para que todo esté visible.

Cómo acceder a la pantalla Inicio y abrir apps

El botón Inicio ya no se encuentra en la esquina inferior izquierda del escritorio. Ahora, con tan solo llevar el puntero del ratón a esa pequeña esquina del territorio del escritorio y hacer clic en ella, verás la nueva pantalla Inicio de Windows 8. Cuando aparezca la pantalla Inicio, haz clic en la app o el programa que quieras ejecutar (este procedimiento se explicó en el capítulo 2).

Para acceder a la pantalla Inicio desde el escritorio, así como para recuperar una app que se abrió recientemente, sigue estos pasos:

1. **Lleva a la esquina inferior izquierda de la pantalla el puntero del ratón.**

   Un diminuto ícono de la pantalla Inicio del tamaño de una imagen en miniatura te seguirá, tal y como puede verse en la esquina inferior izquierda de la figura 3-2. Haz clic para volver a la pantalla Inicio.

   Si quieres volver a cualquier otra app que se esté ejecutando en ese momento, tienes otra opción; avanza al siguiente paso.

2. **Cuando aparezca el ícono de la pantalla Inicio, sube lentamente el puntero del ratón a lo largo del borde izquierdo de la pantalla.**

   A medida que suba el puntero por el borde de la pantalla, aparecerán miniaturas de las apps abiertas, lo que te deja varias opciones:

   • Para regresar a una app abierta, haz clic en su miniatura. El escritorio desaparecerá y la app ocupará toda la pantalla, tal y como la dejaste la última vez. Por ejemplo, vuelve a la app Internet Explorer y verás la última página web que visitaste.

   • Para volver al escritorio desde cualquier app, dirígete a la pantalla Inicio y haz clic en el mosaico Escritorio. Asimismo,

Figura 3-2:
Lleva el
puntero
del ratón a
la esquina
inferior
izquierda
para
visualizar
un ícono
que te
llevará a
la pantalla
Inicio

si divisas una miniatura de Escritorio entre la lista de apps utilizadas recientemente, haz clic en esa miniatura para volver al escritorio.

- Para cerrar una app abierta, haz clic con el botón derecho en su miniatura y selecciona Cerrar. La app desaparecerá de la pantalla y tú aparecerás en el escritorio.

También puedes pulsar la tecla 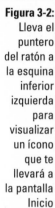 del teclado o de la tableta para acceder a la pantalla Inicio.

En el capítulo 2 doy más información sobre las apps y cómo regresar a las apps utilizadas recientemente (incluido el escritorio).

Cómo alegrar el fondo del escritorio

Para alegrar tu escritorio, Windows 8 lo cubre con una bonita imagen que llamamos "fondo" (muchos la llaman directamente "fondo de pantalla").

Cuando te canses del escenario integrado, no dudes en sustituirlo por una imagen que tengas guardada en la computadora:

Figura 3-3:
Prueba
distintos
fondos
haciendo
clic en
ellos; haz
clic en
el botón
Examinar
para ver
imágenes
de otras
carpetas

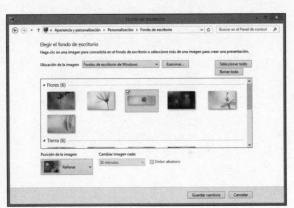

1. **Haz clic con el botón derecho en un espacio vacío del escritorio, elige Personalizar y haz clic en la opción Fondo de escritorio de la esquina inferior izquierda de la ventana.**

2. **Haz clic en cualesquiera de las imágenes, tal y como puede verse en la figura 3-3, y Windows 8 la colocará rápidamente en el fondo de tu escritorio.**

   ¿Has encontrado un caballo ganador? Haz clic en el botón Guardar cambios para conservar la imagen en el escritorio. Pero si aún no has encontrado lo que buscas, avanza al siguiente paso.

3. **Haz clic en el botón Examinar para ver las fotos de tu biblioteca Imágenes o de la carpeta Mis imágenes.**

   La mayoría de los usuarios guardan sus fotos digitales en la biblioteca Imágenes o en la carpeta Mis imágenes (en el capítulo 4 explico cómo buscar en carpetas y bibliotecas).

4. **Haz clic en distintas imágenes para ver cómo quedarán de fondo de escritorio.**

   Cuando hayas encontrado un fondo que te guste, habrás acabado. Sal del programa haciendo clic en su esquina superior derecha y la foto elegida se expandirá por tu escritorio.

A continuación te damos algunos consejos para cambiar un fondo de escritorio:

✔ Las opciones que se muestran en la sección Posición de la imagen permiten seleccionar si la imagen aparecerá en mosaico repetida a lo largo de la pantalla, centrada directamente en el centro o expandida para ocupar toda la pantalla. Las opciones Mosaico, Rellenar y Ajustar funcionan mejor con fotos pequeñas, como las que se hacen con los celulares, repitiéndolas o expandiéndolas para que se ajusten a los bordes de la pantalla.

✔ El explorador web Internet Explorer puede tomar prestada fácilmente cualquier imagen que encuentre en internet para establecerla como fondo. Haz clic con el botón derecho en la imagen del sitio web y elige Establecer como fondo en el menú emergente. Microsoft copiará sigilosamente la imagen en el escritorio como nuevo fondo.

✔ Si una fotografía de fondo dificulta la visualización de los íconos del escritorio, salpica el escritorio con un único color. Tras el paso 1 de la lista anterior, haz clic en la flecha hacia abajo del cuadro Ubicación de la imagen. Cuando aparezca la lista desplegable, selecciona Colores sólidos. Elige tu color favorito para llenar el escritorio.

✔ Para cambiar por completo el aspecto de Windows 8, haz clic con el botón derecho en el escritorio, elige Personalizar y selecciona un tema. Los distintos temas, diseñados para los grandes indecisos, salpicarán de diferentes colores los distintos cuadros, bordes y botones de Windows. En el capítulo 12 hablo con más detalle de los temas (si descargas algún tema de los disponibles en internet, pásales el antivirus como sugerimos en el capítulo 11).

Cómo pegar una app en el escritorio

Por lo general, Windows 8 mantiene la pantalla Inicio y el escritorio separados en dos universos distintos. Puedes trabajar en la pantalla Inicio o en el escritorio, pero no en ambos a la vez. No obstante, a veces esto no es suficiente.

Por ejemplo, puede que quieras ver la app Calendario de la pantalla Inicio en el escritorio para recordarte las citas del día. O quizá necesites tener la app Mensajes abierta mientras trabajas para poder consultarle a un amigo el nombre de tu último grupo de jazz.

La solución es "pegar" la app en el escritorio. La app ocupa menos de un cuarto de la pantalla, mientras que el escritorio ocupa el resto, tal y como puede verse en la figura 3-4. También puedes darle más espacio a la app en la pantalla si contraes el escritorio.

Para pegar una app en el escritorio, sigue estos pasos:

Figura 3-4:
Al pegar una app (colocándola en el escritorio), podrás verla desde el escritorio

1. **Abre cualquier app de la pantalla Inicio.**

   Para acceder a la pantalla Inicio, pulsa la tecla . Si usas el ratón, puedes llevar el puntero del ratón a la esquina inferior izquierda de la pantalla y hacer clic cuando aparezca el ícono de la pantalla Inicio. A continuación, abre la app que quieras pegar en el escritorio.

   Si estás utilizando un ratón o una pantalla táctil, avanza al paso 3.

2. **Si estás utilizando un teclado, mantén pulsada la tecla y pulsa la tecla del punto.**

   La app se pegará a la derecha de la pantalla. Vuelve a pulsar +. [punto] para pegar la app al borde izquierdo de la pantalla esta vez. Si no ves el escritorio en el lateral de la app, avanza al paso 3; el escritorio se abrirá en la app acoplada.

3. **Vuelve al escritorio.**

   Para volver al escritorio, mantén pulsada la tecla y pulsa D o haz clic en el mosaico Escritorio de la pantalla Inicio.

4. **Pega la app que elijas en el escritorio.**

   Estos pasos son mucho más fáciles de hacer que de leer. Allá van:

   • **Ratón:** lleva el puntero del ratón a la esquina superior o inferior izquierda de la pantalla hasta que aparezca una miniatura de la última app que hayas utilizado. Haz clic con el botón derecho en la app que prefieras y, en el menú emergente, selecciona Acoplar a la izquierda o Acoplar a la derecha para pegar una app al lateral de la pantalla que elijas.

- **Pantalla táctil:** arrastra el dedo lentamente desde el borde izquierdo de la pantalla hacia dentro; aparecerá la última app que hayas abierto, que te seguirá con el movimiento de tu dedo. Cuando aparezca una franja en la pantalla, levanta el dedo y la app se pegará en el borde izquierdo de la pantalla.

Cuando la app se pegue en el borde del escritorio, se creará una barra vertical para separarla del escritorio. Cuando la app se pegue en el borde del escritorio, permanecerá ahí, aunque cambies a la pantalla Inicio o cargues otras apps.

Aunque el pegado de app funciona bien con algunas tareas, no viene exenta de normas:

✔ Para "despegar" la app, arrastra la barra vertical hacia el borde de la pantalla o pulsa ▦+. [punto] hasta que desaparezca la app.

✔ Cuando la app se adhiera al lateral, podrás arrastrar la barra vertical hacia dentro, haciendo que la app ocupe la mayoría de la pantalla y volviendo a convertir el escritorio en una franja más bien inútil.

✔ Para mover la app de un borde a otro, pulsa ▦+. [punto] y la app cambiará de lado. Vuelve a pulsar ▦+. [punto] y la app se despegará del borde.

✔ No se puede pegar una app al lateral de la pantalla Inicio. La pantalla Inicio siempre ocupa toda la pantalla. Pero cuando salgas de la pantalla Inicio, la app pegada anteriormente seguirá en su lugar, adherida al mismo borde.

✔ Las apps solo se pueden pegar de una en una. Por ejemplo, no puedes pegar una app a cada lado del escritorio.

✔ Solo podrás pegar apps en una pantalla con una resolución de al menos 1366 x 768. En lenguaje humano, eso significa una pantalla de computadora extraancha, que no encontrarás en la mayoría de las ultraportátiles o portátiles antiguas. Sin embargo, tendrás esa resolución en todas las tabletas con Windows 8.

✔ Para ver la resolución de la pantalla, pulsa ▦+D para abrir el escritorio. Haz clic con el botón derecho en un espacio vacío del escritorio y selecciona Resolución de pantalla en el menú emergente. Puedes seleccionar la resolución en la barra de desplazamiento desplegable Resolución (normalmente deberás elegir la mayor resolución que se ofrezca).

Hurgando entre la basura de la Papelera de reciclaje

Papelera de reciclaje

La Papelera de reciclaje, ese ícono de papelera de vidrio en la esquina del escritorio, funciona de forma muy parecida a una papelera de reciclaje real. Es como la del margen y te permite recuperar los archivos desechados que pensabas que nunca volverías a necesitar.

Para tirar algún elemento del escritorio como, por ejemplo, un archivo o una carpeta, a la Papelera de reciclaje de Windows 8, puedes hacer lo siguiente:

✔ Hacer clic con el botón derecho en el elemento no deseado y seleccionar Eliminar en el menú. Windows 8 te preguntará prudentemente si estás seguro de querer borrar el elemento. Haz clic en Sí y Windows 8 lo tirará a la Papelera de reciclaje, como si lo hubieras arrastrado ahí. ¡Zas!

✔ Para borrar el elemento rápidamente, haz clic en el objeto no deseado y pulsa la tecla Supr.

¿Quieres recuperar algo? Haz doble clic en el ícono de la papelera de reciclaje para ver los elementos que has borrado recientemente. Haz clic con el botón derecho en el elemento y elige Restaurar. La práctica Papelera de reciclaje devolverá tu valioso elemento al mismo punto en el que lo borraste. También puedes resucitar elementos eliminados arrastrándolos al escritorio o a cualquier carpeta; arrástralos a la Papelera de reciclaje para volver a eliminarlos.

La Papelera de reciclaje puede llenarse bastante. Si estás buscando desesperadamente un archivo que borraste hace poco, dile a la Papelera de reciclaje que ordene todos los elementos por la fecha y la hora en que los eliminaste. Haz clic con el botón derecho en una zona vacía dentro de la Papelera de reciclaje y elige Ordenar por. A continuación, selecciona Fecha eliminación en el menú emergente.

Para borrar algo permanentemente, elimínalo dentro de la Papelera de reciclaje: haz clic y pulsa la tecla Supr. Para eliminar todos los elementos de la Papelera de reciclaje, haz clic con el botón derecho en el ícono de la papelera de reciclaje y selecciona Vaciar Papelera de reciclaje.

Para omitir directamente la Papelera de reciclaje al borrar archivos, mantén pulsada la tecla Mayús mientras pulsas Supr. ¡Paf! El objeto seleccionado desaparece para no verlo más. Un práctico truco cuando trates con elementos confidenciales, como números de tarjetas de crédito o cartas de amor de medianoche para un colega de un cubículo cercano.

Papelera de reciclaje

✔ La Papelera de reciclaje cambiará de vacía a una llena en cuanto contenga algún archivo eliminado.

✔ La Papelera de reciclaje guardará los archivos eliminados hasta que la basura consuma aproximadamente el 5 % del espacio en el disco duro. Entonces eliminará de forma definitiva los archivos que hayas borrado más recientemente para hacerle hueco a los nuevos. Si tienes poco espacio en el disco duro, reduce el tamaño de la papelera haciendo clic con el botón derecho en la Papelera de reciclaje y seleccionando Propiedades. Reduce el número de Tamaño personalizado para borrar la papelera más rápidamente; si aumentas el número, la Papelera de reciclaje almacenará los archivos durante más tiempo.

✔ La Papelera de reciclaje guarda solo los elementos eliminados de las unidades de tu computadora. Esto significa que no guardará nada que elimines desde un CD, una tarjeta de memoria, un reproductor MP3, una unidad USB o una cámara digital.

✔ ¿Ya has vaciado la Papelera de reciclaje? Es posible que todavía puedas recuperar el elemento que borraste antes y ahora añoras en la nueva copia de seguridad de Historial de archivos en Windows 8, de la que hablaremos en el capítulo 13.

✔ Si borras algo de la computadora de otro usuario en red, no lo podrás recuperar. La Papelera de reciclaje guarda solo los elementos eliminados de tu computadora, no de la de otro usuario (por algún feo motivo, la Papelera de reciclaje de la computadora del otro usuario tampoco guardará el elemento). Ten cuidado.

¡Vayamos por la barra de tareas!

Cuando te encuentras con más de una ventana en el escritorio, te enfrentas a un problema de logística: los programas y las ventanas tienden a solaparse, con lo que resulta difícil localizarlos. Para empeorar las cosas, algunos programas como Internet Explorer y Microsoft Word pueden contener varias ventanas. ¿Cómo puedes hacer para no perder la pista a todas las ventanas?

La solución que nos ofrece Windows 8 es la barra de tareas, un área especial que reúne todos los programas en ejecución y sus respectivas ventanas. Tal y como puede verse en la figura 3-5, la barra de tareas está ubicada en la parte inferior del escritorio y se actualiza continuamente

Figura 3-5:
Haz clic en
los botones
de los
programas
en
ejecución
en la barra
de tareas

para mostrar un ícono de cada programa que estés ejecutando en ese momento.

La barra de tareas también sirve para ejecutar tus programas favoritos. Al mantenerlos a la vista y a un clic, te ahorras una visita a la pantalla Inicio.

¿No sabes lo que hace un ícono de la barra de tareas? Coloca el puntero del ratón sobre cualesquiera de los íconos de la barra de tareas para ver el nombre del programa o una imagen en miniatura del contenido del programa, tal y como puede verse en la figura 3-5. En esa figura, por ejemplo, puedes ver que Internet Explorer contiene dos páginas web.

Desde la barra de tareas puedes hacer magia, como se describe en la siguiente lista:

✔ Para acceder a un programa de la barra de tareas, haz clic en su ícono. La ventana se abrirá y se situará sobre el resto de las ventanas abiertas, lista para la acción. Si vuelves a hacer clic en el ícono de la barra de tareas, se minimizará esa misma ventana.

✔ Cada vez que cargues un programa en el escritorio, su ícono aparecerá automáticamente en la barra de tareas. Si alguna vez pierdes una de las ventanas abiertas en el escritorio, haz clic en su ícono en la barra de tareas para traerla al frente.

✔ Para cerrar una ventana de la barra de tareas, haz clic con el botón derecho en su ícono y elige Cerrar ventana en el menú emergente.

El programa se cerrará, como si hubieras elegido el comando Salir desde su propia ventana (el programa que intentes cerrar te dará la oportunidad de guardar los cambios antes de cerrarse y abandonar la pantalla).

✔ La barra de tareas está situada normalmente en el borde inferior del escritorio, pero puedes moverla al borde que quieras, lo que permitirá ahorrar espacio en monitores extraanchos (**sugerencia**: prueba a arrastrarla al lateral de la pantalla. Si no se mueve, haz clic con el botón derecho en la barra de tareas y haz clic en Bloquear la barra de tareas para eliminar la marca de verificación en esa opción).

✔ Si la barra de tareas sigue oculta tras el borde inferior de la pantalla, señala con el ratón el borde inferior hasta que aparezca la barra de tareas. A continuación, haz clic con el botón derecho en la barra de tareas, elige Propiedades y elimina la marca de verificación de Ocultar automáticamente la barra de tareas.

✔ Puedes añadir tus programas favoritos directamente a la barra de tareas. En la pantalla Inicio, haz clic con el botón derecho en el mosaico de tu programa favorito y elige Anclar a la barra de tareas. El ícono del programa se integrará en la barra de tareas para poder acceder a él más fácilmente, como si se estuviera ejecutando. ¿Estás cansado de que un programa acapare espacio en la barra de tareas? Haz clic con el botón derecho sobre él y selecciona Desanclar este programa de la barra de tareas.

Cómo reducir las ventanas para integrarlas en la barra de tareas y recuperarlas después

Las ventanas llaman a las ventanas. Empiezas con una ventana para escribir una carta elogiando tu restaurante mexicano preferido. Abres otra ventana para consultar una dirección, por ejemplo, y otra para leer opiniones sobre productos en internet. Antes de darte cuenta, ya tienes cuatro ventanas en el escritorio.

Para evitar el desorden, Windows 8 proporciona un método sencillo para el control de las ventanas: puedes transformar una ventana de un cuadrado que ocupa parte de la pantalla a un botón diminuto en la barra de tareas, que está situada en la parte inferior de la pantalla. La solución es el botón Minimizar.

¿Ves los tres botones que merodean en la esquina superior derecha de todas las ventanas? Haz clic en el botón Minimizar (el botón con una pequeña línea, como el del margen). ¡Zas! La ventana desaparecerá y quedará representada por su botón en la barra de tareas de la parte inferior de la pantalla.

Para que un programa minimizado en la barra de tareas vuelva a ser una ventana normal en pantalla, solo tienes que hacer clic en su ícono en la barra de tareas. Muy fácil, ¿verdad?

✔ ¿No puedes encontrar el ícono de la barra de tareas para la ventana que quieres minimizar o maximizar? Si pasas el puntero del ratón sobre el botón de la barra de tareas, Windows 8 mostrará una foto en miniatura de ese programa o el nombre del programa.

✔ Cuando minimices una ventana, ni borrarás su contenido ni cerrarás el programa. Y cuando hagas clic en el nombre de la ventana en la barra de tareas, se volverá a abrir con el mismo tamaño en que lo dejaste y mostrará el mismo contenido.

Cómo alternar entre distintas tareas desde las listas de accesos directos de la barra de tareas

La barra de tareas de Windows 8 no solo permite abrir programas y alternar entre ventanas. También puedes saltar a otras tareas haciendo clic con el botón derecho en los íconos de las barras de tareas. Tal y como se muestra en la figura 3-6, si haces clic con el botón derecho en el ícono de Internet Explorer, aparecerá una lista rápida de los sitios web que has visitado recientemente. Haz clic en cualquier sitio de la lista para volver a acceder a él rápidamente.

Estos menús emergentes, que se llaman "listas de accesos directos", añaden un nuevo truco a la barra de tareas: con ellas podrás saltar rápidamente a las ubicaciones que hayas visitado recientemente y así podrás trabajar más rápidamente.

¿Qué ocurre al hacer clic en las zonas sensibles de la barra de tareas?

Como si de un astuto jugador de cartas se tratara, la barra de tareas viene con algunos trucos y sugerencias. Por ejemplo, aquí te contamos la verdad sobre los íconos cercanos al borde derecho de la barra de tareas, que puede verse en la figura 3-7, conocida como el "área de notificación".

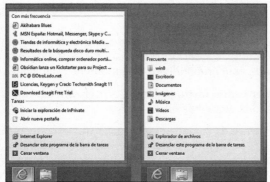

Figura 3-6:
Listas de accesos directos, de izquierda a derecha, Internet Explorer y Explorador de archivos

Aparecerán distintos elementos en el área de notificación en función de tu computadora y de los programas, pero probablemente te encuentres con algunos de estos:

✔ **Minimizar ventanas:** esta pequeña tira oculta tras el borde derecho más alejado de la barra de tareas minimiza instantáneamente todas las ventanas abiertas al hacer clic en ella (vuelve a hacer clic en ella para colocar las ventanas en su lugar de nuevo).

✔ **Fecha/Hora:** haz clic en la fecha y la hora para visualizar un práctico calendario mensual y un reloj. Si quieres cambiar la fecha o la hora,

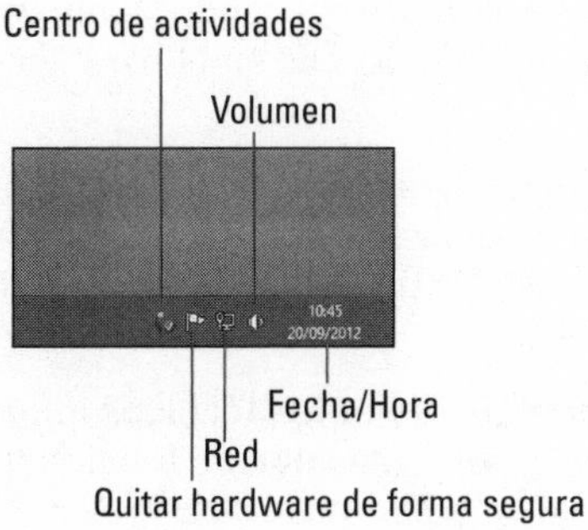

Figura 3-7:
Los íconos diminutos de la barra de tareas en el borde derecho muestran principalmente los elementos que se ejecutan en segundo plano en la computadora

Centro de actividades

Volumen

Fecha/Hora

Red

Quitar hardware de forma segura

o incluso añadir una segunda zona horaria, haz clic en el área Fecha/Hora y elige Cambiar la configuración de fecha y hora, una tarea que trataré en el capítulo 12.

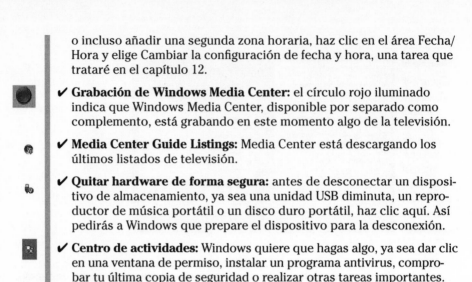

✔ **Grabación de Windows Media Center:** el círculo rojo iluminado indica que Windows Media Center, disponible por separado como complemento, está grabando en este momento algo de la televisión.

✔ **Media Center Guide Listings:** Media Center está descargando los últimos listados de televisión.

✔ **Quitar hardware de forma segura:** antes de desconectar un dispositivo de almacenamiento, ya sea una unidad USB diminuta, un reproductor de música portátil o un disco duro portátil, haz clic aquí. Así pedirás a Windows que prepare el dispositivo para la desconexión.

✔ **Centro de actividades:** Windows quiere que hagas algo, ya sea dar clic en una ventana de permiso, instalar un programa antivirus, comprobar tu última copia de seguridad o realizar otras tareas importantes.

✔ **Red por cable:** aparece cuando estás conectado a internet o a otras computadoras a través de una red por cable. ¿No estás conectado? Una X roja aparecerá sobre el ícono.

✔ **Red inalámbrica:** tu computadora está conectada de forma inalámbrica a internet o a otra red. Cuando se muestran las cinco barras, la señal es muy intensa.

✔ **Volumen:** haz clic o toca este ícono del altavoz para ajustar el volumen de la computadora, como puede verse en la figura 3-8. También puedes hacer doble clic en la palabra Mezclador para visualizar un panel de mezclas. Los mezcladores te permiten ajustar niveles de volumen independientes para cada programa, dejándote mantener el volumen de Media Player más alto que los molestos pitidos del resto de los programas.

✔ **Notificación de problemas de Windows:** cuando Windows tenga un problema, aparecerá este ícono; haz clic en él para ver posibles soluciones.

✔ **Actualizaciones automáticas de Windows:** este ícono aparecerá cuando Windows descargue actualizaciones, normalmente pequeños programas diseñados para arreglar tu computadora, del sitio web de Microsoft en Windows Update.

✔ **Administrador de tareas:** codiciado por los técnicos informáticos, este programita puede cerrar programas que no funcionen correctamente, controlar las tareas en segundo plano, controlar el rendimiento y hacer realidad otros sueños de los cerebritos informáticos.

Figura 3-8:
Desliza el
botón de
la barra
deslizante
para ajustar
el volumen

✔ **Proceso de hospedaje de Windows:** este ícono de nombre pési-
mamente elegido encierra un mensaje aún peor: el dispositivo que
acabas de conectar no funciona, ya sea la impresora, el escáner, el
reproductor de música u otro objeto. Prueba a desconectarlo, vuelve
a ejecutar el software de instalación y conéctalo otra vez.

✔ **Explorador:** las computadoras antiguas incluyen dos tipos de puertos USB, uno rápido y uno lento. Este ícono indica que has conectado un dispositivo rápido en el puerto lento. Prueba a desconectarlo
y conectarlo en un puerto distinto (el puerto USB de la parte trasera
de las computadoras de escritorio es a menudo el más rápido).

✔ **Toma de corriente:** indica que la portátil está conectada a una toma
eléctrica y la batería se está cargando.

✔ **Batería:** la portátil o la tableta está funcionando solo con la batería
(coloca el puntero del ratón sobre el ícono para ver cuánta batería le
queda).

✔ **Flecha:** la barra de tareas esconde cosas a veces. Si ves una flecha
diminuta que señala hacia arriba al principio del área de notificación
de la barra de tareas, haz clic en ella para ver cómo salen algunos
íconos ocultos (consulta el apartado "Cómo personalizar la barra de
tareas" para obtener trucos y sugerencias sobre si los íconos deben
ocultarse).

Cómo personalizar la barra de tareas

Windows 8 ofrece un amplio abanico de opciones para la barra de tareas,
lo que te permitirá jugar con ella de más formas que con un espagueti y
un tenedor.

Y esto es especialmente importante en Windows 8 ya que, al llenar la barra de tareas con íconos para los programas más utilizados, puedes ahorrarte viajes innecesarios a la pantalla Inicio.

En primer lugar, la barra de tareas ya viene cargada con dos íconos a la izquierda: Internet Explorer (tu explorador web con todas las funciones) y el Explorador de archivos (tu explorador de archivos). Al igual que el resto de los íconos de la barra de tareas, se pueden mover, así que no dudes en arrastrarlos en el orden que prefieras.

Si divisas el ícono de un programa favorito en la pantalla Inicio, haz clic con el botón derecho en el ícono y elige Anclar a barra de tareas en el menú emergente. También puedes arrastrar y soltar el ícono de un programa del escritorio directamente en la barra de tareas.

Para una personalización aún mayor, haz clic con el botón derecho en un espacio vacío de la barra de tareas y elige Propiedades. Aparecerá el cuadro de diálogo Propiedades de la barra de tareas, como puede verse en la figura 3-9.

En la tabla 3-1 se explican las opciones del cuadro de diálogo, así como mis recomendaciones para ellas. Tendrás que eliminar la marca de verificación de Bloquear la barra de tareas para que algunas opciones funcionen.

Figura 3-9:
Haz clic
en la ficha
Barra de
tareas para
personalizar
el aspecto y
el comportamiento de
la barra de
tareas

Tabla 3-1   Personalización de la barra de tareas

Opción	Mis recomendaciones
Bloquear la barra de tareas	Al seleccionar esta casilla de verificación, se bloqueará la barra de tareas en su lugar, evitando que cambies su aspecto. Mantenla bloqueada para protegerla de cambios accidentales, pero bloquéala solo una vez que la configures para responder a tus necesidades.
Ocultar automáticamente la barra de tareas	Esta opción, práctica para la mayoría de las pantallas pequeñas, hará que la barra de tareas se oculte automáticamente cuando no estés cerca de ella (coloca el puntero del ratón en el borde inferior de la pantalla para hacer que salga). Yo dejo esta opción sin seleccionar para mantener la barra de tareas siempre visible.
Usar botones de barra de tareas pequeños	Otra utilidad para las pantallas pequeñas que reduce la barra de tareas a la mitad de su altura, dejándote añadir algunos íconos diminutos adicionales.
Ubicación de la barra de tareas en pantalla	La barra de tareas puede situarse en cualquier borde del escritorio, no solo en la parte inferior. Elige cualesquiera de los cuatro bordes.
Botones de la barra de tareas	Cuando abras muchos programas y ventanas, Windows los ubicará agrupando ventanas similares en un botón, por ejemplo, todos los documentos de Microsoft Word abiertos se apilan en el botón Microsoft Word. Para evitar que la barra se llene en exceso, selecciona la opción llamada Combinar siempre y ocultar etiquetas.
Área de notificación	El botón Personalizar de esta sección te permite decidir qué íconos deben aparecer en el área de notificación. Yo elijo Mostrar siempre todos los íconos y notificaciones en la barra de tareas.
Usar Vistazo para ver una vista previa…	Cuando actives esta función, al pasar el ratón por la tira en el borde derecho de la barra de tareas, la ventana se hará transparente, dejándote ver el fondo del escritorio. Al hacer clic se minimizarán todas las ventanas abiertas. Selecciona esta casilla de verificación para activar esa tira.

No dudes en experimentar con la barra de tareas hasta que tenga el aspecto que quieras. Una vez que hayas cambiado una opción, haz clic en el botón Aplicar para ver los cambios inmediatamente. ¿No te gusta el cambio? Invierte tu decisión y haz clic en Aplicar para regresar al modo normal.

Una vez que configures la barra de tareas a tu gusto, selecciona la casilla de verificación Bloquear la barra de tareas, que se describe en la tabla 3-1.

La ficha Listas de accesos directos del cuadro de diálogo Propiedades de la barra de tareas, que vimos anteriormente en la figura 3-9, aplacará a los que buscan privacidad. Te permitirá impedir que las listas de accesos directos (que vimos anteriormente en este capítulo) recuerden dónde has estado, de forma que los demás no vean estas ubicaciones en tus listas de acceso directo (hablé de ellas anteriormente en este capítulo).

Cómo hacer más fácil la búsqueda de programas

Una vez que sepas cómo acceder al escritorio en una computadora de escritorio, es muy probable que quieras quedarte ahí y evitar la excesiva aglomeración de engorrosos mosaicos de la pantalla Inicio.

Evita perder tiempo en viajes a la pantalla Inicio llenando el escritorio de accesos directos a tus programas y sitios favoritos. En esta sección se explica cómo acampar en el escritorio y permanecer ahí tanto tiempo como sea posible.

Si la pantalla Inicio te hace sentir más cómodo, en el capítulo 2 se explica cómo clavar la bandera en ese entorno y evitar el escritorio.

Cómo añadir cinco íconos útiles al escritorio

Cuando lo abras por primera vez, el escritorio solo contendrá tres íconos: la Papelera de reciclaje situada en la esquina superior; el Explorador de archivos en la esquina izquierda de la barra de tareas (para explorar tus propios archivos) e Internet Explorer (para explorar lo que ofrece internet).

Todo lo demás exigirá un viaje a la pantalla Inicio hasta que sigas estos pasos:

1. **Haz clic con el botón derecho en un espacio en blanco del escritorio y elige Personalizar.**

Aparecerá la ventana Personalización.

2. **En el lado izquierdo de la ventana Personalización, haz clic en el enlace Cambiar íconos del escritorio.**

   Aparecerá la ventana Configuración de íconos de escritorio.

3. **Marca los cinco cuadros de arriba: Equipo, Archivos del usuario, Red, Papelera de reciclaje y Panel de control. A continuación, haz clic en Aplicar.**

   Los accesos directos de esos cinco íconos aparecerán en el escritorio para poder acceder a ellos más rápida y fácilmente.

4. **Elimina la marca de la opción llamada Permitir que los temas cambien los íconos del escritorio.**

   De esta forma, te asegurarás de que estos íconos se quedan ahí, aunque llenes el escritorio con un tema decorativo (describo los temas en el capítulo 12).

Una vez que estos íconos aparezcan en el escritorio, no dudes en arrastrarlos y soltarlos donde quieras. Es muy probable que te ahorren algunos viajes a la pantalla Inicio.

Cómo crear accesos directos de tus programas favoritos en la barra de tareas

Cada vez que instales un programa nuevo en la computadora, esta te hará normalmente preguntas demasiado obtusas. Pero pon atención cuando veas esta pregunta: "¿Te gustaría un ícono de acceso directo en el escritorio o la barra de tareas?".

Di que sí sin dudarlo, ya que esto evitará que tengas que salir a la pantalla Inicio para encontrar el mosaico del programa.

Pero si tus programas favoritos aún no tienen íconos en el escritorio o la barra de tareas, puedes colocarlos ahí así:

1. **Dirígete a la pantalla Inicio y abre su barra de menús.**

   Haz clic con el botón derecho en un espacio vacío de la pantalla Inicio (o pulsa ▦+Z) para que aparezca la barra de menús de la pantalla Inicio en la parte inferior de la pantalla. Asimismo, si tienes una pantalla táctil, podrás visualizar la barra si deslizas el dedo hacia arriba desde el borde inferior de la pantalla Inicio. En el capítulo 2 hablo de la pantalla Inicio y sus menús.

2. **En el menú inferior, haz clic en el ícono Todas las aplicaciones (como el del margen) para ver una lista de todos los programas y apps disponibles.**

3. **En la pantalla Inicio, haz clic con el botón derecho en cualquier programa o app que quieras que aparezca en el escritorio y selecciona Anclar a la barra de tareas.**

En una extraña ruptura del protocolo, con las pantallas táctiles no se puede hacer clic con el botón derecho en la pantalla Inicio. En lugar de ello, tendrás que seleccionar un mosaico de la pantalla Inicio. Mantén el dedo sobre el mosaico y deslízalo un centímetro. Cuando aparezca una marca de verificación en la esquina superior derecha, levanta el dedo. Aparecerá la barra de menús debajo, permitiéndote tocar la opción Anclar a la barra de tareas (que puede verse en el margen).

Para anular la selección del mosaico, desliza el dedo hacia abajo sobre él, como antes. Sin embargo, esta vez la marca de verificación desaparecerá.

4. **Repite el paso 3 para cada app o programa que quieras añadir.**

Desafortunadamente, no puedes seleccionar varios de modo simultáneo.

Cuando termines, la barra de tareas incluirá íconos nuevos de tus programas favoritos.

Ahora, en lugar de dirigirte a la pantalla Inicio, puedes ejecutarlos directamente desde la barra de tareas.

Una vez que hayas llenado la barra de tareas de íconos, imagina que están numerados, de izquierda a derecha. Al pulsar ▦+1 desde la barra de tareas se abrirá el primer programa; si pulsas ▦+2, se abrirá el segundo, y así sucesivamente. ¡Has creado accesos directos automáticos!

Capítulo 4

Mecánica básica de las ventanas del escritorio

*L*a simplista pantalla Inicio de Windows 8 incluye botones exagerados y llamativos, letras grandes y colores brillantes que destacan en la pantalla. Por contra, el escritorio de Windows presenta minúsculos botones monocromos, letras diminutas y ventanas con bordes del grosor del trazo de un lápiz.

Asimismo, otra diferencia clara es que cada app de la pantalla Inicio ocupa toda la pantalla para poder verla fácilmente. Mientras tanto, en el escritorio atestado se pueden ocultar decenas de ventanas.

Para que puedas maniobrar fácilmente en el caótico laberinto de ventanas del escritorio, en este capítulo te enseñamos la anatomía de las ventanas y te damos una lección para aprender a navegar por ellas.

Para ello, colocaremos una ventana normal y corriente en la mesa de disecciones. He extraído cada parte para realizar una explicación y un etiquetado con detalle con la terminología que puedes encontrar en los menús, manuales y programas de Windows. Encontrarás la teoría que respalda cada parte de la ventana y los procedimientos necesarios para someter estas partes a tu voluntad.

A continuación mostramos una guía práctica en la que se identifican y explican los botones, los cuadros, las barras, las listas y otras curiosidades con las que te puedes encontrar cuando intentes que el escritorio de Windows haga algo útil.

Te recomiendo encarecidamente que escribas tus notas en los márgenes de este libro cuando pases de la simplista pantalla Inicio al poderoso pero complicado escritorio de Windows.

Disección de una ventana del escritorio tradicional

En la figura 4-1 ponemos la típica ventana diseccionada, con todas las partes etiquetadas. Puedes reconocer la ventana como la biblioteca Documentos, ese almacén para la mayoría de tu trabajo.

Al igual que los boxeadores esbozan distintas muecas en función de cómo se les golpea, las ventanas se comportan de forma distinta según se hace clic en ellas. En las siguientes secciones se describen las principales partes de la ventana de la biblioteca Documentos de la figura 4-1, cómo hacer clic en ellas y cómo responderá Windows.

✔ Los veteranos de Windows XP recordarán la carpeta Mis documentos: ese gran almacén para todos sus archivos. Windows Vista eliminó la palabra "Mis" para crear la carpeta Documentos; en Windows 7 y Windows 8 se volvió a poner el "Mis" en su sitio (aunque da igual cómo se llame; siguen esperando que almacenes tus archivos ahí).

✔ Rompiendo con el pasado, Windows 8 incluye un panel grueso lleno de controles llamado "Cinta" en la parte superior de las carpetas. A algunos usuarios les gustan los menús y botones grandes de la Cinta; otros prefieren el antiguo sistema de menús. Pero te guste o no, tendremos que lidiar con la Cinta durante algún tiempo.

✔ Windows 8 coloca la carpeta Mis documentos en la biblioteca Documentos, una especie de supercarpeta que se describe en el capítulo 5. En la biblioteca Documentos se muestra tanto la carpeta Mis documentos como la carpeta Documentos públicos (todas las personas que utilicen tu computadora verán la misma carpeta Documentos públicos, lo que la hace una carpeta útil para compartir archivos).

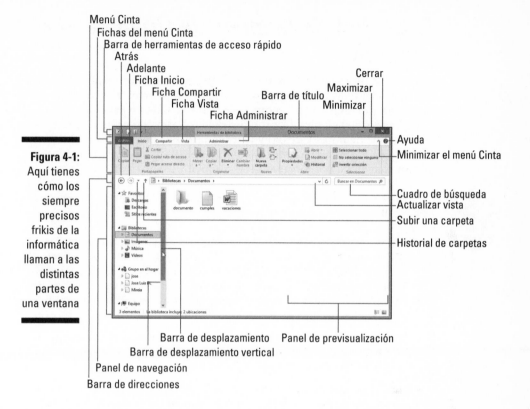

Figura 4-1: Aquí tienes cómo los siempre precisos frikis de la informática llaman a las distintas partes de una ventana

- ✔ Windows 8 está lleno de cuadros, bordes y botones con formas raras. No tienes que recordar todos sus nombres, aunque eso te ayudaría a averiguar qué hacen los eruditos menús de Ayuda de Windows. Cuando divises una parte rara de una ventana, vuelve a este capítulo, busca su nombre en la figura 4-1 y lee la explicación.

- ✔ Puedes lidiar con la mayoría de elementos en Windows haciendo clic, doble clic o clic con el botón derecho. **Sugerencia:** Cuando tengas dudas, haz clic con el botón derecho.

- ✔ ¿Estás navegando por el escritorio en una pantalla táctil? Si quieres conocer algunos trucos sobre cómo tocar la pantalla, echa un vistazo al texto sobre cómo tocar el escritorio en una tableta con Windows 8 que añadí en el capítulo 3.

- ✔ Una vez que hagas clic en unas cuantas ventanas unas cuantas veces, captarás lo fácil que es manejarlas. Lo difícil es encontrar los controles adecuados por primera vez, como entender el tablero de un coche de alquiler.

Entresijos de la barra de título de una ventana

La barra de título, que se encuentra en la parte superior en prácticamente todas las ventanas (ver ejemplos en la figura 4-2), muestra el nombre del programa y el archivo con el que se está trabajando en este momento. Por ejemplo, en la figura 4-2 se muestran las barras de título de los programas Bloc de notas (arriba) y WordPad (abajo) de Windows 8. La barra de título de WordPad muestra el nombre del archivo como Documento porque aún no ha podido guardar el archivo y asignarle un nombre.

La barra de título, mundana aunque respetable, oculta sus poderes, que se describen en los siguientes trucos:

✔ Las barras de título son una herramienta práctica para mover las ventanas por el escritorio. Lleva el puntero del ratón a un espacio vacío de la barra de título, mantén pulsado el botón del ratón y muévelo por la pantalla; la ventana te seguirá cuando muevas el ratón. ¿Has encontrado el sitio correcto? Suelta el botón del ratón y la ventana acampará en su nueva ubicación.

✔ Haz doble clic en un espacio vacío de la barra de título y la ventana ocupará toda la pantalla. Vuelve a hacer doble clic y la ventana volverá a su tamaño original.

✔ ¿Ves la pila de pequeños íconos en la esquina superior izquierda del programa WordPad? Esos íconos forman la barra de herramientas de acceso rápido, que es parte de lo que Microsoft llama una "interfaz de Cinta". Con tan solo hacer clic en un ícono, podrás acceder a tareas habituales como guardar un archivo.

✔ El extremo derecho de la barra de título contiene tres botones cuadrados. De izquierda a derecha, te permitirán minimizar, restaurar (o

Figura 4-2:
Una barra de título de Bloc de notas (arriba) y WordPad (abajo)

maximizar) o cerrar una ventana, temas que se tratan en el apartado "Cómo maniobrar con ventanas por el escritorio", más adelante en este capítulo.

✔ Para encontrar la ventana en la que estás trabajando en este momento, busca una barra de título más oscura con un botón Cerrar rojo en la esquina superior derecha (figura 4-2, abajo). Esos colores distinguen esa ventana de las ventanas en las que no estás trabajando (figura 4-2, arriba). Al echar un vistazo a todas las barras de título en pantalla, puedes detectar qué ventana está activa y aceptando todo lo que escribas.

Cómo desplazarse por las carpetas con la barra de direcciones de una ventana

Justo debajo de la barra de título de cada carpeta encontrarás la "barra de direcciones", que se muestra sobre la biblioteca Documentos en la figura 4-3. Los veteranos de Internet Explorer experimentarán un *déjà vu*: la barra de direcciones de Windows 8 está copiada directamente de la parte superior de Internet Explorer y pegada en la parte superior de cada carpeta.

Arrastrar, soltar y listo

Aunque la expresión "arrastrar y soltar" suena como si hubiera salido de un manual para la mafia, en realidad es un truco de ratón nada violento que se utiliza en todo Windows. Arrastrar y soltar es una forma de mover algo, por ejemplo, un ícono del escritorio, de un lugar a otro.

Para arrastrar, coloca el puntero del ratón sobre el ícono y mantén pulsado el botón izquierdo o derecho del ratón (yo prefiero el botón derecho del ratón). Cuando muevas el ratón por el escritorio, el puntero arrastrará el ícono por la pantalla. Coloca el puntero/ícono donde desees y suelta el botón del ratón. El ícono se soltará, sin daño alguno.

Si mantienes pulsado el botón derecho del ratón mientras arrastras y sueltas, Windows mostrará un práctico menú que te preguntará si quieres copiar o mover el ícono.

Departamento de consejos prácticos: ¿has empezado a arrastrar algo y te has dado cuenta a medio camino de que estás arrastrando el elemento equivocado? No sueltes el botón del ratón; en lugar de ello, pulsa Esc para cancelar la acción. ¡Fantástico! Si has arrastrado un elemento con el botón derecho del ratón y ya has soltado el botón, tienes otra salida: selecciona Cancelar en el menú emergente.

Las cuatro partes principales de la barra de direcciones, descritas de izquierda a derecha en la siguiente lista, llevan a cabo cuatro tareas distintas.

✔ **Botones Atrás y Adelante:** estas dos flechas te permiten navegar cómodamente entre carpetas. El botón Atrás retrocede hasta la carpeta a la que acabas de acceder. El botón Adelante te devuelve a la ubicación anterior. Puedes hacer clic en la flecha minúscula a la derecha de la flecha Adelante para ver una lista de lugares a los que has accedido previamente; haz clic en cualquier entrada para acceder directamente a ella.

✔ **Botón de flecha hacia arriba:** el botón de flecha hacia arriba, que se eliminó en Windows 7, regresa triunfalmente a Windows 8. Haz clic en él para mover hacia arriba una carpeta de tu carpeta actual. Por ejemplo, si has estado ordenando archivos en la carpeta "Cosas" de la biblioteca Documentos, haz clic en la flecha hacia arriba para volver a la biblioteca Documentos.

✔ **Barra de direcciones:** al igual que la barra de direcciones de Internet Explorer muestra una dirección de un sitio web, la barra de direcciones de Windows 8 muestra la dirección de tu carpeta actual, es decir, su ubicación dentro de la computadora. Por ejemplo, la barra de direcciones que puede verse en la figura 4-3 muestra tres palabras: Bibliotecas, Documentos y Cosas. Estas palabras te indican que estás buscando dentro de la carpeta Cosas dentro de la biblioteca Documentos de tus bibliotecas. Sí, las direcciones son lo bastante complicadas como para necesitar un capítulo entero: el capítulo 5.

✔ **Cuadro de búsqueda:** en otro robo a Internet Explorer, todas las carpetas de Windows 8 incluyen un cuadro de búsqueda. En lugar de buscar en internet, hurga en el contenido de tus carpetas. Por ejemplo, escribe la palabra "zanahoria" en el cuadro de búsqueda de una carpeta. Windows 8 rebuscará en el contenido de esa carpeta y recuperará todos los archivos o carpetas que incluyan "zanahoria".

En la libreta de direcciones, fíjate en las pequeñas flechas entre las palabras Bibliotecas, Documentos y Cosas. Las flechas ofrecen trucos para acceder rápidamente a otras carpetas. Haz clic en cualquier flecha como,

Figura 4-3:
Una
barra de
direcciones

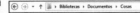

por ejemplo, la que está a la derecha de la palabra Documentos. Se desplegará un menú a partir de la flecha, y este te permitirá saltar a cualquier otra carpeta de la biblioteca Documentos.

Cómo buscar comandos en la Cinta

El escritorio de Windows tiene más cosas en sus menús que un restaurante chino. Para centrar la mente de todos en los comandos informáticos en lugar de en la ensalada de algas, Windows 8 coloca los menús dentro de una nueva Cinta llena de fichas situada sobre cada carpeta y biblioteca (ver la figura 4-4).

Cada ficha de la Cinta ofrece distintas opciones. Para descubrir las opciones secretas, haz clic en cualquier ficha (en Compartir, por ejemplo). La Cinta se transformará rápidamente, tal y como puede verse en la figura 4-5, presentándote todas las opciones relacionadas con el uso compartido de un archivo.

Tal como algunas veces los restaurantes se quedan sin menús del día, a veces una ventana no es capaz de ofrecer todos los elementos de su menú. Todas las opciones que no estén disponibles aparecerán atenuadas, como la opción Imprimir de la figura 4-5 (esa opción está atenuada porque no puedes imprimir archivos de música).

Si haces clic por error en la ficha equivocada de la Cinta, haciendo que se accionen los comandos erróneos, solo tienes que hacer clic en la ficha que pretendías en principio. Windows, que todo lo perdona, mostrará el contenido de la ficha que hayas abierto en último lugar.

No tienes que saber mucho de la Cinta porque Windows 8 coloca automáticamente los botones pertinentes sobre cada ventana. Abre la biblioteca Música, por ejemplo, y la Cinta abrirá una nueva ficha Reproducir para escuchar sesiones.

Si el significado de un botón no es obvio de primeras, pasa el puntero del ratón sobre él; un mensaje te explicará la *raison d'être* del botón. A

Figura 4-4:
Las fichas
de la Cinta

Archivo | Inicio | Compartir | Vista | Administrar | Administrar | ∧ ◉

Figura 4-5:
Haz en
clic en
cualquier
ficha de la
Cinta para
ver los
comandos
asociados

continuación incluyo mis propias traducciones de las fichas y los botones más comunes:

✔ **Archivo:** este práctico acceso directo, que se encuentra en el borde izquierdo de cada Cinta, ofrece poca emoción, ya que, básicamente, sirve para abrir ventanas nuevas.

✔ **Inicio:** la ficha Inicio, que se encuentra en la Cinta de cada carpeta, es una mina de oro, así que cada carpeta se abre mostrando las opciones de esta ficha. La ficha Inicio ofrece herramientas para seleccionar, cortar, copiar, pegar, mover, eliminar o asignar un nombre a los elementos de una carpeta.

✔ **Compartir:** como su propio nombre indica, permite compartir el contenido de una carpeta con otros usuarios mediante la computadora. Y, lo que es más importante, al hacer clic en un nombre y en el botón Dejar de compartir, podrás cortar el acceso a documentos que hayas compartido por error (hablaré del uso compartido de elementos en el capítulo 14).

✔ **Vista:** haz clic aquí para cambiar el aspecto de los archivos en la ventana. Por ejemplo, en la biblioteca Imágenes, elige Íconos muy grandes para ver miniaturas más grandes de tus fotos.

✔ **Administrar:** esta ficha de utilidad general muestra distintos métodos para manejar los elementos de la carpeta. Por ejemplo, sobre la biblioteca Imágenes, ofrece un botón Presentación, así como botones para rotar fotos recortadas o convertirlas en fondos de escritorio.

¿No te gusta la Cinta que ocupa varios centímetros de la parte superior de la ventana? Si necesitas espacio, elimina de un plumazo la Cinta; para ello, haz clic en la flecha que señala hacia arriba situada junto al ícono del signo de interrogación azul de la esquina superior derecha. Vuelve a hacer clic para recuperar la Cinta (o mantén pulsada la tecla Ctrl y pulsa F1 para alternar entre con y sin Cinta, lo que a menudo resulta más divertido que productivo).

Accesos directos rápidos con el panel de navegación

Echa un vistazo a escritorios más "reales" y verás los elementos más utilizados al alcance de la mano: la taza de café, la engrapadora, y quizá algunas migajas de los aperitivos de la máquina expendedora. De forma similar, Windows 8 reúne los elementos utilizados con más frecuencia y los coloca en el panel de navegación, tal y como puede verse en la figura 4-6.

El panel de navegación, que se encuentra en el borde izquierdo de todas las carpetas, contiene cinco secciones principales: Favoritos, Bibliotecas, Grupo en el hogar, Equipo y Red. Haz clic en cualesquiera de estas secciones (en Favoritos, por ejemplo), y el lateral derecho de la ventana mostrará el contenido de aquello en lo que acabas de hacer clic.

A continuación tienes una descripción más detallada de cada parte del panel de navegación:

✔ **Favoritos:** no la confundas con tus sitios web favoritos en Internet Explorer (que trataremos en el capítulo 9). Los favoritos del panel de navegación son palabras que sirven como accesos directos en los

Figura 4-6: El panel de navegación ofrece accesos directos a los lugares que visites con mayor frecuencia

que se puede hacer clic para acceder a las ubicaciones que visitas con mayor frecuencia en Windows.

- **Escritorio:** el escritorio de Windows, lo creas o no, es realmente una carpeta que está siempre abierta en la pantalla. Al hacer clic en Escritorio en Favoritos, verás rápidamente el contenido del escritorio.

- **Descargas:** haz clic en este acceso directo para buscar los archivos que has descargado con Internet Explorer mientras navegas por internet. ¡Sí, aquí es donde acaban!

- **Sitios recientes:** sí, lo has adivinado; al hacer clic en este acceso directo, verás todas las carpetas u opciones que hayas visitado recientemente.

- **Recorded TV:** si has invertido un dinerito extra en comprar el Windows 8 Media Pack para grabar programas de televisión, aquí te esperarán tus grabaciones.

✔ **Bibliotecas:** a diferencia de las carpetas normales, las bibliotecas muestran el contenido de varias carpetas, todas reunidas en un lugar para que sea más fácil visualizarlas. Las bibliotecas de Windows comienzan mostrando el contenido de dos carpetas: tu propia carpeta y su equivalente público, que está disponible para cualquiera con una cuenta en tu computadora (explicaré todo sobre las carpetas públicas en el capítulo 14).

- **Documentos:** con este acceso directo se abre la biblioteca Documentos, que muestra inmediatamente las carpetas Mis Documentos y Documentos públicos.

- **Música:** sí, este acceso directo te llevará directamente a la biblioteca Música, donde al hacer doble clic en una canción, se reproducirá por los altavoces de la computadora.

- **Imágenes:** este acceso directo abre la biblioteca Imágenes, hogar de todas tus fotos digitales.

- **Videos:** de forma similar, este acceso directo te llevará directamente a la biblioteca Videos, donde al hacer doble clic en un video, se abrirá para su visualización inmediata.

✔ **Grupo en el hogar:** una forma cómoda de compartir información entre varias computadoras domésticas. Los Grupos Hogar son dos o más computadoras que comparten información en una red simple. Haz clic en Grupo en el hogar, en el panel de navegación, para ver las carpetas compartidas por otras computadoras conectadas en red (hablaré de los Grupos Hogar y otras redes en el capítulo 15).

✔ **Equipo:** este botón, que abren sobre todo los informáticos, permite desplazarse entre los discos y las carpetas de la computadora. Salvo un clic rápido para ver qué hay dentro de una unidad USB o un disco duro portátil que acabas de insertar, probablemente no entres mucho aquí.

✔ **Red:** aunque los Grupos Hogar simplifican el uso compartido de archivos, las redes de la vieja escuela siguen funcionando en Windows 8, y cualquier computadora en red, incluidos tus colegas del Grupo Hogar, aparecerán aquí.

Aquí tienes algunos trucos para sacarle el máximo partido al panel de navegación:

✔ Para evitar viajes a la pantalla Inicio, añade tus sitios favoritos al área Favoritos del panel de navegación: arrastra y suelta carpetas en la palabra Favoritos y se convertirán en accesos directos en los que puedes hacer clic.

✔ ¿Tu área Favoritos o Bibliotecas es un caos? Pídele a Windows 8 que repare el daño; para ello, haz doble clic en el hijo problemático y selecciona Restaurar vínculos favoritos o Restaurar bibliotecas predeterminadas.

Cómo moverse dentro de una ventana con la barra de deslizamiento

La barra de deslizamiento, que parece un corte de un hueco del ascensor (ver figura 4-7), está situada en el borde de todas las ventanas con muchos elementos. Puedes encontrar una barra de deslizamiento incluso en la parte inferior de la pantalla Inicio.

Dentro del hueco, un pequeño ascensor (técnicamente, la barra de deslizamiento) se mueve a medida que te desplazas por el contenido de la ventana. De hecho, al mirar la posición del cuadro en la barra de desplazamiento, podrás saber si estás viendo elementos del principio, la mitad o el final de la ventana.

Al hacer clic en los distintos puntos de la barra de desplazamiento, podrás ver rápidamente distintas partes del contenido. Así se hace:

✔ Haz clic dentro de la barra de desplazamiento en la dirección que quieras ver. Por ejemplo, en una barra de desplazamiento vertical, haz clic sobre la barra de desplazamiento para ver la vista hacia

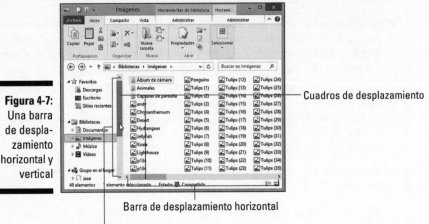

Figura 4-7:
Una barra
de despla-
zamiento
horizontal y
vertical

Cuadros de desplazamiento

Barra de desplazamiento horizontal

Barra de desplazamiento vertical

arriba en la página; de forma similar, haz clic bajo la barra de desplazamiento para mover la vista hacia abajo en la página.

✔ Al hacer clic en la barra de desplazamiento en la parte inferior de la
pantalla Inicio, podrás ver las apps tímidas que se esconden más allá
del borde derecho.

✔ ¿No encuentras el cuadro de desplazamiento en la barra? Entonces
estás viendo todo lo que la ventana tiene que ofrecer; no hay nada
más arriba o abajo.

✔ Para desplazarse por una ventana rápidamente, arrastra el cuadro de
desplazamiento dentro de la barra de desplazamiento. A medida que
lo arrastres, verás cómo el contenido de la ventana pasa por delante
a gran velocidad. Cuando veas el punto que quieras, suelta el botón
del ratón para pararte en esa posición de visualización.

✔ ¿Estás utilizando un ratón con una rueda pequeña integrada en la
parte posterior del pobre bicho? Gira la rueda y el ascensor se desplazará rápidamente dentro de la barra de desplazamiento, cambian-
do la vista en consecuencia. Resulta un método práctico para explorar la pantalla Inicio, los documentos largos y las carpetas llenas de
archivos.

Bordes aburridos

Un "borde" es ese marco fino que rodea a las ventanas. Comparados con
las barras, son diminutos.

Para cambiar el tamaño de una ventana, arrastra el borde hacia dentro o hacia fuera (te recomendamos que lo arrastres de una esquina, ya que obtendrás los mejores resultados). Algunas ventanas poco comunes no tienen bordes. Viven en el limbo de las ventanas cuyo tamaño no puede modificarse, aunque este sea bastante raro.

La verdad es que no utilizarás mucho los bordes, salvo para tirar de ellos con el ratón.

Cómo maniobrar con ventanas por el escritorio

Windows 8, que es malísimo dando cartas en una mesa de póquer, reparte las ventanas por el escritorio de una forma que parece bastante aleatoria. Los programas se enciman y a veces se salen del escritorio. En este apartado te mostraremos cómo reunir todas las ventanas en una pila

Cuando con uno no basta

Por lo general, en Windows solo puedes seleccionar los elementos de uno en uno. Cuando hagas clic en otro elemento, Windows dejará de seleccionar el primero para seleccionar el segundo. Cuando quieras seleccionar varios elementos simultáneamente, prueba esto:

✔ Para seleccionar más de un elemento, mantén pulsada la tecla Ctrl y haz clic en todos los elementos que quieras. Todos los elementos que elijas se resaltarán.

✔ Para seleccionar un grupo de elementos adyacentes en un cuadro de lista, haz clic en el primer elemento que quieras seleccionar. A continuación, mantén pulsada la tecla Mayús y haz clic en el último elemento que quieras seleccionar. Windows 8 resaltará

inmediatamente el primer elemento y el último, además de todos los que están en medio. Muy astuto, ¿verdad? Para eliminar varios elementos no deseados de en medio, mantén pulsada la tecla Ctrl y haz clic en ellos; Windows dejará de resaltar estos elementos eliminados y el resto permanecerán resaltados.

✔ Por último, cuando selecciones varios elementos, prueba el truco del "lazo de vaquero": coloca el puntero del ratón en un área de la pantalla cerca de un elemento y, mientras mantienes pulsado el botón del ratón, muévelo hasta que dibujes un lazo de vaquero alrededor de los elementos. Cuando hayas resaltado los elementos que quieras, suelta el botón del ratón y permanecerán resaltados.

ordenada, colocando tu ventana favorita en lo alto de la pila. Si lo prefieres, también podrás soltarlas en el tapete como una mano de póquer. Y, como ventaja añadida, puedes cambiar su tamaño automáticamente, pudiendo adoptar las ventanas el tamaño que desees.

Cómo mover una ventana a lo alto de la pila

Windows 8 dice que la ventana que corona la pila y que atrae toda la atención se llama "ventana activa". Esto significa que recibe todas las pulsaciones de teclas que hagas tú (o, en su defecto, tu gato).

Realiza una de estas acciones para mover una ventana a lo alto de la pila de forma que esté activa:

✔ Mueve el puntero del ratón hasta que pase sobre cualquier parte de la ventana que quieras; a continuación, haz clic en el botón del ratón. Windows 8 traerá inmediatamente la ventana a lo alto de la pila.

✔ En la barra de tareas de la parte inferior del escritorio, haz clic en el botón de la ventana que quieras. En el capítulo 3 explico con más detalle qué puede hacer la barra de tareas.

✔ Mantén pulsada la tecla Alt y sigue tocando la tecla Tabulador. Aparecerá una ventana pequeña con una miniatura de cada ventana abierta del escritorio. Cuando al pulsar la tecla Tabulador resaltes tu ventana favorita, suelta la tecla Alt y tu ventana vendrá al frente y se colocará sobre los demás elementos.

✔ Mantén pulsada la tecla Windows () y sigue pulsando la tecla Tabulador. Aparecerá una barra en el borde izquierdo de la pantalla, con miniaturas de todas las apps y los programas en ejecución. Cuando al tocar la tecla Tabulador resaltes la ventana que quieras, suelta la tecla .

Repite el proceso cuando sea necesario para traer otras ventanas al frente (y, si quieres ver dos ventanas en la pantalla a la vez, lee el apartado "Cómo colocar dos ventanas en paralelo" más adelante en este capítulo).

¿Tienes el escritorio demasiado lleno para poder trabajar cómodamente en la ventana actual? Pues mantén pulsado el puntero del ratón en la barra de título de la ventana y agítalo rápidamente unas cuantas veces; Windows 8 soltará el resto de las ventanas en la barra de tareas, dejando la ventana principal sola en un escritorio vacío.

Cómo mover una ventana de aquí a allá

A menudo querrás mover una ventana a un lugar distinto del escritorio. Es posible que parte de la ventana cuelgue del borde, y tú quieras centrarla. O a lo mejor quieres acercar una ventana a otra.

En cualquier caso, puedes mover una ventana arrastrando y soltando su barra de título, esa barra gruesa en la parte superior (si no sabes cómo funciona la acción de arrastrar y soltar, consulta el apartado "Arrastrar, soltar y listo" anterior en este capítulo). Cuando sueltes la ventana en su lugar, la ventana no solo permanecerá donde la hayas arrastrado y soltado, sino que también se mantendrá a la cabeza de la pila (hasta que hagas clic en otra ventana, es decir, hasta que coloques esa ventana en lo alto de la pila).

Cómo hacer que una ventana ocupe toda la pantalla

Tarde o temprano, te cansarás de todo este rollo multiventana. ¿Por qué no hacer que una ventana llene la pantalla, como las apps de la pantalla Inicio? Eso, ¿por qué no?

Para hacer que cualquier ventana del escritorio crezca tanto como sea posible, haz doble clic en la barra de título, esa barra en el borde superior de la ventana. La ventana ocupará toda la ventana y, de paso, tapará todas las demás.

Para que la ventana inflada recupere su tamaño anterior, vuelve a hacer doble clic en su barra de título. La ventana se encogerá rápidamente a su tamaño anterior, y podrás ver los elementos que tapó previamente.

✔ Si te opones moralmente a hacer doble clic en la barra de título de una ventana para expandirla, puedes hacer clic en el botón pequeño Maximizar. Este botón, que puede verse en el margen, se encuentra en el medio de tres botones de la esquina superior derecha de cada ventana.

✔ Cuando una ventana se maximiza para ocupar la pantalla, el botón Maximizar se convertirá en un botón Restaurar (como puede verse en el margen). Haz clic en el botón Restaurar y la ventana volverá a su tamaño inferior.

✔ ¿Necesitas usar la fuerza bruta? Arrastra el borde superior de una ventana hasta que tope con el borde superior del escritorio. La sombra de los bordes de la ventana se expandirá para cubrir la pantalla; suelta el botón del ratón y los bordes de la ventana ocuparán la pantalla (sí, hacer doble clic en la barra de título es más rápido, pero este método impresionará a cualquier espectador del despacho de al lado).

✔ ¿Estás demasiado ocupado para coger el ratón? Maximiza la ventana actual manteniendo pulsada la tecla y pulsando la tecla de flecha hacia arriba.

Cómo cerrar una ventana

Cuando hayas terminado de trabajar en una ventana, ciérrala. Para ello, haz clic en la X de la esquina superior derecha. ¡Zas! Ya tienes el escritorio vacío otra vez.

Si intentas cerrar la ventana antes de terminar el trabajo, ya sea el Solitario o un informe para el jefe, Windows te preguntará prudentemente si quieres guardar tus progresos. Aprovecha esta oferta haciendo clic en Sí y, si es necesario, escribiendo un nombre de archivo para que puedas encontrar tu trabajo después.

Cómo hacer una ventana más grande o más pequeña

Al igual que los perros holgazanes, las ventanas tienden a dejarse caer unas encima de otras. Para espaciar las ventanas de forma más regular, puedes modificar su tamaño arrastrando y soltando sus bordes hacia dentro o hacia fuera. Aquí tienes cómo hacerlo:

1. **Lleva el puntero del ratón a cualquier esquina. Cuando la flecha se convierta en una flecha de dos puntas, que señala en las dos direcciones, puedes mantener pulsado el botón del ratón y arrastrar la esquina hacia dentro o hacia fuera para cambiar el tamaño de la ventana.**

2. **Cuando estés satisfecho con el nuevo tamaño de la ventana, suelta el botón del ratón.**

   Como dice mi maestro de yoga, la ventana asume la nueva posición.

Cómo colocar dos ventanas en paralelo

Cuanto más utilices Windows, más probable es que quieras ver dos ventanas en paralelo. Por ejemplo, puede que quieras copiar cosas de una ventana a otra o comparar dos versiones del mismo archivo. Si pasas unas cuantas horas con el ratón, podrás arrastrar y soltar las esquinas de las ventanas hasta que estén en yuxtaposición perfecta.

Si eres impaciente, Windows te permite agilizar esta práctica colocación en paralelo de varias formas:

✔ La solución más rápida es arrastrar la barra de título de una ventana a un lado de la pantalla; cuando el puntero del ratón toque el borde de la pantalla, suelta el botón del ratón. Repite estos mismos pasos con la segunda ventana, arrastrándola al lado contrario del monitor.

✔ Haz clic con el botón derecho en un espacio vacío de la barra de tareas (incluso en el reloj) y selecciona Mostrar ventanas en paralelo. Las ventanas se alinearán entre sí, como pilares. Para alinearlas en filas horizontales, selecciona Mostrar ventanas apiladas (si tienes más de tres ventanas abiertas, Mostrar ventanas apiladas las coloca en mosaico en la pantalla, lo que resulta práctico para ver solo un poco de cada una).

✔ Si tienes más de dos ventanas abiertas, haz clic en el botón Minimizar (el ícono más a la izquierda de la esquina superior derecha de cada ventana) para minimizar las ventanas que no quieras colocar en mosaico. A continuación, utiliza la opción Mostrar ventanas en paralelo del punto anterior para alinear las dos ventanas restantes.

✔ Para que la ventana actual ocupe la mitad derecha de la pantalla, mantén pulsada la tecla ⊞ y pulsa la tecla →. Para que ocupe la mitad izquierda de la pantalla, mantén pulsada la tecla ⊞ y pulsa la tecla ←.

Cómo hacer que las ventanas se abran con el mismo maldito tamaño

A veces las ventanas se abren en forma de cuadrado pequeño; otras veces, se abren y ocupan la pantalla completa. Sin embargo, las ventanas raramente se abrirán con el tamaño exacto que prefieres. Hasta que descubras el siguiente truco. Cuando ajustes manualmente el tamaño y la ubicación de una ventana, Windows memorizará ese tamaño y volverá a abrir siempre la ventana así. Sigue estos tres pasos para ver cómo funciona:

1. **Abre la ventana.**

   La ventana se abrirá en su tamaño habitual no deseado.

2. **Arrastra las esquinas de la ventana hasta que tenga el tamaño exacto y se encuentre en la ubicación exacta. Suelta el ratón para soltar la esquina en su nueva posición.**

   Asegúrate de modificar el tamaño de la ventana manualmente arrastrando sus esquinas o bordes con el ratón. No bastará con hacer clic solo en el botón Maximizar.

3. **Cierra la ventana inmediatamente.**

   Windows memorizará el tamaño y la ubicación de una ventana de la última vez que se cerró. Cuando vuelvas a abrirla, se debería abrir con el mismo tamaño en que la dejaste. No obstante, los cambios que hagas se aplicarán solo en el programa en el que los hiciste. Por ejemplo, los cambios que se hagan en la ventana Internet Explorer se recordarán únicamente para *Internet Explorer,* no para otros programas que abras.

La mayoría de ventanas siguen estas reglas de ajuste de tamaño pero, desafortunadamente, algunas renegadas de otros programas pueden no responder igual.

Capítulo 5

Almacenamiento: interno, externo y en la nube

• •

En este capítulo

▶ Cómo gestionar archivos con el Explorador de archivos del escritorio

▶ Cómo navegar por unidades, carpetas y unidades USB

▶ Conocer las bibliotecas

▶ Cómo crear carpetas y asignarles nombres

▶ Cómo seleccionar elementos y anular su selección

▶ Cómo copiar y desplazar archivos y carpetas

▶ Cómo escribir en CD y tarjetas de memoria

▶ Conocer Windows SkyDrive

• •

*T*odos esperaban que la nueva pantalla Inicio les simplificara la vida, superando por fin el complicado universo de los archivos y las carpetas. Desafortunadamente, no ha sido así.

Inserta una unidad USB o un disco duro portátil en tu computadora con Windows 8 y la pantalla Inicio te llevará al escritorio de Windows. En el escritorio, verás el Explorador de archivos, un archivador digital antiquísimo de Windows.

Dado que la pantalla Inicio carece de un gestor de archivos, no te queda más remedio que utilizar el Explorador de archivos cada vez que tengas que buscar carpetas en la computadora, fuera de la computadora en unidades externas e incluso en la mayoría de los puntos de almacenamiento de internet.

Utilices una tableta con pantalla táctil, una computadora portátil o una computadora de escritorio, los archivos y las carpetas seguirán dominando el mundo informático. Así que, a menos que comprendas la metáfora de las carpetas de Windows, es posible que no encuentres la información fácilmente.

En este capítulo se explica cómo utilizar el programa de archivado de Windows 8 llamado "Explorador de archivos" (lo reconocerás como Explorador de Windows, su nombre en las versiones anteriores de Windows). Por el camino, recibirás una dosis de gestión de archivos de Windows suficiente para completar tu trabajo.

Cómo moverse por los archivadores del Explorador de archivos

Para mantener bien organizados los programas y los archivos, Windows ha sustituido la metáfora del viejo archivador con íconos silenciosos de Windows. Dentro del Explorador de archivos, los íconos representan las áreas de almacenamiento de la computadora y te permiten copiar, mover, eliminar o asignar un nombre a los archivos antes de que lleguen los investigadores.

Para ver los archivadores de la computadora, que llamamos "unidades" o "discos" en la jerga informática, abre la app Escritorio de la pantalla Inicio. La pantalla Inicio desaparecerá y aparecerá el escritorio de Windows; este mostrará el mosaico del Explorador de archivos a la derecha del ícono de Internet Explorer de la barra de tareas.

Haz doble clic o toca con el dedo el mosaico del Explorador de archivos para abrirlo. Enseguida verás los archivos y las carpetas en el Explorador de archivos. El Explorador de archivos puede mostrar su contenido de muchas formas distintas. Para ver las áreas de almacenamiento de la computadora, haz clic en la palabra Equipo del panel en el borde izquierdo.

La imagen del Explorador de archivos que puede verse en la figura 5-1 parecerá ligeramente distinta a la de tu computadora, pero seguirás viendo las mismas secciones básicas, descritas en la siguiente lista.

La ventana Explorador de archivos incluye las siguientes partes:

✔ **Panel de navegación:** el práctico panel de navegación, que se extiende por el borde izquierdo, muestra accesos directos a carpetas especiales llamadas "bibliotecas", que contienen tus posesiones informáticas más preciadas. Entre ellas se encuentran tus documentos, música, imágenes y videos (añadí otros cuantos elementos prácticos en el capítulo 4.)

Figura 5-1:
La ventana
Explorador
de archivos
muestra las
áreas de
almacena-
miento de tu
computado-
ra, que pue-
des abrir
para ver los
archivos

✔ **Unidades de disco duro:** en esta área, que puede verse en la figura 5-1, se muestran las unidades de disco duro de la computadora y tus áreas de almacenamiento de mayor capacidad. Cada computadora tiene al menos un disco duro. Al hacer doble clic en el ícono de un disco duro, pueden verse sus archivos y carpetas, pero rara vez encontrarás información útil cuando los explores así. No, los archivos más importantes residen en las bibliotecas Documentos, Música, Imágenes y Videos, a un clic del panel de navegación.

¿Has visto la unidad de disco duro con el ícono pequeño de Windows (como el del margen)? Indica que en esa unidad está instalado Windows 8. ¿Y ves la línea multicolor junto al ícono de cada unidad de disco duro en la figura 5-1? Cuanto más colorido sea el espacio que ves en la línea, más archivos tendrás en la unidad. Cuando las líneas se vuelvan rojas, la unidad estará prácticamente llena y deberías pensar en actualizar a una unidad mayor.

✔ **Dispositivos con almacenamiento extraíble:** en esta área se muestran los dispositivos de almacenamiento extraíbles conectados a la computadora. A continuación describimos algunos de los más comunes.

• **Unidades de CD, DVD y Blu-ray:** tal y como puede verse en la figura 5-1, Windows 8 inserta una descripción breve junto al ícono de cada unidad. Por ejemplo, "CD-RW" indica que la unidad puede escribir en CD, pero no en DVD. "DVD-RW" quiere decir que puede leer y escribir tanto en DVD como en CD. Una unidad "BD-ROM" puede leer Blu-ray Disc, pero solo puede escribir en CD y DVD. Y las superversátiles unidades

"BD-RE" y "BD-R" pueden leer y escribir en Blu-ray Disc, DVD y CD.

El proceso de escribir información en un disco se llama "grabación".

- **Lector de tarjetas de memoria y unidades USB:** los lectores de tarjetas de memoria añaden una ranura pequeña a la computadora para insertar tarjetas de memoria de una cámara, un reproductor MP3 o un dispositivo similar. Su ícono, que aparece en el margen, parece una ranura vacía, incluso después de insertar la tarjeta de memoria. Y, lo que resulta raro, mientras que el ícono de algunas marcas de unidades USB parece una unidad USB, otras unidades USB muestran un ícono como el que aparece en el margen.

Windows 8 no mostrará los íconos de los lectores de tarjetas de memoria de la computadora hasta que hayas insertado una tarjeta. Para ver los íconos de los lectores de tarjetas vacíos, abre el Explorador de archivos, selecciona la ficha Vista, elige Opciones, haz clic en la ficha Ver y, a continuación, haz una pausa para tomar aire. Por último, haz clic para eliminar la marca de verificación junto a la opción Ocultar unidades vacías en la carpeta Equipo y, a continuación, haz clic en Aceptar.

- **Reproductores MP3:** aunque Windows 8 muestre un ícono para algunos reproductores MP3, presentará una unidad de almacenamiento genérica o un ícono de unidad de disco duro para la mayoría de los iPod y celulares. Si tienes un iPod, necesitarás el software Apple iTunes; Windows 8 no puede copiar canciones a y desde un iPod por sí mismo (hablaré de los reproductores MP3 en el capítulo 16).

- **Cámaras:** las cámaras digitales normalmente aparecen como íconos de cámara en la ventana del Explorador de archivos. Para garantizar el éxito, enciende la cámara y configúrala en el modo de visualización de fotos en lugar de en el modo de captura de fotos. A continuación, para obtener las imágenes de la cámara, haz doble clic en el ícono de la cámara. Una vez que Windows 8 te guíe por el proceso de extracción de las imágenes (ver capítulo 17), colocará las fotos en la biblioteca Imágenes.

✔ **Red:** este ícono en el margen, que solo pueden ver los usuarios que tengan grupos vinculados de computadoras en una red (ver capítulo 15), representa la biblioteca Media Player ubicada en otra computadora. Haz clic en uno de estos íconos para acceder a la música, las fotos y los videos almacenados en esas otras computadoras.

Si conectas una cámara de video digital, un teléfono celular u otro dispositivo a la computadora, la ventana Explorador de archivos a menudo mostrará un ícono nuevo que representa al dispositivo. Si Windows no te pregunta qué quieres hacer con el dispositivo que acabas de conectar, haz clic con el botón derecho en el ícono; verás una lista de todo lo que puedes hacer con el elemento. ¿No ves ningún ícono? Entonces tendrás que instalar un controlador para el dispositivo, toda una ardua tarea que veremos con detalle en el capítulo 13.

Consejo para tabletas: cuando leas "haz clic", sustitúyelo por "toca". Del mismo modo, "haz doble clic" significa "mantén pulsado". Y la expresión "arrastrar y soltar" quiere decir "desliza el dedo por la pantalla, como si tu dedo fuera el puntero del ratón y, a continuación, levanta el dedo para soltar el elemento".

La verdad sobre las carpetas y las bibliotecas

Este material es mortalmente aburrido pero, si no lo lees, estarás tan perdido como tus archivos.

Una "carpeta" es un área de almacenamiento de una unidad, como una carpeta real en un archivador. Windows 8 divide las unidades de disco duro de la computadora en varias carpetas para separar tus muchos proyectos. Por ejemplo, has almacenado toda la música en la carpeta Mi música y todas las imágenes en la carpeta Mis imágenes. De esta forma, tanto tú como tus programas podrán encontrarlas fácilmente.

Por otra parte, una "biblioteca" es una supercarpeta, por decirlo de algún modo. En lugar de mostrar el contenido de una única carpeta, muestra el contenido de varias carpetas. Por ejemplo, la biblioteca Música muestra las canciones que se encuentran en la carpeta Mi música, así como las canciones de la carpeta Música pública (la carpeta Música pública contiene música que estará disponible para cualquiera que utilice la computadora).

Windows 8 te ofrece cuatro bibliotecas para almacenar los archivos y las carpetas. Para acceder a ellas con mayor facilidad, ve al panel de navegación en el lado izquierdo de cada carpeta. En la figura 5-2 pueden verse las bibliotecas: Documentos, Música, Imágenes y Videos.

Figura 5-2:
Windows 8
proporciona a cada
usuario estas cuatro
bibliotecas,
pero conserva las
carpetas de
cada uno
de forma
independiente

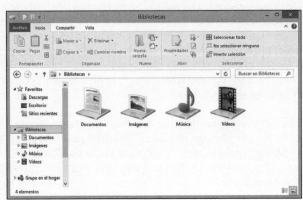

Ten en cuenta esta información sobre las carpetas cuando explores archivos en Windows 8:

✔ Puedes ignorar las carpetas y dejar todos los archivos en el escritorio de Windows 8. No obstante, esto sería como arrojar todo lo que se te ocurra en el asiento trasero del coche y buscar los lentes de sol entre lo acumulado un mes después. Las cosas ordenadas son mucho más fáciles de encontrar.

✔ Si tienes ganas de crear una o dos carpetas (y resulta bastante fácil), avanza al apartado "Cómo crear una carpeta nueva" de este capítulo.

✔ Las carpetas del Explorador de archivos utilizan una "metáfora de árbol", ya que se ramifican a partir de una carpeta principal (una unidad de disco) que contiene carpetas que contienen más carpetas aún.

Cómo examinar las unidades, las carpetas y las bibliotecas

Conocer todas estas cosas sobre las carpetas no solo impresionará a los empleados de las tiendas de informática, sino que también te ayudará a buscar los archivos que desees (lee el apartado anterior para ver un resumen de qué carpeta contiene qué elementos). Ponte el casco y haz un poco de espeleología entre las unidades, las carpetas y las bibliotecas de la computadora y utiliza este apartado como guía.

Cómo ver los archivos en una unidad de disco

Al igual que todo lo demás en Windows 8, las unidades de disco están representadas por botones o íconos. El programa Explorador de archivos también muestra información almacenada en otras áreas como reproductores MP3, cámaras digitales o escáneres (explico estos íconos en el apartado "Cómo moverse por los archivadores del Explorador de archivos" anterior, en este capítulo).

Al abrir un ícono, normalmente podrás acceder al contenido del dispositivo y mover los archivos a tu antojo, como con cualquier otra carpeta en Windows 8.

Cuando hagas doble clic en un ícono del disco duro del Explorador de archivos, Windows 8 abrirá rápidamente la unidad para mostrarte las carpetas que contiene. Pero ¿cómo debería reaccionar Windows cuando insertes algo nuevo en la computadora, como una unidad USB, CD o DVD?

Las versiones anteriores de Windows intentaban adivinar tus deseos. Cuando insertabas un CD, por ejemplo, Windows comenzaba a reproducir la música automáticamente. Por el contrario, Windows 8, que es un sistema más educado, te preguntará cómo prefieres manejar la situación, tal y como puede verse en la figura 5-3. El mismo mensaje aparecerá si estás trabajando en el escritorio o la pantalla Inicio.

Cuando aparezca ese mensaje, elige con un clic de ratón; aparecerá un segundo mensaje, tal y como se muestra en la figura 5-4, mostrando todo lo que puedes hacer con ese elemento.

Elige una opción y Windows 8 se comportará así la próxima vez que insertes un elemento similar.

Pero ¿qué pasa si cambias de idea acerca de cómo debe tratar Windows 8 un elemento que insertes? Entonces tendrás que cambiar la reacción de Windows 8. En el Explorador de archivos, haz clic con el botón derecho en el ícono del elemento insertado y elige Abrir Reproducción automática... Una vez más, Windows 8 mostrará el mensaje de la figura 5-4 y te pedirá que traces el rumbo futuro.

Figura 5-3:
Windows
8 te
preguntará
cómo debe
tratar los
elementos
que
insertes

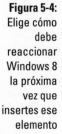

Figura 5-4:
Elige cómo
debe
reaccionar
Windows 8
la próxima
vez que
insertes ese
elemento

El ajuste de las opciones de Reproducción automática resulta particularmente útil para las unidades de almacenamiento de USB. Si tu unidad flash contiene algunas canciones, Windows 8 podría querer reproducirlas, lo que hará más lento el acceso a otros archivos de la unidad USB. Para evitarlo, selecciona Abrir carpeta para ver los archivos en la opción Reproducción automática.

✔ Cuando tengas duda de lo que puedes hacer con un ícono en el Explorador de archivos, haz doble clic en él. Windows 8 presenta un menú de todas las cosas que puedes hacer con ese objeto (por ejemplo, puedes elegir Abrir para ver los archivos en una unidad USB, lo que te permitirá copiarlos con mayor facilidad en la computadora).

✔ Si haces doble clic en el ícono de una unidad Blu-Ray, CD o DVD cuando no haya ningún disco insertado en la unidad, Windows 8 te detendrá, sugiriendo amablemente que insertes un disco antes de continuar.

✔ ¿Ves un ícono en Red? Es una pequeña puerta para explorar otras computadoras vinculadas a tu computadora, si hay alguna. Puedes encontrar más información sobre redes en el capítulo 15.

¿Qué es una ruta?

Una "ruta" es simplemente la dirección del archivo, similar a una dirección postal. Cuando te envían una carta a casa, por ejemplo, viaja a tu país, tu ciudad, tu calle y, con suerte, tu piso o casa. Las rutas de la computadora hacen lo mismo. Comienzan con la letra de la unidad de disco y acaban con el nombre del archivo. Entretanto, en la ruta se incluyen todas las carpetas que la computadora debe recorrer para llegar al archivo.

Por ejemplo, mira la carpeta Descargas. Para que Windows 8 encuentre un archivo almacenado en mi carpeta Descargas, empieza con la unidad C: de la computadora, recorre la carpeta Usuarios y acaba en la carpeta José Luis. Desde allí, accede a la carpeta Descargas de la carpeta José Luis (Internet Explorer seguirá esa ruta cuando guarde los archivos descargados).

Respira profundamente y suelta el aire lentamente. Ahora toca añadir la horrible gramática informática. En una ruta, la letra de la unidad de disco de Windows es **C:** La letra de la unidad de disco y los dos puntos forman la primera parte de la ruta. El resto de las carpetas están dentro de la gran carpeta C:, por lo que aparecen detrás de la parte

C:. Windows separa estas carpetas anidadas con algo llamado "barra diagonal inversa" o \ El nombre del archivo descargado (Declaración Hacienda 2012, por ejemplo), se coloca al final.

Ponlo todo junto y tendrás C:\Usuarios\JoseLuis\Descargas\Declaración Hacienda 2012. Esa es la ruta oficial de mi computadora para el archivo Declaración Hacienda 2012 de la carpeta Descargas de José Luis. En tu computadora, puedes sustituir José Luis con tu propio nombre de usuario.

Este procedimiento puede dar problemas, así que te lo recordamos aquí. La letra de la unidad va primero, seguida de dos puntos y una barra diagonal inversa. A continuación viene el nombre de todas las carpetas que conducen al archivo, separadas por barras diagonales inversas. Por último, se añade el nombre del propio archivo.

Afortunadamente, Windows 8 compondrá automáticamente la ruta por ti cuando hagas clic en las carpetas. No obstante, cada vez que hagas clic en el botón Examinar para buscar un archivo, estarás navegando por las carpetas y recorriendo la ruta que lleva al archivo.

Cómo ver lo que hay dentro de una carpeta

Dado que las carpetas son en realidad pequeños compartimentos de almacenamiento, Windows 8 utiliza una imagen de una carpeta pequeña para representar un lugar para el almacenamiento de archivos.

Para ver lo que hay dentro de una carpeta, en el Explorador de archivos o en el escritorio de Windows 8, solo tienes que hacer doble clic en la imagen de la carpeta. Aparecerá una ventana nueva con el contenido de esa carpeta. ¿Ves otra carpeta dentro de esa carpeta? Haz doble clic en esa carpeta para ver lo que hay dentro. Sigue haciendo clic hasta que encuentres lo que buscas o llegues a un punto muerto.

¿Has llegado a un punto muerto? Si acabas por error en la carpeta incorrecta, regresa sobre tus pasos como si navegaras por internet. Haz clic en la flecha Atrás en la esquina superior izquierda de la ventana (es la misma flecha que aparece en el margen). Al hacerlo, se cerrará la carpeta incorrecta y verás la carpeta que acabas de abandonar. Si sigues haciendo clic en la flecha Atrás, acabarás donde empezaste.

La barra de direcciones te ofrece un método rápido para saltar a distintas ubicaciones de la computadora. A medida que te desplazas de una carpeta a otra, la barra de direcciones de la carpeta, ese pequeño cuadro lleno de palabras en la parte superior de la carpeta, realizará un registro constante de tu recorrido.

Observa las flechas entre los nombres de las carpetas. Esas flechas proporcionan accesos rápidos a otras carpetas y ventanas. Prueba a hacer clic en alguna de las flechas; aparecerá un menú con las ubicaciones a las que puedes acceder desde ese punto. Por ejemplo, haz clic en la flecha después de Bibliotecas, que puede verse en la figura 5-5, y se desplegará un menú que te permitirá acceder rápidamente al resto de bibliotecas.

A continuación te damos algunos consejos para acceder y salir de las carpetas:

✔ Algunas veces, las carpetas contienen demasiados archivos o carpetas y estos no caben en la ventana. Para ver más archivos, haz clic en las barras de desplazamiento de esa ventana en el borde inferior o derecho de una ventana (para saber más acerca de las barras de desplazamiento, consulta tu guía práctica, el capítulo 4).

✔ Mientras cavas profundamente en las carpetas, la flecha Adelante (que aparece en el margen) ofrece otro método rápido para saltar

Figura 5-5:
Haz clic en
la flecha
después de
Bibliotecas
para
acceder a
cualquier
ubicación
que
aparezca en
la carpeta
Bibliotecas

inmediatamente a cualquier carpeta por la que te hayas abierto paso antes. Haz clic en la flecha que señala hacia abajo junto a la flecha Adelante en la esquina superior izquierda de la ventana. Se desplegará un menú con las carpetas por las que te has abierto paso en tu recorrido. Haz clic en cualquier nombre para acceder rápidamente a esa carpeta.

✔ El botón de flecha hacia arriba, que se eliminó en Windows 7 y Windows Vista, reaparece en Windows 8. Haz clic en el botón de flecha hacia arriba, situado justo a la derecha de la barra de direcciones, para mover la vista una carpeta hacia arriba. Sigue haciendo clic y acabarás en un lugar reconocible: tu escritorio.

✔ ¿No puedes encontrar un archivo o una carpeta en particular? En lugar de deambular sin rumbo por las carpetas, echa un vistazo al comando Buscar de la barra, que se describe en el capítulo 7. Windows puede encontrar automáticamente los archivos, las carpetas, los correos electrónicos y prácticamente cualquier otra cosa oculta en tu computadora.

✔ Cuando te enfrentes a una larga lista de archivos ordenados alfabéticamente, haz clic en cualquier punto de la lista. A continuación, escribe rápidamente la primera letra o las dos primeras del nombre del archivo al que quieras acceder. Windows saltará inmediatamente hacia arriba o hacia abajo dentro de la lista para llegar al primer archivo que comience con estas letras.

Cómo gestionar las carpetas de una biblioteca

El sistema de bibliotecas de Windows 8 puede parecer confuso, pero puedes ignorar con seguridad su mecánica. Trata las bibliotecas como cualquier otra carpeta: una herramienta práctica para almacenar y recuperar tipos de archivos similares. Pero si quieres conocer los entresijos de las bibliotecas, echa un vistazo a este apartado.

Las bibliotecas, que se introdujeron en Windows 7, supervisan constantemente varias carpetas, mostrando todo el contenido de esas carpetas en una ventana. Esto nos lleva a una pregunta inquietante: ¿cómo sabemos qué carpetas aparecen en una biblioteca? Para averiguarlo, haz doble clic en el nombre de una biblioteca.

Por ejemplo, haz doble clic en la biblioteca Documentos del panel de navegación y verás las dos carpetas de esa biblioteca: Mis documentos y Documentos públicos, como puede verse en la figura 5-6.

Si guardas los archivos en otra ubicación, como un disco duro portátil o incluso una computadora conectada en red, no dudes en añadirlos a la biblioteca que prefieras. Sigue estos pasos:

1. **Haz clic con el botón derecho en la biblioteca que quieras expandir y elige Propiedades.**

   Si eliges la biblioteca Documentos, por ejemplo, aparecerá el cuadro de diálogo Propiedades: Documentos, como puede verse en la figura 5-7.

Figura 5-6: En la biblioteca Documentos aparecen los nombres de sus dos carpetas, Mis documentos y Documentos públicos

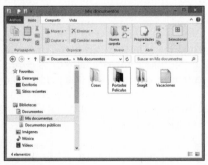

Figura 5-7:
En el cuadro de diálogo Propiedades: Documentos se muestran las carpetas visibles en una biblioteca

2. **Haz clic en el botón Agregar.**

   Aparecerá la ventana Incluir carpeta en Documentos.

3. **Desplázate a la carpeta que quieras añadir, haz clic en la carpeta, haz clic en el botón Incluir carpeta y haz clic en Aceptar.**

   La biblioteca se actualizará automáticamente para mostrar el contenido de esa carpeta, ordenando el contenido en grupos.

✔ Puedes añadir tantas carpetas como quieras en una biblioteca, lo que resulta práctico cuando tienes los archivos de música esparcidos en muchas ubicaciones. La biblioteca se actualizará automáticamente para mostrar el contenido más reciente de las carpetas.

✔ Para eliminar una carpeta de una biblioteca, sigue el primer paso, pero haz clic en la carpeta que quieras eliminar y haz clic en el botón Quitar.

✔ Así que, cuando sueltas un archivo en una biblioteca, ¿en qué carpeta se encuentra realmente ese archivo? Reside en la carpeta conocida como Ubicación predeterminada, la carpeta que tiene el honor de recibir los archivos entrantes. Por ejemplo, cuando sueltas un archivo de música en la biblioteca Música, el archivo irá a la carpeta Mi música. Del mismo modo, los documentos acaban en la carpeta Mis documentos, los videos en Mis videos y las imágenes en Mis imágenes.

¿Qué pasa si quieres que una carpeta distinta reciba los archivos entrantes de una biblioteca? Para asignar esta noble tarea, haz que aparezca la ventana de la figura 5-7, haz clic con el botón derecho en la carpeta que quieras y elige Establecer ubicación para guardar.

✔ Puedes crear bibliotecas adicionales para satisfacer tus propias necesidades. Haz clic con el botón derecho en Bibliotecas en el panel de navegación, selecciona Nuevo y elige Biblioteca en el menú emergente. Aparecerá un nuevo ícono de Biblioteca, listo para que escribas un nombre. A continuación, empieza a llenar tu biblioteca nueva con carpetas siguiendo los pasos 1 y 3 de la lista de pasos anteriores.

Cómo crear una carpeta nueva

Para almacenar información nueva en un archivador, selecciona una carpeta, ponle un nombre arriba y empieza a llenarla de información. Para almacenar información nueva en Windows 8, por ejemplo, una pila nueva de cartas al departamento de contabilidad del hospital, crea una carpeta nueva, piensa en un nombre para la carpeta nueva y empieza a llenarla de archivos.

Para crear una carpeta nueva rápidamente, haz clic en Inicio en los botones de la barra de herramientas de la carpeta y selecciona Nueva carpeta en el menú Cinta. Aun así, si no puedes encontrar los menús específicos, aquí tienes un método rápido e infalible:

1. **Haz clic con el botón derecho en la carpeta (o en el escritorio) y elige Nuevo.**

   Con un todopoderoso clic con el botón derecho, aparecerá un menú en el lateral.

2. **Selecciona Carpeta.**

   Cuando elijas Carpeta, como puede verse en la figura 5-8, aparecerá una nueva carpeta rápidamente, esperando a que escribas un nombre nuevo.

3. **Escribe un nombre nuevo para la carpeta.**

   La carpeta recién creada tendrá el aburrido nombre de "Nueva carpeta". Cuando empieces a escribir, Windows 8 borrará el nombre antiguo y adoptará el nombre nuevo. ¿Ya lo has hecho? Guarda el nombre nuevo; para ello, pulsa Entrar o haz clic en algún punto lejos del nombre que acabas de escribir.

   Si te equivocas con el nombre y quieres volver a intentarlo, haz clic con el botón derecho en la carpeta, selecciona Cambiar nombre y vuelve a empezar.

✔ Algunos símbolos no se pueden utilizar en nombres de carpetas (y archivos). En el apartado "Uso de nombres de archivos y carpetas

Figura 5-8:
Haz clic con
el botón
derecho
donde
quieras que
aparezca
una nueva
carpeta,
elige
Nuevo y
selecciona
Carpeta en
el menú

válidos" se explican los detalles, pero nunca tendrás problemas si utilizas las letras y los números corrientes de toda la vida para los nombres.

✔ Los observadores astutos se percatarán de que, en la figura 5-8, Windows permite crear muchas más cosas que una carpeta cuando hagas clic en el botón Nuevo. Haz clic con el botón derecho dentro de una carpeta cada vez que quieras crear un acceso directo nuevo u otros elementos comunes.

✔ Los observadores precavidos se habrán dado cuenta de que el menú de botón derecho parece distinto al que puede verse en la figura 5-8. No te preocupes; los programas instalados a menudo añaden sus propios elementos a la lista de clic derecho, haciendo que la lista parezca diferente en distintas computadoras.

Cómo asignar un nombre nuevo a un archivo o una carpeta

¿Estás harto del nombre de un archivo o una carpeta? Pues cámbialo. Solo tienes que hacer clic con el botón derecho en el ícono causante del problema y elegir Cambiar nombre en el menú emergente.

Uso de nombres de archivos y carpetas válidos

Windows es bastante quisquilloso con qué elementos puedes añadir al nombre de un archivo o una carpeta. Si te limitas a las letras y a los números corrientes, no tendrás problema. Pero no pruebes a insertar algunos de los siguientes caracteres:

```
:   /   \   *   |   <   >   ?   "
```

Si intentas utilizar alguno, Windows 8 mostrará un mensaje de error en la pantalla y tendrás que probar de nuevo. Aquí tienes algunos nombres de archivo incorrectos:

```
1/2 de mis deberes
TAREA:2
UNO<DOS
No es un "caballero"
```

Estos nombres son válidos:

```
La mitad de mis deberes
TAREA=2
Dos es mayor que uno
Es un canalla #@$%)
```

Windows resaltará el nombre antiguo del archivo, que desaparecerá cuando empieces a escribir el nuevo. Pulsa Entrar o haz clic en el escritorio cuando hayas terminado. ¡Listo!

También puedes hacer clic en el nombre del archivo o de la carpeta para seleccionarlo, esperar un segundo y volver a hacer clic en el nombre del archivo para cambiarlo. Algunos usuarios hacen clic en el nombre y pulsan F2; Windows te permite asignar automáticamente un nombre nuevo al archivo o a la carpeta.

✔ Cuando renombres un archivo, solo cambiará su nombre. El contenido seguirá siendo el mismo, el tamaño también, y el archivo seguirá en el mismo lugar.

✔ Para asignar un nombre nuevo a grupos grandes de archivos simultáneamente, selecciónalos todos, haz clic con el botón derecho en el primero y elige Cambiar nombre. Escribe el nombre nuevo y pulsa Entrar; Windows 8 asignará un nombre nuevo a ese archivo. Sin embargo, también renombrará el resto de los archivos seleccionados con el nuevo nombre, añadiendo un número a medida que vaya haciendo los cambios: gato, gato (2), gato (3), gato (4), etc. Es una forma práctica para renombrar fotografías.

✔ El cambio de nombre en algunas carpetas confunde a Windows, especialmente si esas carpetas contienen programas. No asignes nombres nuevos a estas carpetas: Mis documentos, Mis imágenes, Mi música y Mis videos.

✔ Windows no te dejará renombrar un archivo o una carpeta si uno de los programas lo está utilizando en ese momento. En algunas ocasiones, bastará con cerrar el programa. En otras, tendrás que reiniciar la computadora. Así soltarás el embrague del programa para poder renombrarlo.

Cómo seleccionar grupos de archivos o carpetas

Aunque seleccionar un archivo, una carpeta u otro objeto parezca particularmente aburrido, deja las puertas abiertas para otras tareas: borrar, renombrar, mover, copiar y hacer otros trucos con archivos, que se comentan en el resto de este capítulo.

Para seleccionar un único archivo, basta con hacer clic en él. Para seleccionar varios archivos y carpetas, mantén pulsada la tecla Ctrl y haz clic en los nombres o íconos. Cada nombre o ícono permanecerá resaltado cuando hagas clic en el siguiente.

Para agrupar varios archivos o carpetas que estén pegados en una lista, haz clic en el primero. A continuación, mantén pulsada la tecla Mayús mientras haces clic en el último. Estos dos elementos aparecen resaltados, junto con cada archivo y carpeta entre ellos.

Windows 8 también te permite realizar la selección de "lazo de vaquero" con los archivos y las carpetas. Señala ligeramente por encima del primer archivo o carpeta que quieras; a continuación, mientras mantienes pulsado el botón del ratón, señala el último archivo o carpeta. El ratón creará un lazo de color para rodear tus archivos. Suelta el botón del ratón y el lazo desaparecerá, dejando todos los archivos que lo rodean resaltados.

✔ Puedes arrastrar y soltar montones de archivos del mismo modo en que arrastras un único archivo.

✔ También puedes cortar o copiar y pegar simultáneamente estos montones en ubicaciones nuevas utilizando cualesquiera de los métodos que se describen en el apartado "Cómo copiar y mover archivos y carpetas", más adelante en este capítulo.

✔ Asimismo, puedes eliminar esos montones de elementos pulsando la tecla Supr.

✔ Para seleccionar rápidamente todos los archivos de una carpeta, elige Seleccionar todo en el menú Inicio de la carpeta. Si no ves el menú, selecciónalos con Ctrl+E. Y aquí tienes otro ingenioso truco: para seleccionar solo algunos archivos, pulsa Ctrl+E y, mientras tienes pulsada la tecla Ctrl, haz clic en los que no quieres seleccionar.

Cómo deshacerse de un archivo o una carpeta

Tarde o temprano, querrás eliminar un archivo que no sea importante como, por ejemplo, los números que elegiste para la lotería del día anterior o una foto digital especialmente vergonzosa. Para eliminar un archivo o una carpeta, haz clic con el botón derecho en su nombre o ícono. A continuación, selecciona Eliminar en el menú emergente. Este truco, sorprendentemente sencillo, funciona con archivos, carpetas, accesos directos y prácticamente con cualquier cosa en Windows.

Para borrar un elemento cuando tengas prisa, haz clic en el objeto problemático y pulsa la tecla Sup. Conseguirás el mismo resultado si arrastras y sueltas un archivo o una carpeta en la Papelera de reciclaje.

La opción Eliminar elimina carpetas enteras, incluidos los archivos o las carpetas que puedan contener esas carpetas. Asegúrate de haber seleccionado la carpeta adecuada antes de elegir Eliminar.

✔ Cuando elijas Eliminar, Windows te mostrará una ventana que te preguntará si estás seguro. Si lo estás, haz clic en Sí. Si estás cansado de la prudencia de Windows con sus preguntas, haz clic con el botón derecho en la Papelera de reciclaje, elige Propiedades y elimina la marca de verificación junto a Mostrar cuadro de diálogo para confirmar eliminación. Windows eliminará ahora cualquier elemento resaltado, siempre que tú, o un roce inoportuno de la manga de tu camisa, pulsen la tecla Supr.

✔ Asegúrate de que sabes lo que haces cuando elimines cualquier archivo que tenga una imagen con un engranaje en su ícono. Estos archivos suelen ser archivos ocultos confidenciales y la computadora quiere que los dejes tranquilos (aparte de eso, no son especialmente emocionantes, a pesar de la acción que prometen esos engranajes).

✔ Los íconos con flechas en la esquina (como el que aparece en el margen) son "accesos directos", botones de comando que, básicamente, cargan archivos (hablaré de los accesos rápidos en el capítulo 6). Al eliminar un acceso directo, se elimina solo un botón que carga un archivo o programa. El propio archivo o programa no resultará dañado y permanecerá en la computadora.

✔ En cuanto averigües cómo eliminar archivos, ve corriendo al capítulo 3, donde se explican varias formas de recuperarlos. (***Consejo para desesperados:*** abre la Papelera de reciclaje, haz clic con el botón derecho en el nombre del archivo y elige Restaurar.)

Cómo copiar o mover archivos y carpetas

Para copiar o mover archivos a distintas carpetas del disco duro, a menudo es más sencillo utilizar el ratón para arrastrarlos ahí. Por ejemplo, a continuación mostramos cómo mover un archivo a una carpeta distinta

INFORMACIÓN TÉCNICA

No te molestes en leer este material técnico oculto

No eres el único que crea archivos en la computadora. Los programas a menudo almacenan su propia información en un "archivo de datos". Por ejemplo, es posible que tengan que almacenar información sobre la configuración de la computadora. Para evitar que los usuarios confundan esos archivos con basura y los eliminen, Windows los oculta.

Puedes ver los nombres de estos archivos y carpetas ocultas; así que si quieres hacer de *voyeur*, sigue estos pasos.

1. **Abre cualquier carpeta y haz clic en la pestaña Vista del borde superior.**

    La Cinta cambiará para mostrar las distintas formas que tienes de visualizar los archivos de esa carpeta.

2. **Haz clic en el cuadro llamado Elementos ocultos.**

    ¿No ves el cuadro Elementos ocultos? Amplía un poco la ventana hasta que aparezca la opción.

    De esta forma, los archivos que antes estaban ocultos aparecerán junto al resto de los nombres de archivo. No obstante, asegúrate de no eliminarlos. Los programas que los crearon colapsarán y probablemente queden dañados o provoquen daños en Windows. Para evitar problemas, vuelve a hacer clic en el cuadro Elementos ocultos para correr un velo de secretismo sobre esos archivos importantes.

del escritorio. En este caso, estoy moviendo el archivo Fechas de cumpleaños de la carpeta Eventos a la carpeta Cosas.

1. **Alinea las dos ventanas.**

   Puedes consultar este procedimiento en el capítulo 4. Si te saltaste ese capítulo, prueba con esto: haz clic en la primera ventana y, mientras mantienes pulsada la tecla ▦, pulsa la tecla →. Para que ocupe la mitad izquierda de la pantalla, haz clic en la otra ventana, mantén pulsada la tecla ▦ y pulsa la tecla ←.

2. **Dirige el puntero del ratón hacia el archivo o la carpeta que quieras mover.**

   En este caso, señala al archivo Fechas de cumpleaños.

3. **Mientras mantienes pulsado el botón derecho del ratón, mueve el ratón hasta que señale la carpeta de destino.**

   Como ves en la figura 5-9, el archivo Fechas de cumpleaños se está arrastrando de la carpeta Eventos a la carpeta Cosas.

   Al mover el ratón, arrastrarás el archivo con él y Windows 8 explica que estás moviendo el archivo, tal y como puede verse en la figura 5-9 (asegúrate de mantener el botón derecho del ratón pulsado todo el tiempo).

   Arrastra siempre los íconos mientras mantienes pulsado el botón derecho del ratón. Si lo haces así, Windows 8 será tan amable de ofrecerte un menú de opciones cuando coloques el ícono, y podrás elegir entre copiar, mover o crear un acceso directo. Si mantienes

Figura 5-9: Para mover un archivo o una carpeta de una ventana a otra, arrástralo ahí mientras mantienes pulsado el botón derecho del ratón

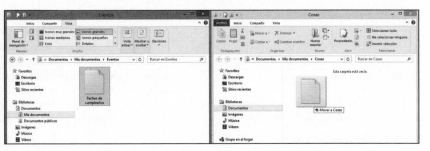

pulsado el botón izquierdo del ratón, Windows 8 algunas veces no sabe si quieres copiar o mover.

4. **Suelta el botón del ratón y selecciona Copiar aquí, Mover aquí o Crear íconos de acceso directo aquí en el menú emergente.**

Si arrastrar y soltar te supone mucho trabajo, Windows ofrece otras formas de copiar o mover archivos. En función del diseño actual de la pantalla, algunas de las siguientes herramientas en pantalla pueden funcionar con más facilidad.

✔ **Menús de clic derecho:** haz clic con el botón derecho en un archivo o una carpeta y elige Cortar o Copiar, dependiendo de si quieres moverlo o copiarlo. Después, haz clic con el botón derecho en la carpeta de destino y elige Pegar. Es sencillo, funciona siempre y no tendrás que preocuparte por colocar las ventanas en paralelo.

✔ **Comandos de Cinta:** en el Explorador de archivos, haz clic en la carpeta o el archivo; después, haz clic en la ficha Inicio de la Cinta y elige Copiar (o Mover a). Se desplegará un menú con algunas de las ubicaciones más comunes. ¿No encuentras lo que buscas? Entonces haz clic en Elegir ubicación..., navega por la unidad y las carpetas para llegar a la carpeta de destino y Windows transportará el archivo en consecuencia. Aunque puede resultar algo engorroso, este método funciona bien si sabes la ubicación exacta de la carpeta de destino.

En el capítulo 4 tienes más información acerca de los nuevos menús de Cinta de Windows 8.

✔ **Panel de navegación:** este panel del borde izquierdo del Explorador de archivos, descrito en el capítulo 4, muestra ubicaciones populares, tales como bibliotecas, unidades y carpetas que se utilizan con mayor frecuencia. De esta forma, puedes arrastrar y soltar un archivo en un punto del Panel de navegación, ahorrándote la lata de tener que abrir una carpeta de destino.

Una vez que instales un programa en la computadora, no tendrás que mover más la carpeta de ese archivo. Los programas se hacen su propio hueco en Windows. Al mover el programa, se puede romper, y tendrás que volver a instalarlo. Eso sí, puedes mover el acceso directo de un programa (los íconos de acceso directo contienen una flecha).

Cómo ver más información sobre los archivos y las carpetas

Cada vez que crees una carpeta o un archivo, Windows 8 insertará información oculta secreta: la fecha en que lo creaste, su tamaño e información incluso más trivial. Algunas veces incluso te permitirá añadir tu propia información secreta: opiniones sobre tus archivos de música o imágenes en miniatura para cualesquiera de tus carpetas.

Puedes ignorar tranquilamente la mayoría de la información. Otra veces, modificar esa información será la única forma de solucionar un problema.

Para ver los datos que Windows 8 incluye en tus archivos y carpetas a tus espaldas, haz clic con el botón derecho y elige Propiedades en el menú emergente. Por ejemplo, si seleccionas Propiedades en una canción de Jimi Hendrix, verás un montón de detalles, tal y como puede verse en la figura 5-10. Aquí tienes lo que significa cada ficha.

✔ **General:** la primera ficha (a la izquierda del todo en la figura 5-10) muestra el tipo de archivo (un archivo MP3 de la canción "Taurus Demon"), su tamaño (2,45 MB), el programa que lo abre (en este caso, la app Música de la pantalla Inicio) y la ubicación del archivo.

¿Quieres que otro programa abra el archivo? Haz clic con el botón derecho en el archivo, selecciona Propiedades y haz clic en el botón Cambiar en la ficha General, tal y como se muestra en la figura 5-10.

Figura 5-10:
El cuadro de diálogo Propiedades del archivo muestra el programa que lo abre automáticamente, el tamaño del archivo y otros detalles

Aparecerá una lista de reproductores de música, que te permitirá seleccionar el programa que prefieras.

✔ **Seguridad:** en esta ficha puedes controlar los permisos, es decir, quién puede acceder al archivo y qué puede hacer con él, detalles que se convierten en una tarea rutinaria solo cuando Windows 8 no deja que tu amigo (o incluso tú) abran el archivo. Si ocurre este problema, copia la carpeta en tu carpeta Pública, de la que hablaré en el capítulo 14. Esa carpeta ofrece una amnistía por la que todos los usuarios de cuentas en tu computadora pueden acceder al archivo.

✔ **Detalles:** haciendo honor a su nombre, esta ficha revela detalles secretos sobre el archivo. Por ejemplo, en las fotos digitales, esta ficha muestra datos EXIF (siglas en inglés de Formato intercambiable de archivos de imagen): el modelo de la cámara, el punto f, la apertura, la longitud focal y otros elementos adorados por los fotógrafos. En las canciones, esta ficha muestra la etiqueta ID3 (IDentify MP3) de la canción: el intérprete, el título del álbum, el año, el número de pista, el género, la duración e información similar.

Por lo general, todos los detalles permanecen ocultos a menos que hagas clic con el botón derecho en un archivo o una carpeta y selecciones Propiedades. Pero ¿qué pasa si quieres ver detalles acerca de todos los archivos de una carpeta, por ejemplo, buscar fotos que se han tomado un día concreto? Para ello, cambia la vista de la carpeta a Detalles.

Vista **1. Haz clic en la ficha Vista de la Cinta (que aparece en el margen).**

Aparecerá un menú con los múltiples métodos en que una carpeta puede mostrar los archivos.

2. En el grupo Diseño, selecciona Detalles, tal y como puede verse en la figura 5-11.

La pantalla cambiará para mostrar los nombres de los archivos, con detalles sobre ellos a la derecha y en columnas ordenadas.

Prueba todas las vistas para elegir la que más te guste (Windows 8 recuerda las vistas que prefieras para distintas carpetas).

✔ Si no puedes recordar lo que hacen los botones de la barra de herramientas de la carpeta, coloca el puntero del ratón sobre un botón. Windows 8 mostrará un práctico cuadro que resume el objetivo del botón.

✔ Aunque parte de la información adicional del archivo es útil, puede consumir mucho espacio, lo que limita el número de archivos que puedes ver en la ventana. A menudo es mejor idea mostrar solo el

Figura 5-11:
Para ver
detalles
sobre los
archivos
de una
carpeta,
haz clic
en la ficha
Vista y
selecciona
Detalles

nombre del archivo. En tal caso, si quieres ver más información sobre un archivo o una carpeta, prueba el siguiente truco.

✔ Las carpetas suelen mostrar los archivos ordenados alfabéticamente. Para ordenarlos de forma distinta, haz clic con el botón derecho en una parte vacía dentro de la carpeta y elige la opción Ordenar por. Un menú desplegable te permitirá ordenar elementos por tamaño, tipo y otros detalles.

✔ Cuando se te pase la euforia del menú Ordenar por, prueba a hacer clic en las palabras sobre cada columna ordenada. Por ejemplo, haz clic en Tamaño para invertir el orden, de forma que los archivos más grandes queden en la parte superior de la lista.

Cómo escribir en CD y DVD

La mayoría de las computadoras actuales escriben información en CD y DVD utilizando un método llamado "grabación". Para ver si tu unidad es vieja y no puede grabar discos, extrae el disco de la unidad; después, desde el escritorio, abre el ícono del Explorador de archivos y echa un vistazo al ícono de tu unidad de CD o DVD.

Dado que las computadoras siempre hablan en código secreto, aquí te informamos de lo que puedes hacer con las unidades de disco de la computadora.

✔ **DVD-RW:** estas unidades leen y escriben en CD y DVD.

✔ **BD-ROM:** pueden leer y escribir en CD y DVD, además de leer el formato Blu-ray Disc.

✔ **BD-RE:** pueden leer y escribir en CD, DVD y Blu-ray Disc.

Si la computadora tiene dos grabadoras de CD o DVD, indica a Windows 8 qué unidad quieres que realice las tareas de grabación de discos. Para ello, haz clic con el botón derecho, selecciona Propiedades y haz clic en la ficha Grabación. A continuación, elige tu unidad favorita en el cuadro superior.

Cómo comprar los CD y DVD vírgenes adecuados para la grabación

Las tiendas venden dos tipos de CD: CD-R (abreviatura de "CD grabable") y CD-RW (abreviatura de "CD regrabable"). ¿En qué se diferencian?

✔ **CD-R:** la mayoría de los usuarios compran discos CD-R porque son muy baratos y funcionan bien para el almacenamiento de la música o los archivos. Puedes escribir en ellos hasta que se llenan; llegado ese momento, ya no podrás volver a escribir en ellos. Pero eso no es un problema, ya que la mayoría de los usuarios no quieren borrar sus CD y grabarlos de nuevo. Con insertar el CD grabado en el equipo del coche o guardarlo como copia de seguridad les basta.

✔ **CD-RW:** los aficionados a la informática compran discos CD-RW algunas veces para hacer copias de seguridad temporales de datos. Puedes escribir información en ellos, como con los CD-R. Pero, además, cuando un disco CD-RW se llena, puedes borrarlo y empezar de cero con un espacio vacío, algo que no es posible con un CD-R. Sin embargo, los CD-RW son más caros, por lo que la mayoría se queda con los CD-R, más rápidos y baratos.

Los DVD vienen con los formatos R y RW, al igual que los CD, por lo que las normas de R y RW descritas anteriormente también se les aplican. La mayoría de las grabadoras de DVD que se vendieron en el pasado pueden escribir en cualquier tipo de CD o DVD virgen.

Comprar DVD vírgenes para unidades antiguas es un caos. Los fabricantes se han peleado por qué formato de almacenamiento utilizar, confundiendo a todos en el camino. Para comprar el DVD virgen adecuado, comprueba la factura de la computadora para ver los formatos que requiere la grabadora de DVD: DVD-R, DVD-RW, DVD+R o DVD+RW.

✔ Los discos se clasifican por su velocidad. Para grabar discos más rápidamente, compra la velocidad "x" de mayor número que puedas encontrar que, por lo general, es de 52x para CD y 16x para DVD.

✔ Los CD vírgenes son baratos; pídele uno al hijo de un vecino para ver si funciona en tu unidad. Si funciona bien, compra algunos del mismo tipo. Por contra, los DVD vírgenes son más caros. Pregúntale al vendedor de la tienda si puedes devolverlos en caso de que a tu unidad de DVD no le gusten.

✔ Los discos Blu-ray vírgenes cuestan mucho más que los CD o DVD. Por suerte, las unidades de Blu-ray no son muy quisquillosas y prácticamente todos los Blu-ray funcionan.

✔ Aunque Windows 8 puede realizar tareas de grabación de discos, resulta muy incómodo copiar discos con su programa. La mayoría de los usuarios abandonan rápidamente y compran software de grabación de discos de terceros. En el capítulo 16 explicaré cómo crea Windows 8 los CD de música.

✔ En México es ilegal realizar copias de DVD de películas, salvo para hacer una copia de seguridad en caso de que los niños rayen el nuevo DVD de Disney. Windows 8 no puede copiar DVD por sí mismo, pero algunos programas de determinados sitios web pueden realizar esta tarea.

Cómo copiar archivos desde un CD o DVD

Los CD y DVD una vez pertenecieron a la escuela de la sencillez: solo tenías que deslizarlos en el reproductor de CD o DVD. Pero, en cuanto estos discos se graduaron en las computadoras, los problemas crecieron. Cuando crees un CD o DVD, deberás indicarle a la computadora qué estás copiando y dónde quieres reproducirlo. ¿Es música para un reproductor de CD? ¿Son diapositivas de fotos para un reproductor de DVD de la televisión? ¿O son archivos que vas a almacenar en tu computadora?

Si eliges la respuesta incorrecta, el disco no funcionará y habrás creado un bonito portavasos.

Aquí tienes las normas de creación de discos.

✔ **Música:** para crear un CD que reproduzca música en el reproductor de CD o en el equipo del coche, avanza al capítulo 16. Tendrás que ejecutar el programa Reproductor de Windows Media y grabar un CD de audio.

✔ **Pases de diapositivas de fotos:** Windows 8 ya no incluye Windows DVD Maker, integrado en Windows Vista y Windows 7. Para crear pases de diapositivas de fotos, ahora necesitarás un programa de un tercero.

Si quieres copiar archivos en un CD o DVD, por ejemplo, para guardar una copia de seguridad o pasárselos a un amigo, pon atención.

Sigue estos pasos para escribir archivos en un CD o DVD virgen nuevo (si estás escribiendo archivos en un CD o DVD en el que has escrito antes, avanza al paso 4).

1. **Inserta el disco virgen en la grabadora de discos. A continuación, haz clic o toca el cuadro que aparece en la esquina superior derecha de la pantalla.**

2. **Cuando el cuadro Notificación te pregunte cómo proceder, haz clic en la opción del cuadro Grabar archivo en disco.**

   Windows 8 mostrará el cuadro de diálogo Grabar un disco y te pedirá que le pongas título.

3. **Escribe un nombre para el disco, describe cómo quieres utilizarlo y haz clic en Siguiente.**

   Desafortunadamente, Windows 8 limita el título del CD o DVD a 16 caracteres. En lugar de escribir **Picnic familiar en el campo en 2009**, ve al grano: **Picnic 2009**. También puedes hacer clic en Siguiente para utilizar el nombre predeterminado del disco, que es la fecha actual.

   Windows puede grabar los archivos en el disco de dos formas distintas. Para decidir qué método es el más adecuado en cada caso, ofrece dos opciones:

   - **Como una unidad USB:** este método permite leer y escribir archivos en el disco muchas veces; es un método práctico para utilizar discos como transportadores de archivos portátiles. Por desgracia, este método no es compatible con algunos reproductores de CD o DVD conectados a equipos de música o televisores.

   - **Con un reproductor de CD/DVD:** si piensas reproducir el disco en un reproductor de discos bastante nuevo que sea suficientemente inteligente para leer archivos almacenados en distintos formatos, selecciona este método.

   Armado con el nombre del disco, Windows 8 prepara el disco para los archivos entrantes.

4. **Indica a Windows 8 qué archivos escribir en el disco.**

   Ahora que el disco está listo para aceptar los archivos, informa a Windows 8 de qué información vas a enviarle. Puedes hacerlo de cualesquiera de estas formas:

- Haz clic con el botón derecho en el elemento que quieres copiar, ya sea un único archivo, una carpeta o un conjunto de archivos y carpetas seleccionados. Cuando aparezca el menú emergente, elige Enviar a y selecciona la grabadora de discos en el menú (en el menú emergente se mostrará el título del disco que elegiste en el paso 2).

- Arrastra y suelta archivos y/o carpetas sobre el ícono de la grabadora en el Explorador de archivos.

- En la carpeta Mi música, Mis imágenes o Mis documentos, haz clic en la ficha Compartir y, a continuación, haz clic en Grabar en disco. Este botón copiará todos los archivos de esa carpeta (o solo los archivos seleccionados) en el disco como archivos.

- Dile al programa actual que guarde la información en el disco en lugar de en el disco duro.

Independientemente del método que elijas, Windows 8 examinará diligentemente la información y la copiará en el disco que insertaste en el primer paso. Aparecerá una ventana de progreso que muestra el progreso de la grabadora de discos. Cuando desaparezca la ventana de progreso, Windows habrá terminado de grabar el disco.

5. **Expulsa el disco para cerrar la sesión de grabación del disco.**

Cuando termines de copiar archivos en el disco, pulsa el botón Expulsar de la unidad (o haz clic con el botón derecho en el ícono de la unidad en el Explorador de archivos y elige Expulsar). Windows 8 cerrará la sesión, añadiendo un último retoque al disco que permitirá que otras computadoras lo lean.

Si intentas copiar un lote grande de archivos en un disco (más que los que caben), Windows 8 se quejará inmediatamente. Copia menos archivos en cada proceso; por ejemplo, puedes dividirlos en dos discos.

La mayoría de los programas te dejan guardar archivos directamente en un disco. Elige Guardar en el menú Archivo y selecciona tu grabadora de CD. Coloca un disco (preferiblemente uno que ya no esté lleno) en la unidad de discos para empezar el proceso.

Duplicado de un CD o DVD

Windows 8 no tiene un comando para duplicar un CD, DVD o Blu-ray Disc. Ni siquiera puede hacer copias de un CD de música (por eso muchos usuarios compran programas de grabación de CD).

Sin embargo, puede copiar todos los archivos de CD o DVD en un disco virgen mediante este proceso de dos pasos:

1. **Copia los archivos y las carpetas desde el CD o DVD a una carpeta de la computadora.**

2. **Copia esos mismos archivos y carpetas de nuevo en un CD o DVD virgen.**

De esta forma tendrás un duplicado del CD o DVD, que resultará práctico cuando necesites una segunda copia de un disco de copia de seguridad básico.

Puedes probar este proceso con una película en DVD o un CD de música, pero no funcionará (lo he probado). Solo funciona cuando duplicas un disco que contiene programas de computadora o archivos de datos.

Trabajar con unidades USB y tarjetas de memoria

Los propietarios de cámaras digitales acaban familiarizándose con las tarjetas de memoria, esos pequeños cuadrados de plástico que han reemplazado a los incómodos rollos de película. Windows 8 puede leer fotos digitales directamente desde la cámara una vez que encuentres el cable y lo conectes a la computadora. Pero Windows 8 también puede recuperar fotos directamente de la tarjeta de memoria, un método que agradecerán aquellos que hayan perdido los cables de la cámara.

El secreto es el "lector de tarjetas de memoria": una caja pequeña llena de ranuras que se conecta a la computadora. Desliza la tarjeta de memoria en la ranura y la computadora podrá leer los archivos de la lectura, como lee los archivos de cualquier otra carpeta.

La mayoría de las tiendas de electrónica y material de oficina venden lectores de tarjetas de memoria que admiten los formatos de tarjeta de memoria más populares: Compact Flash, SecureDigital, Micro-Secure Digital, SecureDigital High Capacity y otros trabalenguas similares. Algunas computadoras incluyen lectores de tarjetas integrados de fábrica, en forma de ranuras diminutas en la parte delantera de la carcasa.

La grandeza de los lectores de tarjetas es que no hay nada nuevo por aprender. Windows 8 trata la tarjeta insertada como a cualquier carpeta normal. Inserta una tarjeta y aparecerá una carpeta en la pantalla con las fotos de tu cámara digital. Se siguen aplicando las mismas normas de "arrastrar y soltar" y de "cortar y pegar" de las que hablamos antes en este capítulo, que te permitirán mover las imágenes u otros archivos desde la tarjeta a una carpeta de la biblioteca Imágenes.

Las unidades USB, conocidas también como unidades de almacenamiento, funcionan como lectores de tarjetas de memoria. Conecta la unidad a uno de los puertos USB de la computadora y la unidad aparecerá en forma de ícono (como puede verse en el margen) en el Explorador de archivos, lista para abrirse con un doble clic.

✔ Primero, la advertencia: al formatear una tarjeta o un disco, se eliminará toda la información que contenga. No formatees nunca una tarjeta o un disco a menos que te dé igual la información que almacena.

✔ Ahora, el procedimiento: si Windows se queja de que una tarjeta o una unidad que acabas de insertar no está formateada, haz clic con el botón derecho del ratón en su unidad y elige Formatear (este problema ocurre con más frecuencia con tarjetas totalmente nuevas o dañadas). Algunas veces, el formateo también permite a un dispositivo utilizar una tarjeta diseñada para un dispositivo distinto; por ejemplo, tu cámara digital podrá utilizar la tarjeta del reproductor MP3.

SkyDrive: tu rincón en las nubes

Almacenar archivos en la computadora es útil cuando estás en casa o en el trabajo. Y, cuando dejes la computadora, puedes llevarte los archivos en unidades USB, CD, DVD y discos duros portátiles (si te acuerdas de tomarlos cuando salgas).

Pero ¿cómo se puede acceder a los archivos desde cualquier parte, aunque te hayas olvidado de tomarlos?

La solución de Microsoft a ese problema se llama SkyDrive. Básicamente, es un espacio de almacenamiento privado propio en internet donde puedes dejar tus archivos y recuperarlos después cuando tengas conexión a internet. Los ingenieros románticos denominan "almacenamiento en la nube" a los archivos guardados en internet.

La pantalla Inicio de Windows 8 se incluye en la app gratuita SkyDrive, pero necesitarás algunas cosas más para poder utilizarla:

✔ **Cuenta de Microsoft:** necesitarás una cuenta de Microsoft para poder cargar archivos en SkyDrive o recuperarlos de esa ubicación. Es posible que crearas una cuenta de Microsoft cuando creaste tu cuenta en la computadora con Windows 8 (describo las cuentas de Microsoft en el capítulo 2).

✔ **Una conexión a internet:** sin señal de internet, ya sea con cable o inalámbrica, los archivos se quedarán flotando en las nubes, lejos de ti y de la computadora.

✔ **Paciencia:** la carga de archivos siempre tarda más en realizarse que la descarga. Aunque puedes cargar archivos pequeños con bastante rapidez, los archivos grandes, como las fotos digitales, pueden tardar varios minutos en cargarse.

Para algunos usuarios, SkyDrive ofrece un oasis seguro donde encontrarán siempre sus archivos más importantes. Otros ven SkyDrive como otro lugar donde pueden ocultar ese archivo en el que estuvieron trabajando la noche anterior. Si no te interesa SkyDrive, compra una unidad USB, almacena ahí tus archivos y guárdatela en el bolsillo.

Acceso a archivos con la app SkyDrive

Para añadir, ver o descargar archivos que hayas almacenado en SkyDrive desde la app SkyDrive de la pantalla Inicio, así como añadir los tuyos propios, sigue estos pasos.

1. **En la pantalla Inicio, haz clic en la app SkyDrive.**

   Cuando se abre, la app SkyDrive (que puede verse en la figura 5-12) puede reaccionar de una de las siguientes formas:

   • Si la conexión a internet está funcionando, la app SkyDrive aparecerá en pantalla. ¿No tienes conexión a internet? Avanza al capítulo 9 para configurarla.

   • Si nunca has utilizado SkyDrive, la app estará vacía. No habrá nada que ver o descargar hasta que añadas archivos.

   • Si ya has cargado archivos en SkyDrive, ahí te estarán esperando, como si estuvieran en una carpeta "real".

   • Si Windows te pide que inicies sesión con una cuenta de Microsoft, ve al capítulo 2, donde explico cómo crear una.

Figura 5-12:
La app
SkyDrive
permite
almacenar
y recuperar
archivos
en un com-
partimento
privado en
internet

Cuando lo abras, SkyDrive mostrará una lista con las carpetas almacenadas en el borde izquierdo y los archivos en el derecho.

2. **Para copiar archivos de la computadora a SkyDrive, elige Cargar y
busca los archivos que quieras en la computadora.**

Para añadir archivos, haz clic con el botón derecho en un espacio
vacío del programa SkyDrive; cuando aparezca el menú de la app en
el borde inferior de la pantalla, selecciona Cargar (como puede verse
en el margen). Aparecerá el Selector de archivos de la pantalla Inicio,
que puede verse en la figura 5-13, listo para que elijas los archivos que
quieras almacenar en la nube.

Haz clic en una carpeta para ver su contenido; para acceder a otras
carpetas, haz clic en el botón Subir en la parte superior. Haz clic en
el botón Subir las veces que sean necesarias y acabarás viendo cuatro carpetas de nivel superior: Bibliotecas, Grupos en el hogar, carpetas de la cuenta del usuario y Equipo. Desde aquí, podrás acceder
a la carpeta que prefieras.

Cuando divises la carpeta que contiene los archivos que quieres, haz
clic en ella y observa sus archivos.

3. **Elige los archivos que quieras cargar en SkyDrive.**

Haz clic en los archivos que quieras cargar; si haces clic en uno por
error, vuelve a hacer clic para eliminarlo de la lista de carga. Cada

Carpetas en la biblioteca en vista actual

Subir vista una carpeta

Ver archivos en otras bibliotecas y carpetas

Ordenar archivos por nombre o fecha   Archivos en carpeta en vista actual

Biblioteca en vista actual en la computadora

Eliminar o seleccionar todos los archivos

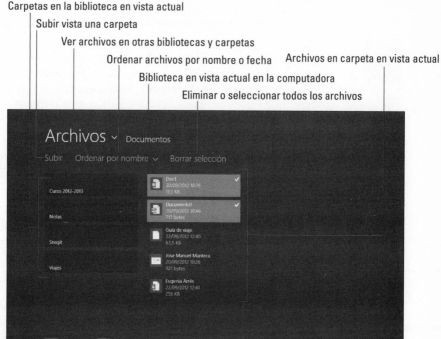

Figura 5-13:
Haz clic en
los archivos
que quieras
enviar a
SkyDrive;
vuelve
a hacer
clic en
ellos para
anular su
selección

Archivos seleccionados actualmente   Cargar archivos seleccionados actualmente en SkyDrive

vez que hagas clic en un archivo, SkyDrive lo añadirá a su lista de carga, mostrándolo en el borde inferior de la app, como puede verse en la figura 5-13.

Salta a otra carpeta y haz clic en más archivos; SkyDrive también añadirá esos archivos a la lista de la parte inferior.

4. Haz clic en el botón Agregar a SkyDrive.

SkyDrive comenzará a cargar los archivos seleccionados en la nube. Los documentos se subirán con bastante rapidez, pero la música y las fotos digitales pueden tardar mucho tiempo en cargarse.

Con la app SkyDrive es bastante fácil abrir archivos que ya hayas cargado en la nube, pero ofrece poco control. Para disfrutar de más funcionalidades, accede a SkyDrive desde el explorador web del escritorio, una tarea que se describe en el siguiente apartado.

✔ Para abrir un archivo desde la app SkyDrive, haz clic en él. El archivo se abrirá, como si siguiera dentro de la computadora.

✔ Para copiar un archivo desde SkyDrive a tu computadora, haz clic con el botón derecho en el archivo que quieras. Después, cuando aparezca el menú en la parte inferior de la app, elige Descargar (como puede verse en el margen). Aparecerá la app Selector de archivos, que vimos antes en la figura 5-13, que te permitirá elegir una de las carpetas de la computadora para recibir el archivo entrante.

✔ Para eliminar un archivo desde la app SkyDrive, haz clic con el botón derecho en el archivo no deseado. Cuando aparezca el menú inferior, haz clic en el botón Eliminar (como puede verse en el margen).

Acceso a SkyDrive desde el escritorio

Si la app SkyDrive de la pantalla Inicio es demasiado simple para responder a tus necesidades, dirígete al escritorio de Windows y visita el sitio web de SkyDrive en la dirección `http://skydrive.live.com`.

Tal y como se muestra en la figura 5-14, el sitio web de SkyDrive ofrece mucho más control cuando mueves archivos entre la computadora y la nube. Desde el sitio web de SkyDrive puedes añadir, eliminar, mover y renombrar archivos, así como crear carpetas y mover archivos entre carpetas.

Para obtener mejores resultados, utiliza el sitio web de SkyDrive para cargar y gestionar tus archivos. Una vez que hayas llenado SkyDrive con tus archivos favoritos, utiliza la app SkyDrive de la pantalla Inicio para acceder a los archivos concretos que necesites.

Para obtener más control sobre SkyDrive y tus archivos, descarga el programa SkyDrive for Windows en `http://apps.live.com/skydrive`. El programa de escritorio crea una carpeta especial en la computadora que refleja lo que está almacenado en SkyDrive. Eso hace que SkyDrive sea particularmente fácil de utilizar: cada vez que cambies el contenido de esa carpeta especial de la computadora, Windows también actualizará SkyDrive automáticamente.

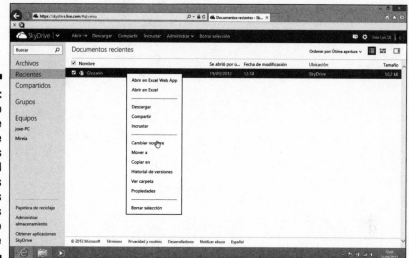

Figura 5-14:
El sitio web
de SkyDrive
ofrece
mucho más
control
sobre los
archivos
que has
almacenado
en la nube

Parte II
Cómo trabajar con programas, apps y archivos

The 5th Wave — Rich Tennant

POR AHORA HA SACADO UNA COBRA, DOS PITONES
Y UNAS CUANTAS LAGARTIJAS, PERO NI RASTRO DEL
ARCHIVO QUE BUSCAMOS.

En esta parte...

*L*a primera parte de este libro explica cómo manipular Windows 8 hurgando en sus partes sensibles con el ratón o, en el caso de una pantalla táctil, con los dedos.

Esta parte del libro te ayuda a conseguir, por fin, que lleves a cabo tus tareas. Por ejemplo, podrás averiguar cómo abrir programas y apps de la pantalla Inicio, abrir archivos existentes, crear y guardar tus propios archivos e imprimir tu trabajo cuando lo termines.

Esta parte del manual presenta las nociones básicas de Windows: cómo copiar información de una ventana o programa y pegarla en otro.

Y cuando algunos de tus archivos se vayan de paseo por ahí (es inevitable), el capítulo 7 explica cómo soltar los perros robóticos de caza de Windows 8 para buscarlos y traerlos de vuelta a nuestra vera.

Capítulo 6

Juguemos con programas, apps y documentos

• •

En este capítulo

▶ Cómo abrir un programa, una app o un documento

▶ Cómo cambiar el programa que abre cada documento

▶ Cómo instalar, desinstalar y actualizar apps

▶ Cómo crear un acceso directo

▶ Cómo cortar, copiar y pegar

• •

*E*n Windows, los programas y las apps son tus herramientas: carga un programa o una app y podrás sumar, colocar palabras o disparar a naves espaciales.

Por el contrario, los documentos son cosas que creas con apps y programas: formularios de hacienda, disculpas sinceras o listas de récords.

Este capítulo explica todo lo básico que debes saber para abrir programas y apps desde la nueva pantalla Inicio en forma de mosaico que tiene Windows 8. Se explicará cómo puedes encontrar una app nueva en la app de la Tienda. También te enseñará dónde encontrar el menú de una app, ya que Microsoft, por alguna misteriosa razón, los ha ocultado.

A medida que vayas pasando páginas, descubrirás cómo conseguir que tu programa preferido abra los archivos. También podrás crear **accesos directos**: íconos que permiten cargar programas del escritorio sin tener que pasar por la pantalla Inicio llena de mosaicos.

El capítulo acabará con la "Guía absolutamente esencial para cortar, copiar y pegar". Guárdate este truco bajo la manga y podrás enfrentarte a casi cualquier situación que Windows te presente.

Cómo iniciar un programa o una app

En Windows 8 ha desaparecido completamente el ícono de inicio de ese lugar en la esquina inferior izquierda del escritorio en el que tantas veces hemos hecho clic. Sin embargo, Microsoft prefiere decir que ha "ampliado" el botón Inicio y lo ha convertido en una plataforma de arranque a pantalla completa.

En el capítulo 2 explico la enorme pantalla Inicio que aparece en la figura 6-1, además de explicar cómo añadir o quitar mosaicos para personalizarla y asegurarte de que encuentras las cosas de forma más fácil.

Aunque la pantalla Inicio se haya mudado de ciudad, sigue permitiéndote iniciar programas o apps así:

1. **Abre la pantalla Inicio.**

   Como ya no existe el botón Inicio, puedes reclamar la presencia de la pantalla Inicio de una de estas formas:

Figura 6-1:
Haz clic en el botón Inicio y después, haz clic en el programa que quieras abrir

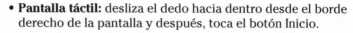

- **Ratón:** mueve el cursor hasta la esquina inferior izquierda de la pantalla y después, haz clic cuando el botón Inicio aparezca.
- **Teclado:** pulsa la tecla de Windows ().
- **Pantalla táctil:** desliza el dedo hacia dentro desde el borde derecho de la pantalla y después, toca el botón Inicio.

La pantalla Inicio (figura 6-1) se abrirá y mostrará una serie de títulos que representan tus apps y programas (en el capítulo 2 explico cómo añadir mosaicos a la pantalla Inicio o quitarlos).

2. **Si ves el mosaico del programa o la app que quieres, haz clic con el ratón para elegirlo o, si tienes pantalla táctil, tócalo con el dedo.**

¿No ves el mosaico del programa que estás buscando en la lista de la pantalla Inicio? Ve al siguiente paso.

3. **Muévete hasta la parte derecha de la pantalla para ver más mosaicos.**

La pantalla Inicio siempre se abre para mostrar los mosaicos en el extremo izquierdo de la pantalla. Para ver las apps y los programas escondidos, mueve el cursor del ratón hasta el borde derecho de la pantalla y el resto de los mosaicos de la pantalla Inicio empezarán a aparecer.

Si tienes una pantalla táctil, desliza el dedo hacia la izquierda por la pantalla para ver los mosaicos.

¿Aún no puedes ver el programa o la app que quieres? Entonces el paso 4 es el tuyo.

4. **Ver todas las apps.**

La pantalla Inicio muestra primero las apps, seguidas de los programas del escritorio. No obstante, para evitar que la lista se expanda hasta los confines del mundo, la pantalla Inicio no contiene todo.

Para mostrarlo todo, haz clic con el botón secundario del ratón en un lugar vacío de la pantalla Inicio y, después, elige Todas las apps. Aparecerá una lista de todas las apps con el nombre y su ícono correspondiente, seguida de listas por orden alfabético y organizadas por categorías, de los programas del escritorio (los últimos programas del escritorio que hayas instalado siempre aparecerán en el borde derecho de la pantalla).

Para ver todas las apps en una pantalla táctil, desliza el dedo hacia arriba desde el borde inferior de la pantalla y haz clic en el ícono de Todas las apps.

Si aun así no puedes encontrar el programa que quieres en la, admitámoslo, atestada pantalla Inicio, sigue estos truquitos para descubrir formas alternativas de abrir una app o programa:

✔ En la propia pantalla Inicio, empieza a escribir el nombre del programa que no encuentras. Al escribir la primera letra, la pantalla Inicio se vaciará y mostrará una lista de programas cuyo nombre empiece por esa letra. Escribe la segunda o la tercera letra y la lista de coincidencias irá disminuyendo consecuentemente. Cuando veas el programa o la app que quieres, haz doble clic con el ratón para abrirlo (o, si tienes pantalla táctil, tócalo).

✔ Abre el explorador de archivos desde la pantalla Inicio, elige Documentos en el panel de navegación que hay en el borde izquierdo de la ventana y haz doble clic en el archivo que quieres abrir. El programa correcto se abrirá de forma automática (si se abriera el programa equivocado, consulta el apartado "Cómo elegir qué programa abre cada tipo de archivo" de este mismo capítulo).

✔ Haz doble clic en el **acceso directo** del programa. Los accesos directos, que suelen estar en el escritorio, son íconos accesibles y desechables usados para abrir archivos y carpetas (explicaré mucho más sobre los accesos directos en la sección "Accesos directos para vagos" de este capítulo).

✔ También puedes encontrar el ícono del programa en la *barra de tareas* del escritorio, que es una tira de íconos muy útil, acomodados vagamente a lo largo del borde inferior del escritorio. Haz clic en el ícono de la barra de tareas y el programa se pondrá a tus órdenes (el tema de la barra de tareas del escritorio y cómo personalizar la fila de íconos accesibles está en el capítulo 3).

✔ Haz clic con el botón derecho en el escritorio de Windows, selecciona Nuevo y elige el tipo de documento que quieres crear. Windows 8 cargará el programa adecuado para dicha tarea.

Windows cuenta con otras formas de abrir un programa, pero los métodos anteriores son los que cumplen con el objetivo (hay más información sobre la pantalla Inicio en el capítulo 2, ya que la estrella del capítulo 3 es el escritorio).

Cómo abrir un documento

Como a la marca Tupperware, a Windows 8 le chiflan las estandarizaciones. Para cargar todos los documentos (a menudo llamados "archivos") de casi todos los programas de Windows, hay que seguir exactamente los mismos pasos:

1. **Haz clic en la palabra Archivo en la barra de menús del programa, esa fila aburrida de palabras que hay en la parte superior del programa.**

   Si tu programa oculta la barra de menús, pulsa la tecla Alt y, casi siempre, aparecerá.

   ¿Sigues sin ver la barra de menús? Si es así, tu programa tiene una "cinta", una tira gruesa de íconos de colores en la parte superior de la ventana. Si te encuentras con una cinta, haz clic en la ficha o ícono que hay en la esquina izquierda para que el menú de Archivo se despliegue.

2. **Cuando se abra el menú, elige Abrir.**

   Gracias a Windows, sentirás como si tuvieras un *déjà vu* con la ventana Abrir, tal y como se muestra en la figura 6-2: parece (y funciona) como la librería de documentos, la cual ya expliqué en el Capítulo 5.

   Sin embargo, hay una gran diferencia: esta vez, la carpeta muestra solo los archivos que el programa en concreto reconoce y sabe cómo abrir, y deja fuera el resto.

3. **Apunta al documento deseado, tal y como se muestra en la figura 6-2, haz clic en el botón del ratón y, después, en el botón Abrir.**

   En la pantalla táctil, toca el documento para abrirlo.

   El programa abrirá el archivo y lo mostrará en pantalla.

En la mayoría de los programas de Windows puedes abrir un archivo de esta forma, tanto si lo ha creado Microsoft, cualesquiera de sus socios o el vecino del cinco.

Figura 6-2: Haz doble clic en el nombre del archivo que quieras abrir

✔ Para ir más rápido, haz doble clic en el nombre del archivo deseado y se abrirá en un instante, al tiempo que se cerrará la ventana Abrir.

✔ Si tu archivo no está en la lista de nombres, para buscarlo, haz clic en los botones o las palabras que se muestran en el lado izquierdo de la figura 6-2. Haz clic en la biblioteca de documentos, por ejemplo, para ver los archivos que hay dentro.

✔ El ser humano guarda cosas en el garaje, pero las computadoras prefieren guardar los archivos en compartimentos ordenadamente etiquetados, que reciben el nombre de "carpetas" (haz doble clic en una carpeta para ver qué se esconde dentro; si encuentras tu archivo, haz doble clic para abrirlo). Si no dominas eso de buscar por carpetas, el apartado sobre carpetas del Capítulo 5 te refrescará la memoria.

✔ Siempre que abres un archivo y lo cambias, aunque sea por equivocación, Windows 8 asume que lo has cambiado para bien. Si intentas cerrar el archivo, Windows 8, que es muy cauto, preguntará si quieres guardar los cambios. Si has actualizado el archivo con ingenio maestro, haz clic en Sí. Si lo has destrozado todo o has abierto el archivo incorrecto, haz clic en No o en Cancelar.

✔ ¿Te haces un lío con los íconos o comandos de la parte superior o izquierda de la ventana de Abrir? Si dejas el puntero del ratón sobre los íconos, aparecerá un cuadradito que te explicará cuál es su trabajo.

Cómo guardar un documento

Al **guardar**, envías el trabajo que acabas de crear al disco duro, a un dispositivo USB o a un disco para guardarlo a buen recaudo. A menos que guardes el trabajo, la computadora pensará que te has pasado las últimas cuatro horas toqueteando el archivo, por lo que tendrás que decirle expresamente que guarde el trabajo para que lo guarde en un sitio seguro.

Gracias a los chasquidos de los látigos de cuero de Microsoft, aparecerá un comando Guardar en cada programa de Windows 8, sea quien sea el que lo haya programado. Puedes guardar un archivo de cualesquiera de estas formas:

✔ Haz clic en Archivo, en el menú superior, elige Guardar y guarda el documento en la carpeta Documentos, o en el escritorio, para que te sea más fácil encontrarlo después (lo mismo ocurrirá si pulsas la tecla Alt, seguida de la letra A y la letra G).

Esa pelea de los programadores por los formatos de los archivos

Cuando no se pelean por la comida rápida, los programadores discuten sobre los formatos (o formas de agrupar la información en un archivo). Para evitar entrar en batallas campales, la mayoría de los programas te permiten abrir los archivos guardados en diferentes tipos de formato.

Por ejemplo, mira el cuadro con la lista desplegable en la esquina inferior derecha de la Figura 6-2. Contiene Todos los documentos de WordPad (*.rtf), uno de los muchos formatos que utiliza WordPad. Para ver los archivos guardados en otros formatos, haz clic en ese cuadro y elige un formato diferente. El cuadro Abrir actualizará la lista y mostrará solo los archivos con el nuevo formato.

¿Y cómo puedes ver la lista de todos los archivos de la carpeta en ese menú, sea cual sea su formato?

Selecciona Todos los documentos en el cuadro desplegable. De esta forma, se cambiará la vista para mostrar todos los archivos de esa carpeta. Seguramente el programa no pueda abrirlos todos y tal vez se atragante si intenta abrirlos.

Por ejemplo, puede que WordPad incluya algunas fotos digitales en su vista de Todos los documentos. Sin embargo, si intentas abrir una foto, WordPad mostrará diligentemente la foto como una oscura serie de símbolos de programación (si has abierto una foto por equivocación en un programa y no ves la foto, no intentes guardar lo que se ha abierto. Si el programa es como WordPad y guardas el archivo, la foto se estropeará. Simplemente, sal por piernas: haz clic en el botón Cancelar).

✔ Haz clic en el ícono Guardar, como el del margen.

✔ Mantén pulsado Ctrl y pulsa G (G de "Guardar").

Si estás guardando algo por primera vez, Windows 8 te pedirá que pienses un buen nombre para el documento. Escribe algo descriptivo usando solo letras, números y espacios entre palabras (si intentas usar algún carácter no aceptado de los que describo en el capítulo 5, la policía de Windows llegará y te pedirá, educadamente, que utilices un nombre diferente).

✔ Elige nombres de archivo que describan tu trabajo. Windows 8 te deja utilizar 255 caracteres. Un archivo con el nombre *Informe ventas de sandalias en verano de 2012* será más fácil de localizar que uno que se llame *Cosas*.

✔ Puedes guardar archivos en cualquier carpeta, CD o DVD, y hasta en un dispositivo USB. Pero los archivos son aún mucho más fáciles de encontrar si los guardas en una de las cuatro bibliotecas principales de Windows: *Documentos*, *Música*, *Imágenes* o *Videos* (estas cuatro bibliotecas se muestran en la parte izquierda de cada carpeta).

✔ La mayoría de los programas puede guardar archivos directamente en un CD o DVD. Elige Guardar en el menú Archivo y, en la sección de la computadora del panel derecho, la unidad en la que lo quieras guardar, coloca un disco (preferiblemente uno que no esté ya lleno) en la unidad de escritura de discos para empezar el proceso.

✔ Si estás trabajando en algo importante (y la mayoría de veces es así), haz clic en el comando Guardar cada pocos minutos. O utiliza el método abreviado de teclas Ctrl + G (mantén la tecla Ctrl y pulsa la tecla G). Los programas te pedirán que escojas un nombre y una ubicación para un archivo cuando lo guardes por primera vez, pero los guardados posteriores son mucho más rápidos.

Cómo elegir el programa que abre cada tipo de archivo

La mayoría de las veces, Windows 8 reconoce de forma automática el programa que debería abrir cada tipo de archivo. Haz doble clic en un

¿Qué diferencia hay entre Guardar y Guardar como?

¿Mande? ¿Guardar como *qué*? ¿Un componente químico? Qué va. El comando Guardar como te da la oportunidad de guardar el trabajo con un nombre y una ubicación diferentes.

Imagínate que abres el archivo *Poema para María* y cambias un par de frases. Quieres guardar los cambios, pero tampoco quieres perder lo que habías escrito antes. Para poder guardar ambas versiones, selecciona Guardar como y escribe el nuevo nombre: *Añadidos tentadores para Poema para María*.

Cuando guardas algo por primera vez, los comandos de Guardar y Guardar como son idénticos: ambos te piden que elijas un nombre y una ubicación nuevos para guardar el trabajo.

El comando Guardar como también te permite guardar un archivo en un **formato** diferente. Puedes guardar la copia original en el formato que prefieras, pero guarda una copia en un formato diferente para ese amigo que se aferra fervorosamente al software antiguo que precisa de un formato del año de la canica.

archivo y Windows utilizará el programa correcto para entrar en el archivo y dejarte ver su contenido.

Sin embargo, a veces Windows no elige el programa preferido, y lo mismo ocurre con Windows 8. Por ejemplo, Windows 8, al que le fascinan las apps, le dice a la app Música de la pantalla Inicio que reproduzca tu música. A lo mejor prefieres que sea el Reproductor de Windows Media del escritorio el que se encargue de las tareas musicales.

Cuando el programa equivocado abre tu archivo, puedes hacer que el programa correcto lo abra de esta forma:

1. **Haz un clic derecho sobre el archivo problemático y elige Abrir con en el menú emergente.**

   Tal y como se muestra en la figura 6-3, Windows señala una serie de programas que pueden abrir el archivo, además de algunos que ya has utilizado previamente para abrirlo.

   Si en una ventana diferente aparece "Prueba una app en esta PC" o "Busca una app en la Tienda", ve directamente al paso 4.

2. **Haz clic en Elegir programa predeterminado y después, selecciona el programa que quieras utilizar para abrir el archivo.**

   Aparecerá una ventana como la de la figura 6-4 con la lista de otros programas; el programa asignado a ese tipo de archivo aparece en la parte superior de la lista. Si ves el programa que quieres, haz doble clic sobre él para decirle que abra el archivo (asegúrate de que la casilla de verificación de "Usar esta aplicación para abrir este tipo de archivo" está seleccionada; suele estarlo por defecto).

Figura 6-3: Windows presenta algunos programas con los que se ha abierto antes ese tipo de archivo

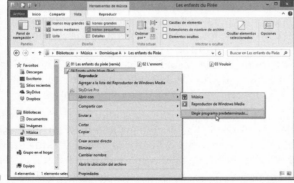

Figura 6-4:
Elige el
programa
que
quieres y
selecciona
la casilla de
verificación
en la parte
superior

¿No ves el programa que quieres o necesitas para abrir el archivo?
Ve al paso 3.

3. **Haz clic en el enlace Más opciones que hay en la parte inferior de
la lista que se muestra en la figura 6-4.**

   A modo de payasada, Windows muestra todos los programas, incluso aquellos que no podrían abrir el archivo si se lo pidieras amablemente. Si encuentras el programa que deseas, haz clic sobre él. Sin
   embargo, es probable que tengas que ir al paso 4.

4. **Elige una opción.**

   Al hacer clic en Más opciones en el paso anterior, se mostrarán dos
   opciones más en la parte inferior de la lista:

   • **Buscar una aplicación en la Tienda:** se abrirá la app Tienda,
     donde podrás buscar una app para abrir el archivo. La
     Tienda te deja en una estantería virtual llena de apps que
     pueden abrir el archivo.

   • **Buscar otra aplicación en esta PC** se trata de una golosina
     para los amantes de la tecnología, ya que te presenta una car-
     peta del explorador de archivos, inundada de todos los pro-
     gramas del escritorio que tengas instalados, ordenados por
     el nombre de la carpeta. Elige esta opción solo si ya sabes
     exactamente dónde se encuentra el programa que deseas. De
     lo contrario, no sabrás ni por dónde empezar.

Si instalas una app o un programa nuevos para abrir un archivo en concreto, el recién llegado suele asignarse los derechos de abrir ese tipo de
archivo en el futuro. Si no lo hace, vuelve al paso 1 y, esta vez, verás cómo
el programa (o app) recién instalado aparecerá en la lista. Elígelo y habrás acabado (¡por fin!).

✔ Revisando un poco la historia: Windows 8 utiliza el término "app" para referirse tanto a los programas tradicionales del escritorio como a las apps de la pantalla Inicio. Sé consciente de la terminología de Windows 8 cuando estés en el escritorio.

✔ A veces querrás alternar entre varias apps o programas cuando trabajes con el mismo archivo. Para ello, haz clic derecho sobre el archivo, elige Abrir con y selecciona el programa que necesites en ese momento.

✔ De vez en cuando, ves que el programa que quieres utilizar no abre un archivo porque, simplemente, no sabe cómo hacerlo. Por ejemplo, el Reproductor de Windows Media puede reproducir la mayoría de los videos, excepto cuando están almacenados en formato

El extraño mundo de las asociaciones de archivos

Cada programa de Windows añade al nombre de cada archivo que crea un código secreto llamado "extensión de archivo", que funciona como una marca de hierro: cuando haces doble clic sobre el archivo, Windows 8 escudriña la extensión y, de forma automática, llama al programa para que abra el archivo. Por ejemplo, el Bloc de notas tatúa la extensión .txt a cada archivo que crea. De esta forma, Windows asociará la extensión .txt al Bloc de notas.

Por lo general, y por motivos de seguridad, Windows 8 no muestra estas extensiones para aislar a los usuarios de los mecanismos internos de Windows. Esto es porque si, de forma accidental, alguien cambia o elimina una extensión, Windows ya no sabrá cómo abrir el archivo.

Si tienes curiosidad por saber qué aspecto tiene una extensión, echa un ojo a estos pasos:

1. **Haz clic en la pestaña Ver de la parte superior de cualquier carpeta.**

El menú cambiará rápidamente y se colocará en la parte superior de la carpeta; te mostrará varias formas de ver los contenidos de esa carpeta.

2. **Selecciona la casilla de verificación Extensiones de nombre de archivo.**

Los archivos de la carpeta cambiarán de forma inmediata para mostrar sus extensiones (algo muy práctico en momentos de emergencia técnica).

Ahora que ya lo has visto, repite los pasos para ocultar las extensiones, pero anula la selección de Extensiones de nombre de archivo.

Advertencia: no cambies la extensión de un archivo, a menos que sepas exactamente lo que haces, ya que Windows 8 se olvidará de qué programa utilizas para abrir el archivo y te quedarás con una bolsa vacía.

QuickTime, el formato de la competencia de Microsoft. La única solución que tienes es instalar QuickTime (www.apple.com/quicktime) y utilizarlo para abrir ese video en concreto.

✔ Si alguien dice algo sobre "asociaciones de archivos", échale un vistazo al Recuadro técnico con el título "El extraño mundo de las asociaciones de archivos", donde se explica este tema insoportable.

Cómo navegar por la Tienda Windows

Las "Apps" (miniprogramas especializados para una sola tarea) vienen del mundo de los dispositivos *smartphones*: teléfonos celulares computarizados. Las apps se diferencian de los programas tradicionales en varias cosas:

✔ Las apps funcionan a pantalla completa; los programas lo hacen en ventanas del escritorio.

✔ Las apps están vinculadas con tu cuenta de Microsoft, de manera que necesitas una cuenta de Microsoft para descargar una app, tanto de pago como gratuita, de la Tienda.

✔ Cuando descargas una app de la app Tienda de Windows 8, puedes utilizarla en un máximo de ocho computadoras o dispositivos, siempre y cuando hayas iniciado sesión con tu cuenta de Windows en cada uno de ellos.

✔ Cuando se instalan, los programas suelen esparcir mosaicos por la pantalla Inicio. Por el contrario, las apps utilizan solo un mosaico, de manera que reducen la aglomeración de la pantalla Inicio.

Las apps y los programas pueden crearse tanto por grandes compañías como por aficionados que utilizan su tiempo libre para dedicarse a su hobby en el sótano.

Aunque los programas del escritorio y las apps de la pantalla Inicio se comportan de formas distintas y no se parecen en nada, Windows 8 utiliza la denominación de "apps" para ambas. Te toparás con esta terminología peculiar tanto cuando utilices antiguos programas como nuevos programas creados por compañías a las que les encanta la nueva terminología de Microsoft.

Cómo añadir nuevas apps de la app Tienda

Cuando estés hasta las narices de las apps de Windows 8 o necesites una app nueva para saciar una necesidad especial, sigue estos pasos para conseguirla:

1. Abre la app de la Tienda desde la pantalla Inicio.

¿No encuentras la pantalla Inicio? Pulsa la tecla ▦ para obrar el milagro.

La app de la Tienda llenará la pantalla, como puede verse en la figura 6-5.

La Tienda se abrirá para mostrar la categoría Destacados, pero si te desplazas hacia la derecha, descubrirás muchas más categorías, como Juegos, Libros y referencia, Noticias y el tiempo, etc.

2. Para reducir la búsqueda, haz clic en su nombre y elige una categoría.

A medida que te vayas familiarizando con la Tienda, encontrarás más formas de ordenar las apps, como puedes ver en la figura 6-6.

3. Ordena por subcategoría, precio y relevancia y elige las apps que te parezcan interesantes.

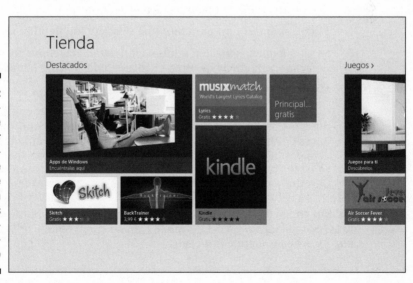

Figura 6-5: La app Tienda permite descargar apps gratuitas, de prueba o de pago para que puedas iniciar desde la pantalla Inicio

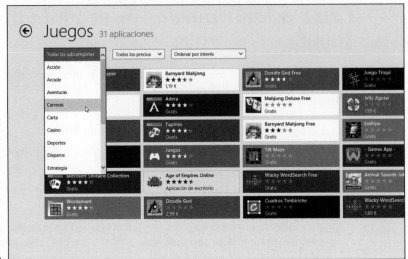

Figura 6-6:
Reduce la
búsqueda
ordenando
por sub-
categoría,
precio o
puntuación

Por ejemplo, puedes ordenar por subcategoría y limitar la categoría de Juegos para que te muestre solo los juegos de cartas.

Algunas categorías también te dejan ordenar por precio para que puedas escoger Gratuita, De pago o De prueba. Si las ordenas por relevancia, Microsoft te mostrará qué apps son Más recientes, las que tienen la Mayor puntuación o las Más baratas (los gestores de fondos de inversión también pueden ordenarlas por "las más caras").

4. **Elige cualquier app para leer una descripción detallada.**

Se abrirá una página con información detallada, el precio, imágenes de la app, opiniones de otros clientes e información técnica.

5. **Haz clic en Instalar, Comprar o Probar.**

Cuando encuentres una app gratuita que sea imprescindible en tu día a día, haz clic en instalar. Las apps de pago permitirán escoger entre **Comprar** o **Probar** (una versión de prueba limitada). Tanto si eliges instalarla, probarla o comprarla, el mosaico aparecerá en tu pantalla Inicio con la celeridad que tu conexión a internet se lo permita.

Las app recién descargadas aparecerán agrupadas en el borde derecho de la pantalla Inicio. En el Capítulo 2 explico cómo recolocar la pantalla Inicio y ordenar un poco ese caos.

Cómo desinstalar apps

¿Has descargado una birria de app? Para desinstalarla desde la pantalla Inicio, haz un clic derecho en el mosaico. Cuando la barra del menú suba desde la parte inferior, haz clic en Desinstalar (como puede verse en el margen).

Si desinstalas una app solo se quitará de la pantalla Inicio de tu cuenta, pero no afectará otros titulares de la cuenta que hayan instalado la misma app.

Cómo actualizar las apps

Los programadores no paran de hacer cambios en las apps, alisando bultos, añadiendo prestaciones y tapando problemas de seguridad. Cuando el programa publica una actualización para la app, la Tienda te avisará y mostrará un número en el mosaico de la app Tienda.

Para atrapar cualquier actualización en espera, visita la app Tienda de la pantalla Inicio. Después, haz clic en Actualización/es, en la esquina superior derecha. La Tienda muestra todas las apps que necesitan actualizaciones. Haz clic en Actualizar todas para que todas estén al día.

Nota: Cuando actualizas una app, no se actualizará la app para todos los titulares de la cuenta de la computadora, sino que cada uno tendrá que actualizar la suya. Lo mismo ocurre con las apps que ya venían preinstaladas en la computadora, además de las que has escogido instalar después.

Accesos directos para vagos

Windows intenta siempre separar el mundo de la pantalla Inicio y el del escritorio, a pesar de que te pases el día saltando de uno a otro. Cuando estés hasta la coronilla de vagar por el bosque para encontrar un programa, una carpeta, una unidad de disco, un documento o un sitio web, crea un "método abreviado" (un ícono que te llevará directamente a tu objeto de deseo).

Como un acceso directo es un ícono para abrir otra cosa, es seguro, práctico y te puedes deshacer de ellos. Y son fáciles de diferenciar del original porque tienen una flechita en la esquina inferior izquierda, como el acceso directo de la Calculadora, que puedes ver en el margen.

Sigue estas instrucciones para crear accesos directos en el escritorio de los elementos que más usas y, así, poder saltarte la pantalla Inicio:

✔ **Carpetas o documentos:** en el escritorio, haz un clic derecho en la carpeta o el documento deseado, elige Enviar a y selecciona la opción Escritorio (crear acceso directo). El acceso directo aparecerá en tu escritorio.

✔ **Sitios web:** en la versión de escritorio de Internet Explorer, ¿ves el iconito delante de la dirección del sitio web en la barra de direcciones de Internet Explorer? Desliza el iconito hasta el escritorio y suéltalo. Así podrás acceder después en un instante. También puedes añadir sitios web a la útil lista de Favoritos de Internet Explorer. Te lo explicaré todo en el capítulo 9.

✔ **Panel de control:** ¿has encontrado alguna opción útil en el Panel de control del escritorio (la caja de alimentación mamut de Windows 8)? Pues arrastra el ícono de esa opción del Panel de control a tu escritorio (la zona de "Favoritos" del panel de navegación) o a cualquier otro sitio. El ícono se convertirá en un acceso directo para que puedas acceder a ella fácilmente (una forma fácil de acceder al Panel de Control del escritorio: haz un clic derecho en la esquina inferior izquierda de la pantalla y elige Panel de control en el menú emergente).

✔ **Unidades de disco:** abre la app del explorador de archivos desde la pantalla Inicio. En el panel de navegación que se encuentra a la izquierda del explorador de archivos, haz un clic derecho en la unidad que quieras y elige Crear acceso directo. Windows colocará en el acto un acceso directo a esa unidad en el escritorio.

Aquí tienes alguna sugerencia más sobre los accesos directos del escritorio:

✔ Para grabar CD o DVD de forma rápida, añade un acceso directo a la unidad de disco en el escritorio. Ahora, grabar archivos al disco será tan sencillo como arrastrarlos en el nuevo acceso directo a la unidad de disco que has creado (introduce un disco en blanco en la bandeja de la unidad de disco, confirma la configuración y se empezará a grabar el disco).

¿Quieres enviar un acceso directo del escritorio a la pantalla Inicio? Haz un clic derecho en el acceso directo y elige Anclar a Inicio; el elemento aparecerá en la pantalla Inicio como un mosaico nuevo. Haz clic sobre ese mosaico en la pantalla Inicio para cambiar al escritorio y verás el elemento.

✔ Puedes mover los accesos directos de un lugar a otro siempre y cuando no muevas los elementos originales. Si lo haces, el acceso directo no podrá encontrar el elemento y Windows entrará en un estado de pánico que le hará buscar (casi siempre, en vano) los elementos desplazados.

✔ ¿Quieres saber qué programa se corresponde con un acceso directo? Haz clic derecho en el acceso directo y haz clic en Abrir la ubicación del archivo (si está disponible). El acceso directo te llevará ante su líder en un santiamén.

Guía absolutamente esencial para cortar, copiar y pegar

Windows hizo caso a los del jardín de niños e hizo de la herramienta cortar y pegar una parte integral de la vida computacional. Puedes cortar o copiar prácticamente todo y después, pegarlo en cualquier sitio de forma sencilla y sin complicaciones.

Por ejemplo, puedes copiar una foto y pegarla en los folletos de invitación a tu fiesta. Puedes cortar archivos de una carpeta y pegarlos en otra para moverlos. También puedes cortar párrafos y pegarlos en lugares diferentes de un procesador de palabras.

Lo bonito del escritorio de Windows es que, con tantas ventanas abiertas al mismo tiempo, puedes tomar un poquito de cada una y pegarlo todo en una ventana nueva.

No pases por alto la opción de copiar y pegar también las cosas pequeñas. Copiar y luego pegar un nombre y una dirección es más rápido que escribirlos a mano. O, por ejemplo, si alguien te envía por correo electrónico una dirección web, cópiala y pégala directamente en la barra de direcciones de Internet Explorer. También es muy fácil copiar la mayoría de las cosas que componen un sitio web (para desgracia de muchos fotógrafos).

La guía rápida y fácil para cortar y pegar

Según la premisa de "No me vengas con rollos", aquí les dejo una guía rápida con tres pasos básicos sobre cortar, copiar y pegar:

1. **Seleccionar el elemento que quieras cortar o copiar: un par de palabras, un archivo, una dirección web... Cualquier cosa.**

2. **Haz un clic derecho en la selección y elige Cortar o Pegar del menú desplegable, dependiendo de lo que quieras hacer.**

   Utiliza Cortar cuando quieras mover algo. Utiliza Pegar cuando quieras duplicar algo y dejar el original intacto.

   Método abreviado de teclas: mantén pulsada la tecla Ctrl y pulsa X para cortar o C para pegar.

3. **Haz un clic derecho en el destino del elemento y elige Pegar.**

   Puedes hacer un clic derecho en un documento, una carpeta o casi en cualquier sitio.

   Método abreviado de teclas: mantén pulsada la tecla Ctrl y pulsa V para pegar.

Ahora pasaré a explicar cada uno de los tres pasos con más detalle.

Cómo seleccionar cosas para cortar o copiar

Antes de que te dispongas a trasladar trozos de información a lugares remotos, tienes que decirle a Windows 8 exactamente qué es lo que quieres seleccionar. La forma más fácil es decírselo con el ratón. En la mayoría de los casos, para seleccionar solo tienes que hacer una acción rápida con el ratón que resaltará todo lo que hayas seleccionado.

✔ **Para seleccionar un texto en un documento, un sitio web o una hoja de cálculo:** coloca el cursor o la flecha del ratón al principio de la información que quieres y mantén pulsado el botón del ratón. Después, mueve el ratón hasta el final de lo que quieras seleccionar y suelta el botón. ¡Ya lo tienes! Así has seleccionado todo lo que había entre el momento del clic y el momento en el que soltaste, tal y como puedes ver en la figura 6-7.

Figura 6-7:
Windows
resaltará el
texto selec-
cionado y
cambiará el
color para
que puedas
verlo fácil-
mente

En la pantalla táctil, toca dos veces sobre una palabra para seleccio-narla. Para ampliar tu selección, toca de nuevo la palabra resaltada, pero mantén el dedo presionando el vidrio. Desliza el dedo por la pantalla hasta que hayas llegado a la zona en la que la selección debería parar. ¿Ya lo has hecho? Quita el dedo para que esa porción de texto se quede seleccionada.

Ten cuidado cuando hayas resaltado un trozo de texto. Si, por ejem-plo, tocas sin querer la letra K, el programa sustituirá el texto resal-tado con la letra *k*. Para invertir esta calamidad, elige Deshacer en el menú Edición del programa (o bien, pulsa Ctrl + Z, que es el método abreviado para deshacer).

✔ **Para seleccionar cualquier archivo o carpeta**, basta con que hagas clic sobre un archivo o carpeta para seleccionarlo. Para seleccionar varios elementos, prueba esto:

  • **Si todos los archivos están en una fila:** haz clic sobre el primer elemento, mantén pulsada la tecla Mayús y después, selecciona el último elemento. Windows resaltará el primer elemento y el último, además de todos los que están en medio.

  • **Si los archivos no están en una fila:** mantén pulsada la tecla Ctrl mientras vas haciendo clic en cada archivo o carpeta que quieras seleccionar.

Ahora que has seleccionado el elemento, en la siguiente sección explicaré cómo cortar o copiar.

✔ Después de haber seleccionado algo, córtalo o cópialo inmediata-mente. Si has hecho clic con el ratón en algún sitio sin darte cuenta, el texto o los archivos resaltados volverán a su estado aburrido y severo y tendrás que empezar de nuevo.

Cómo seleccionar letras, palabras, párrafos, etc. de forma individual

Cuando estés manejando palabras en Windows, estos métodos abreviados te ayudarán a seleccionar la información de forma rápida:

✔ Para seleccionar una **letra o carácter** individual, haz clic justo delante de ellos. Después, mientras mantienes presionada la tecla Mayús, pulsa la tecla →. Sigue manteniendo ambas teclas para continuar seleccionando un texto en una línea.

✔ Para seleccionar **una sola palabra**, coloca encima el cursor del ratón y haz doble clic. El color de la palabra cambiará, es decir, estará resaltada (en la mayoría de los procesadores de texto, puedes mantener pulsado el botón del ratón en el segundo clic y después, mover el ratón para resaltar, palabra por palabra, más texto).

✔ Para seleccionar **una sola línea** de texto, haz clic justo en el margen izquierdo. Para resaltar más texto, línea por línea, sigue manteniendo el botón del ratón y mueve el ratón hacia arriba o hacia abajo. También puedes seguir seleccionando más líneas si mantienes pulsada la tecla Mayús y pulsas la tecla ↓ o la tecla ↑.

✔ Para seleccionar **un párrafo** de texto, haz clic en el margen izquierdo del párrafo. Para resaltar más texto, párrafo por párrafo, sigue manteniendo el botón del ratón en el segundo clic y mueve el ratón.

✔ Para seleccionar un **documento entero**, mantén la tecla Ctrl y pulsa E (o elige Seleccionar todo en el menú Edición).

✔ Para borrar cualquier elemento seleccionado, ya sea un archivo, párrafo o una imagen, pulsa la tecla Supr, o bien haz un clic derecho en el archivo problemático y elige Suprimir en el menú emergente.

Cómo cortar o copiar la información seleccionada

Cuando hayas seleccionado parte de la información (que, por si acabas de llegar, he descrito en la sección anterior), tendrás todas las herramientas para empezar a jugar. Puedes cortarlo o copiarlo (o pulsar Suprimir para eliminarlo).

Figura 6-8:
Para copiar
información
en otra
ventana,
haz un clic
derecho en
la selección
y elige
Copiar

Y vuelta la burra al trigo: tras seleccionar algo, haz un clic derecho encima (en la pantalla táctil, tócalo y mantén el dedo para que se asome el menú desplegable). Cuando aparezca el menú, elige Cortar o Copiar, dependiendo de lo que quieras hacer, como puede verse en la figura 6-8. Después, haz un clic derecho en el destino y elige Pegar.

Las opciones de Cortar y Copiar varían mucho. ¿Cómo saber cuál hay que escoger?

✔ **Elige Cortar para mover información.** Al cortar, se borra de la pantalla la información seleccionada, pero no habrás perdido nada: Windows almacena la información guardada en un depósito escondido llamado Portapapeles y se queda ahí esperando hasta que lo pegues.

No dudes en cortar y copiar filas enteras en carpetas diferentes. Cuando cortas un archivo de una carpeta, el ícono se queda atenuado hasta que lo pegues (si hicieran que desapareciera, nos llevaríamos un susto). ¿Has cambiado de idea a mitad de acción? Pulsa la tecla Esc para cancelar y el ícono volverá a la normalidad.

✔ **Elige Copiar para hacer una copia de la información.** Comparado con cortar, copiar la información te desconcierta bastante: mientras que, al cortar, el elemento desaparece de la vista, al copiarlo, se queda en la ventana, aparentemente sin tocarlo. La información copiada también se guarda en el Portapapeles hasta que la pegues.

Para guardar una imagen de tu pantalla completa, pulsa ⊞ + Impr Pant (en algunos teclados podría aparecer escrito ligeramente diferente). Windows guardará la imagen en un archivo llamado Capturas dentro de la biblioteca Imágenes. Vuélvelo a hacer y la captura tendrá el nombre de Captura (2) (ya me entiendes).

Cómo pegar información en otro sitio

Una vez hayas cortado o copiado información al Portapapeles de Windows, podemos decir que está listo para embarcar. Podrás pegar la información prácticamente en cualquier otro sitio.

Pegar es bastante sencillo:

1. **Abre la ventana de destino y mueve el puntero del ratón (o cursor) al lugar en el que quieres que aparezca todo.**

2. **Haz clic con el botón derecho del ratón y elige Pegar en el menú emergente.**

   ¡Bravo! El objeto que acabas de cortar o copiar acude de un salto a su nueva ubicación.

Si lo que quieres es copiar un archivo en el escritorio, haz un clic derecho en el escritorio y elige Pegar. El archivo cortado o copiado aparecerá justo en el lugar en el que has hecho el clic derecho.

✔ El comando Pegar inserta una copia de la información que está en el Portapapeles. La información permanecerá en el Portapapeles para que puedas seguir pegando lo mismo en varios sitios, si quieres.

✔ Para pegar en una pantalla táctil, mantén el dedo allí donde quieras pegar la información. Cuando el menú aparezca, toca en Pegar.

✔ Algunos programas, entre ellos el Explorador de archivos, tienen barras de herramientas para que puedas acceder a los botones Cortar, Copiar y Pegar, tal y como se muestra en la figura 6-9 (pista: mira en la pestaña Inicio del explorador de archivos).

Figura 6-9:
Los comandos Cortar, Copiar y Pegar en el nuevo menú de cinta (izquierda) y en el menú tradicional (derecha)

Cómo deshacer lo que acabas de hacer

Windows 8 ofrece una forma de deshacer la última acción, lo que devolverá la leche derramada de nuevo al cántaro:

Mantén pulsada la tecla Ctrl y pulsa la tecla Z. El último error que hayas tenido se invertirá y ya no tendrás que avergonzarte más (si pulsas el botón Deshacer del programa, si es que puedes encontrar uno, hace lo mismo).

Y si, además, deshaces algo por error que tendría que haberse quedado en el lugar, pulsa Ctrl + Y para deshacer el último *deshecho* y devolverlo a su lugar.

Capítulo 7

Encuentra lo perdido

- -

En este capítulo

▶Cómo encontrar apps y programas en funcionamiento

▶Cómo encontrar ventanas y archivos del escritorio perdidos

▶Cómo encontrar programas, correos electrónicos, canciones, fotos y documentos que no encuentras

▶Cómo encontrar otras computadoras de una red

▶Cómo encontrar información en internet

- -

*L*legará un momento en el que Windows 8 te dejará con cierto desconcierto. "Córcholis", te dirás, mientras tamborileas con los dedos; "hace un segundo, eso estaba justo ahí. ¿Dónde habrá ido?"

Si Windows 8 empieza a jugar al escondite, con este capítulo sabrás dónde tienes que buscar y cómo evitar que te tome el pelo.

Cómo encontrar apps de la pantalla Inicio que ya están funcionando

Por naturaleza, la pantalla Inicio llena la pantalla de apps. Cambia a otra app y será esta la que llene la pantalla y empujará fuera a la anterior. Como la pantalla Inicio solo muestra una app cada vez, el resto que estén en funcionamiento permanecerán escondidas tras un telón invisible.

Cuando cambies al escritorio, pasarás a otro mundo, lejos del país de las apps. ¿Cómo vuelves a la app que estabas usando?

Figura 7-1:
Windows 8
crea una
lista de las
apps que has
utilizado re-
cientemente
y las coloca
en una cinta
en el borde
izquierdo de
la pantalla.
Haz clic en la
miniatura de
la app para
volver a ella

Para resolver ese problema, Windows 8 puede mostrarte una lista de las
apps que has usado recientemente, junto con miniaturas, como puede
verse en la figura 7-1. De forma muy acertada, la lista también incluye
el escritorio para que puedas cambiar sin problemas entre las apps y el
escritorio.

La tira plagada de miniaturas aparecerá en la parte izquierda de la pantalla y estará disponible tanto si estás en la pantalla Inicio como si estás en
el escritorio.

Para ver la lista de apps recién utilizadas (y para poder cerrar las apps
que no quieras), sigue cualesquiera de estos pasos:

✔ **Ratón:** lleva el puntero del ratón a la esquina superior derecha; cuando aparezca la miniatura de la última app que hayas utilizado, desliza el ratón hasta la parte inferior de la pantalla para que la lista de
las últimas apps usadas se quede anclada en la parte izquierda de la
pantalla. Para cambiar a otra app, haz clic sobre ella. Para cerrar una
app, haz un clic derecho en su miniatura y elige Cerrar.

✔ **Teclado:** pulsa ▦ + Tabulador para ver la lista de las últimas apps
que has utilizado, tal y como puede verse en la figura 7-1. Mientras
mantienes pulsada la tecla ▦, pulsa el tabulador; cada vez que pulses
el tabulador, se resaltará una app diferente de la lista. Cuando la
app que quieras esté resaltada, suelta la tecla ▦ y la app llenará la

pantalla (¿has resaltado una app que quieres cerrar? Basta con que pulses la tecla Supr).

✔ **Pantalla táctil:** desliza suavemente el dedo hacia dentro desde el borde izquierdo de la pantalla. Cuando aparezca la última app que has utilizado, desliza de nuevo hacia el borde izquierdo para que la lista de aplicaciones se quede anclada. Toca cualquier app en la tira para que llene la pantalla. Para cerrar cualquier app que no quieras, desliza el dedo desde la parte superior de la pantalla hasta la inferior, hasta que la app desaparezca, como agua cayendo por el acantilado.

Este truco revelará las apps que están en funcionamiento, pero no los programas del escritorio. Eso se debe a que Windows 8 considera el escritorio como si fuera una app: da igual cuántos programas de escritorio tengas funcionando, porque la tira de la izquierda mostrará una sola app para el escritorio (para encontrar los programas que están actualmente en funcionamiento, ve al siguiente apartado).

Cómo encontrar ventanas en el escritorio

Como contraposición a la pantalla Inicio a pantalla completa, el escritorio de Windows 8 funciona como un pizarrón de corcho donde clavas los recados. Cada vez que abres una ventana o un programa, se coloca otro trozo de información en el corcho. La ventana de arriba es fácil de ver, pero ¿cómo vas a llegar a las ventanas que hay debajo?

Si puedes ver cualquier parte de la ventana oculta (una esquina o el borde), con hacer clic en el lugar exacto te bastará para tomarla y traerla hacia la superficie.

Cuando la ventana que quieres esté completamente enterrada, mira en la barra de tareas del escritorio (esa tira a lo largo de la parte inferior de la pantalla). ¿Ves el nombre de la ventana que quieres en la barra de tareas? Haz clic para que vuelva a aparecer (podrás conocer más sobre la barra de tareas en el capítulo 3).

¿Sigues sin conseguir encontrar esa ventana? Mantén pulsada la tecla Alt y pulsa la tecla Tabulador. Como puede verse en la figura 7-2, Windows 8 muestra las miniaturas de las ventanas, las apps y los programas que tienes abiertos. Mientras mantienes pulsada la tecla Alt, pulsa la tecla

Figura 7-2:
Mantén pulsada la tecla Alt y pulsa la tecla Tabulador repetidamente para pasar de una ventana a otra. Suelta la tecla Alt para dejar la ventana resaltada en el escritorio

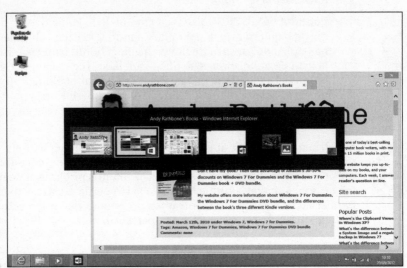

Tabulador varias veces (o mueve la rueda del ratón) para que la app o la ventana resaltada llene toda la pantalla cada vez que pulsas el tabulador.

¿Has encontrado tu ventana? Suelta la tecla Alt y esa ventana aparecerá en el escritorio.

 Si tienes la certeza de que hay una ventana abierta pero no puedes encontrarla, haz un clic derecho en un hueco vacío de la barra de tareas, en la parte inferior del escritorio y escoge Mostrar ventanas en paralelo del menú emergente para colocar todas las ventanas por el escritorio. Es el último recurso pero, tal vez, así podrás encontrar la ventana que buscas.

Cómo localizar una app, un programa, una configuración o un archivo perdidos

 Las dos secciones anteriores explican cómo encontrar aplicaciones y programas que estén en funcionamiento. Pero,¿qué ocurre con las cosas que hace tiempo que no has usado?

Para que puedas encontrar las app perdidas, los archivos desorientados, las configuraciones escondidas y hasta cosas del estilo de correos perdidos, Windows 8 ofrece un índice de búsqueda fácil de usar. Para empezar a buscar, escoge el ícono de búsqueda de la barra Charms. Puedes hacerlo de cualesquiera de estas tres formas:

✔ **Ratón:** lleva el puntero del ratón a la esquina superior o inferior derecha de la pantalla; cuando aparezca la barra Charms, haz clic en el ícono Buscar.

✔ **Teclado:** pulsa 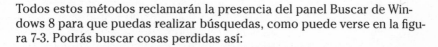 + Q tanto para reclamar la presencia de la barra Charms como para abrir el panel de búsqueda de la barra Charms.

✔ **Pantalla táctil:** desliza el dedo hacia dentro desde el borde derecho de la pantalla; cuando la barra Charms aparezca, toca el ícono Buscar.

Todos estos métodos reclamarán la presencia del panel Buscar de Windows 8 para que puedas realizar búsquedas, como puede verse en la figura 7-3. Podrás buscar cosas perdidas así:

1. Haz clic en la categoría en la que quieras buscar.

A diferencia de Windows 7, Windows 8 no buscará en toda la computadora y te mostrará todas las coincidencias. No, Windows 8 primero te hará concretar la categoría en la que quieres buscar. Haz clic en cualesquiera de las categorías mostradas en la figura 7-3 más arriba para dirigir la búsqueda hacia ellas.

Figura 7-3: El panel de búsqueda de la pantalla Inicio encuentra archivos, configuraciones, apps y programas

- **Aplicaciones:** la opción por defecto en Windows 8, buscará tanto las apps de la pantalla Inicio como los programas del escritorio. En cuanto empieces a escribir algunas letras directamente en la pantalla Inicio, Windows 8 elegirá esta opción de forma automática y empezará a mostrar una lista de las apps y los programas que coincidan.

- **Configuración:** podrás buscar entre muchísimas configuraciones, tanto en el Panel de control del escritorio como en el panel Configuración de la pantalla Inicio. Es una forma práctica de encontrar configuraciones solo de fuentes, como, por ejemplo, de teclados, copias de seguridad o cualquier otro detalle técnico.

- **Archivos:** una opción bastante recurrente para encontrar la ubicación de un archivo específico en el disco duro.

- **Una app en particular:** en las tres categorías principales —Aplicaciones, Configuración y Archivos—, el panel de búsqueda muestra nombres de aplicaciones, como ha podido verse anteriormente en la figura 7-3. Por ejemplo, para dirigir la búsqueda al buzón de correo, elige la app Correo. Esta app se abrirá y el panel Buscar seguirá abrazado al borde derecho de la pantalla, a la espera de que escribas lo que quieres buscar.

2. **Escribe el término de búsqueda en la casilla blanca, tal y como puede verse en la figura 7-3.**

   Escribe una palabra o frase que aparezca en la categoría elegida.

Figura 7-4:
Escribe las primeras letras o palabras de lo que estás buscando y Windows 8 mostrará posibles coincidencias

En cuanto empieces a escribir, la pantalla Inicio empieza a mostrar una lista de las coincidencias. Cada vez que añades una letra, Windows 8 va mermando la lista. Cuando hayas escrito suficientes letras, el elemento perdido flotará en solitario por la parte superior de la lista.

Por ejemplo, al buscar "esternocleidomastoideo" en la categoría Archivos (como se muestra en la figura 7-4), se mostrará una lista de todas las apariciones de esternocleidomastoideo en la computadora.

¿No te aparece ninguna coincidencia? Si es así, Windows 8 no habrá encontrado el elemento que buscabas, por desgracia. Prueba a buscar menos palabras o, incluso, partes de palabras.

3. **Haz clic en una coincidencia o pulsa Intro cuando hayas escrito la palabra o la frase y Windows mostrará todos los archivos, las configuraciones o las apps que coincidan.**

Windows 8 presentará información detallada sobre los elementos que coinciden, tal y como se muestra en la figura 7-5. Haz clic sobre una coincidencia y Windows la mostrará en pantalla.

4. **Elige uno de los elementos coincidentes para abrirlo y que aparezca en pantalla.**

Por ejemplo, puedes hacer clic en una canción para que empiece a sonar. Haz clic en una configuración y el Panel de control o la ventana de Configuración se mostrará por la sección de los contenidos de

Figura 7-5:
Pulsa Intro tras escribir una palabra en el cuadro de búsqueda para ver más información de los resultados

tu configuración. Haz clic en una letra para que se abra el procesador de palabras.

✔ El índice de Windows 8 incluye todos los archivos en las bibliotecas de Documentos, Música, Imágenes y Videos, y es por eso por lo que es tan importante que guardes los archivos en esas carpetas (Windows 8 no permite buscar en archivos privados almacenados en cuentas de otra gente que también pueda utilizar la computadora).

✔ Este índice no incluye los archivos almacenados en otras ubicaciones, como unidades USB o unidades externas. Para añadir esas ubicaciones al índice, añádelas a las bibliotecas (está explicado todo sobre las bibliotecas en el capítulo 5).

✔ Si estás buscando una palabra muy común y Windows 8 muestra demasiados archivos, escribe una breve frase del archivo que buscas para limitar la búsqueda: "el sonido de la lluvia es una maravilla", por poner un ejemplo. Cuantas más palabras escribas, más probabilidades tendrás de ubicar un archivo concreto.

✔ El cuadro de búsqueda ignora las letras en mayúscula. Es decir, considera que Abeja y abeja son el mismo insecto.

✔ Si Windows 8 encuentra más coincidencias de las que puede mostrar en pantalla, las entradas se colocarán hacia la derecha. Por ejemplo, la figura 7-5 muestra solo las primeras apariciones de la palabra "casa". Para ver el resto, desplázate hasta la derecha de la pantalla.

✔ Los rastreadores de teclado buscan solo por **archivos** si pulsas ▦ + B. Para buscar por configuraciones, pulsa ▦ + W y para buscar por apps y programas, pulsa ▦ + Q.

✔ ¿Quieres dirigir la búsqueda a todo internet en vez de a tu computadora? Elige Internet Explorer como categoría en el paso 1. El panel de búsqueda dirigirá la búsqueda a Bing, el motor de búsqueda de Microsoft (en el capítulo 9 describiré cómo escoger tu motor de búsqueda preferido).

Cómo encontrar un archivo perdido en la carpeta Escritorio

El panel de búsqueda de la pantalla Inicio explora todo el índice de Windows 8, que incluye mucha información, algo excesivo cuando tienes que hurgar en una sola carpeta de escritorio en busca de un archivo perdido. Para resolver el problema "un mar de archivos en una carpeta", Windows 8 incluye una casilla de búsqueda en la esquina superior derecha de cada carpeta de escritorio. Esta casilla limitará la búsqueda a archivos que estén en esa carpeta.

Para encontrar un archivo perdido en una carpeta concreta, haz clic en la casilla de búsqueda de la propia carpeta y empieza a escribir una palabra o frase corta que pertenezca al archivo perdido. A medida que vas escribiendo letras y palabras, Windows 8 empezará a filtrar archivos que no contengan la frase o palabra que buscas. Seguirá reduciendo el número de candidatos hasta que la carpeta muestre solo unos cuantos archivos, entre ellos, esperemos, el archivo escurridizo.

Cuando la casilla de búsqueda de una carpeta localice demasiados elementos que coincidan, aquí tienes un truquito: los encabezados de cada columna (y, para conseguir mejores resultados, selecciona la opción Detalles en el grupo de presentación de la pestaña Ver, que mostrará los nombres de los archivos en una columna, como puede verse en la figura 7-6). La primera columna, Nombre, muestra una lista de los nombres de cada archivo; el resto de las columnas muestran información específica sobre cada archivo.

¿Ves los encabezados de cada columna (como Nombre, Fecha de modificación y Tipo)? Haz clic en cualquiera de ellos para ordenar los archivos por ese término. Puedes ordenar los archivos de la carpeta Documentos por algunos de los encabezados de las columnas:

✔ **Nombre:** ¿conoces la primera letra del nombre del archivo? Haz clic en él para ordenarlas de forma alfabética y, así, poder extraer tu archivo de la lista (vuelve a hacer clic en Nombre para invertir el orden).

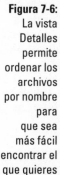

Figura 7-6:
La vista Detalles permite ordenar los archivos por nombre para que sea más fácil encontrar el que quieres

✔ **Fecha de modificación:** cuando recuerdes la fecha aproximada en la que cambiaste por última vez un documento, haz clic en el encabezado Fecha de modificación. Así colocarás el archivo más reciente en la parte superior de la lista y te será más fácil ubicar el archivo que buscas (al hacer clic en Fecha de modificación, se vuelve a invertir el orden, lo que también te ayudará a deshacerte de archivos antiguos que ya no necesites).

✔ **Tipo:** este encabezamiento ordenará los archivos por su contenido. Es decir, las fotos se agruparán, como también lo harán los documentos de Word. Es una forma práctica de filtrar y separar unas fotos de un día en el mar de los archivos de texto.

✔ **Tamaño:** si lo ordenas así, tendrás las tesis de 450 páginas en un extremo y la lista de la compra en el otro.

✔ **Autores:** tanto Microsoft Word como otros programas inscriben tu nombre en tu obra maestra. Si haces clic en esta etiqueta, se ordenarán los archivos alfabéticamente según los nombres de sus creadores.

✔ **Etiquetas:** a menudo, Windows 8 te deja asignar etiquetas a los documentos y fotos, una tarea que describo más adelante. Por ejemplo, si añades la etiqueta "Queso enmohecido" a esa sesión de fotos penetrante, podrás recuperar esas fotos simplemente escribiendo esta etiqueta, o bien ordenando los archivos de la carpeta por etiquetas.

Tanto si estás viendo los archivos como miniaturas, íconos o nombres de archivos, los encabezamientos de las columnas te ofrecen una forma muy práctica de ordenar los archivos en un instante.

Por norma general, las carpetas muestran unas cinco columnas de detalles, pero puedes añadir más columnas. De hecho, también puedes ordenar archivos según el número de palabras, duración de la canción, tamaño del archivo de foto, la fecha de creación y decenas de opciones más. Para ver una lista de los detalles que puedes ver en columnas, haz un clic derecho en una de las etiquetas que aparecen en la parte superior de la columna. Cuando el menú desplegable aparezca, selecciona Más para ver el cuadro de diálogo Elegir detalles. Haz clic para seleccionar cada una de las columnas de detalles que quieres ver y selecciona Aceptar.

Las carpetas que no están en tus bibliotecas no están indexadas (expliqué todo sobre las bibliotecas en el capítulo 5). Y buscar en archivos no indexados lleva más tiempo que buscar en tus bibliotecas.

Orden exhaustivo

La vista Detalles de una carpeta (Figura 7-6) ordena los archivos en una sola columna y le añade a la derecha cantidad de columnas con datos. Haz clic en la palabra que hay por encima de cada columna para ordenar los contenidos de una carpeta. Nombre, Fecha de modificación, Autor, etc. Pero la característica de Windows 8 va aún más allá, como verás cuando hagas clic en la flechita que mira hacia abajo, a la derecha del nombre de la columna.

Por ejemplo, haz clic en la flechita junto a Fecha de modificación y se abrirá un calendario. Haz clic sobre una fecha y la carpeta mostrará los archivos modificados en esa fecha y dejará el resto fuera. Bajo el calendario, hay casillas de verificación que permitirán ver archivos creados Hoy, Ayer, La semana pasada, A principios de mes, Al principio de este año o, simplemente, Hace mucho tiempo.

De la misma forma, si haces clic en la flechita cerca de la columna Autores, se mostrarán unas listas con los nombres de cada uno de los documentos de la carpeta. Selecciona las casillas de verificación junto a los nombres de los autores que quieras y Windows 8 filtrará al instante los archivos y mostrará solo aquellos que coincidan con tu elección (esta herramienta funciona mejor con documentos de Microsoft Office).

Sin embargo, estos filtros ocultos pueden ser peligrosos, ya que puedes olvidarte fácilmente de que los has seleccionado. Si ves que hay una marca de verificación junto al encabezamiento de cualquier encabezamiento de columna, significa que has dejado un filtro activado y la carpeta oculta algunos archivos. Para desactivar el filtro y ver todos los archivos de esa carpeta, anula la selección en la casilla de verificación que hay junto al encabezamiento de la columna y examina el menú desplegable. Haz clic y anula las casillas de verificación de ese menú desplegable para quitar las marcas de verificación y eliminar el filtro.

Cómo encontrar fotos perdidas

Windows 8 indexa hasta la última palabra de tu correo electrónico, pero no diferencia entre las fotos de tu gato y las de la fiesta de la oficina. En el tema de las fotos, la tarea de identificarlas te toca a ti, pero con estos truquitos espero que esta tarea sea lo más fácil posible:

✔ **Etiqueta las fotos.** Cuando conectes la cámara a la computadora (como se describe en el capítulo 17), Windows 8 tiene la amabilidad de ofrecerte copiar las fotos en tu computadora. Antes de copiarlas, Windows 8 te pregunta si quieres etiquetar esas imágenes. Esta es tu gran oportunidad para escribir un par de palabras que describan tu sesión de fotos. Windows 8 indexa esas palabras como una sola etiqueta para que sea más fácil recuperar esas fotos.

✔ **Almacena sesiones fotográficas en carpetas separadas.** El programa de importación de fotos de Windows 8 creará, de forma automática, una carpeta nueva para almacenar cada sesión y la nombrará con la fecha actual y la etiqueta que elijas. Pero si estás utilizando otros programas para pasar las fotos, asegúrate de crear una carpeta nueva para cada sesión. Después, nombra la carpeta con una descripción corta de la sesión: "Paseo del perro", "Kite Surfing" o "Recolección de trufas" (Windows indexa los nombres de las carpetas).

✔ **Ordenar por fecha.** ¿Te has topado con una carpeta enorme plagada de fotos digitales de todo tipo? Prueba con esto: haz clic en la pestaña Vista (en el margen), elige Íconos grandes y las fotos mutarán y se convertirán en miniaturas identificables. Después, en el menú de la pestaña Vista, elige Ordenar por y selecciona Fecha de captura. Esto ordenará las fotos por la fecha en la que las sacaste, convirtiendo el caos en organización.

✔ **Cambia el nombre de las fotos.** En vez de dejar las fotos de las vacaciones en Túnez con los nombres que les da la cámara (tipo DSC_2421, DSC_2422, etc.), dales nombres que tengan sentido: haz clic en la pestaña Inicio de la cinta y haz clic en el botón Seleccionar todo para seleccionar todos los archivos de la carpeta "Túnez". Después, haz clic derecho sobre la primera foto, elige Cambiar nombre y escribe Túnez. Windows les cambiará el nombre a Túnez, Túnez (2), Túnez (3), etc. (si te das cuenta de que te has equivocado, pulsa Ctrl + Z para deshacer este paso). Estas cuatro reglas sencillas te ayudarán a evitar que tu colección de fotos se convierta en un revoltijo de archivos.

Asegúrate de hacer una copia de seguridad de tus fotos digitales en un disco duro externo, CD, DVD o cualquier otro método para hacer copias de seguridad, como describo en el capítulo 13. Si no haces una copia de seguridad, podrías perder la historia familiar cuando el disco duro de la computadora falle.

Cómo encontrar otras computadoras de una red

Una red es un grupo de computadoras conectadas que pueden compartir cosas, como conexión a internet, archivos o una impresora. La mayoría de la gente utiliza una red cada día sin siquiera saberlo: cada vez que compruebas el correo electrónico, la computadora se conecta a otra computadora en internet para captar los mensajes en espera.

La mayoría del tiempo, no tienes que preocuparte por el resto de las computadoras de la red. Cuando quieras encontrar una computadora conectada, por ejemplo para tomar archivos de la computadora del salón, Windows 8 estará encantado de ayudar.

De hecho, el sistema Grupo Hogar de Windows hace que sea más fácil que nunca compartir archivos con otras computadoras. Crear un Grupo Hogar es tan sencillo como introducir la misma contraseña en cada computadora conectada.

Para encontrar una computadora en tu Grupo Hogar o red tradicional, abre cualquier carpeta y mira el botón en el panel de navegación que se encuentra en el borde izquierdo de la carpeta, tal y como puede verse en la figura 7-7.

Haz clic en Grupo Hogar, en el panel de navegación, para ver una lista de otras computadoras Windows en tu Grupo Hogar. Haz clic en Red para ver todas las computadoras conectadas a la tuya en una red tradicional (aunque más difícil de configurar). Para navegar por los archivos en cualquier categoría de cualesquiera de estas computadoras, haz un doble clic en sus nombres.

En el capítulo 15, te guiaré por los pasos necesarios para crear tanto un Grupo Hogar como una red doméstica.

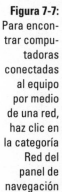

Figura 7-7: Para encontrar computadoras conectadas al equipo por medio de una red, haz clic en la categoría Red del panel de navegación

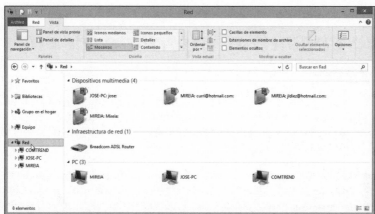

Cómo volver a generar el índice

Cuando el panel de búsqueda de Windows 8 empiece a volverse lento considerablemente o parezca que no encuentra los archivos que sabes con seguridad que están en ese montón, pídele a Windows 8 que reconstruya el índice desde cero.

Aunque Windows 8 reconstruye el índice en segundo plano mientras tú trabajas, si le ordenas que genere el índice desde cero cada noche, evitarás que la computadora se vuelva lenta. De esta forma, Windows 8 trabajará duro mientras tú duermes para que tengas un índice completo por la mañana.

Sigue estos pasos para volver a generar el índice:

1. **Desde cualquier parte de Windows 8, haz un clic derecho en la esquina inferior izquierda de la pantalla y elige Panel de control.**

Aparecerá el Panel de control del escritorio.

2. **Haz clic en el ícono de Opciones de indización.**

¿No lo encuentras? Escribe **Opciones de indización** en la casilla de búsqueda hasta que aparezca el ícono y después, haz clic en él.

3. **Haz clic en el botón Opciones avanzadas y después, haz clic en el botón Reconstruir.**

Windows 8 te avisará de que se tarda mucho en volver a generar el índice. Yo también te aviso.

4. **Haz clic en Aceptar.**

Windows 8 empezará a indexar desde cero. No borrará el antiguo índice hasta que haya acabado con el nuevo.

Cómo encontrar información en internet

El útil panel de búsqueda de la barra Charms te permite, en un parpadeo, buscar información en tu computadora. Pero cuando quieras buscar por internet, el explorador será tu amigo. Windows 8 incluye dos versiones de Internet Explorer.

El Internet Explorer a pantalla completa de la pantalla Inicio va bien para búsquedas rápidas. Para buscar en la web cuando llene la pantalla, abre la barra Charms, haz clic en el ícono Buscar, escribe la búsqueda en la casilla Buscar que hay en la parte superior y pulsa Intro: aparecerá Bing, de Microsoft, y te mostrará los resultados.

Por el contrario, el Internet Explorer del escritorio ofrece muchas más opciones. Por ejemplo, permite guardar una página web particularmente interesante como un archivo o imprimir solo las partes interesantes de una página web muy larga.

Para buscar con el Internet Explorer del escritorio, escribe la consulta en la barra de dirección (allí donde sueles escribir la dirección de una web). Pulsa Intro y el motor de búsqueda de Microsoft mostrará los resultados (en el capítulo 9 explicaré más sobre Internet Explorer, además de enseñar cómo cambiar Bing por otro motor de búsqueda preferido).

Capítulo 8

Cómo imprimir tu trabajo

- -

En este capítulo

▶ Cómo imprimir desde las apps de la pantalla Inicio

▶ Cómo imprimir archivos, sobres y páginas web desde el escritorio

▶ Cómo ajustar el trabajo para que quepa en la página

▶ Cómo solucionar los problemas de la impresora

- -

Seguramente, a veces te apetece alejar de los revoltosos electrones de tu computadora un trozo de texto o una imagen y colocarlos en algo más permanente, como un papel.

Este capítulo aborda esa tarea y te explica todo lo que necesitas saber sobre la impresión. Además, descubrirás cómo conseguir que ese documento problemático te quepa en un trozo de papel sin que se salga por los bordes.

También descubrirás cómo imprimir tanto desde la colección de apps de la pantalla Inicio como desde los programas del escritorio.

Explicaré cómo imprimir solo los trozos relevantes de un sitio web, sin otras páginas ni anuncios ni menús ni las imágenes que tanta tinta chupan.

Y, por si te encuentras junto a una impresora escupiendo 17 páginas que no tocaban, no te pierdas la cobertura de este capítulo sobre la misteriosa cola de impresión. Es una parte pequeñita que te permite cancelar la impresión de documentos antes de que acaben con tus reservas de papel (explicaré cómo configurar una impresora en el capítulo 12).

Cómo imprimir desde una app de la pantalla Inicio

La nueva pantalla Inicio de Windows 8, plagada de mosaicos, se comporta de forma muy diferente al escritorio tradicional de Windows. Diseñada sobre todo para dispositivos portátiles de pantalla táctil, la pantalla Inicio y su grupito de apps son ideales para reunir bocaditos de información mientras vas de un lado a otro.

Muchas de las apps ni siquiera permiten imprimir y aquellas que lo hacen no ofrecen muchas formas de juguetear con la configuración de la impresora. Aun así, cuando tengas que imprimir algo de una app de la pantalla Inicio, puedes seguir estos pasos:

1. **En la pantalla Inicio, carga la app con la información que quieras imprimir.**

   Por desgracia, no todas las apps pueden imprimir ni tampoco te avisan por anticipado. Podrías dedicar tu tiempo a intentarlo y darte de bruces con una app testaruda, empeñada en hacerte la vida más difícil.

2. **Abre la barra Charms y haz clic en el ícono Configuración.**

   Para reclamar la presencia del ícono Dispositivos de la barra Charms, utiliza las herramientas hechiceras que tienes a tu disposición.

   - **Ratón:** lleva el puntero del ratón a la esquina superior o inferior derecha de la pantalla. Cuando aparezca la barra Charms, haz clic en Dispositivos.

   - **Teclado:** pulsa ⊞ + K para ir directamente a Dispositivos.

   - **Pantalla táctil:** desliza el dedo hacia dentro desde el borde derecho de la pantalla. Cuando aparezca la barra Charms, toca el ícono Dispositivos.

   Windows 8 muestra una lista de los dispositivos compatibles con la app, entre los que deberían encontrarse (esperemos) las impresoras conectadas.

3. **Haz clic en la impresora para recibir el trabajo.**

   Haz clic en el ícono de la impresora, en el margen. Si ves varios íconos de impresora, elige el que pueda realizar el trabajo (los íconos tienen etiquetas).

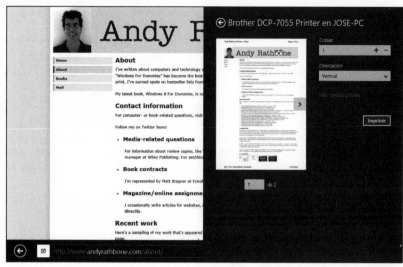

Figura 8-1:
Elige las opciones de impresión o haz clic en el enlace Más configuraciones para ver otras opciones adicionales

¿No encuentras ninguna impresora? Eso se debe a que esa app no te deja imprimir (bueno, eso será hasta que pruebes el siguiente truco).

Si tienes un teclado, pulsa ▦ + Impr Pant para guardar una imagen de la pantalla actual (con el nombre Captura.png) en la biblioteca Imágenes. Para imprimir la captura de pantalla, visita la biblioteca Imágenes del escritorio, haz un clic derecho en el archivo y elige Imprimir.

4. Haz los ajustes finales.

La ventana Imprimir (figura 8-1), ofrece una vista preliminar de lo que vas a imprimir, con el número total de páginas indicado justo debajo. Mueve el puntero del ratón por la página de vista preliminar y haz clic en las flechitas para pasar las hojas en esta vista.

En la pantalla táctil, desliza el dedo por la imagen de vista preliminar para pasar las hojas.

¿No te bastan las opciones? Haz clic en el enlace Más opciones. La opción Páginas por hoja te permite juntar varias páginas en una sola hoja de papel, muy útil para imprimir fotos pequeñas en una impresora de color.

5. Haz clic en el botón Imprimir.

Windows 8 enviará el trabajo a la impresora que elijas, con la configuración que seleccionaste en el paso 4.

Aunque también puedes imprimir desde apps, siempre tendrás que enfrentarte a las limitaciones:

✔ Hay muchas apps que no pueden imprimir. Por ejemplo, no puedes imprimir los compromisos de un día de la app Calendario, ni tampoco imprimir un mes entero.

✔ Cuando imprimas páginas web (siguiendo los pasos de antes), no te queda más remedio que imprimir la página entera; en algunas páginas, esto supone imprimir una docena de páginas para quedarte con la única página que quieres. Si quieres imprimir solo partes de un sitio web, ve al último apartado de este capítulo: "Imprimir una página web".

✔ El enlace Más configuraciones, mencionado en el paso 4, te permite elegir entre el modo Vertical u Horizontal, además de seleccionar la bandeja de la impresora. Sin embargo, no encontrarás más ajustes puntuales, como elegir márgenes o añadir encabezamientos y pies de página.

En resumen, aunque puedes imprimir desde las apps, en muy pocos casos los resultados serán muy distintos a los de la impresión tradicional del escritorio de Windows que explico en este capítulo.

Cómo imprimir tus obras de arte desde el escritorio

El escritorio, creado para tener control y poder, permite controlar más la impresión de tus obras, a pesar de que ese control adicional a menudo suponga tener que meter la cuchara en una sopa de opciones.

Cuando trabajes desde el escritorio, Windows 8 puede enviar el trabajo directo a la impresora de formas variopintas. Seguramente, estas serán las opciones que utilizarás más a menudo:

✔ Elegir Imprimir en el menú Archivo del programa.

✔ Hacer clic en el ícono Imprimir (una impresora chiquitita) del programa.

✔ Hacer clic con el botón derecho y elegir Eliminar.

✔ Hacer clic en el botón Imprimir en la Barra de herramientas del programa.

✔ Arrastrar el ícono del documento hasta el ícono de la impresora.

Si aparece un cuadro de diálogo, haz clic en Aceptar o en el botón Imprimir y Windows 8 empezará inmediatamente a enviar el documento a la impresora. Espera un minuto o así para tomarte el café. Si la impresora está encendida (y aún tiene papel y tinta), Windows lo hará todo él solito, e imprimirá mientras tú te encargas de tus labores.

Si las páginas impresas no tienen buena pinta (bien porque la información no quepa en el papel o todo se vea descolorido), tendrás que juguetear con la configuración de la impresora o, tal vez, cambiar la calidad del papel, tal y como paso a describir ahora.

✔ Si te topas con una página del sistema de ayuda de Windows que sea particularmente útil, haz un clic derecho sobre el tema o la página y elige Imprimir. También puedes hacer clic en el ícono Imprimir, si es que hay alguno. Windows imprimirá una copia, que podrás colgarla de la pared o pegarla a este libro.

✔ Para poder acceder a la impresora en un santiamén, añade un acceso directo en el escritorio: haz clic con el botón derecho en la esquina inferior izquierda del escritorio y elige Panel de control en el menú emergente. En la categoría Hardware y sonido, elige Ver dispositivos e impresoras. Por último, haz clic con el botón derecho en el ícono de la impresora y elige Crear acceso directo. Aparecerá un ícono

---

Echa un vistazo a la página que imprimirás antes de que toque el papel

A veces, hay que darle un voto de confianza a la impresión: eliges Imprimir en el menú y esperas a que el papel aparezca por la impresora. Si tienes suerte, la página quedará perfecta. Pero si te ha mirado un tuerto, habrás malgastado otra hoja.

La opción Vista previa de impresión (presente en el menú Archivo de cada programa) predice el destino de la impresión antes de que las palabras lleguen al papel. La Vista previa de impresión compara el trabajo que quieres imprimir con la configuración de página del programa para mostrar una imagen detallada de la página impresa. Esa vista previa hace que sea más fácil darse

cuenta de los márgenes descentrados, frases colgadas y otros defectos de impresión.

Cada programa utiliza pantallas de vista previa de impresión diferentes, ya que unas ofrecen mejores perspectivas que otras. Sin embargo, cualquier pantalla de vista previa de impresión te permite saber si todo cabrá en la página correctamente.

Si la visa previa se ve bien, elige Imprimir para enviar el trabajo a la impresora. Si ves que no es como deseas, haz clic en Cerrar para volver al trabajo y hacer los ajustes necesarios.

para la impresora en el escritorio. Para imprimir un archivo, arrastra su ícono al nuevo acceso directo de la impresora en el escritorio.

✔ Para imprimir un grupo de documentos en un momento, selecciona todos sus íconos. Después, haz clic con el botón derecho en los íconos seleccionados y elige Imprimir. Windows 8 los enviará a la impresora, de donde saldrán, uno por uno, en formato papel.

✔ ¿Aún no has instalado ninguna impresora? Ve al capítulo 12, porque allí explico cómo conectar una a la computadora y hacer que Windows 8 se dé cuenta.

Cómo ajustar el trabajo para que quepa en la página

En teoría, Windows siempre muestra el trabajo como si estuviera impreso en papel. El departamento de marketing de Microsoft lo llama "Lo que ves es lo que hay", una frase utilizada casi en exceso hoy en día por los departamentos de marketing y los publicistas. Si lo que ves en pantalla no es lo que quieres ver en papel, ve al cuadro de diálogo Configurar página (figura 8-2) que seguramente solucionará las cosas.

La configuración de la página, que encontrarás en el menú Archivo de cualquier programa, ofrece varias formas de mover el trabajo que estás creando por la página que vas a imprimir (y, por lo tanto, también por la pantalla). El cuadro de diálogo Configurar página cambia de un programa a otro y de un modelo de impresora a otro, pero describiré, a continuación, las opciones que seguramente encontrarás casi siempre y la configuración que suele funcionar mejor:

Figura 8-2:
El cuadro de diálogo Configurar página te permitirá siempre ajustar el trabajo al tamaño de papel

✔ **Tamaño:** con esta opción, podrás decirle al programa qué tamaño de papel se aloja en la impresora. Deja esta opción en Carta para imprimir en hojas de papel estándar de 21,59 x 27,94 cm. Cambia esta opción si utilizas papel del tamaño legal (21,59 x 35,56 cm), sobres u otros tamaños de papel. Además, el apartado "Cómo imprimir sobres sin problemas" contiene más información sobre la impresión de sobres.

✔ **Origen:** elige Seleccionar automáticamente o Alimentador de hojas, a menos que tengas una impresora que acepta papel de más de una bandeja. Si es así, selecciona la bandeja que contenga el tamaño de papel correcto. Algunas impresoras ofrecen alimentación de papel manual; la impresora esperará hasta que introduzcas esa hoja de papel.

✔ **Encabezado/Pie de página:** escribe códigos secretos en estas casillas para personalizar lo que la impresora colocará en la parte superior e inferior de las páginas: por ejemplo, números de página, títulos y fechas, además de su espaciado. Por desgracia, cada programa utiliza códigos diferentes para el encabezado y el pie de página. Si ves un signito de interrogación en la esquina superior derecha del cuadro de diálogo Configuración de la página, haz clic sobre él y, después, haz clic sobre el encabezado o el pie de página para obtener algunas pistas sobre los códigos secretos.

✔ **Orientación:** deja esta opción en Vertical para imprimir páginas normales que se lean de forma vertical, como una carta. Elige Horizontal solo cuando quieras imprimir de forma horizontal, algo muy útil para las hojas de cálculo (si eliges esta opción, la impresora ya imprimirá de lado de forma automática: no es necesario que coloques el papel en la impresora de forma horizontal).

✔ **Márgenes:** podrás reducir los márgenes para que todo quepa en una sola hoja de papel, o bien aumentar los márgenes para que el trabajo de seis páginas se convierta en las siete páginas que te han pedido.

✔ **Impresora:** si tienes más de una impresora instalada en la computadora o en red, haz clic en esta opción para elegir en cuál imprimirás. Haz clic aquí para cambiar también la configuración de la impresora (lo explicaré en el siguiente apartado).

Cuando hayas acabado de ajustar la configuración, haz clic en Aceptar para guardar los cambios. Si te aparece el botón Vista previa de impresión, selecciónalo para asegurarte de que todo está en orden.

Para encontrar el cuadro Configuración de página (incluso en Internet Explorer), haz clic en la flechita junto al ícono de la impresora del programa y elige Configuración de la página en el menú desplegable.

Cómo imprimir sobres sin problemas

Aunque es relativamente fácil seleccionar Sobres en la ventana Configurar pantalla, conseguir que la dirección se imprima en la parte correcta del sobre es extraordinariamente difícil. Algunos modelos de impresora quieren que se inserten sobres al revés, pero otros prefieren que sea con la parte correcta hacia arriba. Lo mejor que puedes hacer es probar varias veces: coloca el sobre de diferentes formas sobre la bandeja de la impresora hasta que consigas encontrar la fórmula mágica. También puedes sacar el manual de la impresora, si es que aún lo tienes, y leer detenidamente las imágenes sobre "cómo insertar el sobre correctamente".

Cuando hayas descubierto el método correcto para tu impresora, pega con celo sobre la impresora un sobre que hayas conseguido imprimir correctamente y añade una flecha que muestre la forma correcta de insertarlo.

Si, al final, decides que ya no quieres imprimir sobres, prueba con las etiquetas postales de Avery. Puedes comprar el tamaño que prefieras y descargar el software de asistencia de Avery en su sitio web (www.avery.com). El asistente es compatible con Microsoft Word y coloca cuadros de texto en la pantalla que coinciden con el tamaño exacto de las etiquetas de Avery. Solo tendrás que escribir las direcciones en los cuadros, insertar la hoja de etiquetas en la impresora y Word imprimirá todo él solito sobre las etiquetas. ¡Ni siquiera necesitas darles un lengüetazo!

También puedes hacer lo que yo hice: comprarte un sello con tu dirección. Es mucho más rápido que las etiquetas o las impresoras.

Cómo ajustar la configuración de la impresora

En algunos programas, al elegir Imprimir, Windows ofrece una última oportunidad para ordenar la página para imprimir. El cuadro de diálogo Imprimir, que puede verse en la figura 8-3, te permite dirigir el trabajo a cualquier impresora instalada en la computadora o la red. Mientras estés en ella, puedes ajustar la configuración de la impresora, elegir la calidad del papel o seleccionar las páginas (y la cantidad de páginas) que quieres imprimir.

En el cuadro de diálogo, seguramente encontrarás estas configuraciones:

✔ **Seleccionar impresora:** ignora esta opción si tienes solo una impresora porque Windows la elegirá de forma automática. Si ves varios íconos de impresora, elige el que corresponda a la que debería

Figura 8-3:
El cuadro
de diálogo
Imprimir
te permite
elegir la
impresora
y ajustar su
configura-
ción

recibir el trabajo. Haz clic en Fax para enviar el trabajo como un fax con el programa Fax y escáner de Windows.

La impresora con el nombre Escritor de documentos XPS de Micro-soft envía el trabajo a un archivo con formato especial, normalmente utilizado para imprimir o distribuir documentos de forma profesio-nal. Es muy probable que nunca lo utilices.

✔ **Intervalo de páginas:** selecciona Todo para imprimir el documento entero. Para imprimir solo algunas páginas, selecciona la opción Páginas e introduce los números de página que quieres imprimir. Por ejemplo, introduce 1-4, 6 para no imprimir la página 5 de un docu-mento de seis páginas. Si has resaltado un párrafo, elige Selección para imprimir ese párrafo específico (es una buena forma de impri-mir la parte importante de una página web y dejar el resto fuera).

✔ **Número de copias:** la mayoría de la gente deja esta opción en 1 (co-pia), a menos que todos los de la sala de juntas quieren una copia. Algunas impresoras también tienen la opción Intercalar, aunque la mayoría no te lo ofrecen; será para que pases el rato ordenándolas a mano.

✔ **Preferencias:** haz clic en este botón para ver un cuadro de diálogo como el que puede verse en la figura 8-4, donde podrás elegir las op-ciones concretas de tu modelo de impresora. Por norma general, el cuadro de diálogo de las preferencias de impresión te permite selec-cionar diferentes tipos de papel, elegir entre impresión en color y en blanco y negro, fijar la calidad de impresión y hacer correcciones de último minuto al diseño de página.

Figura 8-4:
El cuadro de diálogo de las preferencias de impresión te permite cambiar valores propios de la impresora, así como el tipo de papel o la calidad de impresión

Cómo cancelar un trabajo de impresión

¿Te acabas de dar cuenta de que has enviado a la impresora el documento de 26 hojas equivocado? ¿Qué haces? Vas a la impresora y la apagas. Lo malo es que hay muchas impresoras que, de forma automática, continúan con la tarea de impresión en cuanto las vuelves a encender, de manera que no les queda más remedio a ti y a tus compañeros de trabajo que arreglar el entuerto.

Para borrar el error de la memoria de la impresora, sigue estos pasos:

1. **En la pantalla Inicio, haz clic en el mosaico Escritorio.**

2. **En la barra de tareas, selecciona el nombre de la impresora o su ícono; cuando la ventana Dispositivos e impresoras aparezca, haz un clic derecho en la impresora y elige Ver qué se está imprimiendo.**

   Aparecerá esa "cola de impresión" tan útil, como puede verse en la figura 8-5.

3. **Haz clic con el botón derecho sobre el documento equivocado y elige Cancelar para detener el trabajo. Repite el proceso con cualquier otro documento que esté en la lista y que no quieras.**

Figura 8-5:
Utiliza la
"cola de
impresión"
para
cancelar un
trabajo de
impresión

La cola de impresión puede tardar un par de minutos en vaciarse. Para acelerar las cosas, haz clic en el menú Ver y elige Actualizar. Cuando la cola de impresión ya esté vacía, vuelve a encender la impresora y ya no continuará imprimiendo ese maldito documento.

✔ La cola de impresión, también conocida como "administrador de trabajos de impresión", muestra una lista de todos los documentos que están haciendo cola pacientemente para acceder a la impresora. Arrástralos y déjalos más arriba o más abajo para cambiar el orden de impresión (pero recuerda que no puedes mover nada delante del documento que se está imprimiendo).

✔ ¿Compartes una impresora en red? Los trabajos de impresión que se envíen de otras computadoras acabarán en la cola de impresión de tu computadora, así que tendrás que cancelar los que no valgan. Además, todos los que compartan su impresora, tendrán que borrar tus trabajos de impresión que no valgan.

✔ Si a la impresora se le acaba el papel durante la impresión y se detiene, añade más papel. Después, para que vuelva a la acción, abre la cola de impresión, haz un clic derecho sobre el documento y elige Reiniciar. Algunas impresoras también tienen un botón en línea que puedes pulsar para continuar con la impresión.

✔ Puedes enviar cosas a la impresora incluso si estás trabajando con una portátil desde el cibercafé. Más tarde, cuando conectes la portátil a la impresora, la cola de impresión se dará cuenta y empezará a enviar los archivos. Eso sí, ten cuidado: cuando los documentos están en la cola de impresión, están formateados para el modelo concreto de tu impresora. Si, después, conectas la portátil a un modelo de impresora diferente, la cola de impresión de los documentos en espera no imprimirá correctamente.

Cómo imprimir una página web

Aunque tengas la tentación de imprimir las páginas web tan cargadas de información, ten en cuenta que pocas veces tienen el mismo aspecto en papel. A menudo, las páginas web se salen por el borde derecho de la página, consumen innumerables páginas adicionales o aparecen con un tamaño de fuente demasiado pequeño para leer.

Para empeorar las cosas, esos anuncios tan coloridos acabarán con la tinta de color de la impresora como si no hubiera un mañana. Hay solo cuatro cosas que harán que consigas imprimir páginas web y las explicaré por orden, según sus probabilidades de éxito:

✔ **Utiliza la opción de impresión de la propia página.** Algunos sitios web, aunque no todos, ofrecen una opción en el menú llamada Imprimir (esta página), Versión en texto, Versión imprimible, o algo así. Esa opción le dice al sitio web que se deshaga de la porquería y vuelva a formatear la página para que quepa en una hoja de papel. Esta opción es la forma más fiable para imprimir una página web.

✔ **Elige Vista previa de impresión en el menú Archivo o menú Imprimir del explorador.** Tras quince años, algunos diseñadores web se han dado cuenta de que la gente quiere imprimir las páginas y han modificado la configuración para que las páginas cambien el formato de forma automática al imprimirse. Si tienes suerte, con echarle un ojo a la ventana Vista previa de impresión ya sabrás que te has topado con uno de esos sitios con versión imprimible.

✔ **Copia el trozo que quieres y pégalo en WordPad.** Prueba a seleccionar el texto deseado en la propia página, y luego cópialo y pégalo en WordPad o en otro procesador de palabras. Borra todo lo que no quieras, ajusta los márgenes e imprime el trozo que quieras (en el capítulo 6 explico cómo seleccionar, copiar y pegar).

✔ **Copia la página entera y pégala en un procesador de palabras.** Aunque lleva mucho trabajo, es una opción. Haz un clic con el botón derecho en un espacio en blanco de la página web y elige Seleccionar todo. Haz clic con el botón derecho y elige Copiar. Después, abre Microsoft Word o bien otro procesador de palabras y pega la página web en un nuevo documento. Si eliminas todos los trozos, muchas veces consigues obtener una versión imprimible.

Estos truquitos también te vendrán de perlas cuando tengas que mover una página web de la pantalla al papel:

✔ Si encuentras una opción de correo electrónico pero ninguna de Imprimir, prueba a enviarte la página. Tal vez tengas más suerte si lo imprimes como mensaje de correo electrónico.

✔ Para imprimir solo algunos párrafos de una página web, utiliza el ratón para seleccionar el trozo que quieres imprimir (hablo de las selección en el capítulo 6). Elige Imprimir en el menú Herramientas de Internet Explorer (la ruedita del margen), para abrir el cuadro de diálogo Imprimir, tal y como puede verse en la figura 8-3 previa. Después, en el cuadro Intervalo de páginas, escoge la opción Selección.

✔ Si la tabla o foto de una página web insiste en desaparecer por el borde derecho del papel, prueba a imprimir la página en modo Paisaje, en vez de Retrato. Para más información sobre el modo Paisaje, mira la sección "Cómo ajustar el trabajo para que quepa en la página", explicado más arriba.

Cómo solucionar los problemas de la impresora

Cuando no puedas imprimir algo, empieza con lo básico: ¿seguro que la impresora está encendida, enchufada, con papel y conectada de forma segura con un cable a la computadora?

Si lo tienes todo en orden, intenta conectar la impresora a diferentes adaptadores, encendiéndolos y apagándolos para ver si la luz de encendido se activa. Si la luz se queda apagada, seguramente el sistema de alimentación de la impresora está fundido.

La mayoría de las veces, es más barato reemplazar una impresora que repararla, pero si realmente te has encariñado con la impresora, pide un presupuesto en una tienda de reparaciones (si es que puedes encontrar alguna) antes de tirarla.

Si la luz de encendido brilla mucho, comprueba lo siguiente antes de rendirte:

✔ Asegúrate de que no se haya atascado ninguna hoja en la impresora (normalmente, con un movimiento firme pero continuo conseguirás sacarla; si no, con abrir y cerrar la tapa de la impresora, a veces se consigue que esta empiece a moverse de nuevo).

✔ ¿La impresora de inyección de tinta sigue teniendo tinta en los cartuchos? ¿La impresora láser tiene tóner? Imprime una página de prueba: en el escritorio, haz un clic con el botón derecho en la esquina inferior derecha de la pantalla y elige Panel de control. En la categoría

Cómo elegir el papel adecuado para la impresora

Si te has paseado por los pasillos de una tienda de suministros de oficina, te habrás dado cuenta de la apabullante selección de tipos de papel. A veces, en el paquete encontrarás para qué sirve: por ejemplo, "papel para inyección de tinta *premium*", para memorandos internos de calidad. Aquí dejo una lista de los diferentes tipos de trabajos de impresión y el tipo de papel que precisan. Antes de imprimir, asegúrate de hacer clic en la sección Preferencias de la impresora para seleccionar el tipo de papel que utilizarás para ese trabajo:

✔ **Cosas sin mucho valor:** ten siempre papel barato o para borradores cerca para probar la impresora, hacer borradores rápidos de impresión, dejar notas en el escritorio o imprimir otro tipo de trabajos sobre la marcha. Las pruebas de impresión también se recomiendan hacer con este tipo de papel; siempre puedes utilizar el otro lado de la hoja.

✔ **Calidad de carta:** suele llevar implícitas las palabras "Premium" o "Blanco brillante" y es ideal para cartas, informes, memorandos y cualquier otra cosa que haya que enseñar al prójimo.

✔ **Fotos:** puedes imprimir fotos en cualquier tipo de papel, pero parecerán fotos de verdad solo si utilizas papel de calidad fotográfica (vamos, el caro). Introduce el papel con cuidado en la bandeja de la impresora para que la foto se imprima en la parte brillante y lustrosa. Algunos papeles de fotos necesitan que se coloque una hojita de cartón justo debajo para que el papel se deslice con cuidado por la impresora.

✔ **Etiquetas:** nunca me han enviado ninguna camiseta, pero siempre recomendaré el software de asistencia que facilita la impresión de etiquetas y tarjetas. El asistente une fuerzas con Microsoft Word para ajustarse perfectamente con las etiquetas, postales de felicitación, tarjetas de visita, etiquetas de CD, etc., que las distintas compañías de etiquetas ofrecen ya con formato predeterminado.

✔ **Transparencias:** para presentaciones potentes en PowerPoint, compra hojas especiales, de plástico transparentes, que sean específicas para tu impresora. Asegúrate de que la impresora, ya sea de inyección de tinta o láser, puede hacer impresión de transparencias.

Antes de tirar el dinero por el caño, comprueba que el papel está diseñado para el tipo de impresora que tienes, sea esta láser o de inyección de tinta. Las impresoras láser calientan las páginas, y algunos tipos de hojas y de transparencias no se llevan bien con el calor.

Hardware y sonido, elige Dispositivos e impresoras. Haz clic derecho en el ícono de la impresora, elige Propiedades de la impresora y haz un clic en Imprimir página de prueba para ver si la computadora y la impresora se comunican.

✔ Prueba a actualizar el controlador de la impresora (ese programita que le ayuda a hablar con Windows 8). Visita el sitio web del fabricante, descarga el último controlador para el modelo de tu impresora e inicia el programa de instalación (explicaré todo sobre los controladores en el capítulo 13).

Por último, te daré un par de truquitos para ayudarte a proteger la impresora y los cartuchos:

✔ Apaga la impresora cuando no la utilices, sobre todo si es una impresora de inyección de tinta, porque el calor hace que se sequen los cartuchos, de forma que durarán menos.

✔ Nunca desenchufes una impresora de inyección de tinta para apagarla, sino que debes utilizar el interruptor de encendido/apagado. El interruptor se asegura de que los cartuchos regresan a la posición inicial, de manera que evitarás que se sequen o atasquen.

Parte III
Cómo conseguir tus objetivos en internet

The 5th Wave — Rich Tennant

ASÚMALO, MARTÍNEZ, NO VA A SER FÁCIL QUE LA GENTE SE APUNTE CON SU TARJETA DE CRÉDITO A UN BOLETÍN QUE SE LLAMA "RATERO'S ONLINE"

En esta parte...

Internet solía estar limpio, ser silencioso y de utilidad, como una biblioteca. Podías encontrar información detallada sobre prácticamente cualquier tema, leer periódicos y revistas de todo el mundo, oír música en la sección de audiovisuales o rebuscar silenciosamente entre los catálogos de fichas.

Hoy en día, esta maravillosa biblioteca mundial ha sido invadida por gente ruidosa que te lanza anuncios a la cara mientras intentas leer algo. Algunos ni siquiera dejarán que cierres ese libro que has abierto sin darte cuenta —y el libro se seguirá abriendo en la página equivocada. Los ladrones y los rateros están al acecho en los pasillos.

Esta parte del libro ayuda a convertir internet de nuevo en esa biblioteca silenciosa y de utilidad que solía ser. Te enseña a evitar a los asaltantes y al *spyware* de los exploradores web. Explica cómo enviar y recibir correos electrónicos para que puedas mantenerte en contacto con tus amigos.

También te enseña a nutrir la lista de contactos con gente que aparece en Facebook, Twitter, LinkedIn y otras cuentas, así como a enviar y recibir correos electrónicos.

Por último, aprenderás a mantenerte seguro mediante la protección de cuentas de usuario, el *firewall* y el centro de seguridad de Windows 8, así como con otros trucos que ayudarán a devolverte el internet que amas.

Capítulo 9

Cómo navegar por la red

Incluso mientras se instala, Windows intenta acceder a internet, con ganas de encontrar cualquier atisbo de conexión. Tras conectarse, Windows se toma la molestia de descargar actualizaciones que hacen que la computadora funcione mejor. También se conecta por motivos menos puros: se conecta a Microsoft para comprobar que no estás instalado una copia pirata.

Windows 8 depende tanto de la web que cuenta con dos exploradores web, ambos llamados Internet Explorer, lo que da lugar a confusiones. Por supuesto, uno se ejecuta en la pantalla Inicio, mientras que el otro se mantiene con su ventana tradicional en el escritorio.

Pero da igual cuál de los dos exploradores prefieres, pues este capítulo explica cómo conectarse a internet, visitar sitios web y encontrar todas las bondades que hay en línea.

Si quieres averiguar formas de librarte de los aspectos negativos, asegúrate de visitar el capítulo 11. Este libro es un manual sobre informática segura que explica cómo evitar a los malvados vecinos de la web, virus, *spyware*, los ladrones de datos y otros parásitos de internet.

¿Qué es un proveedor de servicios de internet y por qué lo necesito?

Todos necesitamos tres cosas para poder conectarnos a internet: una computadora, un software de explorador web y un proveedor de servicios de internet (ISP, por sus siglas en inglés).

Ya cuentas con la computadora, ya sea una tableta, una computadora portátil o un equipo de escritorio. Además, Windows 8 incluye un par de exploradores web. El explorador Internet Explorer de la pantalla Inicio funciona a pantalla completa y permite obtener información rápidamente, mientras que el Internet Explorer del escritorio dispone de características más avanzadas.

Por lo tanto, la mayoría de las personas solo tendrán que encontrar un proveedor de servicios de internet. A pesar de que la música flota gratis por el aire hasta el radio de tu coche, tienes que pagar a un ISP por el privilegio de poder navegar por la red. Cuando tu computadora se conecta a las computadoras del proveedor de servicios de internet, Internet Explorer encontrará internet de inmediato y ya podrás navegar por la red.

Elegir un proveedor de servicios de internet es relativamente sencillo. Pregunta a tus amigos y vecinos cómo se conectan y si recomiendan a su proveedor de servicios de internet. Llama a varios proveedores de servicios de internet que operen en tu zona para que te proporcionen listas de tarifas y compáralas.

✔ Pese a que los proveedores de servicios de internet cobran por acceder a internet, no tienes que pagar en todos los casos. En algunos lugares la conexión a internet es compartida gratuitamente, normalmente mediante una conexión inalámbrica. Si tu portátil o tableta es compatible con las conexiones inalámbricas, como la mayoría, siempre puedes navegar por internet si estás dentro del alcance de una señal inalámbrica gratuita (en la siguiente sección describo las conexiones inalámbricas).

✔ Asegúrate de conocer tu tarifa antes de saltar a bordo o puede que te lleves una desagradable sorpresa cuando acabe el mes.

✔ Los proveedores de servicios de internet permiten conectarse a internet de varias formas. Los más lentos precisan de un módem de marcado telefónico y una línea de teléfono corriente. Las conexiones de banda ancha son todavía más rápidas: las líneas DSL o ISDN especiales suministradas por algunas empresas de telefonía y los módems por cable todavía más rápidos, proporcionados por una empresa de televisión por cable. Al contratar un proveedor de banda ancha, la localización geográfica suele ser determinante para la opción que escojas.

✔ Solo tienes que pagar a un proveedor por una sola conexión a internet. Al establecer una conexión, puedes compartirla con otras computadoras, teléfonos celulares, televisores y otros aparatos de la casa o de la oficina que puedan conectarse a internet (explicaré todo sobre las redes en el capítulo 15).

Cómo conectarse de forma inalámbrica a internet

Windows busca de manera constante una conexión a internet activa. Si encuentra una a la que ya te has conectado antes, no tienes que hacer nada más. Windows le comunicará la noticia a Internet Explorer y podrás navegar por la red.

No obstante, mientras viajas, las conexiones inalámbricas de tu entorno a menudo serán nuevas, por lo que tendrás que autorizarlas: cada vez que quieras conectarte a una nueva red, tendrás que decírselo a Windows.

Si quieres conectarte a una red inalámbrica cercana por primera vez, ya sea una situada en casa o en un lugar público, haz lo siguiente:

1. **Abre la barra Charms y haz clic en el ícono Configuración o tócalo.**

   Cualesquiera de los siguientes métodos abre la barra Charms y su pantalla Configuración, que describo en el capítulo 2.

   - **Ratón:** lleva el puntero del ratón a las esquinas superior o inferior derecha de la pantalla; cuando aparezca la barra Charms, haz clic en Configuración.

   - **Teclado:** pulsa ▦ + I para llegar directamente a la pantalla de configuración de la barra Charms.

- **Pantalla táctil:** desliza el dedo hacia dentro desde el borde derecho de la pantalla; cuando la barra Charms aparezca, toca el ícono Dispositivos.

2. **Haz clic en el ícono de redes inalámbricas o tócalo.**

Entre los seis íconos de la parte inferior de la pantalla Configuración, el que está situado más arriba a la izquierda representa las redes inalámbricas. El ícono cambiará de forma en función de lo que te rodee:

- **Disponible:** si el ícono dice Disponible, como el que puede verse en el margen, significa que estás dentro del alcance de una red inalámbrica. Empieza a salivar y ve al siguiente paso.

- **No disponible:** si el ícono dice No disponible, como el que puede verse en el margen, significa que no estás dentro del alcance. Te toca cambiar de asiento en la cafetería o, quizá, irte a otra diferente. A continuación, vuelve al paso 1.

3. **Haz clic en o toca el ícono Disponible si está visible.**

Windows enumera todas las redes inalámbricas situadas dentro del alcance de la PC, como puede verse en la figura 9-1. Que no te sorprenda ver varias redes: si estás en casa, tus vecinos seguramente también podrán ver tu red en la lista.

4. **Elige cómo conectarte a la red que quieras: haz clic en su nombre y después, en el botón Conectar.**

Figura 9-1:
Windows enumera todas las redes inalámbricas situadas dentro del alcance

Si marcas la casilla contigua, Conectarse automáticamente, antes de hacer clic en el botón Conectar, Windows reconocerá automáticamente esa red la próxima vez que estés dentro de su alcance, por lo que te librará de tener que conectarte de forma manual cada vez.

Si te estás conectando a una red no segura —una red que no precisa contraseña—, no tendrás que hacer nada más. Windows te avisará sobre conectarte a una red no segura, pero podrás conectarte de todas formas haciendo clic en el botón Conectar o tocándolo (no compres nada ni realices ninguna operación bancaria en conexiones no seguras).

5. **Escribe una contraseña si es necesario.**

Si intentas conectarte a una conexión inalámbrica con seguridad activada, Windows te solicitará una clave de seguridad de red —un tecnicismo de "contraseña". Si estás en casa, tendrás que escribir la misma contraseña que escribiste en el *router* al configurar la red inalámbrica.

Si quieres conectarte a la red inalámbrica protegida mediante contraseña de otra persona, pide la contraseña al propietario. Si estás en un hotel, saca la tarjeta de crédito. Seguramente tendrás que comprar algo de tiempo de conexión a las personas que trabajan tras el mostrador de recepción.

6. **Elige si quieres compartir tus archivos con otras personas de la red.**

Si quieres conectarte a la red de tu casa o de tu oficina, elige la opción "Sí, activar uso compartido y conectar con dispositivos". Así podrás compartir archivos con otros usuarios y utilizar dispositivos prácticos, como las impresoras.

En cambio, si quieres conectarte en un espacio público, elige la opción "No, no activar uso compartido y conectar con dispositivos". Así evitarás a los fisgones.

Si sigues teniendo problemas para conectarte, sigue estos consejos:

✔ Si Windows avisa de que no puede conectarse a tu red inalámbrica, te ofrecerá abrir el Solucionador de problemas de redes. El solucionador de problemas de redes reflexionará sobre el problema y comentará que la señal es débil. Lo que te quiere decir en serio es: "Acércate más al transmisor inalámbrico".

✔ Si no puedes conectarte a una red segura, prueba a conectarte a alguna de las redes no seguras. Las redes no seguras son útiles para navegar por internet esporádicamente.

✔ Los teléfonos inalámbricos y los hornos de microondas interfieren con tus redes inalámbricas, por extraño que parezca. Intenta que el teléfono inalámbrico no esté en la misma habitación que la computadora inalámbrica y no calientes el café mientras navegues por la red.

 ✔ Si la barra de tareas del escritorio cuenta con un ícono de redes inalámbricas (como el del margen), haz clic en él para avanzar directamente al paso 3. Siempre que trabajes en el escritorio de Windows 8, ese ícono de redes inalámbricas supone un modo práctico de conectarse de forma inalámbrica en nuevas ubicaciones.

Cómo navegar con rapidez desde la pantalla Inicio

El explorador de la pantalla Inicio, diseñado para una navegación rápida e inmediata, funciona con gran velocidad. No obstante, parte de su rapidez se debe a sus limitaciones. Cada sitio llena la pantalla, lo que facilita su lectura. Sin embargo, el explorador solo es capaz de mostrar los

¿En qué se diferencian los dos exploradores web?

Windows 8 incluye dos exploradores web. Para aumentar más la confusión, los dos llevan el nombre Internet Explorer. Pese a que parecen completamente diferentes, el explorador de la pantalla Inicio tan solo es una versión simplificada del explorador del escritorio.

Dado que prácticamente son el mismo ser, comparten el historial de navegación, las *cookies*, las contraseñas guardadas y los archivos temporales. Si borras estos elementos de uno de los exploradores, también lo harás del otro.

Los exploradores difieren de varias formas, pero de forma más evidente en las limitaciones del explorador de la pantalla Inicio. El explorador de la pantalla Inicio muestra los sitios solamente a pantalla completa, por lo que no puedes colocar dos sitios uno al lado del otro para compararlos. Tampoco dejará que guardes una pantalla de

Inicio. En cambio, siempre abrirá el último sitio que hayas visitado.

El explorador de la pantalla Inicio solo puede mostrar Flash en una lista de sitios web aprobados por Microsoft, por lo que, en algunos sitios, echarás de menos no únicamente algunos videos, sino también varios anuncios (tampoco es que vayas a echar estos de menos).

Si necesitas un explorador más potente mientras estás en la pantalla Inicio, quizá para ver algo en Flash, haz clic con el botón derecho en una sección vacía del sitio web que estés viendo en ese momento (en una tableta, desliza el dedo hacia dentro desde la parte superior o inferior). Cuando aparezca el menú de la app desde el borde inferior de la pantalla, haz clic en el ícono de la llave inglesa y elige la opción Ver en el Escritorio.

sitios en toda su gloria gracias a que oculta los menús, lo que dificulta la navegación.

 Si quieres abrir Internet Explorer desde la pantalla Inicio, haz clic en su mosaico, que puede verse en el margen. Se abrirá el explorador con el último sitio web que hayas visitado a pantalla completa.

Si quieres visitar otro sitio, busca los menús ocultos del explorador con los siguientes comandos:

✔ **Ratón:** haz clic con el botón derecho en una posición vacía de una página web alejada de palabras o imágenes.

✔ **Teclado:** pulsa ⊞+Z.

✔ **Pantalla táctil:** desde el borde superior o inferior de la pantalla, desliza el dedo hacia el centro de la pantalla.

Aparecerán los menús superior e inferior del explorador, que pueden verse y que son identificados perfectamente en la figura 9-2.

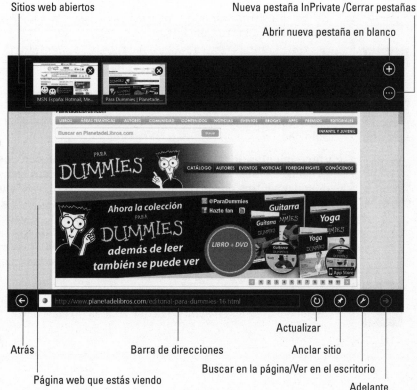

Figura 9-2:
El explorador de la pantalla Inicio cuenta con menús ocultos en las partes superior e inferior

✔ **Sitios abiertos recientemente:** en este apartado figuran los sitios que has visitado recientemente y permite que los vuelvas a visitar con un clic (también puedes cerrarlos haciendo clic en la X de la esquina superior derecha).

✔ **Nueva pestaña:** al hacer clic en este ícono, aparecerá una pantalla en blanco con una Barra de direcciones situada en la parte inferior. Escribe la dirección del sitio web que te gustaría visitar.

✔ **Herramientas de pestaña:** al hacer clic en este ícono, se abrirá una lista desplegable con dos opciones: Nueva pestaña InPrivate y Cerrar pestañas. Elige la opción Nueva pestaña InPrivate si quieres abrir una nueva pestaña para visitar un sitio web de forma privada. El explorador olvidará oportunamente que has visitado ese sitio. La otra opción del menú, Cerrar pestañas, eliminará de la parte superior del explorador las miniaturas de todos los sitios que hayas visto antes.

✔ **Atrás:** este ícono situado a la izquierda permite volver a visitar la página que acabas de ver.

✔ **Barra de direcciones:** escribe en este cuadro la dirección del sitio web que te gustaría visitar. También puedes escribir un tema y el explorador lo buscará en tu lugar y mostrará las posibles coincidencias. Consejo: haz clic en la Barra de direcciones para ver una lista de los sitios web visitados con frecuencia, así como los sitios que has anclado a la pantalla Inicio.

✔ **Actualizar:** este ícono, muy práctico para ver sitios nuevos, actualiza la página que estás viendo en busca de los contenidos más recientes.

✔ **Anclar a Inicio:** apúntate esta opción: cuando encuentres un sitio web que te guste, haz clic en este ícono para añadirlo a la pantalla Inicio como un mosaico. Así puedes volver a visitar ese sitio con un solo clic.

✔ **Herramientas de página:** este ícono abre un menú con dos opciones principales. Buscar en la página permite buscar texto en la página actual, mientras que la opción Ver en el Escritorio hace que puedas ver esa página en el Internet Explorer del escritorio, lo que es muy práctico en aquellos casos en que el explorador de la pantalla Inicio no puede mostrar algo de forma correcta. Si el sitio cuenta con una app para acceder directamente a él, aparecerá una tercera opción, Obtener app para este sitio (el acceso a algunos sitios es más fácil mediante una app que con el explorador).

✔ **Adelante:** al igual que en explorador del escritorio, este ícono permite que vuelvas a la página de la que acabas de marcharte.

También puedes buscar elementos mediante el ícono Buscar de la barra Charms. En el capítulo 2 hablo de la barra Charms, pero te doy un consejo: lleva el puntero del ratón a la esquina superior o inferior derecha del explorador para que se abra la barra Charms. Acto seguido, haz clic en el ícono Buscar y escribe un nombre para lo que anheles encontrar.

Si estás yendo de un sitio para otro y buscas información al instante, el rápido explorar de la pantalla Inicio y sus sencillos menús podrían ser todo lo que necesites. No obstante, si precisas de mayor control, o si parece que un sitio web no se ve correctamente, dirígete al explorador del escritorio, que se describe a continuación.

En muchos sitios, el explorador de la pantalla Inicio no es compatible con Flash, una popular herramienta para mostrar los videos de webs. Si das con un sitio que te indica que necesitas un complemento Flash, no le hagas caso. En vez de eso, haz clic en el ícono Herramientas de página (que puede verse en el margen) y elige la opción Ver en el Escritorio. Así se cargará el explorador del escritorio, que muestra el sitio de forma correcta.

Cómo navegar por la red usando el Internet Explorer del Escritorio

Si necesitas más potencia de la que ofrece el explorador simplificado de la pantalla Inicio, Internet Explorer te espera en el escritorio de Windows 8.

Si quieres dar con él, haz clic en el mosaico Escritorio de la pantalla Inicio. Cuando aparezca el escritorio, encontrarás el ícono de Internet Explorer, que puede verse en el margen, en la esquina inferior izquierda de la pantalla (los nostálgicos del antiguo Windows dirán que habita donde lo hacía el botón Inicio).

Esta sección explicará la mecánica básica de la red: cómo ir de un sitio web a otro, cómo volver a visitar los sitios favoritos y cómo mantenerse a salvo mientras se hace todo eso. No hace falta que los aficionados al explorador de la pantalla Inicio abandonen la sala: la mayoría de la información básica sobre navegación web sirve tanto para el explorador de la pantalla Inicio como para el del escritorio.

Los propietarios de pantallas táctiles deberían llevar un ratón y teclado portátiles. Quienes tienen dedos grandes no pueden manejar con facilidad las características que llenan el escritorio. Los dedos se mueven con mayor soltura en la pantalla Inicio de Windows 8, con sus grandes y simples botones.

Si has hecho clic o tocado el botón equivocado pero no has soltado todavía el dedo, detente. Los botones de comandos no funcionan hasta que sueltas el dedo. Mantén pulsado el botón del ratón o el dedo, pero deslízalos alejándolos del botón equivocado. Sepáralos del botón y levanta el dedo.

Cómo moverse de una página web a otra

Los sitios web tienen direcciones propias, como las cosas. Todos los exploradores permiten ir de una dirección a otra. Puedes usar el Internet Explorer de la pantalla Inicio o del escritorio, o incluso un explorador de la competencia, como Firefox (`www.getfirefox.com`) o Chrome (`www.google.com/chrome`).

Da igual el explorador que uses, pues todos permiten ir de una página a otra de una de estas tres formas:

✔ Señalando o haciendo clic en un botón o enlace que te llevará enseguida a otra página de forma automática.

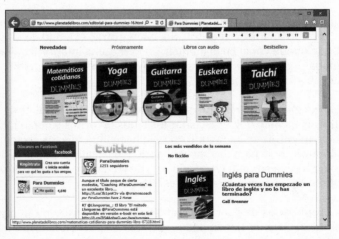

Figura 9-3: Cuando el puntero del ratón se convierta en una mano, haz clic en la palabra o imagen para ir a un sitio web que contiene más información sobre ese elemento

✔ Escribiendo una complicada serie de palabras en clave (la dirección de la web) en la barra de direcciones del explorador web y pulsando la tecla Entrar.

✔ Haciendo clic en los botones de navegación de la barra de herramientas del explorador, que suele estar situada en la parte superior de la pantalla.

Hacer clic en enlaces

La primera forma es la más fácil sin duda. Busca enlaces —las palabras o las imágenes señaladas en una página— y haz clic en ellos.

Por ejemplo, ¿te has dado cuenta de que el puntero del ratón se ha transformado en una mano (como la del margen) al señalar la imagen en la figura 9-3? Haz clic en esa imagen para acceder a una página web que contiene más información sobre ese libro. El puntero del ratón se transformará en una mano cuando se encuentre sobre un enlace. Haz clic sobre cualquier palabra con un enlace para acceder a páginas que tratan sobre el tema de ese enlace en concreto.

Escribir direcciones de páginas web en la barra de direcciones

El segundo método es el más difícil. Si un amigo te da una servilleta donde ha escrito la dirección de una página web genial, tendrás que escribir esa dirección en la barra de direcciones del explorador —la barra que se rellena con texto situada en la parte superior. Todo irá bien, salvo que te confundas al escribir la dirección.

¿Ves la dirección en la parte superior de la figura 9-3? He escrito `www.planetadelibros.com` en la barra de direcciones. Al pulsar Intro, Internet Explorer me ha llevado a esa web (no tienes que escribir lo de "`http://`").

Usar la barra de herramientas de Internet Explorer

Por último, puedes moverte por internet con unos cuantos clics en varios botones de la barra de herramientas recién liberada de botones, situada en la parte inferior de la pantalla. La tabla 9-1 proporciona una práctica referencia de los botones de navegación importantes.

Pasa el puntero del ratón por encima de un botón de Internet Explorer desconocido para poder ver lo que se propone en la vida.

Tabla 9-1   Cómo navegar con los botones de Internet Explorer

Este botón...	Se llama...	Y hace esto...
	Atrás	¿Has ido haciendo clic hasta un callejón sin salida? Haz clic en el botón grande Atrás para volver a la última página web que visitaste. Si haces clic sobre él bastantes veces, volarás de vuelta a la página de inicio, donde empezaste.
	Adelante	Tras hacer clic en el botón Atrás, puedes hacerlo en Adelante para volver a la página que acabas de dejar.
	Buscar	Si haces clic en esta pequeña lupa situada a la derecha de la barra de direcciones, aparecerá un menú desplegable con el historial —la lista de sitios web que has visitado con anterioridad—, y con la barra Buscar situada en la parte inferior, en la que podrás buscar los elementos solicitados.
	Autocompletar	Si haces clic en esta pequeña flecha que señala hacia abajo, Internet Explorer mostrará los sitios cuya dirección terminará de escribir por ti después de que hayas escrito unas pocas letras. Haz clic en un sitio para volver a verlo. Si quieres eliminar un sitio no deseado, señálalo y haz clic en la X situada a la derecha de su nombre.
	Modo de compatibilidad	Si los menús, las imágenes o el texto de un sitio parecen estar desajustados, haz clic en este ícono para que Internet Explorer cambie al modo de compatibilidad, que apacigua los sitios web malhumorados.
	Actualizar	Si un sitio no carga o no lo hace con las actualizaciones más recientes, haz clic en el botón Actualizar para que el sitio se cargue una vez más.
	Inicio	Si te pierdes mientras navegas por internet, vuelve al territorio conocido haciendo clic en el botón Inicio situado en la parte superior del programa. Así volverás a la página que siempre aparece cuando abres Internet Explorer.
	Favoritos	Al hacer clic en el botón Favoritos, situado en la parte superior, aparecerá la lista Favoritos, donde aparecen los enlaces que te llevan a tus sitios web favoritos. En la lista Favoritos puedes hacer clic en el botón Agregar a favoritos para añadir a la lista el sitio que estés viendo en ese momento.

Tabla 9-1 *continuación*

Este botón...	*Se llama...*	*Y hace esto...*
	Herramientas	Este botón abre un menú atestado de ajustes de Internet Explorer, incluida la opción Imprimir. Dirígete a la opción Seguridad del menú para borrar el historial de navegación, acceder a la navegación privada (muy práctico si visitas sitios de bancos) o para comprobar si hay peligro en visitar sitios web sospechosos.

Cómo hacer que Internet Explorer se abra con tu sitio favorito

Cuando abres el explorador web del escritorio, necesitas que muestre algo al instante. Y, bueno, eso puede ser cualquier sitio web que quieras. En términos de informática, a eso se le llama "página de inicio", y puedes indicarle a Internet Explorer que utilice cualquier sitio que quieras como la página de inicio de la siguiente forma:

1. **Visita tu sitio web favorito.**

   Elige cualquier página web que te guste. Por ejemplo, si eliges Google Noticias (`http://news.google.com.mx/`), Internet Explorer siempre se abrirá con los titulares de actualidad.

Pero ¡yo quiero ver elementos emergentes!

Las primeras versiones de Internet Explorer no tenían forma de impedir que los anuncios emergentes invadieran la pantalla. Internet Explorer dispone ahora de un bloqueador de anuncios emergentes que detiene 90% de dichos anuncios.

Si un sitio intenta enviar un mensaje o un anuncio emergente, Internet Explorer hará aparecer una franja en el borde inferior en la que pone: "Internet Explorer bloqueó un anuncio emergente de [nombre del sitio]". En esa franja hay dos botones. Si quieres ver el elemento emergente bloqueado, pulsa el botón Permitir una vez. Si te encuentras en un sitio que se basa en los elementos emergentes, haz clic en el botón Opciones para este sitio, que permite añadir ese sitio web a una lista de sitios de confianza, de modo que sus elementos emergentes no serán bloqueados.

2. Haz clic con el botón derecho en el ícono Página de inicio y elige Agregar o cambiar página de inicio.

El nuevo Internet Explorer, preocupado por la seguridad, preguntará si quieres usar esa página web como la única página de inicio o añadirla a las pestañas de página de inicio (puedes tener varias páginas de inicio, cada una de las cuales cuenta con su propia pestaña en la parte superior de la página).

3. Haz clic en Usar esta página web como única página de inicio y, después, en Sí.

Al hacer clic en sí, que puede verse en la figura 9-4, Internet Explorer abrirá siempre la página que estés viendo en ese momento.

Al hacer clic en No, se mantendrá la página de inicio actual. Por casualidades de la vida, Microsoft establece en un primer momento que la página de inicio de todos los usuarios sea la página atestada de anuncios de Microsoft Network (www.msn.com).

Después de que Internet Explorer recuerde la página de inicio que has elegido, puedes moverte por internet y buscar temas en Bing (www.bing.com), Google (www.google.com) u otros motores de búsqueda o tan solo con señalar o hacer clic en diferentes enlaces.

✔ Al igual que la página de inicio del explorador es el sitio que ves cuando lo abres, la página de inicio de un sitio web es su "portada", como la de una revista. Siempre que navegues por un sitio web, normalmente empezarás en su página de inicio y empezarás a navegar desde ahí.

Figura 9-4:
Si haces clic en Usar esta página web como la única página principal, Internet Explorer siempre se abrirá mostrando esa página

✔ Si la página de inicio del explorador ha sido cambiada por otro sitio diferente de repente y estas instrucciones no lo arreglan, seguramente se deba a que el explorador ha sido tomado por fuerzas malvadas. Ve al capítulo 11 y lee la sección sobre cómo permanecer seguro en internet, en especial las partes que enseñan a deshacerse de los ladrones y del *spyware*.

✔ Internet Explorer permite elegir entre varias páginas como páginas de inicio y puede cargarlas todas al mismo tiempo y colocar cada una en una pestaña, situadas en la parte superior de la página, para que puedas cambiar de una a otra. Si quieres añadir páginas de inicio a tu colección, elige la opción Agregar esta página web a las pestañas de página principal que aparece en el paso 3 de la lista anterior (puede verse en la figura 9-4).

Cómo volver a ver los sitios favoritos

Tarde o temprano darás con una página web tan increíble que no podrás describirla con palabras. Si quieres asegurarte de que la volverás a encontrar en el futuro, añádela a la lista de páginas favoritas incluida en internet de la siguiente forma:

1. **Haz clic en el ícono Favoritos (como el del margen) situado en la barra de herramientas de Internet Explorer.**

   Aparecerá un pequeño menú desplegable.

2. **Elige la opción Agregar a favoritos.**

   Entonces aparecerá un cuadro que se ofrece a nombrar la página web según su título —las palabras que aparecen en la pestaña situada en la parte superior de la página.

3. **Haz clic en el botón Agregar para añadir la página a la lista Favoritos.**

Siempre que quieras volver a esa página, haz clic en el botón Favoritos de Internet Explorer. Cuando aparezca el menú desplegable de Favoritos, haz clic en el nombre del sitio favorito.

A los usuarios con mente de bibliotecario les gusta organizar el menú de sus enlaces favoritos: haz clic en el botón Favoritos, después en la flecha junto al botón Agregar a favoritos y elige la opción Organizar favoritos. Así podrás crear carpetas en las que guardar enlaces similares y de grupos relacionados en carpetas individuales.

El historial secreto de tus visitas a webs de Internet Explorer

Internet Explorer mantiene un registro de todos los sitios web que visitas. A pesar de que la lista Historial de Internet Explorer representa un registro práctico de las actividades que llevas a cabo con la computadora, es el sueño de todo espía.

Si quieres comprobar lo que registra Internet Explorer, haz clic en el botón Favoritos y, a continuación, en el ícono Historial del menú desplegable. Internet Explorer muestra todos los sitios web que has visitado en los últimos veinte días. No dudes en hacer clic en la flechita situada a la derecha de la palabra Historial para clasificar las entradas. Puedes clasificarlas por fecha, por orden alfabético, por el número de visitas o en el orden en que las visitaste ese día —un práctico modo de volver a ese sitio que pensaste que era interesante esta mañana.

Si quieres borrar una única entrada del historial, haz clic sobre ella y elige la opción Eliminar en el menú. Si quieres borrar toda la lista, sal del área de Favoritos. A continuación, elige Opciones de internet en el menú Herramientas y después, haz clic en el botón Eliminar de la sección Historial de exploración. Aparecerá un menú en el que podrás borrar el historial y otros elementos.

Si quieres desactivar el historial, haz clic en el botón Configuración en vez de en Eliminar. A continuación, ve a la sección Historial y cambia a 0 la opción Días en que se guardan las páginas en el historial.

Si borras el historial de la versión del escritorio de Internet Explorer, también se borrará en la versión de la pantalla Inicio.

¿No puedes ver tus favoritos en el menú desplegable al hacer clic en el botón Favoritos? Entonces haz clic en la pestaña Favoritos situada en la parte superior del menú para poder acceder a ellos (puede que estuvieras mirando la pestaña Historial, explicada en el recuadro, o la pestaña de fuentes RSS, que enumera los titulares de un sitio web).

Cómo encontrar información en internet

Cuando buscas un libro en una biblioteca, sueles dirigirte directamente al índice por computadora. Lo mismo ocurre con internet, ya que necesitas un índice para dar con esa información que buscas.

A modo de ayuda, Internet Explorer te permite consultar un motor de búsqueda, un servicio que contiene un vasto índice de sitios de internet. Las versiones anteriores de Internet Explorer contaban con un cuadro de búsqueda, un lugar especial situado en la parte superior donde podías escribir unas cuantas palabras sobre lo que buscabas.

Las dos versiones de Internet Explorer de Windows 8 han eliminado ese cuadro de búsqueda. En vez de usar ese cuadro, escribe el término de búsqueda —por ejemplo, "orquídeas exóticas"— directamente en la barra de direcciones y pulsa Intro.

Internet Explorer llevará a cabo la búsqueda en Bing, el motor de búsqueda de Microsoft y escupirá sitios web que traten sobre las orquídeas exóticas.

¿No te gusta que Bing se encargue de tus búsquedas? Puedes cambiar el motor de búsqueda por Google (`www.google.com`) o por el que quieras.

Sigue estos pasos para personalizar las búsquedas de Internet Explorer para que se ajusten a tus gustos.

1. **Haz clic en el ícono Herramientas, que se asemeja a un engranaje, situado en la esquina superior derecha de Internet Explorer.**

   Aparecerá un menú desplegable.

2. **Elige la opción Administrar complementos; después, Proveedores de búsquedas en la sección Tipos de complementos y, por último, la opción Buscar más proveedores de búsqueda en la esquina inferior izquierda de la página.**

   Internet Explorer visitará el sitio web de Microsoft y mostrará una lista de varias docenas de motores de búsqueda.

3. **Haz clic en tu motor de búsqueda favorito y haz clic en el botón Agregar a Internet Explorer.**

   Aparecerá un cuadro de diálogo que preguntará si quieres añadir ese proveedor de búsquedas.

   Si quieres que un solo proveedor de búsquedas —Google, por ejemplo— se encargue de todas tus búsquedas, marca la casilla Convertir este proveedor de búsquedas en el predeterminado antes de ir al paso 4. Esa opción indica a Internet Explorer que envíe automáticamente todas las búsquedas a ese proveedor.

4. **Haz clic en el botón Agregar.**

   Internet Explorer sustituirá Bing por el proveedor de búsquedas que acabas de elegir. Si cambias el motor de búsqueda de la versión de escritorio de Internet Explorer, también se cambiará en la versión de la pantalla Inicio.

El sitio web me dice que necesito no sé qué de un complemento extraño

Hace unos años, los programadores informáticos abandonaron los televisores y se dirigieron a sus fascinantes computadoras nuevas para entretenerse. Ahora intentan convertir sus computadoras en televisores. Para añadir sonido y video a los sitios web, utilizan elegantes técnicas de programación llamadas Java, Flash, RealPlayer, QuickTime y Silverlight, entre otros.

Los programadores crean pequeñas golosinas de software llamadas "complementos" que permiten que el explorador web de la computadora muestre estos elementos llamativos. Sabrás lo que son cuando intentes instalar un complemento e Internet Explorer te ponga en la cara un aviso amenazante, como el de la figura 9-5.

¿Y qué problema hay? Si Internet Explorer te dice que necesita un complemento o la versión más reciente de software, pulsa el botón Sí o Instalar —solo si puedes fiarte del programa. A pesar de que a menudo resulta complicado diferenciar los programas buenos de los malos, en el capítulo 11 explico cómo juzgar la fiabilidad de un complemento. Entretanto, aporto una lista de complementos seguros y gratuitos.

✔ **QuickTime** (`www.apple.com/quicktime`): la versión gratuita de QuickTime reproduce algunos formatos de sonido y de video que no son compatibles con el Reproductor de Windows Media de Microsoft.

✔ **Adobe Flash** (`www.adobe.com/products/flashplayer`): esta descarga de doble filo reproduce los anuncios más molestos de los sitios web, así como la mayoría de las animaciones y videos en línea.

✔ **Adobe Acrobat Reader** (`www.adobe.com/products/reader`): Acrobat Reader, otro complemento gratuito, permite ver documentos como si estuvieran impresos en papel. El programa Lector de la

Figura 9-5:
Un sitio
solicita
poder
instalar
software

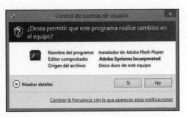

pantalla Inicio también es compatible con algunos de los formatos de Adobe Acrobat Reader, pero no los muestra tan bien.

✔ **Microsoft Silverlight** (`www.silverlight.net`): este software, el rival de Microsoft del tremendamente popular Flash, también reproduce películas y anuncios.

Ten cuidado con los sitios que intentan colar otros programas al descargar el complemento. Por ejemplo, algunos programas intentan que instales, junto con el complemento, la barra de herramientas para el explorador creada por una empresa asociada. Examina las casillas con cuidado y deja sin marcar las que no quieras o no necesites, o de las que no te fíes, antes de hacer clic en los botones Instalar o Descargar. Si ya es demasiado tarde, en el apartado "Cómo eliminar los complementos no deseados" de este capítulo muestro cómo deshacerse de los complementos que no queremos.

Cómo guardar información procedente de internet

Internet te lleva una biblioteca con todos los servicios a tu casa, sin tener que aguantar largas colas. Además, al igual que cualquier biblioteca cuenta con una fotocopiadora, Internet Explorer cuenta con varias formas de guardar los extractos de información interesantes para uso personal.

Esta sección explica cómo copiar algo de internet a la computadora, ya sea una página web completa, una sola imagen, un sonido, una película o un programa.

En el capítulo 8 explico cómo imprimir una página web (o parte de la información que contiene).

Cómo guardar una página web

¿Anhelas conseguir una práctica tabla de conversión entre grados centígrados y Fahrenheit? ¿Necesitas un diagrama para identificar *sushi* para la cena? ¿Quieres guardar el trayecto del viaje del mes que viene a la playa? Cuando encuentras una página web con información indispensable, a veces no puedes evitar guardar una copia en la computadora para verla, examinarla o, incluso, imprimirla en el futuro.

Cuando guardas una página web, la estás guardando como aparece en ese momento en la pantalla. Si quieres ver los cambios futuros, tendrás que volver al sitio actual.

Es fácil guardar la página web que estás viendo en ese momento:

1. **Haz clic en el botón Herramientas de Internet Explorer, elige la opción Archivo y después Guardar como en el menú demasiado lleno de opciones.**

   Cuando aparezca el cuadro Guardar página web, Internet Explorer mostrará el nombre de la página web en el cuadro de texto Nombre, como puede verse en la figura 9-6.

   Si quieres guardar toda la página como un único archivo en la carpeta Documentos, haz clic en Guardar. En cambio, si quieres guardar el archivo en otro lugar o en otro formato, ve al paso 2.

2. **Elige una ubicación en el Panel de navegación donde guardar el archivo.**

   Internet Explorer normalmente guardará la página web en la carpeta Documentos, a la que se puede acceder desde el panel de navegación que se amarra al borde izquierdo de todas las carpetas. Si quieres guardar la página web en otro lugar, como en Descargas, haz clic en el elemento Descargas situado en la sección Favoritos del panel de navegación.

3. **Elige la forma en que quieres guardar la página en el menú desplegable Guardar como.**

   Internet Explorer cuenta con cuatro maneras de guardar páginas web:

   • **Archivo web, archivo único (*.mht):** esta opción predeterminada guarda una copia exacta de la página web,

Figura 9-6: El formato Archivo web de Internet Explorer guarda la página en un único archivo

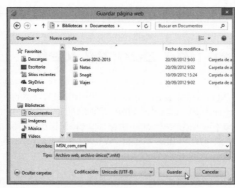

empaquetada cuidadosamente en un único archivo nombrado igual que el título de la página web. Por desgracia, solo Internet Explorer puede abrir este tipo de archivo, lo que impide que los usuarios de otros exploradores web puedan utilizarlo.

- **Página web, completa (*.htm;*.html):** esta opción, más incómoda pero más compatible, guarda la web en dos partes separadas: una carpeta que contiene las imágenes de la página y un enlace que indica a la computadora que muestre el contenido de esa carpeta. Es difícil de manejar, pero cualquier explorador web puede abrirla.

- **Página web, solo HTML (*.htm;*.html):** esta opción guarda el diseño y el texto de la página pero elimina las imágenes. Es práctica para quitar las imágenes y los anuncios de las tablas, diagramas y otros trozos de texto con formato.

- **Archivo de texto (*.txt):** está opción extrae todo el texto de la página y lo copia en un archivo del Bloc de notas sin molestarse en conservar el formato. Resulta fenomenal para guardar listas muy sencillas, pero no mucho más.

4. Haz clic en el botón Guardar cuando acabes.

Si quieres volver a la página web guardada, abre la carpeta donde la guardaste y elige el archivo correspondiente. Internet Explorer volverá a la vida y mostrará la página.

Cómo guardar texto

Si quieres guardar un extracto del texto de una página web, selecciónalo, haz clic con el botón derecho y elige la opción Copiar (en el capítulo 6 explico cómo seleccionar, copiar y pegar). Abre el procesador de palabras, copia ese texto en un nuevo documento y guárdalo en la carpeta Documentos con un nombre descriptivo.

Si quieres guardar todo el texto de un sitio web, es más fácil guardar toda la página web como se ha explicado en la sección anterior.

Si quieres guardar el texto de un sitio web pero quitándole todo el formato y las fuentes, pega el texto copiado en el Bloc de notas, que se encuentra en el área Todas las apps de la pantalla Inicio. Notepad eliminará el formato al instante. A continuación, copia el texto desde el Bloc de notas y pégalo en el procesador de palabras que quieras.

Cómo guardar una imagen

Si estás navegando por la red y encuentras una foto que es demasiado buena como para ignorarla, guárdala en tu computadora. Haz un clic derecho en la imagen y elige Guardar imagen como, tal y como puede verse en la figura 9-7.

Se mostrará la ventana Guardar Imagen para que puedas escoger un nombre de archivo para la imagen (también puedes mantener el que utiliza la página web). Haz clic en Guardar para dejar la foto robada en la carpeta Imágenes.

El menú repleto que aparece en la figura 9-7 también te ofrece opciones útiles para que puedas imprimir o enviar por correo la foto o, incluso, hacer que sea la imagen del fondo de escritorio.

¿Recuerdas la pequeña imagen al lado de tu nombre en la pantalla de inicio de sesión de Windows 8? Puedes utilizar cualquier foto de internet para ella. Haz clic con el botón derecho en la foto nueva (o en el escritorio) y guárdala en la carpeta Imágenes. Después, utiliza el equivalente al Panel de control del escritorio pero en la pantalla Inicio —la pantalla Configuración, en el capítulo 2— para transformar esa foto en la foto de tu cuenta de usuario.

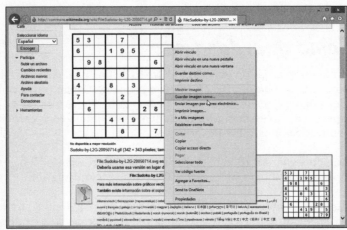

Figura 9-7:
Haz clic con el botón derecho del ratón y elige Guardar imagen como en el menú emergente

Cómo descargar un programa, una canción u otro tipo de archivo

A veces, descargar es tan fácil como hacer clic en el ícono Descargar de un sitio web. Cuando el sitio web te pida dónde guardar el archivo, elige la carpeta Descargas para que te sea fácil recuperarlo. Normalmente, el archivo llegará en unos segundos.

Pero cuando un sitio web no tiene ningún ícono para descargar, necesitarás llevar a cabo unos cuantos pasos más:

1. **Haz un clic derecho en el enlace que lleva al archivo que quieres y elige Guardar destino como.**

   Por ejemplo, para descargar una canción de un sitio web, haz clic derecho en su enlace (suele ser el título de la canción). Después, en el menú desplegable, que será similar al de la figura 9-7 anterior, elige Guardar destino como.

   Cuando intentes descargar un programa, Windows te preguntará si quieres Guardar el archivo o Ejecutarlo desde su ubicación habitual. Elige Guardar el archivo.

2. **Si es necesario, navega hasta la carpeta Descargas y haz clic en el botón Guardar.**

   Windows 8 suele ofrecerte que guardes el archivo en la misma carpeta en la que apareciste por última vez, de manera que te ahorras tener que ir a buscarla (puedes ver la lista de Descargas en el panel de navegación de la carpeta, en la figura 9-8). Pero si prefieres descargarla en un lugar distinto (la biblioteca de Música, por ejemplo, cuando descargues una canción), navega hasta esa ubicación y haz clic en el botón Guardar.

Da igual el tipo de archivo que estés descargando, porque Windows 8 empezará a copiar directamente del sitio web al disco duro. Aparecerá una

Figura 9-8:
Navega hasta una carpeta o biblioteca y haz clic en el botón Guardar

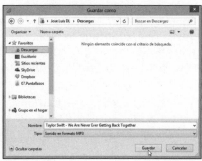

ventana para avisarte cuando haya acabado de descargar y podrás hacer clic en el botón Abrir carpeta para abrir la carpeta que alberga el archivo descargado.

Docu

Muchos archivos vienen en forma de carpetita muy ordenada con un cierre encima y se les conoce con el nombre de "archivos Zip". Windows los considera como si fueran carpetas normales, así que basta con que hagas doble clic en ellos para ver lo que hay dentro. Lo cierto es que los archivos están comprimidos en esa carpeta para que tarden menos en descargarse (por si te interesa la parte teórica). Para extraer unas copias de los archivos comprimidos, haz clic derecho en el archivo comprimido y elige Extraer todos.

¡No funciona!

Si hay algo que no funcione, no te sientas mal. Internet lleva tiempo rondando y, aun así, todo lo que rodea el tema de la web es relativamente complicado y cambia con una velocidad pasmosa. Se supone que aún no funciona tan bien como la televisión, ni tampoco puedes aprenderlo todo en un día. En esta sección podrás explorar problemas comunes y ver sus posibles soluciones.

El titular de una cuenta de Administrador (normalmente es el dueño de la computadora) es el único que puede llevar a cabo los cambios que describo en esta sección. Si aparece un mensaje mezquino que, encima, te señala con el dedo y te cuenta historias de permisos de administradores, hay poco que puedas hacer. Si quieres continuar, será mejor que encuentres al dueño de la computadora.

Aquí te ofrezco unos truquitos que podrás intentar antes de explorar las secciones que hay más adelante:

✔ Cuando un sitio web te dé problemas en la versión de escritorio de Internet Explorer, intenta vaciar la papelera del explorador. Haz clic en el botón Herramientas de Internet Explorer, elige Opciones de internet y haz clic en el botón Eliminar. Marca el cuadro de verificación con el nombre Archivos temporales de internet, desmarca los cuadros de verificación de los elementos que no quieras borrar y haz clic en el botón Cerrar. Vuelve a entrar en el sitio problemático e inténtalo de nuevo.

✔ Si la configuración de la conexión parece que no funciona, prueba a configurar de nuevo la conexión. En el apartado en el que se explica cómo configurar Internet Explorer por primera vez, visto anteriormente en este mismo capítulo, se describen los pasos que cabe seguir por la configuración para cambiar todo aquello que sea sospechoso.

✔ ¿Crees que has fastidiado el Internet Explorer del escritorio y no se puede reparar? Cuando creas que lo has perdido todo, vuelve a la configuración original con este truquito: haz clic en Herramientas, elige Opciones de internet, haz clic en la pestaña Avanzado y haz clic en Restablecer. De esta forma, se borrarán todos los parámetros, incluidos los sitios web de la lista de favoritos. Pero también borrará cualquier cosa maligna que se haya pegado al explorador.

✔ Si no puedes conectarte a internet, lo mejor que puedes hacer es llamar al servicio de asistencia técnica del proveedor de servicios de internet y pedirles ayuda. Pero que sea el proveedor de servicios de internet, no Microsoft.

✔ Si hay alguna página que no parece mostrarse correctamente en Internet Explorer, busca una tira de advertencia a lo largo de la parte superior de la página. Haz clic sobre ella y dile a Internet Explorer que no bloquee lo que está intentando bloquear.

Cómo eliminar complementos innecesarios

Hay muchos sitios web que instalan programitas dentro de Internet Explorer para añadir elementos a algunos sitios web o para que sea más fácil navegar por su web. No todos estos programas se comportan adecuadamente. Para ayudarte a quitarte de encima esas sanguijuelas, Internet Explorer te dejará ver una lista con esos programitas, llamados complementos, que estén instalados.

No encontrarás ningún complemento en la versión de Internet Explorer de la pantalla de Inicio. No, los complementos se instalan solo en la versión de escritorio con más funciones (y, por lo tanto, con mayor tendencia a darte problemas) de Internet Explorer.

Para ver qué se cuelga de Internet Explorer, haz clic en el botón Herramientas del programa y elige Administrar complementos. Aparecerá la ventana de Administrar complemento de Internet Explorer, tal y como puede verse en la figura 9-9. De esta forma podrás ver los complementos, las barras de herramientas, los motores de búsqueda, etc.

La mayoría de los complementos que se muestran en esta ventana no son problemáticos (los de Microsoft suelen ser inofensivos). Pero si encuentras

Figura 9-9:
Selecciona
cualquier
comple-
mento que
no quieras
y haz clic
en el botón
Deshabilitar

un complemento que no reconoces o que crees que es el que te está causando problemas, búscalo en Google (www.google.com) para ver lo que la gente cuenta de él. Si encuentras uno que parezca dañino, haz clic en el nombre y, después, en el botón Deshabilitar.

Si al deshabilitarlo ves que hay algo que no funciona correctamente, vuelve a la ventana de administración de complementos, haz clic en el nombre del complemento y selecciona el botón Habilitar.

Gestionar los complementos, a veces, se convierte en un juego de prueba y error, pero es una forma útil de deshabilitar un complemento granuja instalado por un sitio web con mala intención.

Capítulo 10

Cómo ser sociable: Correo, Contactos, Calendario y Mensajes

Gracias a la memoria infinita de internet, tus amigos y conocidos nunca desaparecerán. Los viejos amigos de la universidad, los compañeros de negocios y todos esos que te molestaban en la escuela están esperándote en la red. Añádele unos cuantos desconocidos con los que hayas intercambiado mensajes en sitios web e internet se convertirá en una red social enorme.

Windows 8 te ayudará a estar en contacto con amigos con los que te diviertes y evitar aquellos que no te hacen tanta gracia. Para gestionar tu vida social en línea, Windows 8 incluye un conjunto de aplicaciones sociales entrelazadas: Correo, Contactos, Calendario y Mensajes. Seguro que ya te imaginas qué hace cada una.

Las apps trabajan juntas para simplificar la tarea de seguir la vida de tus compromisos y de tus contactos. Cuéntale a Windows 8 todo sobre tu cuenta de Facebook y él mismo rellenará la app Contactos con la información de tus amigos de Facebook, además de añadir cumpleaños y compromisos en la app Calendario y configurará las apps de Correo y Mensajes.

Este capítulo describe el conjunto de aplicaciones sociales de Windows 8 y cómo funcionan con Facebook, Google, Twitter, LinkedIn y otras cuentas sociales. Explicaré cómo configurarlo para mantener la comunicación fluida y, cuando creas conveniente, apagarlas si sientes que empiezas a tener una *infoxicación*.

Cómo añadir las cuentas sociales a Windows 8

Llevas años escuchando la frasecita "Nunca le digas a nadie tu nombre de usuario ni la contraseña". Ahora parece que Windows 8 quiere que te saltes esa norma.

La primera vez que abras las apps Contactos, Correo o Mensajes, Windows 8 te pedirá que introduzcas los nombres de las cuentas y las contraseñas de Facebook, Google, Twitter, LinkedIn, Hotmail y demás.

Pero no te asustes, que no es tan grave. Microsoft y el resto de las redes han acordado compartir tu información solo si así lo apruebas. Y si así lo haces, Windows se conectará a tus redes sociales (por ejemplo, Facebook) para que le digas a esa red que quieres compartir tu información con la app Contactos de Windows 8.

Sinceramente, aceptar el intercambio de información te ahorrará muchísimo tiempo. Cuando enlaces las cuentas a Windows 8, la computadora iniciará sesión en cada uno de los servicios, importará la información de contacto de tus amigos y almacenará las apps.

Para llenar Windows 8 de tu vida social en línea, haz lo siguiente:

1. **En la pantalla Inicio, abre la app Correo.**

   La nueva pantalla Inicio de Windows 8, plagada de mosaicos y que explico en el capítulo 2, aparecerá la primera vez que enciendas la computadora. Si no aparece, ábrela así:

   - **Ratón:** lleva el puntero del ratón a la esquina inferior o superior derecha para que aparezca la barra Charms. Después, haz clic en el ícono Inicio que aparecerá.

   - **Teclado:** pulsa la tecla ▦.

- **Pantalla táctil**: desliza el dedo hacia dentro desde el borde derecho de la pantalla para abrir la barra Charms y después, toca el ícono Inicio.

Haz clic en el mosaico Correo y se abrirá la app. Si aún no te has creado una cuenta de Microsoft, aparecerá un mensaje en el que se te recordará que necesitas una. Explico cómo crear una cuenta de Microsoft en el capítulo 2.

Cuando la app del correo aparece por primera vez, suele contener, al menos, un correo electrónico: un mensaje de bienvenida de Microsoft, tal y como se muestra en la figura 10-1. La app Correo también te preguntará si quieres Permitir o Rechazar enviar mensajes de error a Microsoft para que la compañía pueda mejorar sus productos.

2. **Introduce las cuentas en la app Correo.**

Para añadir cuentas, abre la barra Charms, haz clic en el ícono Configuración, después en Cuentas y, por último, Agregar una cuenta. La app Correo hará una lista de las cuentas que puedes añadir: Hotmail, Outlook, Google o Exchange.

Por ejemplo, para añadir una cuenta de Google, haz clic en la palabra "Google". Windows 8 te llevará a una zona segura del sitio web de Google en la que podrás autorizar la transacción con solo introducir tu dirección de correo electrónico de Gmail y la contraseña y, después, haz clic en Conectar.

Repite estos pasos con otras cuentas de la lista para autorizarlas todas y poder compartir información con tu cuenta de Windows.

En el apartado "Cómo añadir otras cuentas de correo electrónico a Correo" de este capítulo, explicaré cómo añadir direcciones de correo electrónico que no sean Hotmail, Outlook ni Google.

Figura 10-1:
En la app
Correo
podrás
introducir
cuentas
de Google,
Hotmail,
Outlook y
Exchange

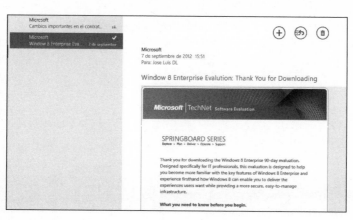

3. **Vuelve a la pantalla Inicio, haz clic en el mosaico Contactos e introduce el resto de cuentas.**

   Ahora es tu oportunidad para decirle a Windows que tienes amigos: haz clic en el mosaico Contactos en la pantalla Inicio. Cuando aparezca, puede que encuentres a amigos en las libretas de direcciones asociadas con las cuentas de correo electrónico que introdujiste en el paso 1.

   Introduce los nombres de usuario y las contraseñas de las cuentas de Facebook, Twitter, LinkedIn y cualquier otra para seguir añadiendo contactos.

   Por ejemplo, elige Facebook, haz clic en Conectar y se mostrará una ventana (figura 10-2) para que introduzcas el nombre de usuario y la contraseña de Facebook.

Después de introducir las cuentas, Windows 8 tomará automáticamente tu correo electrónico desde la app Correo, rellenará la app Contactos con la información de contacto de tus amigos y añadirá cualquier cita que tengas en la app Calendario.

Aunque pueda darte cosa darle a Windows 8 tus codiciados nombres de usuarios y contraseñas, si lo haces, conseguirás enriquecer Windows 8:

✔ En vez de escribir a mano los datos de tus contactos, los tendrás allí esperándote, tanto si son de Facebook, Twitter o LinkedIn, o como si están conectados a través de una cuenta de Google, Hotmail, Outlook o Windows Live.

Figura 10-2: Introduce la dirección de correo y la contraseña de Facebook para importar los datos de tus amigos a la app Contactos

✔ Las apps de Windows 8 son compatibles con apps y programas de otras compañías. Por ejemplo, si un amigo quiere hablar contigo desde Facebook, el programa de mensajería de Windows 8 se abrirá y podrán intercambiar mensajes. No hará falta que abras Facebook, ya que la app Mensajes de Windows se comunica directamente con la app Mensajes de Facebook.

✔ Podrás ver los mensajes y las fotos de tus amigos de Facebook, Twitter y LinkedIn directamente en la app Contactos. Ya no necesitas hacer turnos de vigilancia en cada una de las redes sociales para ver lo que todo el mundo está haciendo.

✔ ¿No te gustan estas apps de Windows 8 tan posmodernas? Siempre puedes ignorarlas y utilizar solo el escritorio de Windows 8, desde

Eliminar cuentas sociales de Windows 8

Si la app Contacto está sobresaturada con las 2 835 personas que sigues en Twitter, siempre puedes eliminarlas. De hecho, puedes quitar todas las cuentas sociales que has añadido a Windows 8, o solo unas cuantas.

Para ello, sigue estos pasos:

1. **Abre la app que contenga las cuentas que quieres quitar, ya sea esta Correo o Contactos.**

2. **Abre la barra Charms y haz clic en el ícono Configuración.**

3. **Haz clic en Cuentas; cuando aparezca el panel de cuentas, haz clic sobre el nombre de la cuenta que quieres borrar.**

   El panel Cuentas cambiará para mostrar la configuración de la cuenta que quieras. No podrás borrar la cuenta Windows, pero las otras, bueno, ¿por qué no?

4. **Cuando el panel muestre la configuración de la cuenta, haz clic en Quitar cuenta, en la parte inferior del panel.**

En el caso de algunas cuentas, el paso 4 te lleva directamente a la sección de configuración. Por ejemplo, cuando eliminas Facebook de la app Contactos, el paso 4 te lleva a un sitio web en línea en el que puedes escoger qué tipo de información de Facebook quieres compartir con la app Contactos. También puedes romper los lazos si haces clic en el enlace Quitar esta conexión por completo.

Cuando sigas estos pasos para quitar una cuenta, vetarás cualquier interacción. Si, por ejemplo, eliminas Facebook, todos los amigos de Facebook desaparecerán de la app Contactos, y sus cumpleaños o los compromisos a los que te hayan invitado se desvanecerán de la app Calendario. La cuenta de Facebook en sí permanecerá intacta, pero dejará de compartir información con las app de Windows.

¿Has cambiado de idea sobre cortar los lazos? Vuelve a añadir la cuenta con los pasos del apartado "Cómo añadir las cuentas sociales a Windows 8" de este capítulo.

donde podrás visitar Facebook y el resto de las cuentas desde el explorador web, tal y como lo has hecho siempre.

Cómo entender la app Correo

A diferencia de Windows 7, Windows 8 viene con una app incorporada para enviar y recibir correos. Esta app Correo, no solo es gratis, sino que también viene con un corrector ortográfico incorporado.

Como se trata de una app "activa", la app Correo actualiza de forma automática el mosaico de la pantalla Inicio, de manera que, de un vistazo rápido al mosaico Correo de la pantalla Inicio, podrás ver los nombres de los remitentes y los asuntos de los últimos correos.

Sin embargo, como muchas cosas gratis, la app Correo también arrastra ciertas limitaciones:

✔ Necesitas una cuenta Microsoft para usar la app Correo, además del paquete de apps Contactos, Calendario y Mensajes. En el capítulo 2, describo cómo crear una cuenta de Microsoft.

✔ La app Correo solo funciona con cuentas de Hotmail, cuentas de Windows Live (Outlook incluido) y cuentas de Gmail, de Google. También funciona con las cuentas de Exchange, pero para ellas se necesitará equipo especial, normalmente ubicado en grandes empresas y no en hogares.

Cómo añadir otras cuentas de correo electrónico a Correo

La app Correo puede obtener los correos solo de cuentas de Hotmail, Outlook y Gmail. Para poder añadir otras cuentas, tienes que visitar el escritorio de Windows, abrir Internet Explorer y visitar Hotmail (www.hotmail.com), Outlook (www.outlook.com) o Gmail (www.google.com/mail).

Desde allí, abre el menú Opciones del sitio y busca algún lugar en el que puedas añadir otras cuentas.

Tendrás que introducir el nombre de usuario y la contraseña de tu cuenta.

Cuando las cuentas de Hotmail, Outlook o Google empiecen a importar el correo de las otras cuentas, encontrarás los correos esperando impacientes en tu app de Correo.

Si necesitas añadir un tipo diferente de cuenta de correo, tendrás que hacerlo a través de Internet Explorer, en el escritorio de Windows. Desde allí, entra en tu cuenta de Google o Microsoft y añade el resto de las cuentas de correo. En el apartado "Cómo añadir otras cuentas de correo electrónico a Correo" de este capítulo, explicaré con todo detalle este proceso.

Este apartado describe cómo encontrar los menús escondidos de la app Correo, además de cómo enviar y recibir correos y archivos.

Cómo manejarse entre las vistas, los menús y las cuentas de la app Correo

Para cargar la app Correo de Windows, pulsa la tecla Windows (⊞) para abrir la pantalla Inicio y después, haz clic en el mosaico de la app Correo. La app Correo cubrirá la pantalla, tal y como puede verse en la figura 10-3.

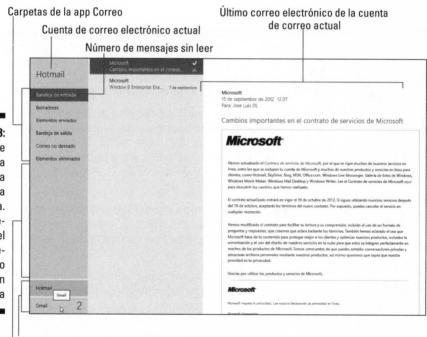

Carpetas de la app Correo

Cuenta de correo electrónico actual

Número de mensajes sin leer

Último correo electrónico de la cuenta de correo actual

Figura 10-3: El correo de la bandeja de entrada aparece a la izquierda. Los contenidos del correo seleccionado aparecerán a la derecha

Cuentas de correo electrónico

Las carpetas de otras cuentas, como Gmail, aparecerán aquí

En la esquina inferior izquierda de la app Correo podrás ver la lista de tus cuentas de correo. Por ejemplo, en la figura 10-3 puedes ver una cuenta de Hotmail en la parte superior y una cuenta de Google justo debajo (si solo has configurado una cuenta, solo verás una cuenta).

Si quieres ver el correo que ha llegado a tu cuenta, haz clic en el nombre de esa cuenta. Por ejemplo, fíjate cómo en la figura 10-3, el nombre "Hotmail" aparece en la esquina superior izquierda. Esa es la cuenta que se está viendo. De la misma forma, la app Correo muestra, en la parte derecha de la pantalla, el correo más nuevo de la cuenta de Hotmail.

Debajo de los nombres de las cuentas de correo, la app Correo mostrará las carpetas principales:

✔ **Bandeja de entrada:** aparece la primera vez que cargas la app Correo y la carpeta Bandeja de entrada mostrará los correos en espera. Esta aplicación revisará automáticamente si hay correo nuevo; pero, si no te apetece esperar, haz clic en Sincronizar (en el margen) y, en el acto, traerá cualquier correo en espera. Para que aparezca la barra de menú de la app Correo, haz clic con el botón derecho en un espacio vacío de la app. También se mostrará el ícono Sincronizar en el borde inferior de la pantalla.

✔ **Borradores:** si estás a medias escribiendo un correo y decides acabarlo más tarde, haz clic en el ícono Cerrar, que aparece en el margen, y selecciona Guardar borrador en el menú desplegable. El correo esperará en la carpeta para que puedas recuperarlo más tarde (en la siguiente sección, explicaré cómo enviar correo).

✔ **Elementos enviados:** todos y cada uno de los correos que has enviado permanecerá en esta carpeta hasta el fin de los días, para que haya una prueba del delito (eso sí, si quieres borrar un correo de esos que hacen sonrojar, selecciona dicho correo, en cualquier carpeta, con un solo clic y haz clic en el ícono Eliminar como el margen).

✔ **Correo no deseado:** la app Correo olfatea correo que podría ser no deseado y deja a cualquier sospechoso en esta carpeta. Echa un ojo de vez en cuando para asegurarte de que no se ha colado nada por error.

✔ **Elementos eliminados:** la carpeta Elementos eliminados sirve como papelera de reciclaje de la app Correo, de manera que podrás recuperar cualquier correo que hayas borrado por equivocación. Para borrar algo de forma permanente de esta carpeta, selecciónalo y después, selecciona el ícono Eliminar.

✔ **Bandeja de salida:** cuando envíes o contestes cualquier mensaje, la app Correo intentará conectarse a internet en el acto para enviarlo. Si la app Correo no puede encontrar conexión a internet, el mensaje se quedará aquí. Cuando te vuelvas a conectar a internet, haz clic en Sincronizar, si fuese necesario, para enviarlo.

Para ver los contenidos de cualquier carpeta, haz clic en ella. Haz clic en cualquier correo de la carpeta y se mostrará el contenido en el panel que hay más a la derecha.

¿Has creado carpetas en la cuenta de Gmail? Cuando hagas clic en la cuenta de Google, la app Correo mostrará estas carpetas justo debajo de las carpetas de la propia app Correo, como puede verse en la figura 10-3.

Pero, ¿dónde están los menús de la app Correo? Como todas las apps de la pantalla Inicio, la app Correo esconde los menús en la barra App, en la parte inferior de la pantalla. Podrás ver la barra App de Correo o de cualquier app de Windows con unos truquitos.

Para que la barra App se muestre en la parte inferior de cualquier app, elige una de estas opciones:

✔ **Ratón:** haz un clic derecho en un espacio en blanco dentro de la app.

✔ **Teclado:** pulsa 🪟 + Z.

✔ **Pantalla táctil:** desliza el dedo hacia arriba, desde la parte inferior de la pantalla.

Cuando la barra App aparezca desde la parte inferior de la pantalla, como puede verse en la figura 10-4, mostrará íconos que te ayudarán a encontrar el camino por la app Correo.

Cómo redactar y enviar un correo

Cuando estés a punto de enviar un correo electrónico, sigue estos pasos para redactar la carta y dejarla en el buzón electrónico para que se envíe por el espacio virtual hasta la computadora del destinatario:

1. **En la pantalla Inicio, abre el mosaico de la app Correo y haz clic en el ícono Nuevo, en la esquina superior derecha del programa.**

   Aparecerá la ventana de Nuevo mensaje, vacío y a la espera de tus palabras.

Cuenta de correo actual   Correo actual   Responder al correo actual   Borrar el correo actual

Crear correo nuevo

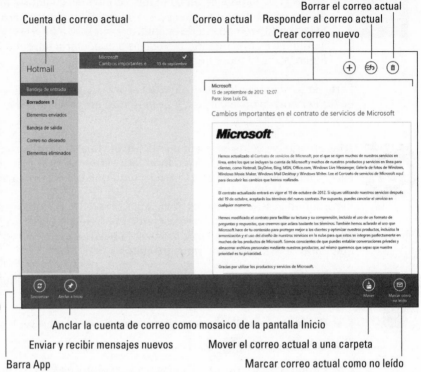

Figura 10-4:
Como todas
las apps de
la pantalla
Inicio, la
barra App
aparecerá
desde
la parte
inferior de
la pantalla

Anclar la cuenta de correo como mosaico de la pantalla Inicio

Enviar y recibir mensajes nuevos   Mover el correo actual a una carpeta

Barra App   Marcar correo actual como no leído

Si has añadido más de una cuenta de correo electrónico a la app Correo, para elegir la dirección de devolución, haz clic sobre la flechita que apunta hacia abajo junto al cuadro De (donde aparece tu dirección de correo electrónico). Después, selecciona la cuenta que quieres utilizar para enviar ese correo.

2. Escribe la dirección de correo de tu amigo en el cuadro Para.

Cuando empieces a escribir, la app Correo escaneará la lista de la app Contactos en busca de nombres y direcciones de correo y te mostrará las coincidencias potenciales bajo el cuadro Para. ¿Has encontrado lo que buscas? Haz clic en la dirección y la app Correo completará el resto de la dirección por ti.

Para enviar un correo a varias personas, haz clic en el símbolo de más, a la derecha del cuadro Para. Se mostrará la app Contactos, con todos los nombres y direcciones de correo de tus contactos. Haz clic en el nombre, o nombres, de aquellos que quieras que reciban el mensaje y después, haz clic en el botón Añadir. La app Correo

¿Qué necesito exactamente para enviar un correo electrónico con la app Correo?

Para enviar un correo a un amigo, o a un enemigo, con la app Correo, necesitas tres cosas:

✔ **Una cuenta de Microsoft:** necesitarás crear este tipo de correo electrónico antes de que la app Correo funcione. En el capítulo 2, describo cómo crear una cuenta de Microsoft.

✔ **Cuenta de correo electrónico:** tu cuenta Microsoft puede servir como cuenta de correo electrónico si utilizas una cuenta de Hotmail, Live o Outlook, o una cuenta IMAP, como las que utilizan algunas empresas. La mayoría de los proveedores de servicios de internet (que explico en el capítulo 9) también te ofrecen una dirección de correo gratuita, junto con el acceso a internet. Sin embargo, seguramente no funcione con la app Correo.

✔ **La dirección de correo electrónico de tu amigo o enemigo:** pregúntales a tus amigos sus direcciones de correo, o bien, impórtalas desde Facebook, Twitter o LinkedIn, tal y como describo en el apartado "Cómo añadir las cuentas sociales a Windows 8"

de este capítulo. La dirección consiste en un nombre de usuario (que puede parecerse al nombre real de la persona), seguido del símbolo @ y del nombre del proveedor de servicios de internet. La dirección de correo electrónico de un usuario de America Online (AOL) con el usuario JeffW8435 será jeffw8435@aol.com (y, a diferencia de la oficina de correos, el correo electrónico no permite errores ortográficos, así que la precisión es imprescindible).

✔ **Tu mensaje:** aquí es donde, por fin, empieza la diversión: escribe el correo. Después de escribir la dirección de correo de la persona y el mensaje, haz clic en el botón Enviar. La app Correo enviará tu mensaje en la dirección correcta.

Si te equivocas al escribir la dirección de correo, el mensaje "rebotará" y aparecerá en la bandeja de entrada, con un mensaje algo confuso que explicará por qué no se ha entregado. Comprueba la escritura de la dirección e inténtalo de nuevo. Si vuelve a ocurrir, agacha las orejas, coge el teléfono y pídele a la persona que confirme su dirección de correo.

pondrá la dirección de correo, como si la estuvieras escribiendo de forma manual.

3. **Haz clic en la línea del asunto y escribe el tema del correo.**

   Haz clic sobre las palabras Agregar un tema, en la parte superior del mensaje y escribe tu propio tema. En la figura 10-5 he añadido el asunto "Memorando para el éxito". Aunque es opcional, el asunto ayudará a tus amigos a ordenar el correo.

4. **Escribe el mensaje en el cuadro (grande) que hay debajo de la línea del asunto.**

Escribe tantas palabras como quieras. A medida que escribes, la app Correo subrayará en rojo palabras que podrían estar mal escritas. Para corregirlas, haz un clic derecho en la palabra subrayada y elige la escritura correcta en la lista que aparece, tal y como puede verse en la figura 10-5.

También puedes cambiar el formato desde la barra App en la parte inferior de la app si haces un clic derecho, pulsas + Z o deslizas hacia abajo en la tableta. En la figura 10-5 se puede ver la barra a lo largo de la parte inferior, donde podrás añadir listas con viñetas, cambiar la fuente, convertir la fuente en cursiva, etc.

5. Si quieres, puedes añadir archivos o fotos al correo.

En el apartado "Cómo enviar y recibir archivos por correo electrónico" explico cómo adjuntar archivos, pero si crees que tienes tablas para esto, puedes adjuntarlos con el ícono Datos adjuntos en la barra App de Correo.

La mayoría de los proveedores de servicios de internet obstaculizan el envío de archivos mayores de 5 MB, de manera que se quedan fuera la mayoría de las películas y más de un archivo con música digital o fotos.

6. Haz clic en el botón Enviar en la esquina superior derecha.

¡Zas! La app Correo moverá el mensaje en internet hasta que llegue al buzón de tu amigo. Dependiendo de la velocidad de la conexión a internet, el correo llegará a cualquier sitio en un período de tiempo

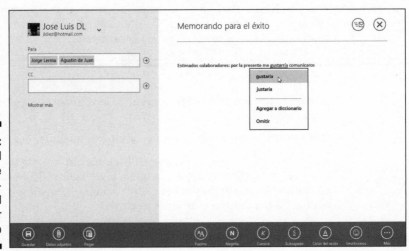

Figura 10-5:
Escribe el mensaje y aprovéchate del corrector ortográfico

entre 5 segundos a varios días después (aunque la media suele ser varios minutos).

¿No quieres enviar el mensaje? Pues haz clic en el ícono Cerrar, como el del margen. Cuando aparezca el menú desplegable, elige Eliminar para borrar el mensaje, o bien elige Guardar borrador para dejar una copia en la carpeta Borradores para darle los últimos toques más tarde.

Cómo leer un correo recibido

Cuando la computadora esté conectada a internet, la pantalla Inicio de Windows te dirá, cuanto antes, si ha llegado un correo nuevo. El mosaico de la app Correo se actualiza de forma automática para mostrar el remitente y el asunto de los últimos correos sin leer.

Puedes ver más información o responder al mensaje así:

1. **Haz clic en el mosaico Correo de la pantalla Inicio.**

   La app Correo se abrirá y mostrará los mensajes en la bandeja de entrada, tal y como puede verse en la figura 10-3. Cada asunto aparecerá en una lista y el más nuevo aparecerá en la parte de arriba.

   Para encontrar un correo concreto rápidamente, abre el panel Buscar de la barra Charms (pulsa ⊞ + Q) y, después, escribe en la casilla de búsqueda el nombre del remitente o una palabra. También puedes buscar correos electrónicos directamente en el panel Buscar de la pantalla Inicio (explicado en el capítulo 7).

2. **Haz clic en el asunto de cualquier mensaje que quieras leer.**

   La app Correo mostrará el contenido de ese mensaje en el panel a la derecha de la ventana.

3. **A partir de aquí, tienes varias opciones, a las que podrás acceder desde la parte superior del correo:**

   - **Nada:** ¿Aún no te has decidido? No hagas nada, y el mensaje montará el campamento en la bandeja de entrada.

   - **Responder:** haz clic en el botón Responder, en la esquina superior derecha de la pantalla y elige Responder en el menú emergente. Aparecerá una ventana nueva para que puedas escribir la respuesta. La ventana es como aquella que aparece cuando escribes un mensaje por primera vez, pero con una diferencia práctica: esta ventana ya tiene la dirección y el nombre del destinatario, además del asunto. Normalmente, el mensaje original también aparece en la parte inferior de la respuesta, para que lo tengas como referencia.

- **Responder a todos:** hay gente que envía correos a varios destinatarios al mismo tiempo. Si ves varias direcciones de correo en la línea Para del correo electrónico, puedes hacer clic en Responder y, después, Responder a todos en el menú desplegable para enviarles la respuesta a todos.

- **Reenviar:** ¿has recibido algo que crees que debería ver un amigo? Haz clic en Responder y elige Reenviar en el menú desplegable para pasarle una copia del correo a tu amigo.

- **Eliminar:** haz clic en el botón Eliminar para enviar el mensaje a la carpeta de Elementos eliminados. Los correos borrados se quedarán en esta carpeta hasta que la abras, hagas clic en todos los mensajes y selecciones el botón Eliminar.

Para imprimir el correo que estás leyendo, abre la barra Charms, haz clic en el ícono Dispositivos, elige la impresora de la lista de dispositivos y haz clic en el botón Imprimir.

La app Correo es para necesidades básicas de correo. Si necesitas más, puedes encontrar programas de correo con más prestaciones, o bien puedes abrir Internet Explorer para ir al correo en línea de Hotmail (`www.hotmail.com`), Outlook (`www.outlook.com`) o Google (`www.google.com/gmail`) y gestionar el correo desde allí.

Si alguna vez recibes un correo inesperado de un banco, eBay o cualquier otro sitio web relacionado con dinero, no hagas clic en ninguno de los enlaces web del correo. Hay una industria criminal llamada *phishing* que se dedica a enviar correos para intentar engatusarte para que introduzcas tu nombre y contraseña en un sitio web falso. Este proceso regalará tu información más preciada al malvado ladrón, que no tardará ni un segundo en robarte el dinero. Hablo más sobre el *phishing* en el capítulo 11.

Cómo enviar y recibir archivos por correo electrónico

Como un par de entradas dentro de un sobre con una tarjeta de agradecimiento, los archivos adjuntos son esos archivos que van a lomos de un mensaje de correo. Puedes enviar o recibir cualquier tipo de archivo como si fuera un adjunto.

Este apartado describe cómo enviar y recibir archivos mediante la app Correo.

Cómo guardar un archivo adjunto recibido

Cuando llegue un adjunto en un correo, lo reconocerás enseguida, ya que te aparecerá un rectángulo en la parte superior del correo con el nombre del archivo y la palabra Descargar justo debajo.

Para guardar el archivo o archivos, solo necesitas hacer lo siguiente:

1. **Haz clic en Descargar, junto al archivo adjunto.**

   Esto le dirá a la app Correo que descargue el archivo. Hasta que no hagas clic en el rectángulo, la app Correo te dirá únicamente cómo se llama el archivo y qué tamaño tiene. Cuando se complete la descarga, el rectángulo se convertirá en un ícono que representará el archivo recién descargado.

2. **Cuando se descargue el archivo a la app Correo, haz clic en el ícono del archivo adjunto y elige Guardar.**

   Esto le dirá a la app Correo que copie el archivo desde el correo y que lo guarde en una carpeta de la computadora.

3. **Elige una carpeta a la que enviar el archivo guardado.**

   Aparecerá el selector de archivos de Windows 8, como puede verse en la figura 10-6, para que puedas navegar hasta una carpeta.

4. **Haz clic sobre la palabra Archivos, en la esquina superior izquierda del selector de archivos, y elige a qué biblioteca quieres enviar el archivo: Documentos, Música, Imágenes o Videos.**

   La forma más fácil de encontrar el archivo es si lo guardas en una de las bibliotecas. En el capítulo 5 explico todo lo relacionado con archivos, carpetas y bibliotecas.

5. **Haz clic en el botón Guardar, situado en la esquina inferior derecha del selector de archivos.**

   La app Correo guardará el archivo en la biblioteca que elijas.

Después de que hayas guardado el archivo, la app Correo volverá a la pantalla. Fíjate que el archivo adjunto sigue en el correo. Eso es porque, al guardar los archivos adjuntos, siempre se guarda una copia del archivo enviado. Esto es útil porque, si borras sin querer el archivo guardado, podrás volver al correo original y guardar de nuevo el archivo.

El programa antivirus incorporado con Windows 8 (Windows Defender) escaneará de forma automática el correo para ver si hay algún archivo adjunto dañino. En el capítulo 11 doy una explicación exhaustiva sobre Windows Defender.

Cómo enviar un archivo como adjunto

Enviar un archivo a través de la app Correo es muy parecido a guardar un archivo adjunto, solo que al revés: en vez de seleccionar un archivo de un correo y guardarlo en una carpeta o una librería, tienes que tomar un archivo de una carpeta o biblioteca y guardarlo en un correo electrónico.

Podrás enviar un archivo como adjunto en la app Correo así:

1. **Abre la app Correo y crea un correo nuevo, tal y como he descrito antes en el apartado "Cómo redactar y enviar un correo".**

2. **Abre la barra App de Correo y haz clic en el ícono Adjuntos.**

   Haz un clic derecho en un espacio en blanco del correo para abrir la barra App. Cuando hagas clic en el ícono Adjuntos, se mostrará la ventana del selector de archivos de Windows 8, como puede verse en la figura 10-6.

3. **Navega hasta los archivos que quieras enviar.**

Para que la búsqueda sea más fácil, haz clic en la palabra Archivos. Aparecerá un menú desplegable (como el de la figura 10-6) con las zonas de almacenamiento principales de la computadora. La mayoría de los archivos se almacenan en las bibliotecas de Documentos, Música, Imágenes y Videos (explico todo sobre las bibliotecas en el capítulo 5).

Haz clic en el nombre de la carpeta para ver los archivos que contiene. ¿No es la carpeta correcta? Haz clic en el enlace Subir un nivel para volver a salir de la carpeta e inténtalo de nuevo.

4. **Haz clic en los nombres de los archivos que quieres enviar y haz clic en el botón Adjuntar.**

   ¿Has seleccionado demasiados archivos? Anula la selección de los archivos que no quieras: haz clic de nuevo en tus nombres. Cuando haces clic en Adjuntar, la app Correo añade el archivo o archivos a tu correo.

5. **Haz clic en el botón Enviar.**

   La app Correo enviará el correo electrónico y su adjunto al destinatario.

Cómo gestionar tus contactos en la app Contactos

Cuando dejes que Windows 8 husmee en tus redes sociales en línea (como se ha explicado en el primer apartado de este capítulo), habrás conseguido abastecer la app Contactos con los datos de tus amigos en línea de Facebook, Twitter y otras redes.

Para verlos a todos, haz clic en el mosaico Contactos de la pantalla Inicio. Se abrirá la app de Contactos y mostrará una lista de tus amigos en línea, tal y como puede verse en la figura 10-7.

La app Contactos se encarga ella solita de gran parte del mantenimiento, de manera que eliminará a cualquiera que ya no sea tu "amigo" en Facebook, bien porque tú lo hayas "desajuntado", bien porque haya sido al revés.

Sin embargo, aquellos amigos que no compartan sus vidas en línea a través de redes sociales no aparecerán en la app Contactos. Tampoco lo harán aquellos amigos de Facebook que quieran privacidad y le hayan

Cómo encontrar correos perdidos

Puede que, en algún momento, ese correo tan importante se vea engullido por una montaña de carpetas y archivos. Para recuperarlo, confía en el mismo truco que utilizarías para buscar cualquier cosa en cualquier app de Windows 8: abre el panel Buscar. En la app Correo de Windows, haz clic en la cuenta que tiene el correo que quieres buscar y sigue estos pasos:

✔ **Ratón:** lleva el puntero del ratón a la esquina superior o inferior derecha de la pantalla; cuando aparezca la barra Charms, haz clic en el ícono Buscar.

✔ **Teclado:** pulsa ⊞ + Q.

✔ **Pantalla táctil:** desliza el dedo hacia dentro desde el borde derecho de la pantalla y después, toca el botón Buscar.

Cuando aparezca el panel Buscar, escribe una palabra del correo perdido, o bien el nombre de la persona, y pulsa Intro para ver todos los correos que coincidan con lo escrito.

Nota: si tienes más de una cuenta en la app Correo, tendrás que buscar en cada cuenta por separado

---

dicho a Facebook que oculte su información de otros programas (incluido Windows 8).

Por ello, tendrás que editar de forma manual algunas entradas de la app Contactos. Esta sección explica cómo hacer el pulido ocasional para estar al día en todo momento de la evolución de las redes sociales.

Cómo añadir contactos

Aunque a la app Contactos le encanta meter el dedo en cualquier resquicio que le dejes, siempre podrás añadir contactos a la antigua usanza: a mano.

Podrás añadir a alguien a la app Contactos y que así estén disponibles en las apps Correos y Mensajes, de esta forma:

1. **Haz clic en el mosaico Contactos en la pantalla Inicio.**

2. **Haz clic con el botón derecho en un espacio vacío de la app Contactos para que la barra App aparezca desde la parte inferior del programa. Después, haz clic en el ícono Nuevo.**

Figura 10-7:
La app
Contactos
se nutre
de forma
automática
de los
amigos que
tienes en
las redes
sociales,
como
Facebook o
Twitter

Aparecerá un formulario en blanco de Nuevo contacto.

3. Rellena el formulario Nuevo contacto

En la figura 10-8 puede verse cómo la mayoría de las elecciones son campos que no necesitan explicación, como Nombre, Dirección, Correo electrónico o Teléfono. Haz clic en Otra información, a la derecha,

No te pierdas ninguna actualización de tus amigos

Para descubrir la diversión de verdad en la app Contactos, haz clic en Novedades, en la esquina inferior izquierda de la app Contactos, tal y como aparece en la Figura 10-7. La app mostrará una lista de las actualizaciones de estado de tus amigos, tanto si las han publicado en Facebook, Twitter, LinkedIn o en cualquier otra red social que hayas añadido.

La página Novedades se actualizará y se quedará anclada en el lugar. Te presenta una imagen de la información de los medios sociales, con ideas nuevas e información sobre tus amigos y sus actividades. ¿No ves suficientes actualizaciones? Seguramente es porque no sigues a suficiente gente en Twitter.

También puedes ver lo que ha dicho un amigo en concreto con solo hacer clic sobre su nombre en la app Contactos. Se mostrará su información de contacto y, a la derecha, podrás ver las últimas actualizaciones de estado.

para añadir datos como el puesto de trabajo, el sitio web, notas o cualquier otro dato importante.

El mayor desafío viene con el campo de la cuenta, una opción visible solo para aquellos contactos con más de una cuenta de correo electrónico en la app Correo. ¿Qué cuenta de correo debería utilizar para este nuevo contacto?

La respuesta es la misma que la del tipo de celular que utilizas: elige una cuenta de Google si utilizas un teléfono Android para que la cuenta que acabas de añadir aparezca en la lista de contactos de tu teléfono Android.

Elige la cuenta de Microsoft si utilizas un teléfono Microsoft para que el contacto aparezca en él.

4. Haz clic en el botón Guardar.

La app Contactos guardará diligentemente este nuevo contacto. Si encontraras cualquier error, vuelve y edita la información, tal y como explico en el siguiente apartado.

Cómo borrar o editar contactos

¿Ya no aguantas a algunos de tus contactos sociales? ¿Alguien ha cambiado de teléfono? Sea lo que sea, es muy fácil tanto editar como eliminar un contacto de esta forma:

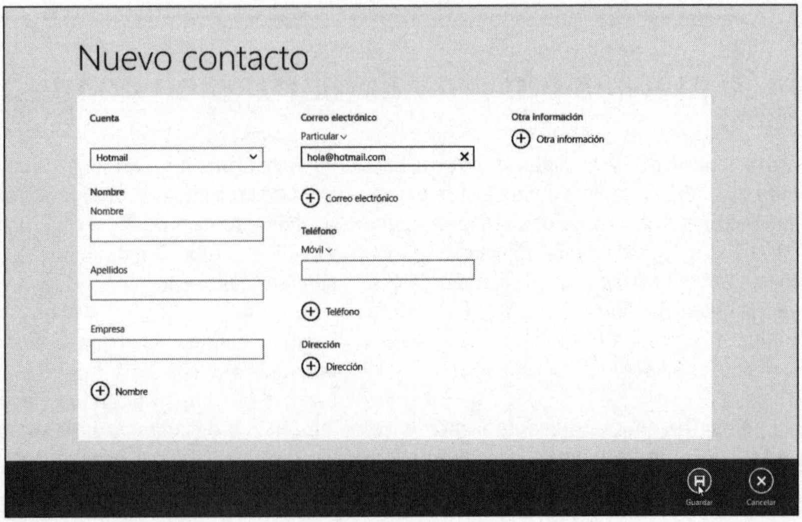

Figura 10-8: Añade tanta información como quieras sobre el contacto. Después, haz clic en Guardar

Nuevo contacto

Cuenta
Hotmail

Nombre
Nombre

Apellidos

Empresa

Correo electrónico
Particular
hola@hotmail.com

Correo electrónico

Teléfono
Móvil

Teléfono

Dirección
Dirección

Nombre

Otra información
Otra información

Guardar   Cancelar

1. **Haz clic en el mosaico Contactos en la pantalla Inicio y aparecerá la app Contactos, como puede verse en la figura 10-7.**

2. **Haz clic en contacto.**

   La página del contacto se mostrará en pantalla completa.

3. **Haz un clic con el botón derecho en un espacio en blanco de la página de contactos para que aparezca la barra App.**

   La barra App aparecerá en forma de tira, dispuesta a lo largo de la parte inferior de la pantalla.

4. **Haz clic en Eliminar para borrar el contacto o en Editar para actualizar la información de un contacto. Después, haz clic en Guardar.**

   Si haces clic en Eliminar, se quitará ese contacto por completo. Sin embargo, este botón aparece solo para los contactos que hayas añadido a mano. Si ha sido a través de Facebook o de cualquier otra red social, tendrás que eliminarlo de los contactos de ese sitio. Por ejemplo, tendrás que eliminarlos de tus amigos de Facebook o dejar de seguirlos en Twitter para que desaparezcan de la app Contactos.

   Al hacer clic en Editar, aparecerá la pantalla que te mostraba la figura 10-8, donde podrás actualizar o eliminar cualquier información antes de hacer clic en Guardar para guardar los cambios.

   Diseñado para los mejores amigos, el botón Anclar a inicio convertirá a esa persona en un mosaico de la pantalla Inicio para que accedas en un abrir y cerrar de ojos a su información de contacto y las últimas actualizaciones de estado.

Para enviar un mensaje rápido a un contacto de la app Contactos, haz clic en su nombre. Cuando aparezcan sus datos, haz clic en el botón Enviar correo electrónico. La app Correo reclamará la presencia de una ventana muy útil de Nuevo mensaje, con la dirección incluida, a la espera de que escribas el mensaje y hagas clic en Enviar. Eso sí, este truco funciona únicamente si tienes la dirección de correo de ese contacto.

Cómo gestionar los compromisos del Calendario

Cuando hayas añadido tus cuentas de redes sociales (como Facebook o Google), tal y como se explica en la primera sección del capítulo, habrás suministrado la app Calendario con compromisos tanto fijados por tus amigos en línea como por ti.

Por ejemplo, el Calendario muestra los cumpleaños de tus amigos de Facebook (si es que han decidido compartir esa información). También puedes encontrar cualquier acontecimiento que hayas añadido al calendario de Google, una gran ventaja para los que tienen teléfonos Android.

Para ver los acontecimientos, haz clic en el mosaico Calendario de la pantalla Inicio. Se abrirá la app Calendario y mostrará la lista de los acontecimientos en línea, como puede verse en la figura 10-9.

Lo malo es que hay pocos que mantengan sus compromisos en línea, así que, de vez en cuando, tendrás que editar algunas entradas, añadir otras o borrar aquellas a las que no irás. En esta sección, se explicará cómo mantener todos los compromisos al día.

El calendario se abrirá para mostrar una vista mensual (como la de la figura 10-9). Para cambiar a otras vistas, haz un clic derecho en la app Calendario para que aparezca la barra App y, después, haz clic en el ícono Día, Semana o Mes.

Figura 10-9:
La app Calendario se nutre de los acontecimientos de las redes sociales en línea

Da igual la vista que la app Calendario muestre, ya que podrás ver todos los compromisos con solo hacer clic en las flechitas que hay en las esquinas superiores de la pantalla. Haz clic en la flecha de la derecha para avanzar en el tiempo; haz clic en la flecha izquierda para ir hacia atrás.

La app Calendario registrará cualquier acontecimiento que pueda encontrar en las redes sociales en línea, aunque, siempre que quieras, también puedes añadirlos o editarlos a mano.

Para añadir una cita a la app Calendario, sigue estos pasos:

1. **Haz clic en el mosaico Calendario de la pantalla Inicio.**

   Aparecerá la app Contactos, como puede verse en la figura 10-9.

2. **Carga la barra Apps y haz clic en el ícono Nuevo.**

   En un apartado anterior de este capítulo he explicado cómo cargar la barra de menú de cualquier app. Sugerencia: haz un clic derecho en cualquier lugar del calendario.

3. **Rellena el formulario de datos.**

   En la figura 10-10 puede verse cómo la mayoría de las elecciones son campos que no necesitan explicación.

   El mayor desafío viene con el campo Calendario, una opción disponible solo para aquellos contactos con más de una cuenta de correo electrónico en la app Correo. ¿Qué cuenta de correo debería recibir la cita del calendario?

   Como con la app Contactos, la respuesta dependerá del celular que tengas. Elige una cuenta de Google si utilizas un teléfono Android para que la cuenta que acabas de añadir aparezca no únicamente en la lista de contactos de tu teléfono Android, sino también en el calendario de Gmail. Elige la de Microsoft si tienes un teléfono Microsoft.

   Las apps de Microsoft no van muy bien con productos Apple.

4. **Haz clic en el botón Guardar.**

   La app Calendario añadirá la nueva cita al Calendario de Windows 8, además de a la cuenta que hayas escogido en el paso anterior.

   Para añadir o quitar una cita, ábrela desde el calendario. Haz clic derecho en Calendario para reclamar la presencia de la barra App y, después, haz clic en el botón Eliminar para borrar la cita. Para editarla, elige el ícono Editar y se verá la cita, tal y como muestra la figura 10-10.

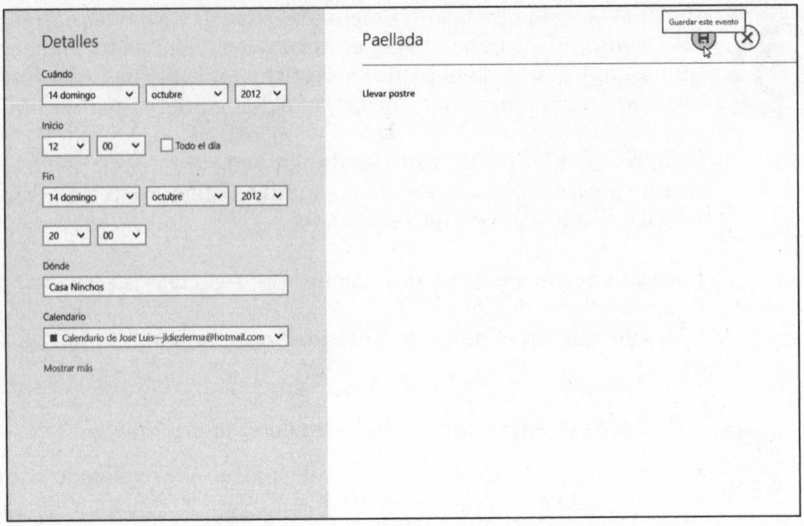

Figura 10-10:
Añade la
fecha de la
cita, la hora
de comienzo,
la duración y
el resto de la
información

Cómo hablar mediante Mensajes

En las últimas décadas, se ha convertido en uno de los básicos de la informática, las apps de Mensajería instantánea te permiten intercambiar mensajes con otros amigos que estén en línea. A diferencia del correo, la Mensajes instantánea tiene lugar, bueno, ya me entiendes, de forma instantánea: la pantalla mostrará dos cuadros y en ellos irán escribiéndose mensajes el uno al otro.

Las apps de mensajería crean una relación de amor-odio. A algunos les encanta la comodidad y la intimidad de mantenerse en contacto con los amigos que están lejos. Otros odian quedarse atrapados en un ascensor y verse obligados a entablar una conversación trivial.

Tanto si lo odias como si no, con la app Mensajes de Windows puedes tener conversaciones tanto sinceras y cordiales como una simple plática. Incluso si tus amigos en línea utilizan diferentes servicios y programas de mensajería, Mensajes de Windows puede intercambiar mensajes con ellos.

Para empezar a hablar sobre nimiedades, digo, tener conversaciones filosóficas con los amigos en línea, sigue estos pasos.

1. **En la pantalla Inicio, haz clic en el mosaico Mensajes y aparecerá la app Mensajes, como puede verse en la figura 10-11.**

Figura 10-11:
Esta es la app Mensajes con sus menús, donde también pueden verse conversaciones anteriores en la parte izquierda. Haz clic en una conversación para ver los contenidos en la parte derecha

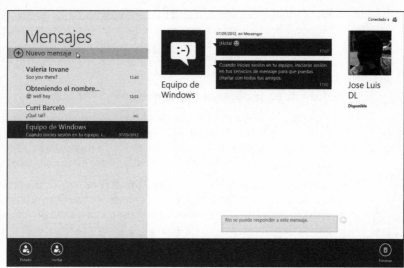

Figura 10-12:
Pulsa Intro para enviar el mensaje

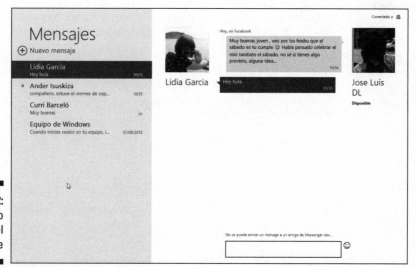

2. Haz clic en el enlace Nuevo mensaje.

En la esquina superior izquierda de la figura 10-11 puede verse el enlace Nuevo mensaje, con el que podrás ver qué amigos están en línea en cada uno de sus programas de mensajería. Si algún amigo no apareciera, seguramente es porque no está en línea o no está registrado en la app Contactos.

3. Haz clic en la persona con la que quieras hablar.

Cuando aparezca la ventana de Mensajes, empieza a escribir, como puede verse en la figura 10-12. Tu amigo o amiga en el otro lado, recibirá una notificación en su programa de mensajería, tanto si están conectados en Facebook, en el celular o en cualquier otro sistema.

En cuanto pulses Intro, tu mensaje aparecerá en su programa de mensajería. Y ya está. Cuando te canses de escribir mensajes, despídete y hasta otro momento. La próxima vez que visites la app Mensajes, tu conversación seguirá allí, a la espera de que la continúes, si quieres, claro.

Esto hace que llegue el momento de explicar los puntos básicos de la Mensajes instantánea:

✔ Para borrar una conversación, haz un clic derecho en la app Mensajes para reclamar la presencia de la barra App y después, haz clic en el botón Eliminar que aparecerá en el margen.

✔ ¿Necesitas que no te molesten durante un rato? Haz clic en el ícono de estado de la barra App (en el margen) y elige Invisible. De esta forma, no aparecerás como "disponible" en los programas de mensajería de tus amigos. Para volverte a hacer visible para tu círculo de amigos, haz clic en el ícono de estado y elige En línea.

✔ La app Mensajes suele funcionar mejor si envías un mensaje y después, esperas a que te respondan antes de enviar otro mensaje. Si se envían demasiados mensajes seguidos, se crea una conversación inconexa, como las ruedas de prensa en las que todos sueltan preguntas al mismo tiempo.

Capítulo 11

Seguridad informática

· ·

En este capítulo

▶ Cómo gestionar los avisos de seguridad

▶ Cómo evaluar tu seguridad en el Centro de actividades

▶ Cómo navegar de forma segura en internet

▶ Cómo borrar complementos del navegador

▶ Cómo evitar la suplantación de identidad (*phishing*)

▶ Cómo configurar los controles de Protección infantil

· ·

Al igual que conducir un coche, trabajar con Windows es razonablemente seguro mientras evites las malas compañías, obedezcas las señales de tráfico y no saques la cabeza por la ventanilla mientras manejas.

Pero, en el mundo de Windows y de internet, no es nada sencillo reconocer esas malas compañías, encontrar una señal de tráfico o incluso distinguir entre tu cabeza, el volante o la ventanilla. Puede ocurrir que cosas que parecen un inocente correo de un amigo o un programa que descargas de internet son en realidad virus que te infectarán la computadora.

Gracias a este capítulo podrás reconocer las malas calles en los barrios virtuales y conocerás las medidas que puedes tomar para no salir perjudicado y minimizar los daños.

Nota: la pantalla Inicio de Windows 8, a pesar de estar protegida por Windows Defender, carece de configuración de seguridad, por lo que todo en este capítulo se hará a través del escritorio.

¿Qué son esos molestos mensajes de seguridad?

Tras más de veinte años de desarrollo, Windows sigue siendo bastante ingenuo. A veces, cuando utilizas un programa o tratas de cambiar la configuración de la computadora, Windows no sabe si eres tú el que está enredando o si es un virus que quiere entrar.

¿La solución de Windows? Cuando Windows 8 nota que alguien (o algo) está tratando de cambiar alguna cosa que podría perjudicar a Windows o a la computadora, oscurece la pantalla y muestra una alerta de seguridad en la que solicita permiso, tal y como vemos en la figura 11-1.

Si una de estas alertas de seguridad aparece de sopetón, puede que Windows 8 te esté avisando de que algún elemento malintencionado está tratando de colarse. Haz clic en No o en No instalar para denegar el permiso. Pero si quieres hacer algo en concreto con tu computadora y Windows 8 saca los guantes de boxeo, haz clic en Sí o Instalar. Windows 8 baja la guardia y te deja pasar.

Si no tienes una cuenta de administrador, no puedes aprobar la acción. Tendrás que buscar a alguien que tenga una cuenta de administrador y pedirle que introduzca la contraseña.

Efectivamente, un robot medio lelo vigila la entrada principal de Windows 8, pero también es todo un reto para los que escriben los virus.

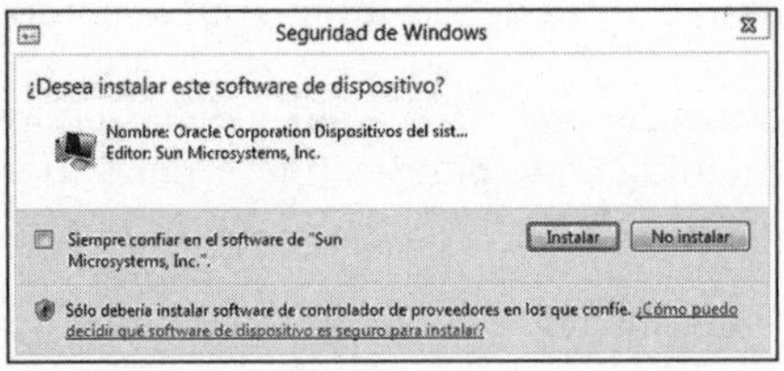

Figura 11-1:
Haz clic en No o en No instalar si aparece de repente un mensaje como este

Cómo evaluar tu seguridad en el Centro de actividades

 Dedícale un minutillo a comprobar la seguridad de tu computadora con el Centro de actividades del escritorio. En el Panel de control, el Centro de actividades saca las mejores armas de Windows 8 cuando se encuentra con algún problema y facilita soluciones sencillas pulsando un simple botón. Su ícono de la barra de tareas, la bandera blanca, que puede verse en el margen, indica siempre el estado del Centro de actividades.

La ventana del Centro de actividades, como puede verse en la figura 11-2, asigna un color a los problemas en función de su gravedad: el rojo indica que hay un problema muy grave que requiere una intervención inmediata y el amarillo indica que el problema requiere tu atención.

Por ejemplo, la figura 11-2 muestra una franja roja en el primer elemento de la categoría Seguridad: Firewall de red (Importante). En la categoría Mantenimiento, la entrada Volver a conectar la unidad tiene una franja amarilla.

 Todas las defensas de la categoría Seguridad deben estar habilitadas y funcionando para disponer de la máxima seguridad porque cada una de ellas protege de cosas distintas.

Figura 11-2:
En el Centro de activi-dades se pueden activar las principales defensas de la com-putadora, incluso el Firewall de Windows

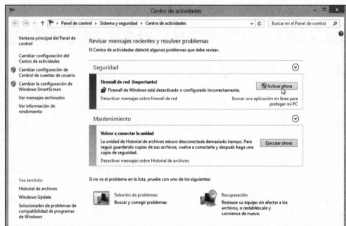

Si los cañones de la computadora no están cargados y no apuntan donde tienen que hacerlo, el ícono del Centro de actividades, como el del margen, aparece con una X de color rojo.

Cuando veas la banderita roja en la barra de tareas, sigue estos pasos para entrar en el Centro de actividades y solucionar el problema:

1. **En la barra de tareas, haz clic en el ícono del Centro de actividades con la banderita roja y selecciona en el menú emergente Abrir Centro de actividades.**

   El Centro de actividades que acabamos de ver en la figura 11-2, aparece en pantalla y muestra el estado de la computadora, tanto su seguridad como el mantenimiento. Normalmente no hay ninguna lista pero, si la hubiera en la categoría Seguridad o Mantenimiento, significa que algo no va bien.

2. **Haz clic en el botón que está al lado de los elementos marcados para solucionar los posibles problemas de seguridad.**

   Siempre que veas que una de las defensas de Windows 8 está apagada en el Centro de actividades, haz clic en el botón que está al lado de ese elemento. Por ejemplo, en la figura 11-2, si haces clic en el botón Activar ahora, el problema se solucionará de forma automática o pasarás a una opción que permitirá solucionarlo con un clic.

Si sigues estos dos pasos tu computadora estará segura.

Cómo evitar los virus con Windows Defender

Cuando hablamos de virus, todo es sospechoso. Los virus viajan no solo a través de correos electrónicos, programas, archivos, redes o unidades USB, sino también en protectores de pantalla, temas, barras de herramientas y otros complementos de Windows.

Para combatir el problema, Windows 8 incluye una versión nueva de Windows Defender que incorpora Microsoft Security Essentials, un programa de seguridad y antivirus de Microsoft que anteriormente se podía descargar gratuitamente.

Windows Defender examina todo lo que entra en la computadora, ya sea a través de descargas, correos, redes, programas de mensajería, unidades USB o discos. Si Windows Defender advierte que algún elemento

malintencionado está tratando de entrar en la computadora, te avisa con un mensaje como el de la figura 11-3 (en la pantalla Inicio o en el escritorio puede aparecer el mismo mensaje; a continuación, Windows Defender pone el virus en cuarentena, lo que le impide infectar la computadora).

Windows Defender examina constantemente la computadora en segundo plano. Pero, si la computadora se comporta de forma rara, indícale a Windows Defender que la examine inmediatamente así:

1. **En la pantalla Inicio, escribe Windows Defender y pulsa Intro.**

   Cuando escribes la primera letra, la pantalla Inicio cambia a la pantalla Buscar y aparecen todas las apps que coinciden con las letras que vas introduciendo. Al acabar de escribir **Windows Defender**, será la única palabra de la lista, por lo que solo te queda pulsar Intro para abrirlo.

   O si quieres ir más rápido, cuando veas el nombre de Windows Defender en la lista, deja de teclear y haz clic en el ícono que está junto a Windows Defender, como el del margen, para abrir el programa.

2. **Haz clic en el botón Examinar Ahora.**

   Windows Defender se pone manos a la obra y realiza un examen rápido de la computadora.

Normalmente, Windows Defender no examina unidades USB ni discos duros portátiles. Para incluirlos, haz clic en la pestaña Configuración del programa y, después, en la opción Avanzada, marca la casilla Examinar unidades extraíbles. Haz clic en Guardar cambios. Los análisis llevarán algo más de tiempo, pero merece la pena por los resultados que da.

Aunque Windows Defender te cuide las espaldas, sigue estas normas para reducir el riesgo de infección:

✔ Las actualizaciones de Windows Defender se realizan de forma automática a través de Windows Update. Por eso es importante conectarse a Internet a menudo; así, Windows Update podrá seguir manteniendo a Windows Defender al máximo rendimiento.

✔ Abre solo los archivos adjuntos que estés esperando. Si recibes algo inesperado de un amigo, no lo abras. En su lugar, mándale un correo o llámale por teléfono para que te diga si realmente te ha mandado algo.

✔ No instales dos antivirus porque no se van a llevar bien. Si quieres probar un programa distinto, primero desinstala el existente en el área de Programas del Panel de control (quizá tendrás que reiniciar la computadora luego). Y, a continuación, ya es seguro instalar otro antivirus para que lo pruebes.

Cómo navegar de forma segura en internet

Internet no es un lugar seguro. Hay gente que se dedica a crear sitios web para explotar las vulnerabilidades más recientes de Windows, las que Microsoft aún no ha tenido tiempo de reparar. En este apartado explicaremos algunas de las funciones de seguridad de Internet Explorer y te daremos algunos trucos para navegar de forma segura en internet.

Evita los complementos malignos y los secuestros

Microsoft diseñó Internet Explorer de tal forma que permite a los programadores añadir características adicionales gracias a los complementos. Al instalar complementos de programas (barras de herramientas, tableros de cotizaciones y selectores de programas, por ejemplo) los usuarios pueden sacarle más partido a Internet Explorer.

Desgraciadamente hay programadores ruines que crean complementos para perjudicar al usuario. Algunos sirven para espiar tus actividades, bombardearte con publicidad mientras navegas o redirigirte a la página principal de otro sitio. Y lo que es peor, algunos complementos rebeldes se instalan solos cuando visitas una web, y sin pedir permiso.

Windows 8 agrupa varias armas para combatir a estos provocadores. En primer lugar, si un sitio intenta poner un programa en tu computadora, Internet Explorer lo bloquea inmediatamente. A continuación, Internet Explorer muestra una advertencia de seguridad en la parte inferior de la pantalla del navegador, tal y como puede verse en la figura 11-4.

¿Estás seguro de que quieres este programa? A continuación, haz clic en el botón Ejecutar. Haz clic en el botón Habilitar, tal y como aparece en la figura 11-5, para activar este nuevo complemento de Internet Explorer.

Por desgracia, Internet Explorer no distingue entre buenas y malas descargas; la responsabilidad recae en ti. Por tanto, si ves un mensaje como el de la figura 11-4 y no has iniciado ninguna descarga, es muy probable que esa web quiera perjudicarte: no hagas clic en el botón Instalar. En su lugar, sal pitando de ahí con un clic en alguno de tus favoritos o en el ícono de la página principal.

Si un complemento malintencionado consigue introducirse, no todo está perdido. Lo podrás deshabilitar desde el Administrador de complementos de Internet Explorer. Para ver todos los complementos instalados en Internet Explorer (y borrar los que sepas que son malintencionados, innecesarios o molestos) sigue estos pasos:

Figura 11-4:
Haz clic en el botón Ejecutar para aceptar un complemento bloqueado

Figura 11-5:
Haz clic en
el botón
Habilitar
para activar
un com-
plemento
nuevo

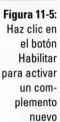

1. **Haz clic en el menú Herramientas de Internet Explorer y selecciona Administrar complementos.**

   Aparecerá la ventana Administrar complementos, tal y como puede verse en la figura 11-6. De esta forma podrás ver los complementos que se han cargado.

2. **Haz clic en el complemento que te dé problemas y haz clic en el botón Deshabilitar.**

   ¿No encuentras el complemento no deseado? Haz clic en la lista desplegable Mostrar y elige entre Todos los complementos, Complementos cargados, Ejecutar sin permisos o Controles descargados.

   Cuando veas un complemento no deseado u otro programa malintencionado, elimínalo con un clic en su nombre y luego en el botón Deshabilitar.

3. **Repite la operación con cada uno de los complementos no deseados y haz clic en el botón Cerrar.**

   Es probable que tengas que reiniciar Internet Explorer para que los cambios surtan efecto.

No todos los complementos son malos. Muchos sirven para poder ver videos, escuchar música o ver contenidos especiales en las páginas web. No borres los complementos simplemente porque estén en la lista del Administrador de complementos.

✔ Si, por casualidad, al deshabilitar un complemento una web no se carga, haz clic en el nombre del complemento, tal y como acabamos de ver en el paso número 2 y haz clic en el botón Habilitar para que vuelva a funcionar.

Figura 11-6:
Con la ventana Administrar complementos de Internet Explorer puedes ver los complementos instalados y deshabilitar los que no te gusten

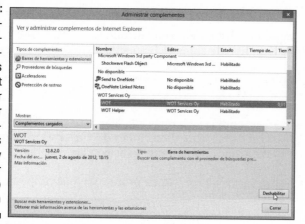

✔ ¿Y cómo distingo entre un complemento bueno y uno malo? Por desgracia, no es algo que pueda afirmarse con total seguridad, pero comprobar el nombre del Editor puede darte una pista. ¿Reconoces al editor o has instalado algún programa suyo antes? En lugar de lamentarte después, piénsalo bien antes de instalar algo que Internet Explorer haya intentado bloquear.

✔ Comprueba que el bloqueador de elementos emergentes de Internet Explorer funciona correctamente en el menú Herramientas. Si ves en el menú emergente Desactivar el bloqueador de elementos emergentes, todo está correcto. Pero si dice Activar el bloqueador de elementos emergentes, tendrás que volver a activarlo.

Cómo evitar la suplantación de identidad (phishing)

Puede que un día recibas un correo de tu banco, de eBay, PayPal o alguna web parecida en el que te indican que hay un problema con tu cuenta. Sin duda alguna, en el correo habrá un enlace en el que tendrás que hacer clic e introducir tu nombre de usuario y contraseña para solucionar el problema.

No lo hagas; da igual lo fiable que parezca el correo o la web. Estás ante lo que en inglés se conoce como *phishing:* estos estafadores mandan millones de mensajes al día con la esperanza de convencer a alguna persona un tanto asustadiza para que introduzca su valioso nombre de usuario y la contraseña.

¿Cómo distinguir un correo de verdad de uno falso? Muy fácil: todos estos son falsos. Este tipo de sitios web pueden mandarte un extracto de cuenta, facturas o una notificación, pero *jamás de los jamases* un correo electrónico con un enlace para que escribas tu nombre de usuario y la contraseña.

Si tienes sospechas, abre la web real de la empresa; para ello, escribe la dirección a mano en la barra de direcciones del navegador. Es muy probable que no mencione nada sobre problemas con las cuentas.

Windows 8 utiliza varios elementos de protección para impedir la suplantación de identidad:

✔ Al abrir por primera vez Internet Explorer, asegúrate de que esté activado el filtro SmartScreen; para ello, haz clic en el ícono Herramientas (como el del margen) y selecciona Seguridad en el menú emergente. Cuando veas el menú Seguridad, busca una entrada llamada Activar Filtro SmartScreen. Cuando lo localices, selecciónalo. Eso activa los filtros más importantes.

✔ Internet Explorer consulta una lista de direcciones conocidas por ser sitios web de *phishing*. Si hay alguna coincidencia, el filtro SmartScreen te impedirá entrar, tal y como puede verse en la figura 11-7. Si salta esa pantalla, cierra el sitio web.

¿Y por qué no detienen a esta gente? Porque es muy complicado seguirle la pista y detener a estos ladrones de la red. La magnitud de internet les permite operar desde cualquier lugar del mundo.

✔ Si ya has introducido tu nombre de usuario y la contraseña en un sitio de *phishing*, toma cartas en el asunto inmediatamente: entra en la web real y cambia la contraseña. A continuación, ponte en contacto con la empresa y solicita ayuda. A lo mejor ellos pueden detener a los ladrones antes de que pongan sus zarpas digitales en tu cuenta.

✔ Si has introducido datos de tu tarjeta de crédito, llama inmediatamente al emisor de la tarjeta. En la parte de atrás de la tarjeta suele haber siempre un número de teléfono que funciona las 24 horas.

✔ Puedes avisar a Microsoft si descubres un sitio que tiene pinta de dedicarse a la suplantación de identidad. Selecciona Herramientas → Seguridad → Notificar sitio web no seguro en la barra de menús de Internet Explorer. Internet Explorer abre la página del filtro SmartScreen de Microsoft en las que podrás informar sobre estos

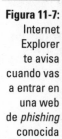

Figura 11-7:
Internet
Explorer
te avisa
cuando vas
a entrar en
una web
de *phishing*
conocida

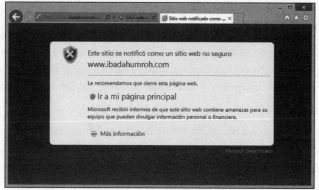

malhechores. Al avisarles que estos sitios sospechosos cometen suplantación de identidad, Microsoft puede notificar a otros usuarios.

Cómo configurar los controles de Protección infantil

La Protección infantil de Windows, una función bien recibida por los padres y que no le hace ni pizca de gracia a los hijos, ofrece diversas formas de controlar el acceso a la computadora y a internet. De hecho, es ideal para los que comparten computadora.

Los controles de Protección infantil funcionan mejor si se cumplen estas condiciones:

✔ Debes tener cuenta de Administrador (en el Capítulo 14 explicaré los tipos de cuentas). Si compartes la computadora, asegúrate de que los demás usuarios, y en especial los niños o tus compañeros de piso, tengan cuentas estándar.

✔ Si tus hijos tiene sus propias computadoras, crea una cuenta de Administrador para ti y cambia sus cuentas a estándar.

Para configurar la Protección infantil, sigue estos pasos:

1. **Haz clic con el botón derecho en la esquina inferior izquierda de la pantalla y selecciona Panel de control en el menú emergente.**

En la pantalla Inicio, toca el mosaico Escritorio. A continuación, desliza el dedo hacia dentro desde el borde derecho para que aparezca la barra Charms. Toca el ícono Configuración y toca la palabra Panel de control en la parte superior del panel Configuración.

2. **En la sección Cuentas de usuario y protección infantil, haz clic en el enlace Configurar Protección infantil para todos los usuarios.**

Se abrirá la ventana de Protección infantil.

3. **Haz clic en la cuenta de usuario que quieras restringir.**

Solo podrás añadir restricciones usuario por usuario, lo que en las familias numerosas puede llevar un cierto tiempo.

Al seleccionar una cuenta de usuario, aparece la pantalla Protección infantil, tal y como puede verse en la figura 11-8. Los siguientes pasos te llevarán por cada una de las secciones de los controles.

4. **Activa o desactiva la configuración de la Protección infantil.**

En el área Protección infantil hay dos interruptores para elegir entre Activar o Desactivar. Haz clic en Activar para aplicar las normas que has establecido, o bien haz clic en Desactivar para suspenderlas temporalmente.

5. **Selecciona las categorías que quieres aplicar y pon los límites.**

Haz clic en cualesquiera de estas cuatro categorías y realiza los cambios pertinentes:

   • **Filtrado web:** para supervisar a los más pequeños, actívalo. A continuación, abre Establecer niveles de filtrado web y haz clic en el botón Solo la lista de permitidos. En la misma

Figura 11-8:
Windows
te permite
controlar
el uso que
hacen tus
hijos (o
cualquier
usuario
estándar)
de la
computadora

página, selecciona el enlace Haga clic aquí para cambiar la lista de permitido.

Cuando aparezca la ventana Permitir o bloquear sitios web específicos, introduce únicamente los sitios web a los que podrán acceder tus hijos con sus cuentas y a continuación haz clic en el botón Permitir. Eso hace que el resto de las webs estén fuera de su alcance.

- **Límites de tiempo:** esta opción muestra una cuadrícula en la que podrás establecer las horas a las que no podrán utilizar la computadora (las celdas sombreadas representan las horas prohibidas. El resto de las celdas es el horario permitido). Es una buena forma de limitar el uso de la computadora después de la hora de acostarse, por ejemplo, o para limitar el número de horas de computadora al día.

- **Tienda Windows y Restricciones de juego:** con esta opción puedes permitir o prohibir todos los juegos, restringir el acceso a los que tengan una determinada calificación (la calificación suele estar en la caja del juego) o bloquear o permitir un juego en concreto.

- **Restricciones de aplicaciones:** recuerda que Windows 8 utiliza el término *apps* para los programas de escritorio y para las apps de la pantalla Inicio. Así pues, esta sección te permite que los niños no tengan acceso a tu programa de contabilidad, por ejemplo, o a ninguna de las apps de la pantalla Inicio que hayas seleccionado. Puedes bloquear todos los programas o permitir que accedan únicamente a un número determinado de ellos, para lo que tienes que marcar las casillas correspondientes en la lista.

6. Cuando hayas terminado, cierra la ventana de Protección infantil.

Los cambios se aplican inmediatamente.

Aunque la Protección infantil funciona bien, hay pocas cosas infalibles en el mundo de las computadoras, por lo que si te preocupas por el uso que pueden hacer tus hijos de la computadora, échales un ojo de vez en cuando.

Cómo codificar la computadora con BitLocker

La función BitLocker de Windows 8 cifra el contenido del disco duro de la computadora y lo descifra rápidamente cuando introduces la contraseña de usuario. ¿Merece la pena? Toda precaución es poca si la información cae en manos de ladrones. Si te roban la computadora o el disco duro, no podrán acceder a los datos que guardas: contraseñas, números de tarjeta de crédito y demás información personal.

Por desgracia, BitLocker protege más de lo que mucha gente necesita. Configurarlo no es del todo sencillo para los que no son muy duchos con las computadoras y, si pierdes la contraseña, pierdes todos los datos. Además, BitLocker necesita que la computadora esté configurada de una forma determinada, con una partición adicional, un área de almacenamiento separada en la computadora.

Si te interesa BitLocker, consulta con tu informático de cabecera y pídele que te ayude a configurarlo. O, para empezar, configura BitLocker en una unidad USB y pon ahí los archivos sensibles. Dado que las unidades USB suelen rondar por bolsillos y llaveros, son más propensas a caer en manos de un extraño. Si te va bien utilizar tu unidad USB solo en computadoras con Windows 8, Windows 7 o Windows Vista, sigue estos pasos para cifrarla con BitLocker:

1. **Inserta la unidad en el puerto USB de la computadora, abre el Explorador de archivos en el escritorio y ve hasta el ícono correspondiente.**

2. **Haz un clic derecho en el ícono del dispositivo y selecciona Activar BitLocker en el menú emergente.**

3. **Cuando aparezca la ventana Cifrado de unidad BitLocker, haz clic en la casilla Agregar una contraseña para desbloquear la unidad, introduce la contraseña y haz clic en Siguiente.**

El programa ofrece una serie de sugerencias para reforzar la contraseña. Al hacer clic en Siguiente, la ventana te pregunta si quieres hacer una copia de seguridad de la clave de recuperación.

4. **Haz clic en la opción Imprimir la clave de recuperación y después en Siguiente.**

Se imprime una secuencia de caracteres que tendrías que introducir si pierdes la contraseña. Otra opción es guardar la clave de recuperación en un archivo o en SkyDrive.

5. **Haz clic en la opción Cifrar solo el espacio en disco utilizado (mejor y más rápido para unidades y equipos nuevos), o en Cifrar la unidad entera (más lento, pero mejor para unidades y computadoras que ya se encuentran en uso).** A continuación, haz clic en Siguiente.

6. **Haz clic en el botón Iniciar cifrado**

La próxima vez que introduzcas la unidad USB en una computadora con Windows 8, Windows 7 o Windows Vista, tú o el ladrón tendrán que introducir la contraseña que fijaste en el paso número 3 o el contenido de la unidad permanecerá cifrado o inaccesible. (Advertencia: las unidades cifradas con BitLocker no se pueden abrir en las computadoras Apple y en computadoras con Windows XP o con versiones anteriores de Windows.)

Parte IV

Cómo personalizar y actualizar Windows 8

The 5th Wave   Rich Tennant

ESTA VEZ ESTAMOS MEJOR PREPARADOS PARA LA
ACTUALIZACIÓN. LOS USUARIOS TENDRÁN MEJOR
FORMACIÓN, MEJORES MANUALES Y UN GOTERO CON
MORFINA.

En esta parte...

Cuando tu vida cambia, también quieres que Windows 8 cambie con ella y es aquí donde esta parte del libro interviene. Descubrirás el Panel de control de Windows 8, en el que podrás cambiar casi todo, menos la disposición de la computadora.

El capítulo 13 describe unos cuantos ajustes con pocos clics para que la computadora se mantenga siempre en la mejor forma, tenga copias de seguridad y funcione sin problemas. Si estás compartiendo la computadora con otros, descubrirás cómo crear cuentas de usuario para cada uno y que te corresponda a ti decidir quién hace qué.

Por último, cuando te decidas a comprar esa segunda (o tercera, o cuarta, o quinta) computadora, encontrarás la forma de enlazarlas y crear una red doméstica, en la que todos podrán compartir la misma conexión a internet, la misma impresora y hasta los mismos archivos.

Capítulo 12

Cómo personalizar Windows 8 con los paneles de control

. . . .

En este capítulo

▶ Conocer los dos paneles de control de Windows

▶ Cómo modificar el aspecto de Windows 8

▶ Cómo cambiar los modos de video

▶ Cómo instalar o quitar apps y programas

▶ Cómo ajustar el ratón

▶ Cómo configurar la hora y la fecha automáticamente

. . . .

En muchas películas de ciencia ficción, hay un primer plano de un panel de control a punto de estallar en llamas. Si eso ocurriera en Windows, tendrás un extintor adicional: Windows 8 dispone de dos paneles de control.

El panel de control de la pantalla Inicio, la pantalla Configuración, que está repleta de botones enormes, sirve para realizar tareas rutinarias, como cambiar la foto de la cuenta o activar la corrección ortográfica automática. El enorme conjunto de opciones del escritorio, llamado simplemente Panel de control, dispone de funciones mucho más potentes que las anteriores versiones de Windows.

Aunque estén separados, a veces ambos paneles unen sus fuerzas. A veces un clic en Panel de control del escritorio te lleva de vuelta a la pantalla Configuración de la PC de la pantalla Inicio para que puedas pulsar la opción final.

Independientemente del grupo de opciones que tengas delante, en ambos casos puedes personalizar la apariencia, sensaciones, comportamiento e impresiones de Windows 8. Gracias a este capítulo, conocerás las opciones y controles deslizantes que puedes ajustar y aquellos que debes evitar para no causar un estropicio.

Recuerda que solo la persona que tenga la todopoderosa cuenta de Administrador, normalmente el dueño de la computadora, podrá modificar la configuración del Panel de control. Si Windows 8 se niega a abrir la ventana del Panel de control, pídele ayuda al dueño de la computadora.

Elegir la opción adecuada

Windows 8 tiene cientos de opciones de configuración repartidas en dos paneles de control completamente distintos. En contadas ocasiones encontrarás por casualidad lo que necesitas. Así pues, en lugar de ponerte a hacer clic en los menús como un pollo sin cabeza, deja que Windows lo busque.

Sigue estos pasos para buscar las opciones de configuración que necesitas:

1. **En la pantalla Inicio, abre el panel Buscar de la barra Charms.**

   Hay tres formas de abrirlo:

   - **Ratón:** lleva el cursor del ratón hasta la esquina superior o inferior derecha de la pantalla; cuando aparezca la barra Charms, haz clic en el ícono Buscar.

   - **Teclado:** pulsa ⊞+Q.

   - **Pantalla táctil:** desliza el dedo hacia dentro desde el borde derecho de la pantalla y toca el ícono Buscar.

2. En el panel de búsqueda, haz clic en la palabra Configuración.

   Eso le indicará a Windows que busque entre los parámetros de configuración y no en las apps o en los archivos.

3. **En el cuadro de búsqueda, escribe una palabra que describa la opción que estás buscando.**

   Al escribir la primera letra, aparecerán en la lista todas las opciones con esa letra. Si no sabes exactamente el nombre, escribe alguna palabra clave: pantalla, ratón, usuario, privacidad o algo parecido.

   ¿No encuentras el parámetro que buscas? Pulsa la tecla Retroceso para borrar lo que acabas de escribir y vuelve a intentarlo con otra palabra.

4. Haz clic en la opción deseada de la lista.

Windows te lleva directamente a esa opción en el panel de control adecuado.

Cuando busques un parámetro de configuración, prueba siempre en primer lugar en el panel de búsqueda. Los minutos que puedas pasar buscando con este panel te darán mejores resultados que buscar a tientas cientos de opciones de configuración en los dos paneles de configuración de Windows 8.

La pantalla Configuración de la pantalla Inicio

El minipanel de control de la pantalla Inicio, la pantalla de configuración de la computadora, funcionaría mucho mejor si tuviera pequeños ajustes como cambiar los colores y otros aspectos estéticos más triviales.

Pero, por extraño que parezca. Microsoft lo ha abarrotado con algunos de los comandos más potentes de Windows 8. Para abrir la pantalla Configuración de la PC de la pantalla Inicio, sigue estos pasos:

1. Abre el panel Configuración de la barra Charms.

Hay tres formas de abrirlo:

- **Ratón:** lleva el cursor del ratón hasta la esquina superior o inferior derecha de la pantalla; cuando aparezca la barra Charms, haz clic en el ícono Configuración.

- **Teclado:** pulsa ▦+I.

- **Pantalla táctil:** desliza el dedo hacia adentro desde el borde derecho de la pantalla y toca el ícono Configuración.

2. Selecciona la palabra Cambiar configuración de PC con un clic o tocando con el dedo.

Se abre la pantalla Configuración, como puede verse en la figura 12-1.

Al igual que el Panel de control del escritorio, la pantalla de configuración de la computadora divide las opciones de configuración en las siguientes categorías:

✔ **Personalizar:** opción para seleccionar la imagen de la pantalla Inicio y de la pantalla de bloqueo, como vimos en el capítulo 2. El área Imagen

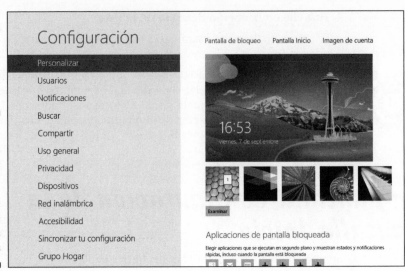

Figura 12-1:
La pantalla
Configura-
ción de la
pantalla Ini-
cio ofrece
una serie
de opciones
frecuentes

de cuenta permite cambiar la imagen en miniatura de la cuenta de usuario.

No pases por alto la sección Aplicaciones de pantalla bloqueada, que está en la parte inferior de la página Pantalla de bloqueo de la panta-lla Configuración, como puede verse en la figura 12-1. Esta sección te permite elegir qué mosaicos se actualizarán automáticamente en la pantalla de bloqueo. Haz clic en la app Calendario, por ejemplo, y la pantalla de bloqueo mostrará la hora y día de la próxima cita.

✔ **Usuarios:** aquí podrás cambiar la contraseña o autorizar a otras personas a utilizar la computadora. Estas dos tareas las abordaré en el capítulo 14.

✔ **Notificaciones:** también denominadas *notificaciones tostada*, estas franjas de texto aparecen en la esquina superior derecha, como pue-de verse en la figura 12-2. Si consideras que son útiles, no tienes que hacer nada más. Pero si algunas te distraen, entra para seleccionar los programas que podrán mostrar notificaciones en pantalla.

✔ **Buscar:** puedes pasar de esta categoría, a no ser que quieras que una app o su contenido no sean indexados. Normalmente queremos que Windows lo indexe todo, lo que facilitará su búsqueda.

✔ **Compartir:** creado para los amantes de las redes sociales deseo-sos de compartir todo lo que ven en pantalla. Podrás seleccionar aquellas apps que permiten compartir información. Las primeras en aparecer serán las apps Correo y Contactos para enviar cosas por

Figura 12-2:
A menos
que se lo
impidas, el
programa
Messenger
mostrará
notifica-
ciones de
mensajes
instantá-
neos en la
esquina
superior
derecha de
la pantalla

correo a tus amigos. A medida que vayas instalando más, también irán apareciendo como opciones.

✔ **Uso general:** cajón de sastre en el que podrás desactivar el corrector ortográfico o hacer que Windows no tenga en cuenta el horario de verano. Tampoco pases completamente de esta categoría porque hay tres elementos importantes para solucionar problemas: Restaurar tu PC, Quitar todo e Inicio avanzado. En el capítulo 18 abordaré estos tres comodines solucionadores de problemas.

✔ **Privacidad:** esta categoría te permitirá evitar que las apps te geolocalicen y que compartan tu nombre y foto de la cuenta. Si te preocupa este tema, busca los botones Eliminar historial que están en las categorías Uso general, Compartir y Buscar.

✔ **Dispositivos:** aquí se enumeran los dispositivos de la computadora, es decir, lo que tengas conectado a la computadora. Suelen ser cosas como el ratón, monitor, cámara, altavoces y otros utensilios (lo que no te dejará es configurarlos). Para quitar un dispositivo, haz clic en él y a continuación vuelve a hacer clic en el ícono que aparece en la esquina superior derecha. Para añadir un dispositivo, haz clic en el botón Agregar un dispositivo en la parte superior de la página.

✔ **Accesibilidad:** facilita el manejo de Windows a personas con problemas auditivos y visuales.

✔ **Sincronizar tu configuración:** si has iniciado sesión en Windows 8 con una cuenta de Microsoft, esta categoría te permitirá decidir qué configuración deseas para tu cuenta. Cuando inicies sesión en otra computadora con Windows 8, cambiará automáticamente para adaptarse a tus colores favoritos, fondos de pantalla, idioma, configuración de aplicaciones y toda una serie de detalles personales relacionados con tu cuenta de Microsoft.

✔ **Grupo Hogar:** este tema se tratará con detalle en el capítulo 14. Permite decidir qué bibliotecas quieres compartir con otras computadoras de tu Grupo Hogar, una forma sencilla de intercambiar archivos entre computadoras conectadas.

✔ **Windows Update:** con esta categoría podrás saber de un vistazo si Windows Update funciona o no. Haz clic en el botón Buscar actualizaciones ahora para ver si Microsoft ha publicado hoy alguna corrección.

Palabras mayores: el Panel de control del escritorio

Si la pantalla Configuración de la pantalla Inicio no te llega, pasemos a las palabras mayores: el Panel de Control del escritorio, en el que podrás pasarte una semana entera abriendo íconos y seleccionándolos para adaptar Windows 8 a tus necesidades. Una parte de su atractivo es su tamaño: alberga cerca de cincuenta íconos y algunos de ellos tienen a su vez decenas de opciones y tareas.

No te sorprendas si, al pulsar una de las opciones del Panel de control, acabas en la pantalla Configuración de la pantalla Inicio para rematar el trabajo. Ambos paneles de control no pueden vivir el uno sin el otro.

Para abrir el Panel del control del escritorio, lleva el cursor del ratón a la esquina inferior izquierda de la pantalla y haz clic con el botón derecho (o pulsa +X). Cuando aparezca el menú emergente, selecciona Panel de control.

Para que no tengas que buscar arriba y abajo la opción adecuada, el Panel de control agrupa los elementos similares en la vista Categoría, como puede verse en la figura 12-3.

Debajo del nombre de cada categoría hay un acceso directo a las opciones más usadas. En la opción Sistema y seguridad de la figura 12-3, por ejemplo, hay accesos directos para revisar el estado del equipo, guardar copias de seguridad y buscar y solucionar problemas.

Figura 12-3:
El Panel de control del Escritorio agrupa decenas de opciones de configuración en ocho categorías

Algunas opciones no terminan de encajar en las categorías existentes y otras son simples accesos directos a opciones de configuración que están en otra parte. Para ver esta y el resto de opciones del Panel de control, selecciona Íconos grandes o Íconos pequeños en la lista desplegable Ver por, que puedes ver en la esquina superior derecha de la figura 12-3. En la ventana aparecen incontables íconos, como puede verse en la figura 12-4 (para volver a la vista Categoría de la figura 12-3, selecciona Categoría en la lista desplegable Ver por).

No pienses nada raro si tu Panel de control es distinto del que aparece en la figura 12-4. Hay diferentes programas, accesorios y modelos de

Figura 12-4:
Diseñados para los usuarios con experiencia y buena vista, los íconos pequeños muestran todos los íconos del Panel de control

computadoras que muestran sus propios íconos en el Panel de control. Las diferentes versiones de Windows 8, que expliqué en el capítulo 1, también tienen pequeñas diferencias en los íconos.

 Deja el puntero del ratón sobre algún ícono o categoría que no sepas muy bien para qué sirve y Windows 8 te explicará amablemente para qué es (añade esta ventaja a la lista de razones por las que los que tienen una pantalla táctil querrán un ratón cuando entren en el escritorio de Windows).

 El Panel de control del escritorio reúne las principales opciones de Windows 8 en un único panel bien surtido, pero tampoco es la única forma de modificar la configuración. Casi siempre podrás llegar a estas opciones de configuración con un clic con el botón derecho en el elemento que quieres modificar, ya sea el escritorio, un ícono o una carpeta y selecciona a continuación Propiedades en el menú emergente.

El resto del capítulo enumera las categorías del Panel de control mostradas en la figura 12-3, las razones para no visitarlas y los accesos directos que te llevan justo donde necesitas.

Sistema y Seguridad

 Como los coches antiguos o la amistad, Windows 8 necesita cuidados de vez en cuando. De hecho, con un poco de mantenimiento Windows 8 funcionará como la seda, lo que abordaremos en el capítulo 13. Veremos cómo aumentar su velocidad, liberar espacio en el disco duro, hacer una copia de seguridad y crear una red segura denominada punto de restauración.

Este apartado dedicado a la seguridad dispone de todo un pelotón de soldados y en el capítulo 11 hay todo un manual de campo. El nuevo programa de copias de seguridad, Historial de archivos, recibe un merecido homenaje en el capítulo 13.

Cuentas de usuario y protección infantil

 Explicaré en el capítulo 14 la forma de crear cuentas separadas para el resto de las personas que utilicen la computadora. Así pueden utilizarla, pero limitamos el impacto de los posibles daños que pudieran causarle al sistema o a los archivos.

Si quieres crear una cuenta de usuario para un visitante, te doy un adelanto para que no tengas que saltar hasta el Capítulo 14: abre la barra Charms, haz clic en el ícono Configuración y a continuación, en Cambiar configuración de la PC, selecciona Usuarios y a continuación, Agregar un usuario.

La categoría Cuentas de usuario y protección infantil del Panel de control también incluye un enlace al espacio de Protección infantil en el que podrás establecer límites para el uso de tu PC. En el capítulo 11 están explicados los controles de la Protección infantil.

Redes e internet

En cuanto configures una conexión a internet, Windows 8 empezará a absorber información de la red y si conectas tu computadora a otra computadora, querrás conectarlas a las dos con un Grupo Hogar u otro tipo de red (explico los Grupos Hogar en el capítulo 14).

Pero, si Windows 8 mete la pata, la categoría Redes e Internet del Panel de control dispone de varias herramientas para solucionar problemas.

El Capítulo 15 está dedicado por completo a las redes; si necesitas información sobre internet, ve al capítulo 9.

Cambiar el aspecto de Windows 8 (Apariencia y personalización)

Una de las categorías más conocidas, Apariencia y personalización, te permitirá cambiar de mil y una formas la apariencia, sensaciones, comportamiento e impresiones de Windows 8. Dentro de esta categoría te esperan seis íconos.

✔ **Personalización:** es la pepita de oro de los decoradores de interiores; aquí podrás darle un toque personal a Windows. Pon una foto en el escritorio, un nuevo protector de pantalla o cambia los colores de los bordes de las ventanas (para acceder directamente a este conjunto de opciones, haz un clic con el botón derecho en alguna parte vacía del escritorio y selecciona Personalizar).

✔ **Pantalla:** mientras que con la personalización puedes jugar con los colores, el área Pantalla te permitirá jugar con la pantalla de la computadora. Por ejemplo, puedes aumentar el tamaño del texto para los que tengan vista cansada, ajustar la resolución de pantalla o ajustar la conexión de una pantalla adicional a la computadora

✔ **Barra de tareas:** dirígete aquí para añadir accesos directos a la barra de tareas, la barra que ocupa la parte inferior del escritorio. En el capítulo 3 explico esta sencilla forma de evitar pasar por la pantalla Inicio (para acceder directamente a esta área, haz clic con el botón derecho en la barra de tareas y selecciona Propiedades).

✔ **Centro de accesibilidad:** creado para las personas con necesidades especiales, este acceso directo dispone de opciones para que sea más sencillo navegar en Windows para las personas ciegas, sordas o con distintas habilidades. Dado que el Centro de accesibilidad tiene su propia categoría, le dedicaré un apartado completo al final de este capítulo.

✔ **Opciones de carpeta:** esta área suelen visitarla los usuarios experimentados, ya que puede configurarse el comportamiento de las carpetas (para acceder directamente a las Opciones de carpeta, abre cualquier carpeta, haz un clic en la ficha Vista y haz clic en el ícono Opciones).

✔ **Fuentes:** aquí podrás ver, borrar o examinar diferentes fuentes para mejorar tus publicaciones.

En los siguientes apartados explicaré las opciones de Apariencia y personalización que utilizarás más a menudo.

Cambiar el fondo de escritorio

El *fondo de escritorio* o fondo de pantalla es simplemente una imagen que cubre todo el escritorio. Para cambiarlo, sigue esto pasos:

1. **Haz clic con el botón derecho en el escritorio y selecciona Personalizar.**

2. **Cuando aparezca la venta Personalización, selecciona Fondos de escritorio en la parte inferior izquierda de la ventana.**

   Aparecerá una ventana como la de la figura 12-5.

3. **Haz clic en una imagen nueva para el escritorio.**

   Asegúrate de hacer clic en la lista desplegable como la que aparece en la figura 12-5 para ver todas las imágenes y colores de Windows. Para buscar en carpetas que no aparecen en la lista, haz clic en el

Figura 12-5:
Haz clic
en la lista
desplegable
para
buscar más
imágenes
para el
escritorio

botón Examinar. Anímate y utiliza tu propia biblioteca de imágenes para fondo de escritorio.

Los archivos de fondos de escritorio pueden guardarse en formato BMP, GIF, JPG, JPEG, DIB o PNG, lo que implica que podrás utilizar prácticamente cualquier foto que descargues de internet o de una cámara digital.

Al hacer clic en una imagen nueva, Windows la colocará al instante en el escritorio. Si ha quedado bien, ve directamente al paso número 5.

4. **Decide la posición de la imagen: rellenar, ajustar, expandir, mosaico o centro.**

No todas las fotos encajan adecuadamente en el escritorio. Las imágenes pequeñas, por ejemplo, hay que expandirlas para que se ajusten al espacio o distribuirlas por toda la pantalla como si fuera un mosaico. Si la imagen queda rara o distorsionada con estas dos opciones, prueba con Rellenar o Ajustar para mantener la perspectiva. O bien centra la imagen, lo que dejará un espacio en blanco alrededor de la imagen.

Cabe la posibilidad de cambiar de imagen automáticamente, para lo que tendrás que seleccionar varias fotos (pulsa la tecla Ctrl a la vez que haces clic en la imagen). Cambiarán cada 30 minutos, a menos que cambies el tiempo en la lista desplegable Cambiar imagen cada.

5. **Haz clic en el botón Guardar cambios para guardar el nuevo fondo.**

Windows guarda el nuevo fondo.

¿Te ha pasado alguna vez que has visto una imagen que te gustaba mientras navegabas por internet? Haz clic con el botón derecho en esa imagen y selecciona Establecer como fondo. El bribonzuelo Windows copia la imagen y la coloca como fondo de escritorio.

Seleccionar un protector de pantalla

En la prehistoria de las computadoras, los monitores se calentaban y se producían daños permanentes cuando un programa frecuentemente utilizado quemaba su imagen en pantalla. Para evitarlo, la gente instalaba protectores de pantalla que daban paso a una pantalla en blanco o con líneas en movimiento. Los monitores actuales ya no tienen estos problemas, pero la gente sigue utilizando los protectores de pantalla porque gustan.

Windows tiene varios ya integrados. Para probarlos, sigue estos pasos:

1. **Haz un clic derecho en el escritorio y selecciona Personalizar. A continuación, selecciona el enlace Protector de pantalla en la esquina inferior derecha de la ventana.**

   Se abre el cuadro de diálogo Configuración del protector de pantalla.

2. **Haz clic en la flecha que apunta hacia abajo del cuadro Protector de pantalla y selecciona uno.**

   Una vez elegido, haz clic en el botón Vista previa para ver cómo es. Échale un vistazo a los protectores de pantalla que quieras antes de tomar una decisión.

   Con el botón Configuración podrás modificar las opciones de algunos protectores de pantalla como, por ejemplo, la velocidad de presentación de las imágenes.

3. **Si quieres darle más seguridad, marca la casilla Mostrar la pantalla de inicio de sesión al reanudar.**

   Eso impedirá que la gente se cuele en tu computadora mientras vas por un cafecito. Windows pedirá la contraseña tras despertarse del modo protector de pantalla (las contraseñas las veremos en el capítulo 14).

4. **Cuando termines de configurar el protector de pantalla, haz clic en Aceptar.**

   Windows guarda los cambios.

Si lo que quieres realmente es prolongar la vida útil del monitor (y ahorrar electricidad), no pierdas el tiempo con los protectores de pantalla.

En su lugar pon la computadora en reposo antes de levantarte: pulsa las teclas ▦+I, haz clic en el ícono Iniciar/Apagar y selecciona Suspender en el menú emergente.

Cambiar el tema de la computadora

Los temas son simplemente un conjunto de opciones que sirven para mejorar el aspecto de tu computadora: por ejemplo, puedes guardar tu protector de pantalla favorito y el fondo de pantalla como un tema. Después basta con pasar de un tema a otro para cambiarle el aspecto de forma más rápida.

Para probar uno de los temas integrados en Windows 8, haz clic con el botón derecho en el escritorio y selecciona Personalizar. Aparece el conjunto de temas habituales de Windows 8, como puede verse en la figura 12-6, así como la posibilidad de crear tu propio tema. Haz clic en cualquier tema y Windows 8 lo probará inmediatamente.

En esta ventana están los temas disponibles, además de una serie de opciones en la parte inferior de la ventana.

✔ **Mis temas:** aquí estarán los temas que hayas creado. Si tienes una cuenta Microsoft, verás el tema sincronizado, que es el que verás en cada equipo en el que inicies sesión con esa cuenta.

✔ **Temas predeterminados de Windows:** en esta categoría están los temas insignia de Windows 8, incluido el original, llamado simplemente Windows.

Figura 12-6:
Selecciona
un tema
predefinido
para
cambiar el
aspecto y
los sonidos
de Windows

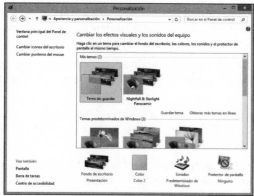

✔ **Temas de contraste alto:** presenta temas de alto contraste para personas con problemas de vista.

En lugar de elegir un tema integrado, crea el tuyo propio, para lo cual tienes que hacer clic en los botones que están en la parte inferior (figura 12-6) para cambiar el Fondo de escritorio, el color de las ventanas, los sonidos y el protector de pantalla. Tras darle el mejor aspecto a la computadora, guárdalo con un clic en Guardar tema e introduce su nombre.

Ajustar la resolución de pantalla

Una de las principales opciones de Windows (que puedes cambiar y olvidarte de ella tranquilamente) es la resolución de pantalla, ya que determina la cantidad de información que Windows 8 muestra en el monitor. Cambiar la resolución puede provocar que se amontone más información en pantalla o que se aumente todo a costa del estado real del escritorio.

Para configurar la resolución más adecuada, o si un programa o un juego refunfuña para que cambies la resolución de pantalla o el modo de video, sigue estos pasos:

1. **Haz clic con el botón derecho en alguna parte vacía del escritorio y selecciona Resolución de pantalla.**

   Aparece la ventana Resolución de pantalla, como puede verse en la figura 12-7.

2. **Para cambiar la resolución de pantalla, haz clic en la lista desplegable Resolución y utiliza el ratón para arrastrar la barra entre Alta y Baja.**

   A medida que vas moviendo el ratón, podrás observar el cambio de la pantalla en la ventanita que hay en la parte superior. Cuanto más subas la barra, más aumentará la pantalla. Lamentablemente, aumentar la cantidad de información en pantalla significa que se verá mucho más pequeña.

   Es este caso no hay una respuesta adecuada, elige la configuración más adecuada para ver textos e imágenes de la mejor manera posible.

   Windows 8 permite colocar una app en el lateral del escritorio si la resolución es de 1366 x 768 o superior (en el capítulo 3 hablo sobre el ajuste de aplicaciones).

3. **Para ver los cambios, haz clic en el botón Aplicar. A continuación, haz clic en Conservar cambios para autorizar el cambio.**

Figura 12-7: A mayor resolución de pantalla, más información entrará en la pantalla de la computadora

Al hacer cambios de gran magnitud, Windows 8 te da 15 segundos para que lo confirmes con un clic en el botón Conservar cambios. Si un problema técnico impide que se pueda ver la pantalla, no podrás ver o hacer clic en dicho botón. Pasados unos segundos Windows considera que no has confirmado por lo que vuelve a la configuración que ya tenías.

4. Haz clic en Aceptar cuando termines de ajustar la pantalla.

Cuando hayas cambiado la resolución de pantalla, lo más probable es que nunca más vuelvas a abrir esta ventana, a menos que te compres un monitor mayor. También cabe la posibilidad de conectar un segundo monitor a la computadora, lo que explicaré más abajo.

Hardware y sonido

La categoría Hardware y sonido de Windows 8, como puede verse en la figura 12-8, tiene más de una cara conocida. El ícono Pantalla, por ejemplo, también está en la categoría Apariencia y personalización que acabamos de ver en el apartado anterior.

Controla las partes de la computadora que puedes tocar y enchufar. Aquí se puede ajustar la configuración de la pantalla, así como del ratón, altavoces, teclado, impresora, teléfono, escáner, cámara digital, controladores de juegos y para los artistas gráficos, los lápices digitales.

No perderás mucho el tiempo por estos rumbos, sobre todo si llegas a través del Panel de control. La mayoría de las opciones están disponibles

Aumentar el área de trabajo con un segundo monitor

¿Tienes la suerte de disponer de otro monitor, quizá de una computadora, que ya pasó a mejor vida? Conéctalo a la computadora, colócalo al lado del primer monitor y podrás duplicar el escritorio de Windows: Windows 8 estira el área de trabajo para que ocupe ambos monitores. Así puedes tener en un lado una enciclopedia en línea y en la otra pantalla escribir un artículo.

Para realizar tal proeza, la computadora debe tener una tarjeta de video con dos puertos y dichos puertos deben coincidir con los conectores de la pantalla de la computadora. En la mayoría de las computadoras, portátiles, tabletas y monitores más modernos no supondrá ningún problema. Muchas tabletas disponen de un puerto HDMI para conectar un segundo monitor.

Tras conectar el segundo monitor en la computadora, haz clic con el botón derecho en alguna parte vacía del escritorio y selecciona Resolución de pantalla. La ventana Resolución de pantalla muestra una segunda pantalla al lado de la primera (haz clic en el botón Detectar si la segunda pantalla no aparece).

Arrastra las pantallas a izquierda o derecha hasta que coincidan con la ubicación real que tienen en tu mesa y haz clic en Aceptar (esos clics aquí y allá permiten a Windows ensanchar el escritorio en la dirección correcta).

Para configurar la segunda pantalla desde la pantalla Inicio, abre la barra Charms y haz clic en el ícono Dispositivos (o pulsa ▦+K), y haz clic en el ícono Segunda pantalla. Elige cualesquiera de los íconos que te encontrarás: Solo pantalla de equipo (ignora el segundo monitor), Duplicar (muestra lo mismo en ambas pantallas), Extender (ajusta Windows para que ocupe las dos pantallas) o Solo segunda pantalla (cambia completamente a la segunda pantalla).

en cualquier lado y con un clic podrás acceder directamente a la que necesites.

Ya sea procedente del Panel de control o de un acceso directo, en el siguiente apartado veremos los motivos para darte una vuelta por aquí.

Ajustar volumen y sonidos

En el área Sonido puedes ajustar el volumen del equipo, algo a lo que puedes echar mano fácilmente cuando quieras jugar una partidita con tu tableta Windows mientras estás en una aburrida reunión.

Figura 12-8:
Con la categoría Hardware y sonido puedes controlar elementos físicos de la computadora, tales como pantallas, sonido y otros dispositivos conectados

La mayoría de las tabletas con Windows 8 disponen de controles para activar o desactivar el sonido en el borde derecho o izquierdo. El botón superior sube el volumen y el inferior lo baja. Pruébalos antes de ponerte a jugar al Angry Birds en la sala de reuniones.

Para bajar el volumen del equipo desde el escritorio, como puede verse en la figura 12-9, haz clic en el altavoz que está al lado del reloj y desliza hacia abajo el controlador de volumen. ¿Que no hay un altavoz en la barra de tareas? Para volver a colocarlo ahí, haz clic con el botón derecho en el reloj de la barra de tareas, selecciona Propiedades y selecciona Activado en la opción Volumen.

Para silenciar la computadora, haz clic en el altavoz que está en la parte inferior del control deslizante, como puede verse en la figura 12-9. Si haces clic en ese ícono otra vez, la computadora hará que vuelva a retumbar la música.

Haz clic en la palabra *Mezclador* en la parte inferior de la barra de volumen para configurar diferentes volúmenes para distintos programas de escritorio. Eso te permitirá seguir detonando explosivos en tu juego favorito mientras que el programa de correo electrónico del escritorio te avisa ruidosamente de que hay un mensaje nuevo. (Nota: por desgracia, los niveles de volumen de las apps de la pantalla Inicio no aparecen aquí.)

Figura 12-9:
Haz clic en
el ícono
del altavoz
y mueve
el contro-
lador para
ajustar el
volumen de
la compu-
tadora

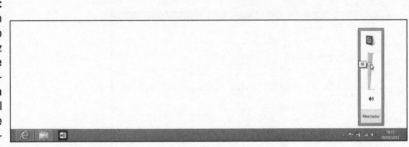

Para ajustar el sonido rápidamente desde el menú Inicio en una pantalla táctil, abre la barra Charms deslizando el dedo desde el borde derecho hacia dentro. Cuando aparezca la barra Charms, toca el ícono Configuración y, a continuación, el ícono Sonido. Aparece un control deslizante con el que podrás subir o bajar el volumen (desliza el control totalmente hasta abajo de todo para silenciar los altavoces).

Instalar o configurar los altavoces

Muchas computadoras vienen solo con dos altavoces. Pero hay otras que tienen cuatro, e incluso las hay de hasta ocho, como si fuera un cine casero o un salón de juegos. Para adaptar las diferentes configuraciones, Windows 8 incluye un área de configuración de altavoces con prueba incluida.

Si acabas de instalar unos altavoces o si no sabes si los viejos funcionan, sigue estos pasos para instalarlos correctamente en Windows 8:

1. **En el escritorio, haz clic con el botón derecho en el ícono del altavoz y selecciona Dispositivos de reproducción.**

2. **Haz clic en el ícono de tu altavoz o altavoces y, a continuación, haz clic en el botón Configurar.**

   Se abre el cuadro de diálogo Instalación de altavoces, como puede verse en la figura 12-10.

3. **Haz clic en el botón Probar, ajusta la configuración de los altavoces y haz clic en Siguiente.**

Figura 12-10:
Haz clic en
el botón
Probar para
escuchar los
altavoces
uno a uno

Windows 8 te guía para que selecciones el número de altavoces y su ubicación y después reproduce un sonido en cada uno de ellos para que puedas comprobar si están en el lugar adecuado.

4. **Haz clic en las pestañas si quieres ajustar otro dispositivo de sonido. Cuando termines, haz clic en el botón Aceptar.**

Ya que estás por aquí, comprueba el volumen del micrófono con un clic en la pestaña Grabar, así como el resto de las pestañas de los dispositivos de sonido que hayas instalado.

Si los altavoces y el micrófono no aparecen como dispositivo, significa que Windows 8 no sabe que están conectados a la computadora, por lo que tendrás que instalar un controlador nuevo, un viaje de lo más aburrido que abordaré en el capítulo 13.

Agregar un dispositivo Bluetooth

La tecnología Bluetooth sirve para conectar sin necesidad de cables diversos dispositivos a la computadora, lo que evita líos de cables en el escritorio. En una tableta, permite añadir un ratón y un teclado sin acaparar los preciados puertos USB.

También permite conectar la computadora, la portátil o la tableta a algunos teléfonos celulares para acceder así a internet mediante wi-fi, siempre y cuando el operador te lo permita.

Para añadir un elemento con Bluetooth a la computadora, la portátil o la tableta, sigue estos pasos:

1. **Comprueba que el dispositivo Bluetooth está activado.**

   A veces basta con pulsar un botón. Otros dispositivos te obligan a mantener pulsado un botón hasta que se enciende la lucecita Bluetooth.

2. **En la pantalla Inicio, abre la barra Charms, haz clic en el ícono Configuración y después en el botón Cambiar configuración de PC.**

   Hay tres formas de abrir el panel Configuración de la barra Charms:

   - **Ratón:** lleva el cursor del ratón hasta la esquina superior o inferior derecha de la pantalla; cuando aparezca la barra Charms, haz clic en el ícono Configuración y después en el botón Cambiar configuración de PC.

   - **Teclado:** pulsa 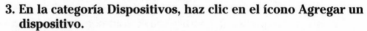+I y después Intro.

   - **Pantalla táctil:** desliza el dedo hacia dentro desde el borde derecho de la pantalla y toca el ícono Configuración, a continuación, toca en Cambiar configuración de PC.

3. **En la categoría Dispositivos, haz clic en el ícono Agregar un dispositivo.**

   Aparece el panel con todos los dispositivos conectados. La computadora se pone a buscar inmediatamente si hay algún dispositivo Bluetooth con intención de conectarse.

   Si tu dispositivo no aparece, vuelve al paso número 1 y comprueba que está encendida la opción de Bluetooth (hay muchos que se apagan tras 30 segundos de espera).

4. **Cuando aparezca la lista con los nombres en el panel Dispositivos, selecciónalo tocando con el dedo o con un clic del ratón.**

5. **Si es preciso, introduce el código del dispositivo y si te lo pide, haz clic en el botón Conectar.**

   Ahora es cuando las cosas se complican. Por razones de seguridad, tendrás que probar que estás sentado delante de la computadora y que no eres un elemento extraño que intenta colarse. Por desgracia, los dispositivos utilizan tácticas un poco distintas para que puedas probar tu inocencia.

   A veces hay que introducir una serie de números secretos, un código de acceso, en el dispositivo y en la computadora (este código de acceso suele esconderse en alguna parte del manual). Pero hay que introducirlo rápidamente antes de que el dispositivo se canse de esperar.

   Hay otros, como los ratones con Bluetooth, en los que tienes que mantener pulsado un botón en este paso.

Para los teléfonos celulares hay que hacer clic en un botón de conexión una vez comprobado que el código de acceso coincide en ambos dispositivos.

Ante la duda, escribe **0000**. Suele ser el código secreto universal para frustrados poseedores de dispositivos con Bluetooth que quiere conectar sus utensilios.

Una vez conseguida la conexión con la computadora, el nombre e ícono del dispositivo aparecerán en la categoría Dispositivos de la pantalla Configuración.

Para añadir un dispositivo Bluetooth desde el escritorio de Windows 8, haz clic en el ícono de Bluetooth de la barra de tareas (que puede verse en el margen), selecciona Agregar un dispositivo Bluetooth y ve directamente al Paso número 3 en la lista que acabamos de ver. ¿No está el ícono de Bluetooth? En ese caso, haz clic en la flecha que apunta hacia arriba y que está a la izquierda del reloj de la barra de tareas. El ícono de Bluetooth aparece en el menú emergente, listo para que hagas clic.

Añadir una videoconsola Xbox 360

El Panel de control permite añadir o configurar la mayoría de los accesorios para computadora, pero la Xbox 360 es una excepción. Si tienes una de estas consolas de Microsoft, tendrás que autorizar a la Xbox para que se conecte con la computadora.

Para que Windows 8 y la Xbox puedan comunicarse, coge el mando de la Xbox 360, siéntate frente al televisor y sigue estos pasos:

1. **Enciende la Xbox 360 e inicia sesión con la misma cuenta utilizada para Windows 8.**

   Si has entrado con cuentas de Microsoft distintas, no es el fin del mundo. Cierra sesión y crea otra cuenta de usuario en Windows 8 con el nombre y contraseña que utilices para la Xbox 360, que también es una cuenta de Microsoft.

   Inicia sesión en Windows 8 con esa cuenta cuando quieras utilizar una de las apps de Xbox para Windows 8.

2. **En la Xbox 360, ve a Configuración, Sistema, Configuración de la consola y Xbox Companion.**

   Hay dos opciones: Disponible y No disponible.

3. **Cambia de No disponible a Disponible.**

4. Abre una de las apps de Xbox para Windows y selecciona Conectar.

Poco después aparecerá en la pantalla del televisor la palabra Conectando y habrás terminado. Las apps de Xbox podrán encontrar la
Xbox en Windows 8.

Añadir una impresora

Las disputas entre fabricantes de impresoras hacen que no se pongan de
acuerdo sobre la forma de instalarlas. Así que tenemos dos posibilidades:

✔ Algunos fabricantes indican que basta con insertar su conector rectangular en un puerto USB de la computadora. Windows 8 reconoce
la impresora automáticamente y la adopta. Ya solo falta ponerle cartuchos de tinta, un tóner o papel y listo.

✔ Otros fabricantes tienen un enfoque más incómodo: primero hay
que instalar su conjunto de programas antes de conectar la impresora. Y si no lo haces así, puede que la impresora no funcione
correctamente.

Por desgracia, la única forma de saber cómo hay que instalar la impresora es leer el manual (a veces la información de este tipo está en una
hoja a todo color de instalación rápida que suele venir con la caja de la
impresora).

Si tu impresora no trae un programa de instalación, inserta los cartuchos,
el papel y sigue estas instrucciones para ponerla en marcha:

**1. Con Windows 8 en funcionamiento, conecta la impresora a la
computadora y enciéndela.**

Puede que Windows 8 muestre un mensaje en el que indica que la
impresora se ha instalado correctamente, pero realiza la siguiente
comprobación.

2. Abre el Panel de control del escritorio.

Para abrirlo, utiliza una de las opciones siguientes.

• **Ratón:** haz un clic derecho en la esquina inferior izquierda
de la pantalla y selecciona Panel de control en el menú
emergente.

• **Teclado:** en el escritorio, pulsa ▦+I, ve hasta Panel de control y pulsa Intro.

- **Pantallas táctiles:** en el escritorio, desliza el dedo hacia dentro desde el borde derecho de la pantalla y toca el ícono Configuración; a continuación, toca en Panel de control.

3. **En la categoría Hardware y sonido, haz clic en Ver dispositivos e impresoras.**

   El Panel de control muestra diferentes categorías de dispositivos, y si tienes suerte, tu impresora. Si tu impresora USB está en la lista, haz clic con el botón derecho en su ícono, selecciona Propiedades de la impresora y después Imprimir página de prueba. Si imprime correctamente, has terminado. Felicidades.

   ¿No imprimió la página de prueba? Comprueba si le has quitado todos los precintos a la impresora y si tiene tinta. Si, con todo y todo, sigue sin imprimir, es que tiene algún defecto. Ponte en contacto con la tienda y pregúntales con quién puedes hablar para que te ayude.

   Windows 8 pone en la lista una impresora llamada Microsoft XPS Document Writer. No es una impresora de verdad, así que puedes ignorarla tranquilamente.

Y eso es todo. Si eres como la gran mayoría de las personas, la impresora funcionará a las mil maravillas. Pero si no es tu caso, en el capítulo 8 hay toda una serie de consejos y trucos de reparación para impresoras.

Si tienes dos impresoras o más conectadas a la computadora, haz clic con el botón derecho en el ícono de la que utilices más a menudo y selecciona Establecer como impresora predeterminada en el menú emergente. Windows 8 utilizará a partir de entonces esa impresora automáticamente, a menos que le digas lo contrario.

✔ Para quitar una impresora que has dejado de utilizar, haz clic con el botón derecho en su nombre en el paso número 3 y selecciona Quitar dispositivo en el menú emergente. Esa impresora ya no aparecerá entre las posibles opciones cuando tengas que imprimir. Si Windows 8 te pide que desinstales los controladores y programas de la impresora, haz clic en Sí, a menos que quieras volver a instalar la impresora en otro momento.

✔ Las opciones de impresión pueden modificarse desde diferentes programas. En la barra de menús de un programa, selecciona Archivo (para ver la barra de menús pulsa Alt) y selecciona Configurar impresión o Imprimir. Aparecerá una ventana en la que podrás modificar aspectos como el tamaño del papel, fuentes y tipos de gráficos.

✔ Para compartir rápidamente una impresora en red, crea un Grupo Hogar (lo que veremos en el capítulo 14). La impresora aparecerá inmediatamente como una opción para el resto de computadoras de la red.

✔ Si el programa de la impresora te confunde, haz clic en los botones de Ayuda en los cuadros de diálogo. Muchos de estos botones están adaptados a un modelo concreto de impresora, por lo pueden facilitar consejos que no se encuentran en Windows 8.

Reloj, idioma y región

Microsoft creó este espacio fundamentalmente para los que viajan por diferentes husos horarios. Los que tengan una computadora de escritorio verán esta información una sola vez, al configurar por primera vez la computadora. Windows 8 recuerda siempre la fecha y la hora, aunque esté apagada la computadora.

Los que tengan una computadora portátil tendrán que pasar por aquí al cambiar de huso horario y los que hablen varios idiomas también le sacarán partido a la posibilidad de utilizar caracteres de otros idiomas.

Para abrir esta sección, haz un clic derecho en la esquina inferior izquierda de la pantalla, selecciona Panel de control en el menú emergente y después Reloj, idioma y región. Aparecerán tres secciones:

✔ **Fecha y hora:** su nombre lo indica todo (también llegarás aquí si haces clic en el reloj de la barra de tareas y seleccionas Cambiar la configuración de fecha y hora).

✔ **Idioma:** si trabajas con otro idioma o idiomas, esta área te servirá para trabajar con documentos con caracteres en otros idiomas.

✔ **Región:** ¿Vas a Estados Unidos? Haz clic en el ícono de esta categoría y en la pestaña Formatos, selecciona Inglés (Estados Unidos) en la lista desplegable Formato. Windows cambia a la moneda y formato de fecha de ese país. Cuando estés en la ventana Región, haz clic en la pestaña Ubicación y en la lista desplegable Ubicación principal, selecciona Estados Unidos o el país que estés visitando.

Instalar y desinstalar programas

Si tienes un programa nuevo o quieres quitar uno viejo, la categoría Programas del Panel de control se ocupa de ello con bastante solvencia. Una de las categorías, Programas y características, enumera los programas instalados, como puede verse en la figura 12-11. Haz clic en el que quieras desinstalar o ajustar.

En este apartado veremos cómo quitar o cambiar esos programas y cómo instalar uno nuevo.

Desinstalar apps y programas

Quitar una app no requiere demasiado esfuerzo. Haz clic con el botón derecho en el mosaico de la aplicación en la pantalla Inicio. Cuando aparezca la barra de la app en la parte inferior de la pantalla Inicio, haz clic en el botón Desinstalar, que puede verse en el margen.

Para quitar un programa de escritorio o modificar su configuración, abre el Panel de control del escritorio siguiendo estos pasos:

1. **Haz un clic derecho en la esquina inferior izquierda de la pantalla y selecciona Panel de control en el menú emergente.**

2. **Cuando aparezca el Panel de control, selecciona Desinstalar un programa en la categoría Programas.**

   Aparecerá la ventana Desinstalar o cambiar un programa, como puede verse en la figura 12-11, con los programas instalados, su editor, tamaño, fecha de instalación y versión.

   Para liberar espacio, haz clic en el encabezado Se instaló el o Tamaño para ver cuál es el programa más antiguo o el que ocupa más. A continuación, desinstala aquellos programas que ya no utilizas.

3. **Haz clic en el programa no deseado y a continuación, haz clic en los botones Desinstalar, Cambiar o Reparar.**

Figura 12-11:
La ventana
Desinstalar
o cambiar
un programa
permite
eliminar
cualesquiera
de los
programas
instalados

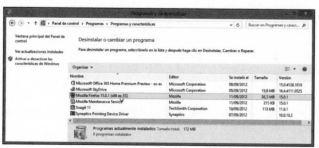

La barra de menús que está encima de los nombres de los programas muestra siempre un botón Desinstalar pero, al hacer clic en determinados programas, también aparecen los botones Cambiar y Reparar. Podemos resumirlos así:

- **Desinstalar:** elimina totalmente el programa de la computadora (algunos programas muestran este botón como Desinstalar/Cambiar).

- **Cambiar:** permite modificar la configuración del programa o eliminar una parte.

- **Reparar:** solución muy útil cuando se estropea un programa, ya que le pide a este que se haga una inspección y sustituya los archivos dañados por unos nuevos. Cabe la posibilidad de que necesites el CD o DVD original del programa y que tengas que insertarlo en la computadora.

4. Si Windows te pregunta si estás seguro, haz clic en Sí.

En función del botón, Windows 8 elimina directamente el programa de la computadora o bien abre el propio programa de instalación del programa para hacer los cambios o proceder a la reparación.

Una vez desinstalado, el programa desaparece para siempre, a menos que guardes el CD de instalación. A diferencia de otros elementos, eliminar programas no los traslada a la Papelera de reciclaje.

Utiliza siempre la ventana Desinstalar o cambiar un programa del Panel de control para quitar un programa no deseado. Borrar los archivos o carpetas de ese programa no funciona. De hecho, puedes hacer que la computadora se confunda y muestre molestos mensajes de error.

Instalar programas nuevos

Hoy por hoy, la mayoría de los programas se instalan automáticamente en cuanto pones el disco en la unidad de disco de la computadora o al hacer un doble clic en el archivo descargado.

Si no estás seguro de si un programa se ha instalado, ve a la pantalla Inicio y busca su mosaico, normalmente hacia el borde derecho. Si está allí, es que el programa se ha instalado.

Pero si un programa no salta automáticamente en tu computadora, veamos algunos consejos:

✔ Debes tener una cuenta de Administrador para instalar programas (normalmente los propietarios de la computadora tienen una). Eso evita que los más pequeños, con sus cuentas limitadas o de invitado, puedan instalar programas o poner patas arriba la computadora. En el capítulo 14 explicaré todo sobre las cuentas de usuario.

✔ ¿Has descargado un programa? Windows 8 suele guardarlos en la carpeta Descargas, accesible con un clic en tu nombre de usuario en la pantalla Inicio. Haz un doble clic en el nombre del programa que has descargado para instalarlo.

✔ Los programas recién instalados están deseosos por poner un acceso directo en el escritorio, un mosaico en la pantalla Inicio y un acceso directo en la barra de herramientas Inicio rápido. Di que sí a todo. De esa forma, puedes ejecutar el programa desde el escritorio y evitarte así el paseo hasta la pantalla inicio (¿has cambiado de opinión? Haz clic con el botón derecho en el acceso directo que quieras quitar y selecciona Eliminar o Desanclar).

✔ Es recomendable crear un punto de restauración antes de instalar un programa nuevo (en el capítulo 13 viene cómo hacerlo). Si al programa que acabas de instalar se le va la pinza, utiliza Restaurar sistema para devolverle a la computadora la tranquilidad que tenía antes de instalarlo.

Modificar Windows 8 para las personas discapacitadas

Casi todo el mundo considera que Windows 8 tiene ciertas dificultades, pero algunas personas tienen a su vez determinados impedimentos físicos. Para ayudarles, el área Accesibilidad del Panel de control ofrece una serie de agradables cambios.

Si tu vista ya no es lo que era, seguro que te gustarán las diferentes formas de aumentar el tamaño del texto en pantalla.

Sigue estos pasos para modificar la configuración en Windows 8:

1. Abre el Panel de control del escritorio.

Hay varias formas de abrirlo:

- **Ratón:** haz un clic derecho en la esquina inferior izquierda de la pantalla y selecciona Panel de control en el menú emergente.

- **Teclado:** en el escritorio, pulsa ▦+I, ve hasta Panel de control y pulsa Intro.

- **Pantallas táctiles:** en el escritorio, desliza el dedo hacia dentro desde el borde derecho de la pantalla y toca el ícono Configuración, a continuación, toca en Panel de control.

2. **Cuando aparezca el Panel de control, ve a la categoría Accesibilidad y selecciona el ícono Centro de accesibilidad.**

   Aparece el Centro de accesibilidad, como puede verse en la figura 12-12. Aparece de sopetón la etérea voz de Windows 8 para explicar cómo cambiar los programas.

3. **Selecciona el enlace Obtener recomendaciones para facilitar el uso de este equipo.**

   Busca el enlace Obtener recomendaciones para facilitar el uso de este equipo (como puede verse en la figura 12-12). Windows 8 te hace una serie de preguntas para evaluar tus necesidades. Una vez terminado, Windows 8 realiza los cambios automáticamente y ya estará listo.

   Si no te satisface el resultado, ve al paso número 4.

4. **Haz los cambios manualmente.**

   El Centro de accesibilidad ofrece una serie de opciones que facilitan el control del teclado, sonido, pantalla y ratón.

Figura 12-12: El Centro de accesibilidad dispone de toda una serie de opciones para ayudar a los usuarios con limitaciones físicas

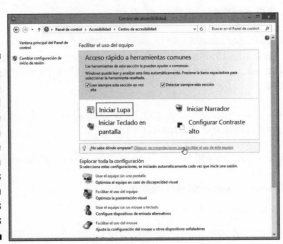

- **Iniciar lupa:** creado para las personas con dificultades visuales, esta opción aumenta la ubicación exacta del puntero del ratón.

- **Iniciar Narrador:** la espantosa narradora de Windows 8 lee el texto en pantalla para las personas que no pueden verlo nítidamente.

- **Iniciar Teclado en pantalla:** esta opción coloca una imagen del teclado en la parte inferior de la pantalla, se puede escribir con el ratón o con un puntero.

- **Configurar contraste alto:** esta opción elimina la mayoría de los colores pero ayuda a los usuarios con problemas de visión a ver la pantalla y el cursor nítidamente.

Selecciona cualesquiera de estas opciones para activar la opción inmediatamente. Cierra la ventana de la opción si las cosas se ponen peor.

Si no te satisface el resultado, ve al paso número 4.

5. **Selecciona una opción concreta en el área Explora toda la configuración.**

Aquí es cuando Windows 8 se pone el traje de faena y va al grano. Podrás optimizar Windows 8 para elementos concretos como:

- invidencia o problemas de visión;

- usar otros dispositivos de entrada en lugar del ratón o teclado;

- ajustar la sensibilidad del teclado y del ratón para compensar la limitación de movimiento;

- mostrar avisos en pantalla en lugar de notificaciones sonoras;

- facilitar las tareas de lectura y escritura con el teclado.

Algunos centros de asistencia para personas discapacitadas disponen de programas o de personas que ayudan a realizar estos cambios.

Capítulo 13

Cómo evitar que Windows se atasque

Si hay algo de Windows que no funciona, ve directamente al capítulo 18 para arreglarlo (Windows 8 ofrece soluciones más rápidas y mejores que nunca). Pero, si todo funciona más o menos bien, sigue leyendo. Este capítulo servirá para explicar cómo hacer que siga funcionando adecuadamente durante mucho tiempo.

Este capítulo es una especie de lista con explicaciones sencillas en cada apartado y las tareas que hay que realizar para mantener un funcionamiento óptimo de Windows. Por ejemplo, verás cómo activar el programa automático de copias de seguridad de Windows 8, llamado Historial de archivos.

Si alguien te comenta que a la computadora la falta un controlador, no está hablando de aviones. Los controladores son programas que ayudan a Windows a establecer la comunicación con diversas partes de la computadora. En este capítulo, veremos cómo quitar un controlador obsoleto y poner otro en su lugar.

Además de la lista que veremos en este capítulo, comprueba que Windows Update y Windows Defender están funcionando automáticamente, tarea

Cómo crear un punto de restauración

Windows 8 está empezando a dejar de lado los puntos de restauración para centrarse en dos nuevas opciones, Actualizar y Restablecer sistema, que veremos en el capítulo 18. Pero los fans de la vieja escuela de la restauración de sistema pueden seguir creado puntos de restauración seguros para que su computadora vuelva a ese momento en el que funcionaba mejor.

Para crear un punto de restauración, sigue estos pasos:

1. **Abre la pantalla Inicio y escribe Restaurar sistema. Haz clic en la palabra Configuración en el panel Buscar de la derecha.**

   Como has escrito directamente en la pantalla Inicio, aparecerá el panel Buscar con los resultados. El panel Buscar suele buscar apps; por eso no aparece nada en los resultados pero, si haces clic en la palabra Configuración, aparecerán todas las opciones que contienen la frase "Restaurar sistema".

2. **Haz clic en el enlace Crear un punto de restauración.**

   Aparece la ventana Propiedades del sistema con la pestaña Protección del sistema abierta, en la que está la opción para restaurar el sistema. En la parte inferior está el botón Crear.

3. **Haz clic en el botón Crear para abrir la ventana Protección del sistema, escribe el nombre del nuevo punto de restauración y haz clic en el botón Crear de esa misma ventana para guardar el punto de restauración.**

   Windows 8 crea un punto de restauración con el nombre que le hayas puesto y te deja con unas cuantas ventanas abiertas que tendrás que cerrar.

   Al crear los puntos de restauración los días buenos, sabrás inmediatamente los que debes utilizar cuando venga un día malo. En el apartado "Restaurar sistema" del capítulo 18 explico cómo resucitar la computadora a partir de ese punto de restauración.

descrita en el capítulo 11. Estos programas contribuyen en gran medida a que la computadora siga funcionado sin incidentes y de forma segura.

Cómo poner a punto Windows 8 con las herramientas de mantenimiento integradas

Windows 8 tiene un montón de herramientas para seguir funcionando como la seda. Algunas funcionan automáticamente, por lo que solo tienes que comprobar si están activadas. Otras preparan las cosas ante posibles desastres, para lo cual hacen copias de seguridad de los archivos.

Para conocer las herramientas de supervivencia de tu computadora, haz clic con el botón derecho en la esquina inferior izquierda del escritorio y selecciona Panel de control; a continuación, selecciona la categoría Sistema y seguridad.

En el escritorio, desliza el dedo hacia dentro desde el borde derecho de la pantalla y toca el ícono Configuración; a continuación, toca en Panel de control en la esquina superior derecha de la pantalla.

Las herramientas más utilizadas son:

✔ **Historial de archivos:** este nuevo programa de Windows 8 para hacer copias de seguridad cubre con una red de seguridad los archivos de las cuatro bibliotecas y te permite recuperar dichas copias cuando algo no funciona. No hay ninguna excusa para no activar este programa gratuito. A la larga, todos los discos duros acaban muriendo y seguro que has guardado muchos recuerdos en los tuyos.

✔ **Sistema:** los del servicio técnico suelen merodear por estos parajes. Aquí sabrás cuál es tu versión de Windows 8, la potencia de la computadora, el estado de red y una nota que le pone Windows a la computadora sobre su rendimiento.

✔ **Windows Update:** herramienta mediante la que Microsoft descarga automáticamente actualizaciones de seguridad en la computadora (suele ser algo bueno). Si no lo está, es aquí donde debes activar Windows Update.

✔ **Opciones de energía:** ¿no tienes muy claro si la computadora está en reposo, hibernando o simplemente apagada? En el capítulo 3 se explican las diferencias. Esta sección te permite definir el grado de letargo de la computadora al pulsar el botón de apagado (o si tienes una portátil, qué pasa al cerrar la tapa).

✔ **Herramientas administrativas:** hay un diamante en medio de esta mina de herramientas tecnológicas, el Liberador de espacio en disco, que sirve para borrar la basura de la computadora y darle más espacio de almacenamiento.

En los siguientes cinco apartados describiré esta tarea de forma más detallada.

Cómo restaurar la computadora con el Historial de archivos

Tarde o temprano tu disco duro pasará a mejor vida y se llevará todo con él: años y años de fotos, música, correos, registros de contabilidad, recuerdos escaneados y cualquier cosa que hayas creado o almacenado en la computadora.

Por eso hay que hacer una copia de seguridad de forma regular. Cuando el disco duro tire la toalla, ahí estará la copia de seguridad para seguir dando guerra.

Windows 8 dispone de una nueva solución para las copias de seguridad llamada Historial de archivos. Tras activarlo, el programa hace automáticamente una copia de seguridad de cada uno de los archivos de las bibliotecas cada hora. Su activación y manejo son sencillos, funciona automáticamente y hace copias de seguridad de cualquier cosa que necesites.

Antes de poner al Historial de archivos manos a la obra, necesitas dos cosas:

✔ **Un disco duro externo:** para hacer copias de seguridad automáticas y seguras, necesitas un disco duro portátil, que es simplemente un disco duro en una cajita. Un cable lo conecta a uno de los puertos USB de la computadora; al conectarlo, Windows 8 reconoce el dispositivo al instante. Deja el dispositivo conectado a la computadora y las copias de seguridad se realizarán automáticamente.

Las unidades USB (esos lápices de memoria pequeños que caben en el bolsillo y que no son nada caros) también funcionan con el programa Historial de archivos de Windows 8. Pero, debido a su capacidad más limitada de almacenamiento, es probable que no puedan copiar todos los archivos.

✔ **Pulsar el botón Activar**: el programa Historial de archivos viene gratis en todas las versiones de Windows 8, pero no moverá un dedo hasta que no le indiques que empiece a funcionar.

Sigue estos pasos para indicarle a la computadora que empiece a hacer copias de seguridad automáticamente cada hora:

1. **Conecta el dispositivo o su cable en un puerto USB.**

    La clavija rectangular al final del dispositivo o la clavija de su cable hay que conectarla al puerto USB (también rectangular) de la computadora.

Figura 13-1:
Toca o haz
clic en la
notificación
emergente

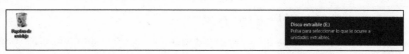

2. Haz clic en la notificación emergente que dice Pulsa para seleccionar lo que le ocurre a unidades extraíbles.

Como puede verse en la figura 13-1, la notificación aparece al conectar cualquier dispositivo de almacenamiento, ya sea una unidad USB o un disco duro (la notificación aparece tanto en el escritorio como en la pantalla Inicio).

¿No te aparece la notificación de la figura 13-1? ¿O quieres modificar la configuración del Historial de archivos? En ese caso, ve directamente al paso número 4.

3. Selecciona la opción Configurar esta unidad - Historial de archivos y, cuando aparezca la ventana Historial de archivos, haz clic en el botón Activar.

Cuando aparezca la segunda notificación, como puede verse en la figura 13-2, selecciona Configurar esta unidad - Historial de archivos. Al abrirse la ventana Historial de archivos, haz clic en el botón Activar.

Quizá veas un mensaje emergente en el que te preguntan si quieres recomendar este dispositivo a otros miembros del Grupo Hogar. Si es un dispositivo de gran capacidad para todos los usuarios de la computadora, selecciona Sí. Si quieres reservarlo para tus copias de seguridad, haz clic en No.

Historial de archivos copia los archivos por primera vez. En función del tamaño y de la cantidad de archivos, el proceso puede tardar unos pocos minutos u horas.

Figura 13-2:
Selecciona
la opción
Configurar
esta unidad
- Historial
de archivos

No ver ningún mensaje emergente al conectar un dispositivo no significa nada malo. Ve directamente al paso número 4.

4. Abre el Panel de control.

Con el ratón, haz un clic derecho en la esquina inferior izquierda de la pantalla y selecciona Panel de control en el menú emergente.

En el escritorio, desliza el dedo hacia dentro desde el borde derecho de la pantalla y toca el ícono Configuración; a continuación, toca en Panel de control en la esquina superior derecha de la pantalla.

5. Selecciona la categoría Sistema y seguridad y haz clic en Historial de archivos.

Aparece en pantalla el programa Historial de archivos, que trata de adivinar en qué dispositivo quieres colocar las copias de seguridad. Si es correcto, ve al paso número 7. Si no lo es, ve al número 6.

6. Si tienes que cambiar el dispositivo, haz clic en el enlace Seleccionar unidad, que está en la parte izquierda de la ventana y selecciona otro dispositivo.

7. Haz clic en el botón Activar.

Haz clic en el botón Activar, como puede verse en la figura 13-3, para empezar el proceso de copia de seguridad.

Aunque Historial de archivos trabaja de maravilla y hace que todo funcione de forma sencilla y automática, también tiene su letra pequeña:

✔ Si quieres guardar los archivos en una ubicación de red o en otra computadora, Windows 8 te pedirá que introduzcas el nombre de usuario y la contraseña de la cuenta de administrador de la otra computadora.

Figura 13-3: Haz clic en el botón Activar para crear copias de seguridad automatizadas cada hora de los archivos importantes

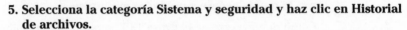

✔ Historial de archivos hace una copia de seguridad de todo lo que tengas en las bibliotecas: Documentos, Imágenes, Música y Videos, además de las carpetas públicas. Es lo normal, ya que ahí es donde guardas los archivos. Para añadir otras carpetas o excluir alguna biblioteca concreta (por ejemplo, la carpeta Videos si ya los has copiado en otro sitio), selecciona el enlace Excluir carpetas en la parte izquierda de la ventana, como puede verse en la figura 13-3.

✔ Windows 8 suele hacer las copias de seguridad cada hora. Para modificar esa programación, haz clic en el enlace Configuración avanzada en la parte izquierda de la ventana, como puede verse en la figura 13-3. A continuación, selecciona la frecuencia, que va de cada 10 minutos a diariamente.

✔ Al activar el Historial de archivos, Windows 8 inicia en ese mismo instante una copia de seguridad, aunque no la hayas programado todavía. La razón: el siempre atento Windows 8 quiere asegurarse de que lo junta todo en ese momento, antes de que las cosas se tuerzan.

✔ En el capítulo 18 describo cómo restaurar los archivos de la copia de seguridad realizada con Historial de archivos. Merece la pena ver ese apartado ahora, ya que Historial de archivos no solo funciona en caso de emergencia, sino que permite comparar los archivos actuales con las versiones creadas anteriormente. Te deja resucitar versiones buenas de archivos que has cambiado a peor.

✔ Windows 8 guarda las copias de seguridad en una carpeta llamada FileHistory en el dispositivo que hayas seleccionado. No muevas esa carpeta o Windows 8 no la encontrará cuando quieras restaurarla.

Cómo buscar información técnica sobre tu computadora

Si alguna vez tienes que echarle un vistazo a las tripas de Windows, y esperemos que no sea así, tendrás que dirigirte al Panel de control del escritorio. En el escritorio, haz clic en la esquina inferior izquierda de la pantalla y elige Panel de control en el menú emergente.

En el escritorio, desliza el dedo hacia dentro desde el borde derecho de la pantalla y toca el ícono Configuración; a continuación, toca en Panel de control en la esquina superior derecha de la pantalla. Cuando aparezca el Panel de control, selecciona la categoría Sistema y seguridad y después Sistema.

Figura 13-4:
Al hacer
clic en
el ícono
Sistema,
aparece
información
técnica
sobre la PC

Como puede verse en la figura 13-4, la ventana Sistema facilita información técnica fácil de digerir sobre las tripas de la computadora.

✔ **Edición de Windows:** existen diferentes versiones de Windows, cada una de ellas descritas en el capítulo 1. En esta sección, Windows muestra la versión que tu computadora está ejecutando.

✔ **Sistema:** Windows comprueba los puntos fuertes de la computadora, la evaluación de la experiencia en Windows, en una escala de 1 (muy mala) a 9.9 (extraordinaria). El tipo de procesador de la computadora, es decir, lo que podría considerarse el cerebro, también aparece reflejado aquí, al igual que su memoria.

✔ **Configuración del nombre, dominio y grupo de trabajo del equipo:** esta sección identifica el nombre de la computadora y el grupo de trabajo, un término que se utiliza cuando se conectan dos computadoras en red (esto lo veremos en el capítulo 15).

✔ **Activación de Windows:** para evitar que la gente compre una copia de Windows 8 y la instale en varias computadoras, Microsoft obliga a activar Windows 8 para vincularlo a una única computadora.

En el panel de la izquierda también hay varias tareas avanzadas que pueden resultar de utilidad cuando cunde el pánico si algo no funciona en la computadora. Podemos resumirlas así:

✔ **Administrador de dispositivos:** opción que enumera todos los componentes de la computadora, pero no de forma agradable. Aquellas partes que tengan un signo de exclamación al lado no están bien. Haz doble clic en ellas para ver la explicación que te da Windows del funcionamiento incorrecto (a veces aparece el botón Solucionar problema en lugar de la explicación; haz clic en él para averiguar cuál es el problema).

✔ **Configuración de Acceso remoto:** esta opción, que se utiliza muy poco, permite a otros usuarios controlar tu computadora a través de internet (para arreglar problemas, claro). Si encuentras a alguna de estas amables personas, deja que te guíen a través del proceso.

✔ **Protección del sistema:** opción para crear puntos de restauración (que acabamos de ver en el primer apartado de este capítulo). También puedes abrir esta opción para utilizar un punto de restauración y llevar la computadora hasta otro punto en el tiempo, cuando estaba de mejor humor.

✔ **Configuración avanzada del sistema:** los informáticos se pasan el día aquí. El resto de la gente lo evita.

La mayoría de los elementos que aparecen en la ventana Sistema tienen una cierta complejidad, así que no te enredes demasiado, a no ser que tengas muy claro lo que estás haciendo o tengas cerca a alguien que te ayude a configurarlo adecuadamente.

Cómo liberar espacio en el disco duro

Windows 8 ocupa bastante espacio en el disco duro, pero menos que algunas versiones precedentes. Si los programas empiezan a quejarse de que no hay sitio en el disco duro, esta solución aporta un cierto respiro:

1. **Haz clic con el botón derecho en la esquina inferior de la pantalla y elige Panel de control.**

   En el escritorio, desliza el dedo hacia dentro desde el borde derecho de la pantalla y toca el ícono Configuración; a continuación, toca en Panel de control en la esquina superior derecha de la pantalla.

2. **Haz clic en la categoría Sistema y seguridad del panel de control (que puede verse en el margen). A continuación, en la categoría Herramientas administrativas (casi al final), haz clic en el enlace Liberar espacio en disco.**

   Si la computadora tiene más de un disco duro, Windows 8 te preguntará cuál quieres limpiar. Aparecerá entonces la ventana Liberador de espacio en disco: selección de unidad.

3. **Deja la opción en (C:) y haz clic en Aceptar.**

   El programa liberador de espacio calcula cuánto espacio en disco puedes liberar y abre el cuadro de diálogo Liberador de espacio en

Figura 13-5:
Comprueba
que has
marcado
todas las
casillas

disco como el de la figura 13-5 (la cantidad de espacio en disco que
puedes liberar aparece en la parte superior del cuadro de diálogo).

4. Selecciona las casillas de todos los elementos y haz clic en Aceptar.

Cuando seleccionas una casilla, en la sección Descripción se explica
qué es lo que se va a borrar. Al hacer clic en el botón Aceptar, Windows pregunta si estás seguro de querer eliminar los archivos.

Si ves un botón llamado Limpiar archivos del sistema, haz clic en él
también. Borra los desperdicios creados por la computadora, no por ti.

5. Haz clic en el botón Eliminar archivos para borrar los que son innecesarios.

Windows 8 vacía la Papelera de reciclaje, destruye los restos de los
antiguos sitios web y se deshace del desorden del disco duro.

Cómo reforzar el botón Iniciar/Apagar

En lugar de buscar el interruptor de la computadora, hay que apagar Windows 8 con su propio interruptor, tal y como se describe en el capítulo 2.
Este botón dispone de tres opciones: Suspender, Apagar y Reiniciar.

Suspender, la opción más conocida, mantiene la computadora en modo
de bajo consumo; así se carga rápidamente al reactivarla.

Para llegar al botón Iniciar/Apagar de Windows hay que dar unos cuantos
pasos. Para ahorrar algo de tiempo, indícale cómo reaccionar cuando lo
pulses: ¿suspender, apagar o reiniciar?

La misma cuestión puede aplicarse a las personas que tengan una portátil: ¿al cerrar la tapa debe apagarse o suspenderse?

Para responder a estas preguntas, sigue los pasos siguientes:

1. **Haz clic con el botón derecho en la esquina inferior izquierda de la pantalla, selecciona Panel de control en el menú emergente y después Sistema y seguridad.**

   En el escritorio, desliza el dedo hacia dentro desde el borde derecho de la pantalla y toca el ícono Configuración; a continuación, toca en Panel de control en la esquina superior derecha de la pantalla. A continuación, toca en la categoría Sistema y seguridad.

2. **Haz clic en el ícono Opciones de energía.**

   Aparece la ventana Opciones de energía con la opción Equilibrado (recomendado) marcada.

3. **En la parte izquierda del panel, haz clic en el enlace Elegir el comportamiento del botón de inicio/apagado.**

   Aparece una ventana como la de la figura 13-6 con un menú.

4. **Haz los cambios oportunos.**

   Con este menú puedes indicarle a la computadora qué hacer al pulsar el botón de encendido/apagado: No hacer nada, Suspender, Hibernar o Apagar (si dudas, elige Suspender).

   Las tabletas y las portátiles tienen otras opciones en esta ventana: puedes decidir el comportamiento del dispositivo en función de si está enchufado o funciona solo con la batería. Eso permite que funcione

Figura 13-6: Decide qué debe hacer la computadora cuando se pulse el botón inicio/apagado

a plena potencia cuando está conectado y ahorra energía cuando funciona con la batería.

Los que tengan una portátil también verán que existe la posibilidad de decidir qué pasará cuando se cierre la tapa o se pulse el botón de inicio/apagado (también se puede configurar si la portátil está enchufada a la corriente o si está con la batería).

Para mayor seguridad, marca el botón de opción Requerir contraseña (recomendado); de ese modo, cualquier persona que reactive la computadora necesitará la contraseña para ver tu información.

5. Haz clic en el botón Guardar cambios.

Configurar dispositivos que no funcionan (triquiñuelas con los controladores)

Windows dispone de un arsenal de controladores (programas que le permiten comunicarse con los dispositivos que conectas a la computadora). Normalmente, Windows 8 reconoce de manera automática los elementos nuevos y todo se pone a funcionar. Otras veces, tiene que ir a internet para recibir una serie de instrucciones automatizadas antes de rematar la faena.

Pero a veces conectas algo demasiado nuevo o demasiado viejo para Windows 8 y no puede conocerlo por ser tan nuevo o recordarlo por ser tan antiguo. O puede que algo de lo que tengas conectado a la computadora empiece a refunfuñar y aparezca un mensaje del tipo "necesito un controlador nuevo".

En ese caso, te corresponderá buscar e instalar un controlador para ese elemento. Los controladores buenos vienen con el programa de instalación, que los coloca en el lugar adecuado y resuelve el problema. Los malos te dejan todo el problema.

Si Windows 8 no reconoce e instala automáticamente el dispositivo que acabas de conectar, incluso después de haber reiniciado la computadora, sigue estos pasos para localizar e instalar un controlador nuevo.

1. Ve a la página web del fabricante del dispositivo y descarga el último controlador para Windows 8.

La dirección del fabricante suele estar en alguna parte de la caja. Si no la encuentras, busca por el nombre del fabricante en Google (www.google.com) y localiza su web.

Busca en las secciones Asistencia técnica, Descargas o Atención al cliente. Lo normal en estos casos es introducir el nombre del dispositivo, el modelo y el sistema operativo de tu computadora (Windows 8) antes de que la web te dé el controlador.

¿No aparece Windows 8 en la lista? Prueba a descargar los controladores para Windows 7 o Windows Vista; a veces también funcionan correctamente

2. Ejecuta el programa de instalación del controlador.

A veces, al hacer clic en el archivo que acabas de descargar el programa de instalación se pone manos a la obra e instala directamente el controlador. Si eso pasara, ya has terminado. Si no es así, ve al paso número 3.

Docu

Si el archivo que has descargado tiene un cierre en el ícono, haz clic con el botón derecho en él y selecciona Extraer todo para descomprimir el contenido en una carpeta nueva con todos los archivos (Windows 8 le pone un nombre a esa nueva carpeta tras descomprimir el archivo para que la puedas reubicar fácilmente).

3. Haz clic con el botón derecho en la esquina inferior izquierda de la pantalla y elige Administrador de dispositivos en el menú emergente.

Aparece el Administrador de dispositivos con una lista de todos los elementos que hay dentro o que están conectados a la computadora. El problemático tendrá al lado un signo de exclamación de color amarillo.

4. Haz clic en el dispositivo problemático de la lista del Administrador de dispositivos. A continuación, haz clic en Acción, en la barra de menús de la misma ventana y selecciona Agregar hardware heredado en el menú desplegable.

El Asistente para agregar hardware te guía por las etapas necesarias para instalar el nuevo hardware y, si es preciso, instala el controlador nuevo. Pero ten cuidado: este método a la desesperada para resucitar elementos problemáticos puede frustrar incluso a los más aguerridos informáticos.

Para evitarte problemas, mantén actualizados los controladores. A veces, incluso los que vienen con un dispositivo que acabas de comprar están ya obsoletos. Ve a la página web del fabricante del dispositivo, descarga el último controlador e instálalo. Seguramente arreglará los problemas que tuvieron los anteriores usuarios con el primer paquete de controladores.

¿Te da problemas un controlador recién instalado? Vuelve al Administrador de dispositivos, haz doble clic en el elemento problemático y haz clic en la pestaña Controlador del cuadro Propiedades. Aguanta la respiración. Después, haz clic en el botón Revertir al controlador anterior. Windows 8 quitará el controlador recién instalado y volverá al anterior.

Capítulo 14

Compartir la computadora con varias personas

*W*indows permite a varias personas compartir una computadora, una portátil o una tableta y les impide husmear en los archivos de los demás.

¿El secreto? Cada persona tiene una cuenta de usuario con sus propios archivos perfectamente aislados. Cuando alguien introduce su nombre de usuario y la contraseña, la computadora parece como si estuviera hecha a medida: muestra sus fondos de escritorio, opciones de menú, programas y archivos y le impide ver los elementos de los demás usuarios.

En este capítulo veremos cómo crear una cuenta de usuario para cada una de las personas que vaya a utilizar la computadora: su propietario, familiares, compañeros de piso o amigos que pasaban por ahí y quieren ver su correo.

También veremos cómo saltarse algunas de esas barreras para compartir información entre cuentas, lo que permitirá que todos puedan ver tus fotos de las vacaciones, por ejemplo, pero que no puedan acceder a tus cartas de amor.

Cómo funcionan las cuentas de usuario

Windows 8 quiere que cada persona que utiliza la computadora tenga su cuenta de usuario. Las cuentas de usuario funcionan como las etiquetas que nos ponemos en los congresos: de esa forma, Windows puede reconocer a la persona que está ante el teclado. Hay tres tipos de cuentas: Administrador, Estándar e Invitado. Tal y como puede verse en la figura 14-1, para empezar a utilizar la computadora hay que hacer clic en el nombre de la cuenta cuando se inicia por primera vez la pantalla Inicio de Windows 8.

¿Y eso tiene importancia? Bueno, Windows 8 otorga a cada tipo de cuenta diferentes permisos para hacer cosas distintas en la computadora. Si la computadora fuera un hotel, la cuenta de administrador sería el recepcionista, las personas hospedadas serían la cuenta estándar y las cuentas de invitados serían los que tratan de utilizar los baños de la recepción. En jerga informática, las diferentes cuentas quedarían así:

✔ **Administrador:** el administrador controla toda la computadora, decide quién puede utilizarla y qué puede hacer en ella cada usuario. En una computadora con Windows 8, el propietario suele ser el que posee la todopoderosa cuenta Administrador y el que crea cuentas para cada miembro de la casa y decide lo que pueden hacer y lo que no con la computadora.

Figura 14-1:
Windows 8 permite a los usuarios iniciar sesión con sus propias cuentas

✔ **Estándar:** los titulares de una cuenta estándar pueden acceder a prácticamente todo, pero no pueden realizar grandes cambios. Por ejemplo, no pueden instalar y ejecutar programas nuevos, pero pueden ejecutar programas ya instalados.

✔ **Invitado:** los invitados pueden utilizar la computadora pero esta no los reconoce por su nombre. Funciona de forma parecida a la cuenta estándar pero carece de privacidad: cualquier persona puede iniciar sesión con la cuenta de invitado y el escritorio estará tal y como lo dejó el último que pasó por allí. Sirve muy bien para navegar por la red, pero poco más.

La forma más habitual de asignar cuentas cuando compartes una computadora sería la siguiente:

✔ En una familia, los padres suelen tener la cuenta de administrador; los hijos, la estándar, y la nana, la cuenta de invitado.

✔ En un piso compartido, el propietario de la computadora tendría la cuenta de administrador y los compañeros de piso la cuenta estándar o de invitado, en función de la confianza que haya (o del estado en que hayan dejado la cocina esa semana).

Para evitar que cualquier persona pueda iniciar sesión con tu cuenta de usuario, debes poner una contraseña (en el apartado "Cómo crear contraseñas y configurar la seguridad" de este capítulo explico cómo elegir una contraseña).

A veces, alguien inicia sesión en su cuenta, pero si no toca el teclado durante un rato, la computadora entra en modo reposo. Al reactivarse, solo aparecerá la cuenta de usuario de esa persona y su foto. Para ver las cuentas de los demás usuarios, haz clic en la flecha (como la del margen) para cambiar de usuario.

Las cuentas de invitados no pueden conectarse mediante llamada telefónica a internet. Podrán acceder a la red si la computadora tiene una conexión de banda ancha y si está siempre habilitada.

Cómo modificar la cuenta de usuario o añadir una nueva

Son como ciudadanos de segunda: a los titulares de una cuenta estándar les falta poder. Por ejemplo, pueden ejecutar programas y cambiar la foto

Crea una cuenta estándar para ti

Si algún programa malintencionado está alojado en tu computadora y has iniciado sesión como administrador, ese programa tiene tanto poder como tú. Es peligroso porque las cuentas de administrador pueden borrar casi todo. Por eso Microsoft sugiere crear **dos** cuentas para ti: una de administrador y otra estándar y utilizar la estándar para el día a día.

De esa forma, Windows 8 te tratará como a cualquier usuario estándar: cuando la computadora haga algo potencialmente perjudicial, Windows 8 te pedirá que introduzcas la contraseña de una cuenta de administrador. Introduce tu contraseña de administrador y Windows 8 te dejará seguir. Pero si Windows 8 te pide permiso de forma inesperada para hacer algo extraño, es que ese algo huele mal.

Tener una segunda cuenta es incómodo, claro está. Pero es como tener una llave para entrar en casa, una medida más de seguridad.

de perfil, o incluso cambiar su contraseña. Pero el administrador es el que tiene la sartén por el mango: puede crear y eliminar cuentas de usuario, hacer desaparecer el nombre de una persona, archivos y programas de la computadora (nunca pongas de mal humor a un administrador).

Si eres el administrador, crea una cuenta estándar para todas las personas que vayan a utilizar la computadora. Los usuarios disponen así de suficiente control de la computadora para no tener que estar molestándote todo el rato y, además, se evita que puedan borrar accidentalmente archivos importantes o que armen un buen lío con la computadora.

Cómo añadir un usuario

Los titulares de una cuenta de administrador pueden añadir una cuenta de usuario en la pantalla Configuración de la pantalla Inicio, para lo cual hay que seguir estos pasos:

1. **Abre la barra Charms, haz clic en el ícono Configuración y después, en el botón Cambiar configuración de PC.**

   Para abrir la barra Charms, lleva el puntero del ratón hasta la esquina superior o inferior derecha, desliza el dedo hacia dentro desde el margen derecho de la pantalla táctil o pulsa la combinación de teclas ▦ + C.

2. En la pantalla Configuración, haz clic en la categoría Usuarios.

Aparece la pantalla Tu cuenta, como puede verse en la figura 14-2, con las diferentes opciones que puedes modificar, así como una opción para añadir a otra persona.

Ya que estás por aquí, puedes cambiar cosas en tu cuenta, como la contraseña, o bien cambiar de una cuenta Microsoft a una cuenta local (explicaré ambas en el siguiente paso).

3. Para añadir una nueva cuenta de usuario, haz clic en Agregar un usuario, aparecerá a continuación la ventana Agregar usuario en la que tendrás que decidir qué tipo de cuenta quieres crear.

Microsoft complica las cosas, como puede verse en la figura 14-3, ya que te pide que elijas qué tipo de cuenta quieres crear para el nuevo usuario. Hay dos opciones:

- **Cuenta local:** selecciona esta opción para los invitados, familiares o personas que no disponen de una cuenta de Microsoft y carecen de sus privilegios. Estas personas podrán utilizar la computadora con una cuenta genérica. Para crear una cuenta local, haz clic en Iniciar sesión sin una cuenta Microsoft y ve directamente al paso número 5.

  Cuenta Microsoft: selecciona esta opción cuando alguien te lo pida específicamente. Como se describe en el capítulo 2, una cuenta Microsoft es una dirección de correo electrónico relacionada con Microsoft, sus computadoras y su departamento

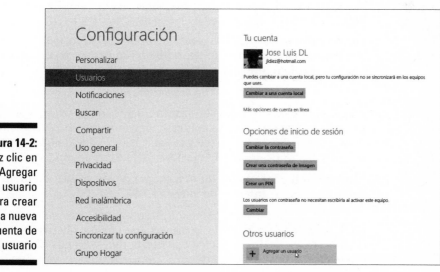

Figura 14-2:
Haz clic en Agregar un usuario para crear una nueva cuenta de usuario

Configuración

Personalizar
Usuarios
Notificaciones
Buscar
Compartir
Uso general
Privacidad
Dispositivos
Red inalámbrica
Accesibilidad
Sincronizar tu configuración
Grupo Hogar

Tu cuenta

Jose Luis DL
jldiez@hotmail.com

Puedes cambiar a una cuenta local, pero tu configuración no se sincronizará en los equipos que uses.

Cambiar a una cuenta local

Más opciones de cuenta en línea

Opciones de inicio de sesión

Cambiar la contraseña

Crear una contraseña de imagen

Crear un PIN

Los usuarios con contraseña no necesitan escribirla al activar este equipo.

Cambiar

Otros usuarios

+ Agregar un usuario

Figura 14-3:
Introduce
una
dirección
de correo
electrónico
para
registrar
una cuenta
Microsoft

de facturación. Por ejemplo, el titular de una cuenta de este tipo puede comprar apps con su tarjeta de crédito, abrir archivos almacenados en un espacio especial en internet llamado SkyDrive y disponer de otras ventajas asociadas a la cuenta Microsoft. Para crear una, ve al paso siguiente.

¿No tienes claro qué tipo de cuenta quieres crear? En ese caso, crea una cuenta local. Si lo desea, esa persona siempre tendrá la posibilidad más adelante de pasarse a una cuenta Microsoft.

4. **Para crear una cuenta Microsoft, introduce la dirección de correo electrónico en el cuadro de texto Dirección de correo electrónico, haz clic en Siguiente y, por último, en Finalizar.**

   La cuenta estará esperando en la pantalla Inicio.

   Cuando esa persona quiera utilizar la computadora, tendrá que elegir su cuenta e introducir la contraseña. Windows consulta en internet y, si la dirección de correo y la contraseña coinciden, la cuenta estará lista para empezar a funcionar. Ya has terminado.

5. **Haz clic en Iniciar sesión sin una cuenta de Microsoft, como puede verse en la parte inferior de la figura 14-3.**

   Ante el susto que se lleva Microsoft porque estás pensando utilizar una cuenta local en lugar de su maravillosa cuenta, Microsoft muestra una página de confirmación con dos botones: Cuenta Microsoft y Cuenta local.

6. Haz clic en el botón Cuenta local.

Así le estás confirmado a Microsoft que sí quieres una cuenta local (después de todo, siempre cabe la posibilidad de transformar más adelante la cuenta local en una cuenta Microsoft).

Aparece una nueva pantalla en la que te piden el nombre de usuario, la contraseña de la cuenta y un indicio de la contraseña, por si no te acuerdas de ella.

7. Introduce el nombre de usuario, la contraseña y el indicio de contraseña y haz clic en Siguiente.

Utiliza el nombre de esta persona o su apodo para el nombre de usuario. A continuación, elige una contraseña simple y un indicio de contraseña; el usuario podrá cambiarla después de iniciar sesión.

8. Haz clic en Finalizar.

Dale a esa persona su nombre de usuario y la contraseña. El nombre de usuario estará esperando en la pantalla de inicio de sesión para que pueda empezar a utilizar la computadora.

A diferencia de las versiones anteriores de Windows, Windows 8 crea cuentas estándares para todos los usuarios nuevos. Después, puedes hacer que suba a la categoría de Administrador; para ello hay que modificar la cuenta, lo que explicaré en el siguiente apartado.

Modificar una cuenta de un usuario que existe

La pantalla Configuración de la pantalla Inicio (su minipanel de control) permite crear una cuenta nueva para un amigo o un familiar, tal y como acabamos de ver en el apartado anterior. También puedes cambiar cosas en tu cuenta, como la contraseña, o bien cambiar de una cuenta Microsoft a una cuenta local.

Pero si quieres modificar la cuenta de alguien o borrarla, tendrás que ir al Panel de control del escritorio.

Para modificar la cuenta de un usuario, sigue estos pasos:

1. Haz clic con el botón derecho en la esquina inferior izquierda de la pantalla y elige Panel de control en el menú emergente.

En el escritorio, desliza el dedo hacia dentro desde el borde derecho de la pantalla y toca el ícono Configuración. A continuación, toca en Panel de control en la parte superior del panel Configuración.

2. **Haz clic en Cuentas de usuario y protección infantil.**

3. **Haz clic en el enlace Cuentas de usuario y, después, en Adminis- trar otra cuenta.**

Aparece la ventana Administrar cuentas, como puede verse en la figura 14-4, con todas las cuentas que hay en la computadora.

Ya que estás por aquí, activa la cuenta Invitado. Para ello, haz clic en el nombre y después, en el botón Activar. La cuenta Invitado es un espacio práctico y seguro para que los visitantes utilicen tu compu- tadora, ya que no les das acceso a tus archivos y les impides que puedan hacer algo que perjudique a la computadora.

4. **Haz clic en la cuenta que quieras modificar.**

Windows 8 muestra una página con la foto de la cuenta y las siguien- tes opciones:

- **Cambiar el nombre de cuenta:** será tu oportunidad para corregir un nombre mal escrito. O si te apetece, dale algo de vida a la cuenta y cambia a Martínez por Superlópez.

- **Crear/Cambiar la contraseña:** todas las cuentas deberían tener una contraseña para evitar que otros usuarios entren en ella. Aquí podrás añadir una o cambiar la existente.

- **Configurar la Protección infantil:** es un verdadero regalo para los padres, ya que esta opción permite seleccionar las horas a las que este usuario podrá acceder a la computa- dora, así como limitar los programas y juegos que puede

Figura 14-4: La ventana Administrar cuentas permite cambiar la configu- ración de otras cuentas de la compu- tadora

ejecutar. En el capítulo 11 explico la Protección infantil, que en Windows 7 y Vista se denomina Control parental.

- **Cambiar el tipo de cuenta:** aquí podrás cambiar el estatus del usuario estándar y ascenderlo a administrador y al contrario: hacer que un diabólico administrador baje a categoría estándar.

- **Eliminar la cuenta:** no elijas esta opción precipitadamente porque borrar la cuenta de alguien implica borrar también todos sus archivos. Si lo haces, selecciona la opción Conservar archivos que aparece a continuación. Los archivos de esa persona irán a una carpeta de tu escritorio para salvaguardarlos.

- **Administrar otra cuenta:** guarda todos los cambios y entra en la cuenta de otra persona.

5. **Cuando hayas terminado, cierra la ventana con un clic en la X roja de la esquina superior derecha.**

Los cambios realizados en una cuenta de usuario surten efecto de inmediato.

Cómo pasar rápidamente de un usuario a otro

Windows 8 permite a toda una familia, compañeros de piso o empleados de un pequeño despacho, compartir la misma computadora o tableta. La computadora sabe qué programas utiliza cada usuario. Mamá puede jugar al ajedrez y después, Miguel inicia sesión para ver su correo. Cuando mamá vuelva a iniciar sesión unos minutos más tarde, su partida estará justo donde la había dejado: sacrificar o no la torre.

Conocida como Cambio rápido de usuario, esta opción funciona de forma sencilla y rápida. Si alguien quiere iniciar sesión para, por ejemplo, ver su correo un momento, sigue estos pasos:

1. Ve a la pantalla Inicio.

Para volver a la pantalla Inicio, pulsa la tecla Windows ; con el ratón, lleva el cursor hasta la esquina superior o inferior izquierda y haz clic en el ícono Inicio.

Figura 14-5:
El menú
muestra los
nombres de
todos los
usuarios
autori-
zados a
utilizar esta
compu-
tadora

En una pantalla táctil, desliza el dedo hacia dentro desde el borde derecho de la pantalla para que aparezca la barra Charms y, después, toca el ícono Inicio.

2. **Haz clic en la foto de la cuenta de usuario en la esquina superior derecha.**

Aparece un menú como el de la figura 14-5.

3. **Selecciona el nombre del titular de la cuenta de usuario que quiera iniciar sesión.**

Windows te deja conectado, pero muestra inmediatamente la cuenta de la otra persona para que pueda introducir su contraseña.

Cuando termine, puede cerrar sesión como se indica en el paso número 2 con un clic en la foto de su cuenta de usuario en la esquina superior derecha de la pantalla Inicio. Pero, en esta ocasión, deberá elegir Cerrar sesión. Windows lo hace y te deja volver a entrar, para lo cual tienes que volver a introducir tu contraseña.

Recuerda estos consejos cuando pases de un usuario a otro en tu computadora:

✔ Con tanto cambio de usuario, quizá se te olvide qué cuenta estás usando. Para comprobarlo, abre la pantalla Inicio. El nombre de la cuenta y su foto aparecen en la esquina superior derecha. Además,

Windows 8 muestra la palabra "Sesión iniciada" debajo de la foto de cada usuario que esté conectado en ese momento.

✔ No reinicies la computadora si alguien sigue conectado o esa persona perderá todo lo que no haya guardado (Windows 8 te avisa antes de reiniciar la computadora, lo que te permite pedirle a esa persona que cierre sesión y guarde lo que está haciendo).

✔ Si un usuario estándar quiere cambiar la configuración de un programa o instalar uno, aparecerá una ventana en la que se le solicita un permiso de administrador. Si quieres aprobar la acción, introduce tu contraseña en la ventana de aprobación. Windows 8 te permitirá hacer el cambio como si hubieras iniciado sesión con tu propia cuenta.

Cómo compartir archivos entre titulares de cuentas

Lo normal es que el sistema de cuentas de usuarios de Windows mantenga los archivos de cada uno por separado, de modo que el hermano pequeño no pueda leer el diario de su hermana mayor. Pero ¿qué pasa si estás trabajando en equipo y quieren acceder a los mismos archivos? Una opción es mandarlos por correo, o ponerlos en una unidad USB y llevarlos de una computadora a otra.

Pero una forma más sencilla es ir al escritorio de Windows y utilizar el sistema de bibliotecas. Pon una copia del archivo en una carpeta pública de una de las bibliotecas. Al ponerlo ahí, aparece en las bibliotecas de todos los usuarios, todos pueden verlo, editarlo o borrarlo (incluso los visitantes ocasionales con una cuenta de invitado).

Los archivos que estén en una carpeta pública también aparecerán en aquellas computadoras que estén conectadas a través de un Grupo Hogar, un sencillo sistema de conexión en red que veremos en el capítulo 15.

Para ir hasta las carpetas Público de las bibliotecas y copiar allí los archivos para poder compartirlos, sigue estos pasos:

1. **En el escritorio, abre el Explorador de archivos.**

Si estás en la pantalla Inicio, haz clic en el mosaico Escritorio. Una vez allí, haz clic en el ícono Explorador de archivos, que puede verse en el margen.

Aparece el Explorador de archivo con las cuatro bibliotecas en el panel izquierdo: Documentos, Imágenes, Música y Videos.

2. **Haz un doble clic en la biblioteca en la que vas a compartir los archivos.**

Haz un doble clic en la biblioteca Música, por ejemplo, como puede verse en la figura 14-6, a su vez, aparecerán dos carpetas: Mi música y Música pública.

Para hacer un doble clic en una pantalla táctil, toca dos veces rápidamente.

Las cuatro bibliotecas muestran en todo momento el contenido de una carpeta pública, así como el contenido de tu carpeta personal.

Lo bueno de las carpetas públicas es que su contenido aparece en las bibliotecas de todos los usuarios. Si Manu pone archivos de música en su carpeta de Música pública, aparecerá automáticamente en la carpeta de Música pública de Mónica.

3. **Copiar el archivo o carpeta que quieres compartir a la carpeta pública de la biblioteca correspondiente.**

Puedes arrastrar y soltar directamente el archivo en el ícono de la carpeta pública que está en el panel de navegación situado a la izquierda. En cuanto llega a la carpeta pública, aparece automáticamente en la biblioteca de los demás usuarios, que podrán abrirlo, editarlo o borrarlo (ya que lo pueden borrar, lo recomendables es copiar los archivos a la carpeta pública en lugar de moverlos).

Aquí tienes algunas sugerencias más sobre las carpetas públicas:

Figura 14-6: Si pones un archivo en una carpeta pública, todos los titulares de una cuenta pueden acceder a ella

✔ Para saber exactamente qué elementos estás compartiendo, examina tus propias bibliotecas, que están en el panel de navegación. Por ejemplo, para ver qué archivos de música estás compartiendo, haz un doble clic en la palabra Música en tu biblioteca y luego en Música pública. Cualquiera puede acceder al contenido de esa carpeta, cambiarlo, o borrarlo.

✔ Si ves que hay algo en una carpeta pública que no debería estar ahí, muévelo a su propia carpeta. Por ejemplo, mueve ese disco de Franz Ferdinand de la carpeta Música pública a tu carpeta Mi música.

✔ Si conectas la computadora en red, como veremos en el capítulo 15, podrás crear un Grupo Hogar, que es una forma sencilla de compartir archivos entre las computadoras de un mismo hogar u oficina. Tras crear un Grupo Hogar, cualquier persona o computadora de la red puede compartirlo todo en las bibliotecas que elijas. Es una forma sencilla y adecuada de compartir todas las fotos, música y videos.

Cómo cambiar la imagen de una cuenta de usuario

Vayamos a lo que realmente importa: cambiar la aburrida imagen que Windows te coloca automáticamente en la cuenta de usuario. Windows 8 le pone una silueta genérica a todas las cuentas de usuario que se vayan creando. Si lo deseas, cambia esa imagen por algo con lo que te identifiques más: puedes hacerte una foto con la webcam de tu computadora o escoger una de la biblioteca Imágenes.

Para cambiar la imagen de tu cuenta de usuario, ve a la pantalla Inicio y haz clic en tu foto en la esquina superior derecha. Se abre un menú desplegable, selecciona Cambiar imagen de cuenta. Windows 8 abre entonces una pantalla como la de la figura 14-7.

La página de Imagen de cuenta dispone de dos opciones de configuración:

✔ **Examinar:** para asignar una imagen guardada en la computadora, haz clic en el botón Examinar. Aparecerá una nueva ventana con imágenes que hayas utilizado antes para la cuenta. Para ver las fotos de la biblioteca Imágenes, haz clic en la palabra Archivos y selecciona Imágenes en el menú desplegable. Selecciona la imagen que quieras y haz clic en el botón Elegir imagen. Windows 8 procede inmediatamente a cambiar la imagen.

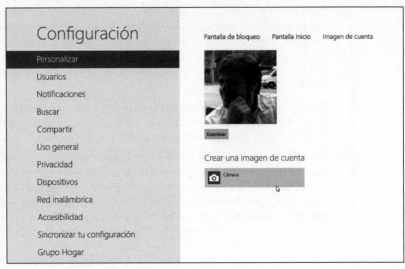

Figura 14-7:
Windows
8 permite
a cada
usuario
elegir su
imagen de
cuenta

✔ **Crear una imagen de cuenta:** esta opción solo está disponible para las personas que tengan una cámara conectada a la computadora y te permitirá elegir con qué app puedes hacer la foto. Aquí verás la app integrada Cámara, así como una serie de apps fotográficas de tu computadora.

A continuación tienes más consejos para elegir correctamente la importantísima foto de cuenta:

✔ La foto que hayas elegido para tu cuenta de usuario quedará asociada a la cuenta Microsoft y a todo lo que hagas cuando inicies sesión con esa cuenta: un teléfono con sistema operativo de Microsoft, por ejemplo, las webs de Microsoft y cualquier computadora con Windows 8 en la que inicies sesión con tu cuenta Microsoft.

✔ Puedes bajar una foto de internet y guardarla en la carpeta Imágenes para utilizarla como imagen de cuenta (haz un clic derecho en la imagen y, en función del navegador, selecciona Guardar en la Biblioteca de imágenes o Guardar imagen como).

✔ No te preocupes si la imagen es demasiado grande o demasiado pequeña, Windows 8 la ajusta automáticamente al tamaño de un timbre postal.

✔ Solo los titulares de una cuenta de administrador o estándar pueden cambiar su imagen (las cuentas de invitados únicamente pueden tener esa silueta gris sin rostro).

Cómo crear contraseñas y configurar la seguridad

No tiene mucho sentido tener una cuenta de usuario si no tienes una contraseña. Sin contraseña, Martínez, del cubículo de al lado, puede hacer clic en tu cuenta en la pantalla de inicio de sesión y merodear libremente en tus archivos.

Son sobre todo los administradores los que deben tener contraseña. Si no la ponen, están dejando automáticamente que cualquiera pueda causar estragos con la computadora: al aparecer la pantalla de autorización, bastará con pulsar Intro en la pantalla de la contraseña para acceder.

Para crear o cambiar una contraseña, sigue estos pasos:

1. **Abre la barra Charms, haz clic en el ícono Configuración y después en el botón Cambiar configuración de PC.**

   Para abrir la barra Charms, lleva el puntero del ratón hasta la esquina superior o inferior derecha, desliza el dedo hacia dentro desde el margen derecho de la pantalla táctil o pulsa la combinación de teclas ⊞ + C.

2. **En la pantalla Configuración, haz clic en la categoría Usuarios.**

   Aparecerá la pantalla Tu cuenta, como la de la figura 14-2.

3. **Haz clic en el botón Cambiar contraseña.**

   Si no tenías contraseña, tendrás que hacer clic en el botón Crear una contraseña.

4. **Escribe una contraseña fácil de recordar en el cuadro de texto Nueva contraseña. A continuación, vuelve a introducirla en el cuadro de texto Vuelve a escribir la contraseña, que está justo debajo.**

   Al volver a escribirla, asegúrate de no cometer ningún error tipográfico.

   Para cambiar una contraseña, hay que proceder de forma un poco distinta: en la pantalla aparecerá el cuadro de texto Contraseña anterior, donde tienes que introducir la contraseña que utilices actualmente (eso evita que algún bromista se cuele en tu computadora y te cambie la contraseña mientras estás tomando un café).

5. **En el cuadro de texto Escriba un indicio de contraseña, introduce una pista que te ayude a recordar una contraseña olvidada.**

Cómo crear un disco para restablecer la contraseña

Un disco para restablecer la contraseña es como una llave que te deja volver a entrar en la computadora si te olvidas de la contraseña de tu cuenta local (no puedes crear un disco para restablecer la contraseña con una cuenta Microsoft). Para crear este disco, haz lo siguiente:

1. **Abre la barra Charms, haz clic en el ícono Buscar y después, en Configuración.**

2. **En el cuadro de búsqueda, escribe "disco para restablecer contraseña" y pulsa Intro.**

Aparece el Asistente para contraseña olvidada, que te guiará por el proceso de creación de un disco para restablecer la contraseña en una tarjeta de memoria o una unidad USB.

Si olvidas la contraseña, bastará con introducir dicho disco para que haga de llave. Windows 8 te permitirá crear una nueva contraseña y todos felices. Guarda el disco en un lugar seguro porque cualquiera podría acceder a tu cuenta.

Da igual las veces que cambies de contraseña, el disco original para restablecer la contraseña seguirá funcionando y tendrás siempre una llave de repuesto para entrar en tu cuenta.

Pero asegúrate de que esa pista es válida solo para ti. No pongas "mi fecha de nacimiento", por ejemplo. Si estás en el trabajo, escribe "Nombre de mi vecina" o "Mi película favorita". Si estás en casa, pon algo que solo tú sepas y no tus hijos y cambia la contraseña de vez en cuando.

En el capítulo 2 hay más información sobre las contraseñas.

Aunque el indicio de contraseña es útil a la hora de recordarla, nunca está de más crear un disco para restablecer la contraseña, tal y como se describe en el recuadro superior.

Capítulo 15

Cómo conectar computadoras en red

· ·

· ·

Comprarse otra computadora puede suponer un problema informático: ¿cómo pueden compartir dos computadoras o más la conexión a internet y la impresora? ¿Y cómo compartes tus archivos con las demás computadoras?

La solución pasa por crear una red. Al conectar dos o más computadoras, Windows hace que se conozcan y permite que, de forma automática, intercambien información, que compartan la conexión a internet y la impresora.

Actualmente, la mayoría de las computadoras pueden conectarse sin que nadie tenga que andar tropezándose con los cables; es lo que se conoce como conexiones wi-fi o inalámbricas, que permiten a las computadoras comunicarse a través de las ondas, como un radio que emite y recibe respuestas.

Este capítulo servirá para explicar cómo relacionar todas las computadoras de una casa para que compartan cosas. Pero, cuidado: en este capítulo hay cosas un poco técnicas. No te aventures por estos parajes si no tienes una cuenta de administrador y si no te importa perder unas cuantas neu-ronas para pasar del concepto a la realización y al "¡funciona!".

Componentes de una red

Una red es simplemente dos o más computadoras conectadas que pue-den compartir cosas. Las redes pueden ser gratamente simples o deses-peradamente complejas, pero todas tienen tres cosas en común:

✔ **Un enrutador:** esta cajita funciona como una especie de policía de tráfico digital: controla el flujo de información entre computadoras. Las redes con cables e inalámbricas funcionan en la mayoría de los enrutadores.

✔ **Una tarjeta de red:** cada computadora necesita su propia tarjeta de red, una especie de micrófonos digitales. En una tarjeta de red con cable podrás conectar un cable; el otro extremo del cable va al enrutador. La tarjeta de red inalámbrica traduce la información de la computadora en señales de radio y las transmite al enrutador.

✔ **Cables de red:** las computadoras que se conecten sin cables no los necesitan, evidentemente. Pero las que carezcan de tarjetas inalám-bricas necesitan cables para conectarse con el enrutador.

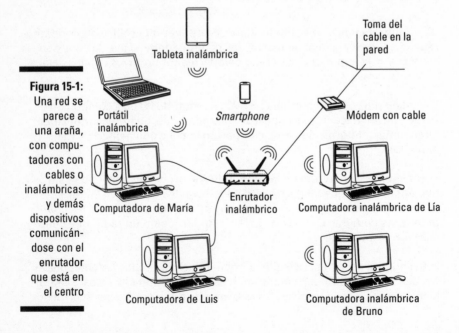

Figura 15-1: Una red se parece a una araña, con compu-tadoras con cables o inalámbricas y demás dispositivos comunicán-dose con el enrutador que está en el centro

Tableta inalámbrica

Toma del cable en la pared

Portátil inalámbrica

Smartphone

Módem con cable

Computadora de María

Enrutador inalámbrico

Computadora inalámbrica de Lía

Computadora de Luis

Computadora inalámbrica de Bruno

¿Red inalámbrica o cableada?

Es muy sencillo conectar cables entre computadoras que están en la misma mesa o en la misma habitación. Pero aparte de eso, los cables siempre arman líos. Para desenredar el lío, la mayoría de las computadoras actuales tienen tarjetas inalámbricas (wi-fi) que permiten a las computadoras comunicarse a través del aire.

Pero, al igual que las señales de radio, que van perdiendo potencia a medida que te sales de tu ciudad, la señal inalámbrica también pierde fuerza. Cuanto menos fuerza tenga, más lenta será la conexión. Si la señal inalámbrica tiene que pasar a través de tres o cuatro paredes, puede que las computadoras no se comuniquen. Las redes inalámbricas son también más complicadas de configurar que las cableadas.

Aunque las redes inalámbricas son más populares, las cableadas funcionan mucho más rápido, son más eficientes, seguras y económicas que las inalámbricas. Pero si tu compañero de piso no quiere cables en el pasillo, una red inalámbrica es la solución adecuada. Para obtener mejores resultados, combina ambas redes: conecta las computadoras que estén cerca con cables y utiliza la conexión inalámbrica para el resto.

Cuando conectas un módem a un enrutador, este distribuye rápidamente la señal de internet a todas las computadoras de tu red.

Muchas redes domésticas tienen aspecto de araña, como puede verse en la figura 15-1, con cables conectados al enrutador en el centro. Otras computadoras, portátiles, tabletas y demás cachivaches se conectan de forma inalámbrica al mismo enrutador.

El enrutador atiende por igual y de forma eficaz a las computadoras de red, ya que permite a cada computadora compartir simultáneamente una conexión a internet única.

Además, Windows permite a cada computadora utilizar la misma impresora. Cuando dos personas tratan de imprimir a la vez, Windows retiene el archivo de una de ellas hasta que la impresora se queda libre y, entonces, lo manda automáticamente cuando la impresora está lista para seguir imprimiendo.

Los enrutadores inalámbricos envían una señal de internet a todos los dispositivos inalámbricos conectados, no solo a las computadoras con Windows. Una vez configurado el enrutador, también manda la señal a los iPads o a otras tabletas, a computadoras Apple, *smartphone*s e incluso a dispositivos de cine en casa, como los reproductores de Blu-ray, las videoconsolas o las televisiones.

Cómo montar una pequeña red

Si quieres montar una red con muchas computadoras (más de diez), seguramente necesitarás un libro más avanzado. Es relativamente sencillo montar una red, pero compartir recursos puede asustar a más de uno, sobre todo si la computadora contiene material sensible. Pero si lo que quieres es montar una red en casa o en la oficina con dos o tres computadoras, aquí encontrarás lo que necesitas.

Sin más dilación, a continuación veremos una lista detallada de cómo montar una pequeña red de lo más barato. Este apartado muestra los tres componentes que hay que comprar para montar la red, cómo instalarlos y la forma de hacer que Windows cree una red fruto de tu trabajo.

Comprar los componentes para la red

Ve a la tienda de informática, sal con estos elementos y ya estarás listo para montar tu propia red:

✔ **Tarjetas de red (optativas):** muchas de las computadoras y portátiles más nuevas incluyen tarjetas inalámbricas y con cable, por lo que seguramente no necesites este artículo en la lista de la compra. Pero si tienes que ponerle una tarjeta inalámbrica a una computadora antigua, elige una que no sea demasiado cara y que puedas conectar en el puerto USB de la computadora.

✔ **Cable de red (optativo):** ¿no vas a usar una red inalámbrica? En ese caso, compra cables Ethernet, que se parecen a los del teléfono pero las clavijas son un poco más gruesas. Compra un cable por cada computadora que quieras conectar. Deberán tener la suficiente longitud para llegar de la computadora al enrutador, descrito a continuación.

✔ **Enrutador:** esta cajita lo hace todo. La mayoría de los enrutadores llevan la conexión inalámbrica incorporada y muchos tienen también un módem de banda ancha para acceder a internet. Busca un enrutador que tenga "802.11a/b/g/n", también llamado 802.11n (Inalámbrico-N). Esos enrutadores suelen ser compatibles con casi todo. Los enrutadores inalámbricos tienen normalmente cuatro clavijas para dar cabida a cualquier computadora que utilice cables.

Normalmente, las operadoras entregan un enrutador/módem inalámbrico, e incluso te mandan a un técnico para montar la red. Nunca está de más preguntar.

Cómo configurar un enrutador inalámbrico

Las personas que tienen un teléfono celular conocen las bondades de las conexiones inalámbricas. Pero para las computadoras, una conexión inalámbrica también acarrea ciertas complicaciones. Básicamente, lo que estás haciendo es instalar un radiotransmisor que emite para unos pequeños radios que están dentro de la computadora. Tendrás que preocuparte por la potencia de la señal, buscar la señal correcta y ponerle una contraseña para evitar que los desconocidos se pongan a curiosear.

Por desgracia, cada marca de enrutador inalámbrico tiene su propio programa de configuración, por lo que no puedo detallar las instrucciones para instalar uno en concreto.

En cualquier caso, todos los enrutadores necesitan al menos estos tres elementos:

✔ **Nombre de red (SSID):** escribe un nombre corto y fácil de recordar para identificar tu red inalámbrica. Después, cuando vayas a conectarte a la red inalámbrica con tu computadora, tendrás que seleccionar ese mismo nombre para no conectarte accidentalmente a la red del vecino.

✔ **Infraestructura:** de las dos opciones, selecciona Infraestructura en lugar de la poco utilizada Ad Hoc.

✔ **Seguridad:** para evitar a los fisgones, esta opción utiliza una contraseña para cifrar los datos cuando van por las ondas. La mayoría de los enrutadores tienen al menos tres tipos de contraseñas: WEP es mejor que no tener contraseña, WPA es mucho mejor y WPA2 es aún mejor. Elige la mejor opción disponible y crea una contraseña corta y que puedas recordar mezclando caracteres, del tipo Uno+Uno=2.

Muchos enrutadores incluyen un programa de instalación para que puedas cambiar estas opciones; otros disponen de un programa integrado al que se accede mediante Internet Explorer de Windows.

A medida que vas configurando la red, apunta los datos en un papel, ya que tendrás que utilizar las mismas opciones cuando la configures en las demás computadoras o dispositivos inalámbricos, una tarea que veremos en el siguiente apartado. También tendrás que darle esos datos a cualquier invitado que quiera utilizar tu conexión a internet.

Cómo configurar Windows 8 para conectarse a una red

Primero, unas palabras para los partidarios del cable: si lo que quieres es conectar la computadora al enrutador con un cable, enchufa un extremo del cable en el puerto de red de la computadora y el otro extremo en el puerto de red del enrutador (los puertos suelen estar numerados; en cualquiera irá bien). A continuación, repite la operación con el resto de cables de computadoras.

Si la empresa proveedora de internet no lo hace, conecta un cable del puerto LAN o puerto Ethernet del módem de banda ancha en el puerto WAN del enrutador.

Enciende el enrutador y habrás terminado: ya ves lo sencillo que es crear una red con cables.

Una inalámbrica es otra historia. Tras configurar el enrutador para que la red sea inalámbrica, debes indicarle a Windows 8 cómo recibirla. En el capítulo 9 hay una explicación completa de cómo conectarse a una red inalámbrica, tanto a la tuya propia como a las redes públicas, pero, a continuación, veremos una versión abreviada para conectarte a tu propia red:

1. **Abre la barra Charms y haz clic en el ícono Configuración.**

   Puedes tomar un atajo para dar este paso y abrir el panel Configuración de la pantalla Inicio de diferentes formas.

   Pulsa ▣ + I para abrir directamente el panel Configuración de la barra Charms. Con el ratón, lleva el cursor del ratón hasta la esquina superior o inferior derecha de la pantalla; cuando aparezca la barra Charms, haz clic en el ícono Configuración.

   Si eres usuario de una pantalla táctil, desliza el dedo hacia adentro desde el borde derecho de la pantalla; cuando la barra Charms aparezca, toca el ícono Buscar.

2. **Haz clic en el ícono de red que está casi al final del panel Configuración.**

Dicho ícono cambia de forma en función del entorno y del método de conexión:

- **Wi-Fi:** cuando veas un ícono como el que está en el margen, es que estás dentro del área que cubre tu red inalámbrica. Empieza a salivar y ve al paso número 3.

- **Wi-Fi (Desconectado):** cuando veas un ícono como el que está en el margen, es que no estás dentro de área que cubre la red inalámbrica. Acércate hacia el enrutador hasta que veas que las barras indicadoras empiezan a recibir la señal.

- **Red (Acceso a Internet):** este ícono significa que el cable está correctamente conectado entre el enrutador y la computadora.

- **Red no identificada (Limitado):** el cable no está conectado correctamente, o el enrutador no ha tenido tiempo de detectar la computadora conectada.

Si te conectas a una red inalámbrica y en el ícono dice Conectado, es que la red está en funcionamiento. Pero si dice Desconectado, apaga el enrutador, módem y computadora. Después vuelve a encenderlos, primero el módem, luego el enrutador y, por último la computadora, pero deja pasar un minuto antes de encender el siguiente.

3. Haz clic en el ícono Conectado.

Windows rastrea las ondas y enumera todas las redes inalámbricas que están dentro del alcance de la computadora, incluida la tuya, esperemos (tu red llevará el nombre —el SSID— que hayas elegido al configurar el enrutador, tal y como vimos en el apartado anterior).

4. Elige la red inalámbrica deseada con un clic en su nombre y, a continuación, haz clic en el botón Conectar.

Si seleccionas la casilla Conectar automáticamente antes de hacer clic en el botón Conectar, Windows se conectará automáticamente a esa red la próxima vez que estés dentro de su radio de alcance para así no tener que repetir todos estos pasos.

5. Introduce la contraseña.

Ahora es cuando tienes que introducir la misma contraseña que pusiste cuando configuraste la red inalámbrica.

O, si tu modelo de enrutador lo permite, pulsa un botón en el enrutador para eludir la contraseña y conectarte inmediatamente.

6. Decide si quieres compartir tus archivos con el resto de los usuarios de tu red.

Cuando llegues a la altura del paso número 6, es que has configurado correctamente la red inalámbrica. Todas las computadoras de la red deben disponer ya de acceso a internet. ¡Enhorabuena!

7. **Ya que te conectas desde casa y no en un lugar público, selecciona la opción Sí, activar uso compartido y conexión con los dispositivos.**

Eso permite compartir archivos e impresoras con el resto de los usuarios de la red.

Si no consigues conectarte, sigue estos pasos:

✔ Por muy extraño que parezca, los teléfonos inalámbricos y los microondas interfieren con las redes inalámbricas. Procura tener el teléfono inalámbrico en una habitación distinta a la computadora inalámbrica y no te pongas a calentar leche cuando estés navegando por la red.

✔ Cuando estés en el escritorio de Windows 8, el ícono de la red inalámbrica de la barra de tareas (que puede verse en el margen) facilita una forma sencilla de conectarse. Si en la barra de tareas del escritorio hay un ícono de red inalámbrica, haz clic en él y ve directamente al paso número 3.

Configurar o conectarse a un Grupo Hogar

Crear una red entre computadoras les facilita la tarea de compartir recursos: una conexión a internet, una impresora o incluso archivos. Pero ¿cómo se pueden compartir unos archivos sí y otros no?

La solución de Microsoft se llama Grupo Hogar. Una forma sencilla de establecer una red, el Grupo Hogar permite a cada computadora de la casa compartir los archivos que casi todo el mundo quiere compartir: música, fotos, videos y la impresora común. Crea un Grupo Hogar y Windows empezará automáticamente a compartir esos contenidos.

El Grupo Hogar no se limita a Windows 8, es más, funciona perfectamente con cualquier computadora de tu red que tenga Windows 7 (por desgracia, no funciona con Windows Vista ni Windows XP).

A continuación, veremos cómo se configura un Grupo Hogar en Windows 8, además de cómo unirse a uno si ya lo configuraste con otra computadora.

1. **Abre la barra Charms, haz clic en el ícono Configuración y, después, en el botón Cambiar configuración de PC.**

Con el ratón, lleva el cursor hasta la esquina superior o inferior derecha de la pantalla para abrir la barra Charms. Haz clic en el ícono Configuración (como puede verse en el margen) y, después, en el botón Cambiar configuración de PC.

En una pantalla táctil, desliza el dedo hacia dentro desde el borde derecho de la pantalla y toca el ícono Configuración. A continuación, toca en Cambiar configuración de PC.

2. **En la pantalla Configuración, haz clic en la categoría Grupo Hogar y después, en el botón Unirse o Crear.**

Si ves el botón Crear, haz clic en él para crear un nuevo Grupo Hogar. Después ve directamente al paso número 3.

Si puedes ver el botón Unirse (como puede verse en la figura 15-2), es que alguien ha creado antes un Grupo Hogar en esa red. Para unirte, introduce la contraseña del Grupo Hogar y haz clic en el botón Unirse.

¿No sabes cuál es la contraseña? En una computadora con Windows 7 o Windows 8, abre cualquier carpeta y haz un clic derecho en Grupo en el hogar, en la parte izquierda del panel de navegación y selecciona Ver la contraseña de Grupo Hogar.

Independientemente de si haces clic en Unirse o Crear, Windows te pregunta qué quieres compartir.

Figura 15-2:
Haz clic en
Unirse para
entrar en
el Grupo
Hogar;
haz clic
en Crear
para crear
un Grupo
Hogar
nuevo

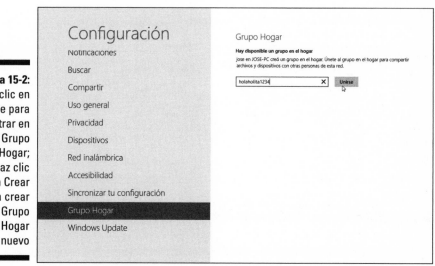

3. Selecciona los elementos que quieres compartir.

Como puede verse en la figura 15-3, en esta ventana puedes seleccionar lo que quieres compartir en el Grupo Hogar. Para compartir un elemento, actívalo con un clic en el interruptor de su derecha (la barra se pone de color azul cuando compartes ese elemento). Para mantener algo en privado, deja el interruptor a la izquierda (la barra se queda de color gris).

La mayoría de la gente suele compartir la Música, Imágenes, Videos e Impresoras y no la biblioteca Documentos porque, normalmente, contiene material personal. Para compartir estas carpetas con dispositivos de cine en casa y videoconsolas, activa la opción Dispositivos multimedia, como puede verse en la parte inferior de la figura 15-3.

Compartir una carpeta con los demás solo les permite acceder a los archivos, ver las imágenes o los videos, por ejemplo. No pueden modificarlos ni borrarlos, tampoco pueden crear ningún archivo ni moverlos a tu carpeta.

Si estabas uniéndote a un Grupo Hogar, ya has terminado.

4. Si hiciste clic en el botón Crear, apunta la contraseña que aparece en la parte inferior de la pantalla.

Después tendrás que introducir esa misma contraseña en todas las computadoras que quieras incluir en el Grupo Hogar.

Figura 15-3:
La mayoría de la gente suele compartir la Música, Imágenes, Videos, Impresoras y Dispositivos multimedia y deja los Documentos sin compartir

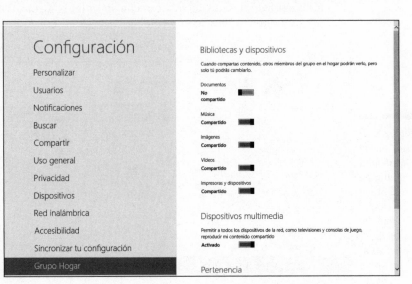

Cuando hayas terminado, te habrás unido (o creado) a un Grupo Hogar accesible desde cualquier computadora de tu red con Windows 8 y Windows 7.

✔ Al crear o unirte a un Grupo Hogar, decides las bibliotecas que quieres compartir desde tu propia cuenta. Si los demás titulares de una cuenta en esa computadora quieren compartir sus bibliotecas, tendrán que hacer lo siguiente: abrir cualquier carpeta, hacer clic en Grupo en el hogar en el panel de navegación y seleccionar Cambiar la configuración del Grupo Hogar. Se abrirá una ventana en la que pueden marcar los elementos que quieren compartir y, a continuación, deberán hacer clic en Guardar cambios.

¿El resto de los usuarios puede entrometerse con mis archivos?

Cuando compartes una biblioteca en el Grupo Hogar lo haces para disfrutar de las ventajas de compartir: quieres que tus amigos o familiares se maravillen con las fotos de tu viaje a Costa Rica, por ejemplo. Pero lo que no quieres es que te borren los archivos originales o se entrometan con ellos. ¿Compartir archivos permite a los demás borrarlos o dibujar bigotitos en tus fotos?

No. Por esa razón Grupo Hogar muestra el contenido de una biblioteca (la cual se explica en el capítulo 5). Y las bibliotecas muestran el contenido de, al menos, dos carpetas: la tuya propia y la denominada carpeta pública. La biblioteca muestra el contenido de ambas carpetas en una única ventana, pero las trata de forma distinta. Y aquí viene la exclusiva:

✔ **Tu propia carpeta:** cuando colocas un archivo o carpeta en una de tus bibliotecas, Windows coloca automáticamente ese elemento en tu propia carpeta. Si has decidido compartir esa carpeta a través del Grupo Hogar, los demás

pueden ver los archivos que hay en ella, ver las fotos, escuchar la música o ver los videos. incluso pueden copiar lo que quieran. Pero, por suerte, no podrán modificar o borrar nada de tus archivos originales.

✔ **Pública:** además de mostrar el contenido de tu carpeta, en bibliotecas hay una segunda carpeta, conocida como carpeta pública. La carpeta pública es terreno neutral para todos y para todo. Todo lo que pongas en una carpeta pública podrá ser modificado o borrado por cualquiera. Pero como lo has puesto ahí en lugar de en tu propia carpeta, eso es lo que quieres que ocurra: quieres que alguien te aconseje sobre tu tesina, por ejemplo, o que retoque las fotos y las grabe en un CD.

Así pues, cuando quieras colaborar con otra persona en un archivo, colócalo en una carpeta pública, una tarea que explico en el capítulo 14, en el apartado sobre cómo dejar a los demás modificar tus archivos compartidos.

✔ ¿Has cambiado de opinión sobre lo que quieres compartir en el Grupo Hogar? Sigue los pasos anteriores para modificar qué bibliotecas quieres compartir.

✔ ¿No te acuerdas de la contraseña? Abre una carpeta, haz un clic derecho en Grupo en el hogar en el panel de navegación y selecciona Ver la contraseña de Grupo Hogar.

Cómo acceder a lo que los demás comparten

Para ver las bibliotecas de los demás usuarios de la red y de la computadora, ve al escritorio, para lo cual debes hacer clic en el mosaico Escritorio de la pantalla Inicio. Una vez ahí, haz clic en el ícono Explorador de archivos, como el del margen, en la barra de tareas.

Haz clic en el Grupo en el hogar, que está en el Panel de navegación de todas las carpetas. Como puede verse en la figura 15-4, la lista con los nombres e íconos de los titulares de cuentas que hayan decidido compartir sus archivos aparecerá en la parte derecha de la ventana,.

También verás nombres de usuarios de computadoras con Windows conectadas en red (computadoras conectadas a la tuya de forma inalámbrica o por cable) que hayan decidido compartir sus archivos.

Para consultar las bibliotecas compartidas por otra persona dentro del Grupo Hogar, haz un doble clic en el nombre de esa persona en la ventana Grupo Hogar. Aparecen al instante las bibliotecas compartidas de ese

Figura 15-4: Haz clic en Grupo en el hogar para ver las cuentas de los que han compartido sus bibliotecas

Figura 15-5:
Haz clic en
el nombre
del usuario
para ver sus
bibliotecas
compartidas

usuario, como puede verse en la figura 15-5, lista para que puedas consultarlas como si fueran tuyas.

Puedes hacer algo más que simplemente consultar las bibliotecas:

✔ **Abrir:** para abrir un archivo en una biblioteca compartida, haz un doble clic en su ícono, como se hace con cualquier archivo. Lo abrirá el programa correspondiente. Si aparece un mensaje de error, es que la persona que compartió el archivo ha utilizado un programa que tú no tienes. ¿Solución? Compra o descarga el programa de internet o pídele a esa persona que guarde el archivo en un formato que tus programas puedan abrir.

✔ **Copiar:** para copiar un archivo de un usuario del Grupo Hogar, arrástralo hasta tu biblioteca: haz clic en el archivo y sin soltar el botón del ratón, llévalo hasta tu biblioteca. Suelta el botón del ratón y Windows copiará el archivo en la biblioteca. Otra opción es seleccionar un archivo y pulsar Ctrl + C para copiarlo y a continuación, ve a la carpeta donde quieres copiarlo y pulsa Ctrl + V para pegarlo.

✔ **Borrar o cambiar:** puedes borrar o cambiar algunos, no todos, los archivos que estén en el Grupo Hogar de otro usuario. Lo expliqué en el recuadro "¿El resto de los usuarios pueden entrometerse con mis archivos?".

Por desgracia, el Grupo Hogar solo funciona en computadoras con Windows 7 y Windows 8. Los que siguen enganchados a Windows Vista o Windows XP pueden compartir archivos y carpetas mediante una red, para lo cual deben copiar los archivos en las carpetas públicas o compartidas.

Cómo compartir una impresora en red

Si has montado un Grupo Hogar, como acabamos de ver en este capítulo, compartir una impresora será muy sencillo. Tras conectar la impresora USB (esas que tienen un conector como el que puede verse en el margen) a una de tus computadoras con Windows 8, ya lo estarás. Windows reconoce automáticamente la nueva impresora en cuanto la enciendes.

Además, tu computadora con Windows 8 difunde ipso facto la noticia al resto de computadoras con Windows de la red. En pocos minutos, el nombre de esa impresora y su ícono aparecerán en el resto de computadoras y en los menús de impresión.

Haz lo siguiente para comprobar que la impresora puede verse en el resto de las computadoras con Windows de la red:

✔ **Windows 8:** haz un clic derecho en la esquina inferior izquierda y selecciona Panel de control en el menú desplegable. Ahí, selecciona la categoría Hardware y sonido y haz clic en Dispositivos e impresoras. La impresora de red aparece en la sección Impresoras.

✔ **Windows 7:** haz clic en el botón Inicio y selecciona Dispositivos e impresoras. La impresora de red aparece en la sección Impresoras y faxes.

✔ **Windows Vista:** haz clic en el botón Inicio, selecciona Panel de control y abre la categoría Hardware y sonido. Haz clic en Impresoras para ver el ícono de la impresora.

✔ **Windows XP:** haz clic en el botón inicio, selecciona Panel de control y abre la categoría Impresoras y hardware. Haz clic en Impresoras para ver el ícono de la impresora.

Parte V
Música, fotos y películas

En esta parte...

*H*ásta ahora, el libro ha cubierto los temas más aburridos, aunque necesarios: configurar la computadora para que consigas hacer tu trabajo. Esta parte del libro te ayudará a convertir la computadora en un centro de entretenimiento:

✔ muéstrales a tus amigos tus fotos tanto de Facebook como de tu computadora desde un solo programa;

✔ crea un CD de grandes éxitos para el radio del coche;

✔ reproduce películas digitales en la computadora o en una tableta;

✔ organiza un álbum de fotos digital desde tu cámara digital.

Cuando estés listo para reproducir contenidos o socializar durante un rato, pasa a esta parte del libro para que te eche una mano.

Capítulo 16

Cómo reproducir y copiar música

. . . .

En este capítulo

▶ Cómo reproducir música, videos y CD

▶ Cómo crear, guardar y editar listas de reproducción

▶ Cómo copiar un CD al disco duro o a otro CD

. . . .

*E*n sintonía con esa imagen bicéfala de Windows 8, tu computadora dispondrá de dos reproductores multimedia: uno en la pantalla Inicio, formado por mosaicos y el Reproductor de Windows Media, un clásico de la casa.

Como muchos de los elementos del minimalista mundo de la pantalla Inicio, la app de Música dispone de lo esencial para reproducir, pausar y pasar de una canción a otra.

Por el contrario, el Reproductor de Windows Media del escritorio tiene muchos botones para organizar tus discos, crear listas de reproducción, transformar la música de los CD en archivos o hacer el camino inverso, transformar los archivos de música en un CD de música.

El Reproductor de Windows Media de Windows 8 es prácticamente igual que el del Windows 7. Salvo una excepción: ya no reproduce DVD. Para hacerlo, hay que utilizar el complemento Windows Media Center o el Windows 8 Pro Pack: actualizaciones de Windows 8 descritas en el capítulo 1.

En este capítulo se explica cómo reproducir música con cada reproductor, así como la forma de sacarle más partido a tu reproductor favorito.

Cómo reproducir música desde la pantalla Inicio

La app Música de la pantalla Inicio no es exactamente un reproductor de música, sino, más bien, una tienda. Como puede verse en la figura 16-1, el programa dedica casi todo el espacio en pantalla a mostrar publicidad de títulos bien ubicados en las listas de ventas.

¿Y dónde está tu música? Desplázate hacia la izquierda y encontrarás un mosaico con los discos que ya tienes en la computadora. Hay otra sorpresa en el nombre de la app. Aunque se llame Música, al abrirla pasa a denominarse Música Xbox.

Para iniciar la app Música y reproducir (o comprar) música, sigue estos pasos:

1. **Haz clic en el mosaico Música en la pantalla Inicio.**

   La pantalla Inicio aparece al encender la computadora. Para acceder a ella desde el escritorio, pulsa la tecla Windows (⊞) o lleva el cursor del ratón a la esquina inferior izquierda y haz clic.

   En una pantalla táctil, desliza el dedo hacia dentro desde el borde derecho de la pantalla para que aparezca la barra Charms y, después, toca el ícono Inicio para volver a la pantalla Inicio.

2. **Si quieres, inicia sesión con tu cuenta Microsoft o Xbox LIVE o simplemente haz clic en Cancelar.**

Figura 16-1: El reproductor de música de la pantalla Inicio parece más una tienda que un reproductor

Cada vez que abras la app Música, Microsoft tratará de vincularla con tu cuenta Microsoft o Xbox LIVE. Dado que esas cuentas pueden vincularse a una tarjeta de crédito, necesitarás una de ellas para comprar canciones (en el capítulo 2 se describen las cuentas Microsoft).

¿No quieres comprar música? Puedes seguir escuchando tu propia música en esta app, pero verás en la esquina superior derecha la frase No se puede iniciar sesión. Si cambias de opinión y quieres comprar canciones, haz clic en No se puede iniciar sesión y la app te facilitará la posibilidad de iniciar sesión con una cuenta Microsoft.

3. **Desplázate a la derecha para escuchar una muestra o comprar una canción.**

   La app Música, como vimos en la figura 16-1, dispone de varias pantallas. Para navegar entre ellas, pulsa las teclas de dirección o lleva el puntero del ratón a los márgenes derecho e izquierdo de la pantalla.

   La pantalla de bienvenida muestra imágenes de los artistas más conocidos o un mosaico formado por la música almacenada en tu computadora. En la esquina inferior izquierda, como vimos en la figura 16-1, la pantalla de bienvenida muestra la última canción reproducida. Haz clic en el botón Reproducir para volver a escucharla.

   La segunda pantalla, llamada Tienda de música Xbox, te permite escuchar muestras de canciones de los últimos CD y comprarlas, si quieres.

   Una pantalla más a la derecha está Lo más popular, otra tienda para los temas más populares.

   Haz clic en cualesquiera de los mosaicos para averiguar qué hay en cada categoría.

4. **Desplázate al extremo izquierdo para ver la música de tu computadora.**

   Para ir directamente a tu música, desplázate hasta el extremo izquierdo. Una vez allí, la pantalla Mi música muestra los discos que tienes en la computadora. Haz clic en el mosaico del álbum para ver las canciones.

   Para ver toda tu música, haz clic en Mi música, en la parte superior. Aparecerá una lista que podrás ordenar alfabéticamente, por álbumes, artistas, canciones o listas de reproducción.

5. **Para reproducir un álbum o una canción, haz clic en el mosaico y, a continuación, en Reproducir.**

Haz clic en el mosaico para ver un álbum o una canción y aparecerá el mini reproductor. En función de los acuerdos de licencia de tus dispositivos, puedes reproducir la canción en tu computadora, en la consola Xbox o añadirla a una lista de reproducción.

6. **Ajustar la música mientras está sonando.**

Haz un clic derecho en la pantalla (o toca, si utilizas una pantalla táctil) para que aparezcan los controles de la barra App, como puede verse en la figura 16-2. La barra App dispone de cinco íconos para controlar la música: Aleatorio, Repetir, Anterior (volver a la canción anterior), Pausa y Siguiente (pasar a la canción siguiente).

Mientras se reproduce el tema, la app Música muestra un mosaico con portadas de discos, pero son de otros artistas, ya que la idea es que realices una compra compulsiva.

Para ajustar el volumen, pulsa ⊞ + C o lleva el puntero del ratón a la esquina superior o inferior derecha para abrir la barra Charms. Haz clic en el ícono Configuración, después en el de Sonido y desplaza el indicador de sonido arriba o abajo.

Un buen número de tabletas táctiles dispone de un control de volumen integrado en el borde de la pantalla.

La app Música seguirá reproduciendo el archivo aunque cambies a otra app o al escritorio. Para pausar o cambiar de canción, tienes que volver a la app Música y abrir la barra App, tal y como se indicó en el paso número 7.

Figura 16-2: Durante la reproducción, haz un clic derecho en la pantalla para que aparezcan los controles para reproducir aleatoriamente, pausar y pasar de una canción a otra

Cómo devolver la música al Reproductor de Windows Media

Windows espera que la app Música y su tienda en línea sean una mina de dinero. Consecuentemente, Windows 8 intentará meterte con calzador la app Música. Si estás en el escritorio y abres un archivo de tu biblioteca de música, la app Música irrumpe para reproducir el archivo.

Para complicar aún más las cosas, en el escritorio no hay ningún ícono para iniciar el completo Windows Media Player.

Poner remedio a esta particularidad es bastante sencillo. Sigue los pasos de este apartado para devolver la música al Reproductor de Windows Media.

Nota: la versión Windows RT de Windows 8, descrita en el capítulo 1, no incluye el Reproductor de Windows Media. Si no te gusta la app Música, es probable que haya más de una y más de dos acordes con tu gusto en la Tienda de apps.

1. **Haz un clic con el botón derecho en la pantalla Inicio y selecciona Todas las aplicaciones en la barra de apps que está en la parte inferior de la pantalla.**

   La pantalla inicio enumera todas las apps y programas instalados.

   Si utilizas una pantalla táctil, desliza el dedo hacia arriba desde el borde inferior de la pantalla y, a continuación, toca el ícono Todas las aplicaciones.

2. **Haz un clic derecho en el mosaico Reproductor de Windows Media y selecciona Anclar a inicio en el menú que aparece en la parte inferior.**

   Eso hace que el ícono del Reproductor de Windows Media aparezca en la barra de tareas del escritorio para poder acceder de forma más cómoda.

   Con una pantalla táctil, desliza el ícono del Reproductor de Windows Media hacia abajo y levanta el dedo. Después selecciona Anclar a inicio en el menú que aparece en la parte inferior.

3. **Abre la app Panel de control del escritorio.**

   El ícono de esta app, que puede verse en el margen, está en la lista Todas las aplicaciones, a la derecha del ícono del Reproductor de Windows Media.

4. Una vez abierto el Panel de control, haz clic en la categoría Programas. Haz clic en Programas predeterminados y, después, en
Establecer programas predeterminados.

5. En el panel de la izquierda, haz clic en Reproductor de Windows
Media. A continuación, haz clic en la opción Establecer este programa como predeterminado y haz clic en Aceptar, como puede
verse en la figura 16-3.

Esta operación le indica al Reproductor de Windows Media que reproduzca todos los archivos multimedia y que evite la app Música de
la pantalla Inicio.

Una vez realizada esta acción, el Reproductor de Windows Media se pondrá en marcha cuando hagas un doble clic en cualquier archivo de audio
del escritorio. También puedes abrir el programa si haces clic directamente en su ícono (como el del margen) en la barra de tareas.

Estas operaciones no deshabilitan ni desinstalan la app Música de la
pantalla Inicio. Para utilizarla, haz clic en su mosaico en la pantalla Inicio.
Toda la música de las listas de la app se reproducirá mediante dicha app.

El Reproductor de Windows Media reproduce más de cincuenta tipos de
archivos de audio y video. Para decidir qué archivos puede abrir, selecciona, en el paso número 5 de la lista que acabamos de ver, Elegir opciones predeterminadas para este programa. Cuando aparezca Establecer

Figura 16-3:
Selecciona
Establecer
este progra-
ma como pre-
determinado
para que el
Reproductor
de Windows
Media abra
los archivos
de música
y no la app
Música de la
pantalla Inicio

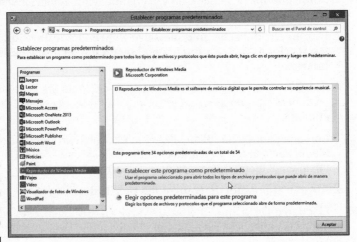

Cómo ejecutar el Reproductor de Windows Media por primera vez

La primera vez que abres el Reproductor de Windows Media del escritorio, una pantalla de bienvenida te pregunta qué hacer con la configuración de privacidad, almacenamiento y compra de música. Hay dos opciones:

✔ **Configuración recomendada:** creada para los impacientes, esta opción carga la configuración de Microsoft para el Reproductor de Windows Media. Se configura como el reproductor por defecto de la mayoría de archivos de audio y video, pero no de los archivos MP3 (la app Música sigue teniendo preferencia para el más popular de los formatos de audio). El Reproductor de Windows Media hará un barrido por internet para actualizar el título de tus canciones e informará a Microsoft de lo que ves y escuchas. Selecciona Rápida si vas con prisa; siempre podrás volver a reconfigurarlo más adelante.

✔ **Configuración personalizada:** destinada para los meticulosos y aquellos que se preocupan por su privacidad, esta opción permite gestionar al detalle el comportamiento del Reproductor de Windows Media. Pasarás una serie de pantallas en las que tendrás que elegir el tipo de archivos de audio y video que el reproductor podrá utilizar y podrás controlar la cantidad de información sobre tus costumbres musicales que se le envía a Microsoft. Elige esta opción solo si tienes ganas de pasarte un buen rato leyendo aburridas pantallas de opciones.

Si, más adelante, quieres personalizar alguna de las opciones, ya sean las que seleccionaste en la instalación rápida o las de la personalizada, haz clic en el botón Organizar del Reproductor de Windows Media en la esquina superior izquierda y selecciona Opciones.

asociaciones para un programa, selecciona exactamente qué archivos quieres que abra el Reproductor de Windows Media.

Almacenamiento de la biblioteca del Reproductor de Windows Media

 Puedes abrir el Reproductor de Windows Media con un clic en su ícono en la barra de tareas, la barra que está en la parte inferior del escritorio. ¿No está el ícono? En el apartado anterior se explica cómo ponerlo ahí.

Cuando ejecutas el Reproductor de Windows Media, el programa clasifica automáticamente los archivos de audio, video, imágenes y programas de televisión grabados y los cataloga en su propia biblioteca.

Pero si ves que faltan archivos en esa biblioteca, puedes indicarle al reproductor dónde están siguiendo estos pasos:

1. **Haz clic en el botón Organizar del Reproductor de Windows Media y selecciona Administrar bibliotecas en el menú desplegable, que, a su vez, despliega otro menú.**

   Aparecen cuatro tipos de archivos multimedia que el Reproductor de Windows Media puede reproducir: Música, Videos, Imágenes, TV grabada.

2. **En el menú desplegable, selecciona el nombre de la biblioteca a la que le faltan archivos.**

   Aparece una ventana como la de la figura 16-4 con las carpetas examinadas por la biblioteca seleccionada. Por ejemplo, la biblioteca Música del reproductor suele examinar el contenido de la carpeta Mi música y de Música pública.

   Pero si almacenas los archivos en otro sitio, como en un disco duro portátil, una memoria USB o en línea, ahora podrás indicarle al reproductor la ubicación de todos esos archivos.

3. **Haz clic en el botón Agregar, selecciona la carpeta o dispositivo que tenga los archivos, haz clic en el botón Incluir carpeta y, después, en Aceptar.**

   Al hacer clic en el botón Agregar, se abre la ventana Incluir carpeta. Ve hasta la carpeta que quieres añadir, la del disco duro externo, por

Figura 16-4:
Haz clic en el botón Agregar para seleccionar la carpeta en la que el Reproductor de Windows Media buscará

ejemplo, y haz clic en el botón Incluir carpeta. El Reproductor de Windows Media empezará al instante a examinar esa carpeta y añadirá a su biblioteca los archivos de audio que haya en ella.

Para añadir música de más carpetas o dispositivos, como, por ejemplo, una carpeta de una computadora conectada en red o de un dispositivo USB, repite estos pasos hasta que hayas añadido todas las ubicaciones en las que el Reproductor de Windows Media debe buscar archivos multimedia.

Para indicarle al reproductor que deje de buscar en una carpeta, sigue estos mismos pasos, pero en el número 3, haz clic en la carpeta que quieres dejar de examinar y haz clic en el botón Quitar, que puede verse en la figura 16-4.

Cuando ejecutas el Reproductor de Windows Media, el programa muestra todos los archivos multimedia que ha recopilado (como puede verse en la figura 16-5) y sigue alimentando su biblioteca de las siguientes formas:

✔ **Examina tus bibliotecas:** el Reproductor de Windows Media examina constantemente las bibliotecas Música, Imágenes y Videos, así como las ubicaciones que hayas añadido. Actualiza automáticamente su biblioteca cuando añades o quitas archivos de tus bibliotecas (puedes cambiar lo que el Reproductor de Windows Media examina siguiendo los tres pasos explicados anteriormente).

✔ **Examina las carpetas públicas:** el Reproductor de Windows Media cataloga automáticamente cualquier elemento ubicado en las carpetas públicas de tu computadora por los titulares de cuentas de usuario de tu computadora o por alguien de una computadora conectada en red.

✔ **Añade los archivos reproducidos:** cada vez que reproduzcas un archivo de audio de tu computadora o de internet, el Reproductor

Figura 16-5:
Haz clic
en un
elemento en
la izquierda
para ver su
contenido
en la
derecha

de Windows Media añade la canción o su dirección de internet a su biblioteca para que puedas buscarla y volver a escucharla. A menos que le digas lo contrario, el Reproductor Windows Media no añade los archivos reproducidos recientemente en las computadoras, dispositivos USB o tarjetas de memoria de los demás.

✔ **Música extraída de los CD:** al insertar un CD de música en el lector de CD, Windows 8 ofrece la posibilidad de extraer su contenido. Es jerga informática que significa copiar la música del CD a la computadora, una tarea que descrita en el apartado "Cómo extraer (copiar) un CD en la computadora" que veremos más adelante. Cualquier archivo de audio que se extraiga aparecerá automáticamente en la biblioteca del Reproductor de Windows Media (por desgracia, el Reproductor de Windows Media no copia películas en DVD a la biblioteca, ni tampoco las reproduce).

✔ **Canciones y videos descargados de tiendas en línea:** con el Reproductor de Windows Media se puede comprar en varias tiendas en línea (pero no en la de iTunes de Apple). Cuando compras una canción, el Reproductor de Windows Media almacena automáticamente su biblioteca con tu última compra.

Repite cuantas veces sean necesarias estos pasos para buscar los archivos deseados. El Reproductor de Windows Media ignora los que ya tiene catalogados y añade todos los nuevos.

El Reproductor de Windows Media 12 no permite la edición avanzada de las etiquetas de las canciones, lo que se describe en el recuadro. En su lugar, el reproductor las edita automáticamente en tu lugar a partir de una base de datos en línea.

Cómo navegar en las bibliotecas del Reproductor de Windows Media

La biblioteca del Reproductor de Windows Media es donde tiene lugar la acción entre bastidores. Aquí es donde se organizan los archivos, se crean listas de reproducción, se copian CD o se elige lo que vas a escuchar.

La primera vez que lo abres, el Reproductor de Windows Media muestra muy oportunamente la biblioteca Música. Pero el Reproductor de Windows Media dispone, en realidad, de varias bibliotecas diseñadas para mostrar no solo tu música, sino también imágenes, videos y programas de televisión grabados.

¿Qué son las etiquetas de una canción?

Dentro de cada archivo de audio vive un diminuto ser llamado etiqueta, que informa sobre el título de la canción, artista, álbum y demás información relacionada. Para organizar las canciones y catalogarlas, el Reproductor de Windows Media lee esas etiquetas y no el nombre del archivo. Prácticamente todos los reproductores multimedia, incluidos los iPods, se basan en esas etiquetas.

Son tan importantes que, de hecho, el Reproductor de Windows Media se conecta a internet para recoger información de las canciones y, cuando añade archivos a su biblioteca, automáticamente completa las etiquetas.

A mucha gente este tipo de cosas les da igual, pero hay otras personas muy meticulosas al respecto. Si tus etiquetas ya tienen la información que, a tu juicio, es necesaria, indícale al Reproductor de Windows Media que deje de entrometerse. Haz clic en el botón Organizar, selecciona Opciones, haz clic en la pestaña Biblioteca y desmarca la casilla Recuperar información adicional de Internet. Si tus etiquetas están hechas un lío, deja marcada esa casilla; de esa forma, el reproductor las limpiará.

Si el Reproductor de Windows Media mete la pata, puedes arreglar las etiquetas: haz un clic derecho en el archivo de la canción (o, si es un álbum, en las canciones seleccionadas) y selecciona Buscar información del álbum. Cuando aparezca una ventana con la canción o el álbum seleccionado, haz clic en el enlace Edite la información manualmente. Aparecerá otra ventana en la que podrás completar el álbum, intérprete, género, pistas, título, artista colaborador y compositor. Haz clic en Listo cuando hayas completado la información.

Todos los archivos reproducibles están en el Panel de navegación, en la parte izquierda de la ventana, como puede verse en la figura 16-6. La mitad superior del panel es para tu colección multimedia, con tu nombre en la parte superior.

En la mitad inferior, llamada Otras bibliotecas, podrás examinar las colecciones del resto de los usuarios de la computadora, así como las de aquellas personas que comparten sus archivos a través de sus computadoras conectadas en red.

El Reproductor de Windows Media organiza los contenidos en las categorías siguientes:

✔ **Listas de reproducción:** ¿te gusta reproducir los álbumes o las canciones en un orden determinado? Haz clic en el botón Crear lista de reproducción que está encima de las canciones para guardarlas como lista de reproducción y que aparezca en esta categoría (las

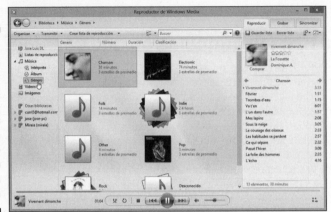

Figura 16-6:
Haz clic en
el tipo de
contenido
multimedia
que deseas
explorar en
el Panel de
navegación
situado a la
izquierda

listas de reproducción las veremos en el apartado de este capítulo
Cómo crear, guardar y editar listas de reproducción).

✔ **Música:** toda tu música digital está aquí. El Reproductor de Windows
Media reconoce la mayoría de formatos de audio, incluidos el MP3,
WMA, WAV e incluso archivos 3GP utilizados en algunos teléfonos celulares (también reconoce los archivos AAC protegidos contra copia
y que se venden en iTunes, pero no reconoce formatos sin pérdida o
sin comprimir como FLAC, APE u OGG).

✔ **Videos:** aquí están los videos que has guardado de tu videocámara
o cámara digital o los que has bajado de internet. La biblioteca multimedia reconoce los archivos AVI, MPG, WMV, ASF, DivX, algunos
MOV y algunos formatos más.

✔ **Imágenes:** el Reproductor de Windows Media puede mostrar fotos
de forma individual o como presentación, pero la biblioteca Imágenes, descrita en el capítulo 17, gestiona mejor las fotos (el Reproductor de Windows Media no puede corregir las fotos y darles la vuelta,
por ejemplo, algo sencillo de realizar con la biblioteca Imágenes).

✔ **TV grabada:** los programas de televisión grabados aparecen aquí si tu
computadora tiene el equipo necesario para grabarlos (el programa
de Windows 8 para grabar televisión, el Media Center, solo está disponible como complemento, tal y como se describe en el capítulo 1).

✔ **Otro medio:** elementos que el reproductor no reconoce y esconde
en esta zona. Es muy probable que no tengas mucho que hacer con
esta categoría.

✔ **Otras Bibliotecas:** aquí están los elementos multimedia de otras computadoras del Grupo Hogar (un tipo de red descrito en el capítulo 15).

✔ **Guía multimedia:** aquí están las puertas a las tiendas de música en línea de Microsoft.

Tras hacer clic en una de las categorías, el Panel de navegación del reproductor permite ver los archivos de diferentes formas. Por ejemplo, haz clic en Intérprete y el panel mostrará la música ordenada alfabéticamente por el nombre del artista.

Lo mismo ocurre al hacer clic en la categoría Género, que separa canciones y álbumes por estilo musical, como puede verse en la figura 16-6. En lugar de poner simplemente un nombre para que hagas clic en él (Electrónica, por ejemplo), el reproductor los agrupa por portadas, como si hubieras colocado tus vinilos o CD en el suelo del salón.

Para reproducir algo en el Reproductor de Windows Media, haz un clic derecho en el elemento y selecciona Reproducir. O para reproducir todas las canciones de un intérprete o de un género, haz un clic derecho en el montón y selecciona Reproducir todo.

Cómo reproducir archivos de audio (MP3 y WMA)

El Reproductor de Windows Media reproduce diversos tipos de archivos de audio digitales, pero todos tienen una cosa en común: cuando le indicas al reproductor que reproduzca una canción o un álbum, inmediatamente la coloca en la lista Reproducción en curso, una lista de elementos puestos a la cola para escucharlos unos detrás de otros.

Puedes reproducir archivos de audio con el Reproductor de Windows Media de diferentes maneras, incluso si el programa no está abierto en ese momento:

✔ Haz clic en el ícono del Explorador de archivos (que puede verse en el margen) de la barra de herramientas, haz un clic derecho en un álbum o en un archivo de audio y selecciona Reproducir con el Reproductor de Windows Media. El reproductor salta a escena y reproduce la canción que acabas de elegir.

Sí, el Reproductor de Windows Media te espía

Al igual que con tu tarjeta de crédito o con la tarjeta del supermercado, el Reproductor de Windows Media te espía. La Declaración de privacidad de 5 000 palabras del reproductor se puede resumir así: el Reproductor de Windows Media informa a Microsoft de cada canción, archivo o película que reproduzcas. Hay gente a la que esto le da miedo, pero si Microsoft no sabe lo que estás reproduciendo, el Reproductor de Windows Media no puede buscar en internet la información sobre el perfil del intérprete y las portadas.

Si no te importa que Microsoft merodee en tus CD, no hace falta que sigas leyendo. De lo contrario, selecciona el nivel de privacidad: haz clic en el botón Organizar, en la esquina superior izquierda, selecciona Opciones y después haz clic en la pestaña Privacidad. Aquí está la lista con las opciones de privacidad que provocan tanto alboroto:

✔ **Mostrar información multimedia de Internet:** si esta opción está seleccionada, el Reproductor de Windows Media informará a Microsoft sobre el CD que acabas de poner y mostrará toda una serie de elementos en pantalla: la portada del CD, títulos de las canciones, nombre del intérprete y demás información similar.

✔ **Actualizar archivos de música con info. multimedia de Internet:** Microsoft examina tus archivos y si reconoce alguno, completa las etiquetas de la canción con la información correcta (para más información sobre las etiquetas, consulta el recuadro "¿Qué son las etiquetas de una canción?").

✔ **Enviar el Id. único del Reproductor a proveedores de contenido:** conocido en el sector como minería de datos, esta opción permite a otras empresas saber cómo utilizas el Reproductor de Windows Media. Para no estar en sus bases de datos, deja desmarcada la casilla.

✔ **Cookies:** como otros muchos programas o sitios web, el Reproductor de Windows Media sigue de cerca tu actividad con unos archivitos llamados *cookies*. No siempre son malos, porque ayudan al reproductor a conocer tus preferencias.

✔ **Historial:** el Reproductor de Windows Media muestra los últimos archivos reproducidos para tu comodidad (y para que tus compañeros de trabajo o familiares se diviertan). Para que no vean los últimos archivos reproducidos, desmarca todas las casillas de esta sección y haz clic en los botones Borrar historial y Borrar caché.

✔ Si estás en la biblioteca Música, haz un clic derecho en el archivo y selecciona Agregar a la lista del Reproductor de Windows Media. El archivo se pone a la cola en el reproductor, listo para ser reproducido en cuanto acabe la canción que está sonando ahora.

✔ Haz doble clic en un archivo de audio, independientemente de si está en el escritorio o en cualquier otra carpeta. El Reproductor de Windows Media lo reproduce inmediatamente.

Para reproducir canciones de la biblioteca del Reproductor de Windows Media, haz un clic derecho en el nombre de la canción y selecciona Reproducir. La canción empieza a sonar inmediatamente y aparece en la lista Reproducción en curso.

Estas son otras formas de reproducir archivos de audio con el Reproductor de Windows Media:

✔ Para reproducir un álbum entero en la biblioteca del Reproductor de Windows Media, haz un clic derecho en el álbum cuando estés en la categoría Álbum de la biblioteca y selecciona Reproducir.

✔ ¿Quieres escuchar varios archivos o álbumes consecutivamente? Haz clic en el primero y selecciona Reproducir. Haz un clic derecho en el siguiente y selecciona Agregar a lista Reproducción en curso. Repite hasta que termines. El Reproductor de Windows Media los pone a la cola en la lista Reproducción en curso.

✔ Para volver a un elemento reproducido recientemente, haz un clic derecho en el ícono del Reproductor de Windows Media de la barra de tareas. Haz clic en el nombre del elemento que aparece en la lista.

✔ ¿No hay canciones potables en tu biblioteca de música? En ese caso, copia tus CD favoritos a la computadora, lo que se conoce como extracción, que explicaré más adelante en el apartado "Cómo extraer (copiar) un CD en la computadora".

Cómo controlar los elementos de la lista Reproducción en curso

Puedes reproducir un archivo de audio directamente desde la biblioteca del Reproductor de Windows Media: haz un clic derecho en el archivo, álbum o género y selecciona Reproducir.

Pero para abrir un reproductor más pequeño y manejable, haz clic en el botón de alternancia Cambiar a, que puede verse en el margen, y se abrirá la ventana Reproducción en curso, como la de la figura 16-7 (el botón Cambiar a está en la esquina inferior derecha de la biblioteca).

La minimalista ventana Reproducción en curso muestra lo que se está reproduciendo en ese momento, que puede ser un video o la portada del álbum. Los controles en pantalla permiten ajustar el volumen, saltar de canción o de video o detener la acción.

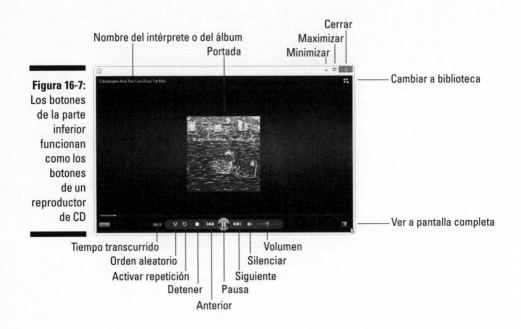

Figura 16-7: Los botones de la parte inferior funcionan como los botones de un reproductor de CD

Nombre del intérprete o del álbum
Portada
Cerrar
Maximizar
Minimizar
Cambiar a biblioteca
Ver a pantalla completa

Tiempo transcurrido
Orden aleatorio
Activar repetición
Detener
Anterior
Pausa
Siguiente
Silenciar
Volumen

El Reproductor de Windows Media dispone de una serie de controles básicos cuando se está reproduciendo un archivo, ya sea una canción, video, CD, foto o presentación. La figura 16-7 muestra el Reproductor de Windows Media abierto con la ventana Reproducción en curso y con el álbum que está reproduciendo en ese momento. Las etiquetas en la figura explican la función de cada botón. O bien, coloca el puntero del ratón encima de un botón y aparecerá una ventana emergente con la explicación correspondiente.

Los botones de la parte inferior funcionan más o menos como los que hay en los reproductores de CD: reproducir, parar, retroceder, avanzar o silenciar la canción o la película. Si quieres disponer de más controles, haz un clic derecho en cualquier lugar de la ventana Reproducción en curso. Aparecerá un menú con las siguientes opciones:

✔ **Mostrar lista:** muestra la lista de reproducción en el lado derecho, lo que aporta una cierta comodidad si se quiere pasar a otra canción.

✔ **Pantalla completa:** aumenta la pantalla hasta ocuparla por completo.

✔ **Orden aleatorio:** reproduce las canciones aleatoriamente.

✔ **Repetir:** repite la misma canción una y otra vez.

✔ **Visualizaciones:** selecciona entre ver la portada del álbum o líneas onduladas, espirales juguetonas, ondas bailarinas y toda clase de efectos visuales estrambóticos.

✔ **Mejoras:** abre un ecualizador, ajustes, velocidad de reproducción, volumen y otras opciones de audio.

✔ **Letras, títulos y subtítulos:** muestra estos elementos si están disponibles, algo muy práctico para las noches de karaoke.

✔ **Comprar más música:** te dirige a la web de Microsoft `www.windows media.com` para que puedas comprar canciones y álbumes en tiendas en línea.

✔ **Reproducción en curso siempre visible:** mantiene la ventana por encima del resto de ventanas del escritorio.

✔ **Más opciones:** aparece la página Opciones, en la que puedes configurar el comportamiento del Reproductor de Windows Media a la hora de extraer música de un CD, la ubicación de la biblioteca y otras muchas opciones.

✔ **Ayuda para reproducción:** abre el programa de ayuda para buscar soluciones a los quebraderos de cabeza.

Los controles de la ventana Reproducción en curso dejan de verse cuando dejas de mover el ratón durante un rato. Para volver a verlos, mueve el puntero del ratón encima de la ventana Reproducción en curso.

Para volver a la biblioteca del Reproductor de Windows Media, haz clic en el botón de alternancia Cambiar a en la esquina superior derecha de la ventana.

Al minimizar el Reproductor de Windows Media a la barra de tareas, si pasas el puntero del ratón por encima del ícono, aparecerá una ventanita con la que podrás detener o pasar de una canción a otra.

Cómo reproducir un CD

Siempre y cuando pongas el CD en la unidad de CD de forma correcta, es decir, con la etiqueta hacia arriba, reproducir un CD es una de las tareas más simples que puede realizar el Reproductor de Windows Media. Nada más introducir el CD, el reproductor salta a la pantalla para que puedas escucharlo y normalmente identifica también el CD y el intérprete. Muchas veces pone una imagen de la portada en pantalla.

Los controles de la parte inferior, como vimos en la figura 16-7, permiten pasar de una canción a otra, ajustar el volumen y poner a punto la experiencia musical.

Si, por alguna extraña razón, el Reproductor de Windows Media no reproduce el CD automáticamente, ve a la biblioteca del elemento en el Panel de navegación del Reproductor de Windows Media, que está en la parte izquierda de la ventana. Tiene que estar el título del CD o las palabras Álbum desconocido. Cuando lo veas, haz clic en él y después en Reproducir para empezar a escuchar el disco.

Pulsa F7 para silenciar el Reproductor de Windows Media y toma esa llamada entrante. Si pulsas Ctrl + P puedes pausar o reproducir.

¿Quieres copiar el CD en tu computadora? Es lo que se denomina extracción, que veremos más adelante en este capítulo en el apartado "Cómo extraer (copiar) un CD en la computadora".

Cómo reproducir un DVD

Vamos con las malas noticias: el Reproductor de Windows Media de Windows 8 no lee los DVD. Es toda una noticia bomba, sobre todo si tenemos en cuenta que la versión de Windows 7 sí puede hacerlo. ¿Qué ha pasado?

Según Microsoft, los DVD son tecnología del pasado que ya no se necesita. Las computadoras ultraportátiles y tabletas ya no tienen ni controladores de DVD. Microsoft afirma que mucha gente ve películas y series en *streaming* en sus computadoras conectadas a internet, o que ven los DVD en sus televisores.

Además, Microsoft quería dejar de pagar los derechos de licencia a las empresas propietarias de la patentes del decodificador MPEG-2 y de compatibilidad de audio Dolby Digital, necesarios para reproducir los DVD.

Pero, a pesar de que el Reproductor de Windows Media haya dejado de reproducir los DVD, hay varias soluciones para reproducirlos en Windows 8:

✔ Pagar para comprar el Media Center Pack de Windows 8 o el Windows 8 Pro Pack. Descrito en capítulo 1, estos paquetes añaden el Windows Media Center a la computadora. Un programa independiente que puede reproducir los DVD, así como grabar programas de televisión si la computadora cuenta con un sintonizador de televisión.

✔ Utilizar reproductores de DVD de terceros ofrecidos por el fabricante de tu computadora. Muchos fabricantes incluyen una versión gratuita. Si te gusta, puedes pagar para actualizarla a la versión completa.

✔ **Descargar el reproductor gratuito VLC de** `www.videolan.org`. Creado por una empresa sin ánimo de lucro en Francia, no se rige por las leyes mexicanas.

Cómo reproducir videos y programas de televisión

Muchas cámaras digitales pueden realizar videos de corta duración, además de las fotos, así que no te sorprendas si el Reproductor de Windows Media coloca varios videos en su biblioteca Videos.

Reproducir un video es muy parecido a hacerlo con una canción. Haz clic en el Panel de navegación Videos, que está en la parte izquierda del Reproductor de Windows Media y haz un doble clic en el video que quieras ver y disfruta, como puede verse en la figura 16-8.

El Reproductor de Windows Media te permite ver videos en diferentes tamaños. Por ejemplo, para que ocupe toda la pantalla, pulsa la tecla Alt y a la vez Intro (repite esta combinación de teclas para volver al tamaño original).

✔ Para hacer que el video se ajuste automáticamente al tamaño de la ventana del Reproductor de Windows Media, haz un clic derecho

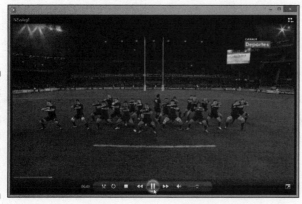

Figura 16-8:
Mueve el cursor del ratón sobre el video para ver los controles

mientras se reproduce el video, selecciona Video en el menú emergente y después, selecciona Ajustar el video al reproductor al cambiar de tamaño.

✔ También puedes pasar al modo pantalla completa si haces clic en Ver a pantalla completa en la esquina inferior derecha, como puede verse en la figura 16-8.

✔ Cuando ves un video en internet, la velocidad de conexión baja. Las conexiones de banda ancha aceptan sin problema los videos en alta definición, las conexiones más lentas y las computadoras más lentas suelen tener problemas. Una calidad de video inadecuada puede ser perjudicial para la computadora, ya que el video irá a trompicones.

✔ El área de TV grabada del Reproductor de Windows Media muestra los programas grabados con el Media Center, un complemento que solo está disponible con la versión Windows 8 Pro. Si dispones de ese complemento, podrás ver los programas grabados tanto en el Windows Media Center como en el Reproductor de Windows Media.

Cómo reproducir cadenas de radio en línea

El Reproductor de Windows Media dispone de varias radios en línea en su sitio web, www.windowsmedia.com, pero no hay forma de guardarlas. Veamos algunas formas de sintonizar cadenas de radio en línea con el Reproductor de Windows Media:

✔ Ve a Google (www.google.com) y busca "emisoras de radio en línea" a ver qué resultados obtienes. Si una emisora emite en formato MP3 o Windows Media Audio (WMA), haz clic en el botón donde diga Escuchar o En directo para cargar el Reproductor de Windows Media y empezar a escuchar el radio.

✔ Me gusta SomaFM (www.somafm.com). Dispone de una docena de emisoras con géneros muy variados y todas ellas pueden escucharse a través del Reproductor de Windows Media.

Cómo crear, guardar y editar listas de reproducción

Una lista de reproducción es, simplemente, una lista de canciones (o de videos y canciones) que se reproducen en un orden determinado. ¿Y qué más? Lo bueno de las listas de reproducción es lo que se puede hacer con ellas. Si, por ejemplo, guardas una lista de reproducción con tus canciones favoritas, podrás recuperarla después y escucharla con un solo clic.

Puedes crear listas por temas, para un viaje, fiestas, cenas especiales, para hacer ejercicio y otras muchas ocasiones.

Pare crear una lista de reproducción, sigue estos pasos:

1. **Abre el Reproductor de Windows Media y busca la lista de reproducción.**

   ¿No la ves en el lado derecho del reproductor? Haz clic en la pestaña Reproducir en la esquina superior derecha. O cuando el reproductor esté en modo Reproducción en curso, haz un clic derecho en una parte vacía de la ventana del Reproductor de Windows Media y selecciona Mostrar lista en el menú desplegable: la lista con los elementos reproducidos en ese momento aparece en la parte derecha de la ventana.

2. **Haz un clic derecho en el álbum o en la canción que quieras, selecciona Agregar a y después Lista de reproducción.**

   Otra forma es arrastrar y soltar el álbum o las canciones en el panel de la Lista de reproducción que está en el lado derecho del Reproductor

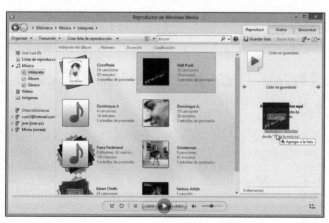

Figura 16-9: Selecciona los elementos en el panel central y a continuación arrastra y suéltalos en el panel de la derecha

de Windows Media, como puede verse en la figura 16-9. En cualquier caso, el Reproductor de Windows Media se pone en marcha en cuanto añades la primera canción. Las canciones elegidas aparecen en el panel derecho en el orden que hayas seleccionado.

3. **Pon a punto la lista de reproducción para cambiar el orden o quitar canciones.**

   ¿Has añadido algo y no querías? Haz un clic derecho en ese elemento de la lista y selecciona Quitar de la lista. Arrastra y suelta las canciones para ordenarlas a tu gusto.

   En la parte inferior de la lista de reproducción podrás ver cuántos elementos has añadido y su duración total.

4. **Cuando hayas terminado con la lista, haz clic en el botón Guardar lista que está en la parte superior, ponle un nombre y pulsa Intro.**

   El Reproductor de Windows Media coloca la nueva lista de reproducción en la sección Listas de reproducción de su biblioteca, preparada para que la escuches cuando hagas un doble clic en ella.

Tras guardar la lista de reproducción puedes grabarla en un CD con un simple clic, tal y como se describe en el siguiente consejo.

Puedes crearte un grandes éxitos personalizado y grabarlo después en un CD para escucharlo en el coche o en el equipo de música de casa. Una vez creada la lista de reproducción (de menos de 80 minutos), introduce un CD virgen en la grabadora de CD y haz clic en la pestaña Grabar. Acepta la oferta del reproductor de importar la lista de reproducción actual y a continuación haz clic en el botón Iniciar grabación.

Para editar una lista de reproducción creada anteriormente, haz un doble clic en el nombre de la lista en la biblioteca de Listas de reproducción. Reorganiza, quita y pon elementos y haz clic en el botón Guardar lista.

Cómo extraer (copiar) un CD en la computadora

En el proceso conocido como extracción, el Reproductor de Windows Media puede copiar un CD en la computadora como archivos MP3, el estándar de la industria para la música digital. Pero hasta que no le indiques que quieres el formato MP3, creará archivos en formato WMA, un formato que no funciona en los iPods ni en otros muchos reproductores.

Para hacer que el Reproductor de Windows Media cree canciones con el formato MP3, que es más versátil, en lugar de WMA, haz clic en el botón Organizar en la esquina superior izquierda, selecciona Opciones y después la ficha Copiar música desde CD. Selecciona MP3 en lugar de WMA en el menú desplegable Formato y mueve la calidad del audio de 128 a 256 o incluso 320 para obtener un mejor sonido.

Para copiar un CD al disco duro de la computadora, sigue estos pasos:

1. **Abre el Reproductor de Windows Media, introduce un CD de música y haz clic en el botón Copiar CD.**

   Tendrás que pulsar un botón en el lateral o la parte frontal de la computadora para expulsar el CD del lector.

   El Reproductor de Windows Media se conecta a internet, identifica el CD y completa el título del álbum, nombre del intérprete y título de las canciones. A continuación, el programa empieza a copiar las canciones del CD a la computadora y las va colocando en la biblioteca del Reproductor de Windows Media. Listo.

   Si el Reproductor de Windows Media no encuentra el título de las canciones automáticamente, ve directamente al paso número 2.

2. **Haz un clic derecho en la primera pista y selecciona si es preciso Buscar información del álbum.**

   Si el Reproductor de Windows Media aparece con las manos vacías, haz un clic derecho en la primera pista y selecciona Buscar información del álbum.

   Si estás conectado a internet, escribe el nombre del álbum en el cuadro de búsqueda y haz clic en Buscar. Si el cuadro de búsqueda encuentra el álbum, haz clic en el título, selecciona Siguiente y haz clic en Finalizar.

   Si no estás conectado a internet, o si el cuadro de búsqueda no arroja ningún resultado, haz un clic derecho en la primera canción, haz clic en Editar y completa a mano el título de la canción. Repite la operación con el resto de los títulos y con las etiquetas álbum, intérprete, género y año.

A continuación encontrarás una serie de consejos para copiar CD a la computadora:

✔ Normalmente, el Reproductor de Windows Media copia cada canción del CD. Si no quieres una canción en concreto en tu recopilación de grandes éxitos, desmarca la casilla de esa canción. Si el Reproductor de Windows Media ya la ha copiado en la computadora, no te preocupes y bórrala directamente en el Reproductor de Windows Media. Haz clic en el botón Biblioteca, después un clic derecho en la canción que quieres borrar y selecciona Eliminar.

✔ Algunas discográficas añaden protección anticopia en sus CD para que no puedas pasarlos a la computadora. Si compras un CD protegido, prueba a pulsar la tecla Mayús durante unos segundos justo antes y después de empujar el lector de CD con el CD dentro. A veces eso impide que se active el programa anticopia.

✔ El Reproductor de Windows Media coloca automáticamente los CD copiados en la biblioteca Música. En la biblioteca del Reproductor de Windows Media encontrarás también toda la música que hayas extraído de los CD.

Cómo grabar (crear) un CD de música

Si quieres crear un CD con tus canciones favoritas, crear una lista de reproducción con las canciones del CD y ordenarlas como quieras, graba la lista de reproducción en un CD. En el apartado anterior "Cómo crear, guardar y editar listas de reproducción" expliqué cómo hacerlo.

Pero ¿qué pasa si quieres una copia del CD para tenerla en el coche? Sería una pena rayar el original. O quizá quieres crear copias de los CD de tus hijos antes de que se conviertan en platillos volantes.

Por desgracia, ni el Reproductor de Windows Media ni Windows 8 facilitan esta posibilidad. En su lugar, tendrás que hacer circo para crear un CD nuevo con las mismas canciones y la misma fidelidad que el CD original:

1. **Copia las canciones al disco duro.**

   Antes de copiarlo, cambia la calidad de grabado a la máxima calidad: haz clic en Organizar, selecciona Opciones, haz clic en la pestaña Copiar música desde CD y cambia la opción Formato a WAV (sin pérdida). Haz clic en Aceptar.

2. **Introduce el CD virgen en la grabadora de CD.**

3. **En el Panel de navegación del Reproductor de Windows Media, haz clic en la categoría Música y selecciona Álbum para ver el CD que acabas de guardar.**

4. **Haz un clic derecho en el álbum de la biblioteca y selecciona Agregar a y después Lista de grabación.**

¡Los archivos se abren con el reproductor equivocado!

Microsoft nunca te lo dirá, pero el Reproductor de Windows Media no es el único programa para reproducir películas o canciones. Mucha gente utiliza iTunes para gestionar sus colecciones de música y películas porque es más sencillo pasar las canciones al iPod para disfrutar de ellas cuando estés por ahí. Muchos de los archivos de audio y de video de internet están en formato RealAudio o RealVideo (www.real.com), que el Reproductor de Windows Media tampoco puede manejar.

También hay usuarios que utilizan Winamp (www.winamp.com) para escuchar música, radio en línea o ver películas. Con todos estos formatos alternativos, hay gente que instala varios reproductores (uno por formato). Todas estas instalaciones hacen que los reproductores pugnen por ser el reproductor predeterminado.

Windows resuelve esta disputa con el área de Programas predeterminados del Panel de control del escritorio. Para seleccionar el reproductor que abrirá cada formato, consulta el apartado anterior de este capítulo "Cómo devolver la música al Reproductor de Windows Media". Ahí podrás repartir los formatos entre tus reproductores.

Si en Lista de grabación hay otras canciones, haz clic en el botón Borrar lista y, a continuación, añade las canciones que quieres grabar en el CD a la Lista de grabación.

5. Haz clic en el botón Iniciar grabación.

Y ahora veamos la letra pequeña: a menos que cambies la calidad a WAV (sin pérdida) cuando copies el CD a la computadora, el Reproductor de Windows Media comprime las canciones al guardarlas en la computadora, por lo que se pierde calidad de audio en el camino. Volver a grabarlas en un CD no hará que recuperen esa calidad. Si quieres la mejor calidad que el Reproductor de Windows Media puede utilizar, cambiar el formato de grabado a WAV (sin pérdida).

Si cambias el formato a WAV (sin pérdida) para copiar un CD, no te olvides de volver a cambiarlo a MP3 después, o el disco duro se te llenará cuando grabes muchos CD.

Una solución sencilla es comprar un programa de grabación de CD. Al contrario que el Reproductor de Windows Media, la mayoría de esos programas tienen un botón que permite realizar esta operación con un solo clic.

Capítulo 17

Cómo manejar fotos (y videos)

*L*as cámaras digitales de hoy en día son como computadoras en miniatura por derecho propio, por lo que es normal que Windows 8 las trate como nuevas amistades. Conecta una cámara a la computadora, enciéndela y Windows dará la bienvenida al recién llegado y te ofrecerá copiar las imágenes de la cámara a la computadora.

Este capítulo describe cómo trasladar las fotos digitales de la cámara digital a la computadora, cómo presumir de fotos con la familia y los amigos, enviarlas por correo electrónico a parientes lejanos y guardarlas donde puedas encontrarlas de nuevo fácilmente.

Un último apunte: cuando empieces a crear un álbum familiar digital, haz lo necesario para crear una copia de seguridad activando Historial de archivos, la característica de copia de seguridad de archivos de Windows 8 que describo en el capítulo 13 (donde también explico cómo copiar fotos a un CD o DVD). Las computadoras van y vienen, pero los recuerdos familiares son insustituibles.

Cómo pasar las fotos de la cámara a la computadora

La mayoría de las cámaras digitales se venden con un programa que toma las fotos y las coloca en la computadora. Sin embargo, no tienes que instalar dicho programa o intentar comprender sus menús —y menos mal.

Los programas integrados con Windows 8 obtienen con facilidad fotos de cámaras de prácticamente cualquier fabricante y modelo. Se puede controlar mejor que en versiones anteriores de Windows, ya que cuenta con la opción de clasificar las sesiones de fotos de la cámara en diferentes carpetas nombradas según el acontecimiento.

Si quieres importar las fotos de la cámara a la computadora, sigue estos pasos:

1. **Conecta el cable de la cámara a la computadora.**

   La mayoría de las cámaras viene con dos cables: uno que se conecta a un televisor para ver las fotos y otro que se conecta a la computadora. Tienes que encontrar el que se conecta a la computadora para poder transferir fotos.

   Conecta el extremo pequeño del cable de transferencia a la cámara y el extremo alargado (como se muestra en el margen) al puerto USB, un hueco rectangular como de unos 1.20 cm de largo y 0.40 cm de alto. Los puertos USB se encuentran en la parte trasera de las computadoras de escritorio antiguas, en la parte frontal de las computadoras de escritorio más modernas y en los laterales de las portátiles y tabletas.

2. **Enciende la cámara (si no lo está ya) y espera a que Windows 8 la reconozca.**

   En la esquina superior derecha de la computadora aparecerá un pequeño cuadro de texto informativo (algunos manuales lo llaman "tostadas", por extraño que parezca) que indica el modelo de la cámara y te dice "Elige lo que quieres hacer con este dispositivo".

   Toca ese cuadro de texto informativo con el dedo (en una tableta con pantalla táctil) o haz clic en él con el ratón y ve al siguiente paso.

   Si el cuadro de texto informativo desaparece antes de poder abrirlo, no te preocupes. Apaga la cámara. Espera un poco y vuelve a encenderla. El cuadro de texto informativo volverá a aparecer.

Si Windows 8 no reconoce la cámara, asegúrate de que está en "modo exposición" —el modo en que puedes ver las fotos en el visor de la cámara. Si incluso así tienes problemas, desconecta el cable de la computadora, espera unos segundos y vuélvelo a conectar. ¿Todavía no se ha solucionado? Ve al recuadro de este capítulo: "Windows 8 no importa mis fotos correctamente".

3. Elige cómo importar las fotos.

El cuadro de texto informativo, como puede verse en la figura 17-1, cuenta con tres opciones para manejar la cámara digital que acaba de ser reconocida:

- **Importar fotos y videos:** elige esta opción para importar las fotos usando la app Fotos de la pantalla Inicio. Después, ve al paso 4.

- **Abrir dispositivo para ver archivos:** ¿prefieres el escritorio? Entonces elige esta opción. Verás los contenidos de la cámara como un ícono de una carpeta pequeña dentro de una ventana, donde puedes arrastrar y soltar las fotos en la carpeta que quieras. Si quieres importar los archivos desde el escritorio, ve directamente al paso 5.

- **No realizar ninguna acción:** ¿has cambiado de idea sobre la importación de las fotos? Haz clic en esta opción para cancelarla y llevarla a cabo más tarde.

Figura 17-1:
Cuando conectas una cámara, Windows te deja importar las fotos desde la app de la pantalla Inicio o mediante el escritorio de Windows

Windows recuerda la opción que has escogido en este punto y la repetirá de forma automática la siguiente vez que conectes la cámara a la computadora.

4. **En la app Fotos, elige de entre las opciones y haz clic o toca el botón Importar para importar las fotos y videos de la cámara.**

La app Fotos, como puede verse en la figura 17-2, permite importar todas las fotos y videos importantes de la cámara a una carpeta de nombre igual a la fecha actual. Si estas opciones cumplen lo que necesitas, haz clic en el botón Importar para comenzar. Si quieres elegir las fotos que vas a importar o guardarlas en una carpeta de nombre diferente, la app Fotos permite cambiar esas opciones.

- **Imágenes:** la app Fotos normalmente elige para la importación todas las fotos y videos de la cámara. Si quieres dejar unas cuantas sin importar, haz clic en ellas. O, si quieres elegir solo unas pocas, busca las palabras Borrar selección en la esquina superior derecha para deseleccionarlas todas. A continuación, haz clic en las fotos que quieres importar.

- **Nombre de carpeta:** la app Fotos guarda las fotos y videos de la cámara en una carpeta de nombre igual a la fecha actual. Si quieres cambiar el nombre de la carpeta, borra la fecha actual de la barra inferior de la app y escribe el nombre que quieras para la carpeta.

Si haces clic o tocas el botón Importar, la app Fotos importará las fotos y videos de la cámara y los colocará en la carpeta elegida.

Figura 17-2: Si quieres importar todas las fotos y videos de la cámara en una carpeta de nombre igual a la fecha actual, haz clic en Importar

Cuando la app Fotos indique que ha terminado de importar las fotos, haz clic en el botón Abrir álbum del cuadro de texto informativo para verlas. Y ya habrás terminado.

5. **Copia las fotos de forma manual de la cámara a las carpetas que quieras.**

Si has escogido la opción Abrir dispositivo para ver archivos en el paso 3, llegarás al escritorio y verás un ícono que representa la tarjeta de memoria de la cámara. Haz doble clic en la tarjeta de memoria para empezar a echar un vistazo a las carpetas. Elige las fotos y los videos que quieres de forma manual y cópialos o muévelos a las carpetas que quieras (en el capítulo 5 explico lo que son los archivos, carpetas y tarjetas de memoria).

O, si quieres ver una forma más sencilla de importar las fotos de la cámara, ve al paso 6.

6. **Haz un clic con el botón derecho en el ícono de la cámara, haz clic en Importar fotografías y videos y elige la forma de importar las fotos.**

Busca el ícono de la cámara en el panel Navegación situado en el borde izquierdo de la carpeta. Haz un clic con el botón derecho en el ícono de la cámara y elige Importar fotografías y videos en el menú emergente. Se abrirá el cuadro de diálogo Importar fotografías y videos, como puede verse en la figura 17-3.

Windows cuenta con dos opciones que se corresponden con las dos formas diferentes en que los usuarios utilizan la cámara:

- **Revisar, organizar y agrupar elementos para importar:** esta opción, diseñada para cámaras que contienen fotos de varias sesiones diferentes, permite clasificar las fotos en grupos que

Figura 17-3:
El cuadro de diálogo Importar fotografías y videos ofrece copiar los archivos de la cámara a la computadora

se copian en carpetas diferentes. Lleva más tiempo, pero es una forma práctica de separar las fotos de las vacaciones en Acapulco en carpetas denominadas según el nombre de cada lugar. Si eliges esta opción, ve al paso 8.

- **Importar todos los elementos nuevos ahora:** este método, diseñado para cámaras que contienen solo una sesión de fotos, es mucho más sencillo, ya que copia todas las fotos en una misma carpeta. Si eliges esta opción, ve al paso 7.

7. **Selecciona la opción Importar todos los elementos nuevos ahora, añade una descripción breve en el cuadro Añadir etiquetas y haz clic en Siguiente.**

Escribe una descripción en el cuadro Añadir etiquetas —"Viaje a Acapulco", por ejemplo— y haz clic en Siguiente. Windows copiará todas las fotos en una carpeta nombrada con la fecha y la descripción "Viaje a Acapulco". También nombrará cada archivo "Acapulco 001", "Acapulco 002" y así sucesivamente. Y ya habrás terminado. Si quieres ver las fotos, abre la biblioteca Imágenes y busca tu carpeta recién nombrada.

8. **Elige la opción Revisar, organizar y agrupar elementos para importar. A continuación, haz clic en Siguiente.**

Si haces clic en las palabras Más opciones, que pueden verse en la parte inferior izquierda de la figura 17-3, podrás cambiar la forma en que Windows 8 importa las fotos. Vale la pena echarle un vistazo, ya que permite deshacer cualquier opción elegida por error al importar el primer grupo de fotos.

Figura 17-4:
Windows propone agrupar las imágenes según el lugar y fecha en que se hicieron. Puedes revisar y cambiar los grupos antes de importarlas

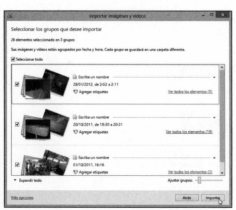

Después de hacer clic en Siguiente en la ventana Revisar, organizar y agrupar elementos para importar, Windows analiza el lugar y la fecha en que hiciste cada foto. A continuación, el programa separará las fotos en grupos momentáneamente a la espera de tu aprobación, como puede verse en la figura 17-4.

9. **Aprueba los grupos de Windows, nombra las carpetas de los grupos, añade etiquetas descriptivas y haz clic en el botón Importar.**

Nombra cada grupo haciendo clic en las palabras Escribir un nombre y escribiendo un título descriptivo, que se convertirá en el nombre de la nueva carpeta.

En el área Añadir etiquetas de cada grupo, escribe palabras que describan la sesión de fotos separando cada una con un punto y coma. Al etiquetar las fotos, puedes encontrarlas fácilmente con el programa Windows Search, descrito en el capítulo 7.

¿No te gustan los grupos que ha elegido Windows? Pues cámbialos deslizando la barra Ajustar grupos de izquierda a derecha. Deslízala hacia la izquierda para crear grupos pequeños, clasificados por cada vez que hiciste una foto. Sigue deslizándola hacia la derecha para crear menos grupos y hasta la derecha del todo para que Windows coloque todas las fotos en un mismo grupo, lo que significa que todas irán a una misma carpeta.

Tras haber nombrado los grupos y añadido etiquetas, haz clic en el botón Importar para terminar la tarea.

Si no borras las fotos de la cámara después de que Windows 8 las copie en la computadora, llegará un momento en que no tengas más espacio para hacer más fotos. Cuando Windows empiece a extraer

Figura 17-5:
Si así lo quieres, marca la casilla Borrar después de importar para liberar espacio en la cámara y poder hacer más fotos

Windows 8 no importa mis fotos correctamente

Pese a que Windows 8 suele dar la bienvenida a las cámaras en cuanto las conectas a la computadora, a veces no se hacen amigos al instante: Windows 8 puede no abrir el menú Importar fotos, o puede que otro programa intervenga. Si ocurre alguno de estos problemas, desconecta la cámara y espera 10 segundos antes de conectarla y encenderla de nuevo.

Si no se soluciona así el problema, sigue estos pasos:

1. **Haz clic con el botón derecho en la esquina inferior izquierda de la pantalla y elige Panel de control**

2. **Haz clic en la categoría Programas y después en Cambiar la configuración predeterminada de medios o dispositivos.**

3. **Baja hasta el área Dispositivos, situada cerca de la parte inferior de la ventana.**

4. **En el área Dispositivos, haz clic en el modelo de la cámara. A continuación, elige en la lista desplegable qué quieres que haga Windows al conectar la cámara a la computadora.**

Si, incluso así, Windows 8 no puede dar la bienvenida a la cámara cuando la conectas, necesitará un traductor para poder comprender el idioma de la cámara. Por desgracia, ese traductor tendrá que ser el programa incluido con la cámara. Si ya no dispones del software, normalmente lo podrás descargar del sitio web del fabricante de la cámara.

las fotos, puedes elegir la casilla Borrar después de importar, como se ve en la figura 17-5. Así se indica a Windows 8 que borre las fotos de la cámara, con lo que evita la molestia de tener que borrarlas manualmente mediante los incómodos menús de la cámara.

Cuando Windows termina de importar las fotos, abre la carpeta que contiene las nuevas imágenes.

Cómo hacer fotos con la app Cámara

La mayoría de las tabletas, las computadoras portátiles y algunas computadoras de escritorio vienen con cámaras integradas, a menudo llamadas "cámaras web". Sus pequeñas cámaras no pueden hacer primeros planos en alta resolución de ese pájaro tan raro posado en el árbol del vecino, pero son muy útiles para su principal misión: hacer una foto rápida para enviarla a los amigos o publicarla en Facebook.

Si quieres hacer una foto usando la cámara de la computadora con la app Cámara, sigue estos pasos:

1. **En la pantalla Inicio, haz clic en el mosaico Cámara para abrir dicha app.**

2. **Si la app pide poder utilizar la cámara y el micrófono, elige Permitir.**

   Como medida de seguridad, Windows te pedirá permiso para encender la cámara. Así se evita que apps entrometidas te espíen sin que lo sepas.

   Tras conceder ese permiso, la pantalla de la computadora se convierte en un campo de visión gigante que muestra exactamente lo que ve la cámara: tu cara.

3. **Ajusta la configuración si es necesario.**

   Según el tipo de cámara, la barra de la app Cámara muestra íconos diferentes, como se ve en la figura 17-6:

   - **Cambiar cámara:** este botón, pensado para computadoras portátiles y tabletas con cámara delantera y trasera, permite cambiar entre una y otra.

   - **Opciones de la cámara:** si haces clic en este ícono, aparecerá un menú emergente parecido al que se ve en la parte derecha de la figura 17-6 donde puedes alterar la resolución de la cámara y cambiar entre los micrófonos conectados a la computadora. Si puedes ver la opción Más opciones en el borde inferior del menú emergente, ábrela para cambiar más opciones ofrecidas por tu cámara en concreto.

   - **Temporizador:** esta opción, muy útil para configurar capturas, indica a la cámara que haga la foto tres segundos después de hacer clic en la pantalla (al hacer clic en el ícono, se vuelve de color blanco, lo que significa que está activado).

   - **Modo de video:** haz clic en este ícono si quieres capturar videos en vez de fotos estáticas. Al hacer clic en la pantalla, el video queda activado o desactivado (el ícono del video se volverá de color blanco, lo que indica que la cámara se encuentra en modo video). Durante las grabaciones, un pequeño cronómetro aparece en la esquina inferior derecha de la pantalla, lo que permite saber la duración real del video.

4. **Si quieres capturar una foto, haz clic en cualquier punto de la pantalla.**

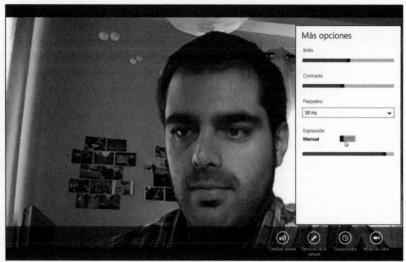

Figura 17-6: Elige las opciones de la cámara y haz clic a continuación en cualquier punto de pantalla para capturar una imagen o video

Si quieres ver la foto que acabas de capturar, haz clic en la flecha situada en el borde izquierdo de la pantalla. Si quieres regresar a la app Cámara, haz clic en la flecha situada en la parte derecha de la pantalla.

La app Cámara guarda todas las fotos y videos capturados en una carpeta llamada Camera Roll en la biblioteca Imágenes.

Cómo ver las fotos desde la pantalla Inicio

La bestia de dos cabezas de Windows 8 cuenta por naturaleza con dos formas de ver las fotos digitales en la computadora: la app Fotos de la pantalla Inicio y la app Visualizador de fotos del Escritorio.

La app Fotos de la pantalla Inicio es la mejor opción para presumir de fotos rápidamente. Extrae fotos de tus redes sociales, como Facebook y Flickr, lo que facilita mostrar todas tus fotos en un solo programa.

Sin embargo, de lo que carece la app Fotos es de opciones. No gira las fotos hacia los lados para que queden derechas. No puedes ver la fecha

Figura 17-7:
La app Fotos de la pantalla Inicio enumera las áreas de almacenamiento de fotos de la biblioteca Imágenes de la computadora, así como las áreas de almacenamiento en línea

en que capturaste una foto o con qué cámara la hiciste. Es incómoda para manejar fotos. No puede imprimir ni recortar fotos.

Pero si quieres presumir de fotos sin tanto lío, sigue estos pasos:

1. **En la pantalla Inicio, haz clic en el mosaico Fotos.**

   Se abrirá rápidamente la app Fotos, como puede verse en la figura 17-7, que muestra los mosaicos que representan las principales áreas de almacenamiento de fotos:

   - **Biblioteca de imágenes:** estas fotos viven dentro de tu computadora, en la biblioteca Imágenes. Puedes ver estas fotos incluso si no estás conectado a internet. Por el contrario, las fotos guardadas en otras áreas normalmente no se pueden ver sin conexión a internet.

   - **SkyDrive:** estas fotos viven en las potentes computadoras conectadas a Internet de Microsoft. Puedes acceder a ellas desde cualquier computadora conectada a internet si indicas el nombre de usuario de la cuenta Microsoft y la contraseña (en el capítulo 2 trato las cuentas Microsoft y, en el capítulo 5, SkyDrive).

   - **Facebook:** esta área muestra todas las fotos que has cargado en tu cuenta de Facebook (www.facebook.com).

- **Flickr:** estas fotos proceden de tu cuenta de Flickr (`www.flickr.com`), uno de los muchos sitios usados para compartir fotos.

En función de las cuentas de medios sociales que hayas añadido a Windows 8, puede que veas otras áreas mencionadas en este capítulo, incluidas las fotos guardadas en otras computadoras con Windows 8 conectadas a tu red (en el capítulo 10 explico cómo añadir cuentas de medios sociales a Windows).

2. **Haz clic en un área de almacenamiento para ver las fotos que contiene. En dicha área, haz clic con el botón derecho en la pantalla para ver la su barra App, que contiene los menús de esa pantalla en concreto.**

Haz clic en un área de almacenamiento o tócala para ver las fotos y carpetas que oculta. La app Fotos mostrará las fotos en una franja horizontal alargada de la pantalla, como se ve en la figura 17-8. En la parte superior figura el nombre de la carpeta.

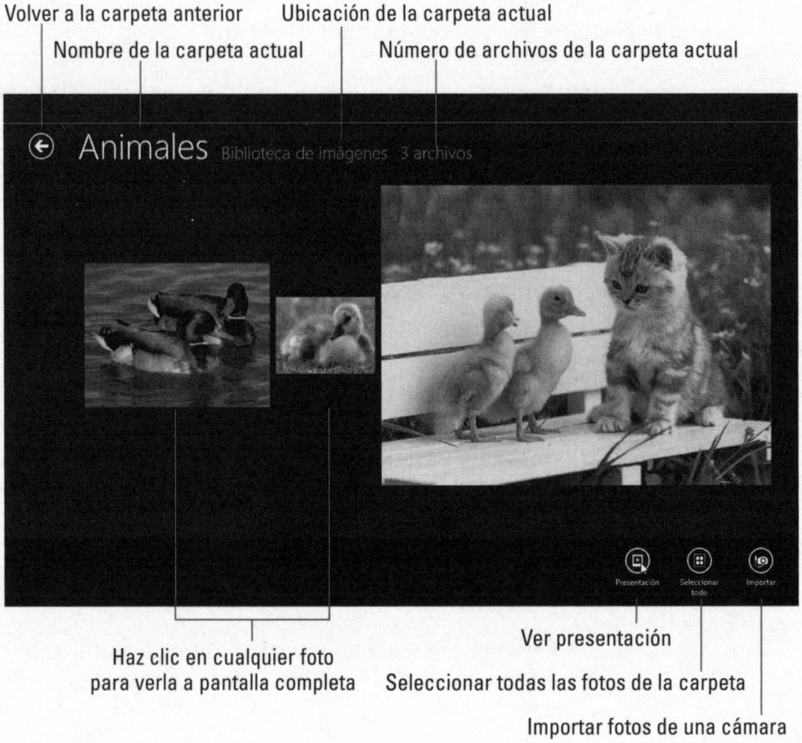
Volver a la carpeta anterior
Ubicación de la carpeta actual
Nombre de la carpeta actual
Número de archivos de la carpeta actual
Animales
Biblioteca de imágenes
3 archivos
Presentación
Seleccionar todo
Importar
Ver presentación
Haz clic en cualquier foto para verla a pantalla completa
Seleccionar todas las fotos de la carpeta
Importar fotos de una cámara

Figura 17-8: Ve hacia la izquierda o la derecha para ver las fotos, haz un clic con el botón derecho para ver los menús de su barra App y haz clic en una foto para verla a pantalla completa

En una pantalla táctil, desliza el dedo hacia arriba en el borde inferior de la pantalla para ver la barra App, como puede verse en la figura 17-6. Según lo que quieras ver, verás los íconos para las funciones Eliminar, Seleccionar todo, Ver por fecha o Ver en una presentación.

Si quieres explorar las carpetas, haz clic en la flecha que señala a la izquierda en la esquina superior izquierda de la pantalla (haz clic o toca la foto para ver una flecha que apunta en dirección contraria).

Si quieres eliminar una foto, haz un clic con el botón derecho en ella y luego haz clic en el ícono Eliminar (como el del margen) de la barra App en el borde inferior de la pantalla.

3. **Haz clic en una foto para verla a pantalla completa.**

   Cuando una foto ocupa toda la pantalla, aparecerán flechas en los bordes izquierdo y derecho. Haz clic sobre ellas para pasar de una foto a otra.

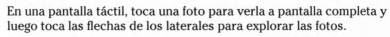

En una pantalla táctil, toca una foto para verla a pantalla completa y luego toca las flechas de los laterales para explorar las fotos.

Cuando estés viendo una foto a pantalla completa, haz clic con el botón derecho para ver la barra App. En la barra App, pulsa el ícono Establecer como para ver la foto actual como fondo de pantalla, ya sea de la Pantalla de bloqueo, de la app Foto del mosaico de la pantalla Inicio o de la propia app Foto (por ejemplo, la noria que aparece en la figura 17-7 es el fondo de pantalla real de la app Foto).

¿Estás ante una foto que un amigo tuyo tiene que ver sí o sí? Envíasela por correo electrónico. En el capítulo 10 lo explico con mayor detalle, pero esta es la versión dicha pronto y mal: busca la barra Charms, haz clic en el ícono Compartir (o pulsa +H) y luego en Enviar por correo electrónico.

Para volver a ver las fotos como una presentación, haz clic en la flecha que apunta a la izquierda en la esquina superior izquierda (puede que tengas que hacer clic en la foto para ver la flecha).

4. **Si quieres ver una presentación de la carpeta actual, haz un clic con el botón derecho en cualquier foto y luego en el ícono Presentación en la barra App.**

   La presentación no cuenta con una opción de temporizador.

5. **Si quieres salir de la presentación, haz clic sobre cualquier foto.**

Si quieres salir de la app Fotos, ve a la pantalla Inicio: pulsa la tecla 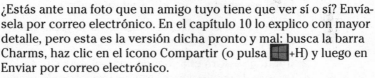 o ve a la barra Charms y haz clic en el ícono Inicio.

Cómo ver fotos desde el Escritorio

Las herramientas de gestión de herramientas del escritorio cuentan con un mejor control que la app Fotos de la pantalla Inicio, pero tienen un inconveniente: al contrario que la app Fotos, el Visualizador de fotos del escritorio solo muestra imágenes guardadas en tu propia computadora. Si quieres ver fotos guardadas en otros lugares, tienes que dirigirte a ese sitio, ya sea Facebook, SkyDrive o Flickr, por ejemplo.

Esta sección enseña a explorar las fotos guardadas en la biblioteca Imágenes, girar imágenes hasta que estén al derecho, verlas en una presentación, copiarlas a un disco, enviarlas por correo electrónico a los amigos e incluso a imprimirlas si no estás cansado de pagar precios exorbitantes por cartuchos de tinta de calidad fotográfica.

Si quieres sacarle partido al manejo de fotos del escritorio, haz clic sobre el mosaico de la app Escritorio en la pantalla Inicio. Así se abrirá la app Escritorio y sus herramientas de gestión de archivos quedarán a tu disposición.

Aunque hay un problema: al hacer doble clic sobre una foto desde el escritorio, la app Fotos de la pantalla Inicio se mete en medio para abrirla. Si quieres que el programa Visualizador de fotos de Windows se encargue de la tarea, sigue estos pasos:

1. **En el escritorio, abre el Panel de control.**

   Haz clic con el botón derecho en la esquina inferior izquierda de la pantalla y elige Panel de control en el menú emergente.

2. **Cuando se abra el Panel de control, haz clic en la categoría Programas. Haz clic en Programas predeterminados y después en Establecer programas predeterminados.**

   Se abrirá la ventana Establecer programas predeterminados.

3. **En el panel izquierdo, haz clic en el Visualizador de fotos de Windows. A continuación, elige la opción Establecer este programa como predeterminado y haz clic en Aceptar.**

   De esta forma, se le indicará al Visualizador de fotos de Windows que abra todas tus fotos, por lo que se evita la app Fotos de la pantalla Inicio.

Tras seguir estos pasos, si haces doble clic sobre una foto digital, se abrirá el Visualizador de fotos de Windows, como puede verse en la figura 17-9. Sin embargo, la app Fotos de la pantalla Inicio seguirá mostrando tus

Figura 17-9:
Haz doble clic en cualquier foto para verla en el Visualizador de fotos de Windows, donde puedes moverte entre las fotos, girarlas, borrarlas o verlas en una presentación

Cambiar zoom de la foto
Ver a pantalla completa
Ver foto anterior
Ver presentación

Eliminar
Rotar hacia la derecha
Rotar hacia la izquierda
Ver foto siguiente

fotos cuando estés en la pantalla Inicio. Pero mientras estés en el escritorio, el Visualizador de fotos de Windows del escritorio la sustituirá.

Cómo ver tus fotos desde la biblioteca Imágenes del escritorio

La biblioteca Imágenes, que se encuentra en la tira del borde izquierdo de cada carpeta del escritorio, enseguida obtiene el prestigio de ser el mejor sitio de Windows 8 donde guardar las fotos digitales. Cuando Windows 8 importa las fotos de la cámara digital, las guarda de forma automática con el fin de aprovechar las ventajas de las herramientas visualizadoras de carpetas.

Si quieres echar una ojeada en cualquier carpeta de la biblioteca Imágenes, haz doble clic en el ícono y aparecerán los contenidos de la carpeta, como puede verse en la figura 17-10.

La pestaña Vista de la Cinta de opciones es la mejor opción cuando ves u organizas fotos. Haz clic en la pestaña y pasa el puntero del ratón por encima de cada opción de Íconos muy grandes a Detalles. Según lo vas

Cómo obtener las fotos de la cámara con un lector de tarjetas

Windows 8 obtiene las fotos de la cámara de una forma relativamente fácil. Sin embargo, una tarjeta de memoria no solo acelera el proceso, sino que también es tu única opción si has perdido el cable de transferencia de la cámara. Un lector de tarjetas es una cajita con un cable que se conecta a un puerto USB —el mismo que utiliza la cámara.

Si quieres trasladar las imágenes de la cámara a la computadora, extrae la tarjeta de memoria de la cámara y deslízala con cuidado hacia el interior del hueco del lector de tarjetas que corresponda. Windows 8 se dará cuenta de que has introducido la tarjeta y la tratará casi igual que a la cámara, con menús parecidos.

También puedes abrir el Explorador de archivos desde el escritorio y hacer doble clic en la letra

de la unidad de la tarjeta de memoria para ver todas las fotos. Desde ahí puedes elegir las fotos que quieras y cortarlas y pegarlas en una carpeta de la biblioteca Imágenes.

Los lectores de tarjetas de memoria son baratos, fáciles de configurar, rápidos a la hora de copiar fotos y muy prácticos. Además, puedes dejar la cámara apagada mientras descargas las fotos de las vacaciones, por lo que la batería no se gasta. Cuando compres un lector de tarjetas, comprueba que pueda leer el tipo de tarjetas de memoria que utiliza la cámara —así como otros tipos de tarjetas de memoria—: así te aseguras de que funcionará con los aparatos relacionados con la informática que puedas comprar durante las vacaciones.

Figura 17-10: La biblioteca Imágenes permite clasificar las fotos por carpeta, de forma cronológica, por etiquetas o por tu puntuación personal

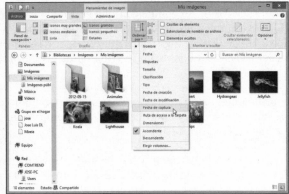

pasando por encima, las fotos van alternando los cambios, de modo que puedes ver cómo cambia la vista según la opción escogida.

La opción Ordenar por de la biblioteca Imágenes, como puede verse en la figura 17-8, proporciona montones de formas de ordenar fotos haciendo clic en diferentes palabras, fechas y etiquetas en la lista desplegable Ordenar por.

Haz un clic con el botón derecho sobre cualquier foto y elige Vista previa para ver una foto más grande en el Visualizador de fotos. Puedes regresar a la biblioteca Imágenes si cierras el Visualizador de fotos haciendo clic en la X roja de la esquina superior derecha.

Las opciones de la lista desplegable Clasificar por permite clasificar las fotos de varias maneras, entre ellas:

✔ **Fecha de captura:** esta opción, que clasifica las fotos según el orden en que las hiciste, es práctica para ver fotos en una escala de tiempo. Es la mejor forma de ver grandes grupos de fotos en una sola carpeta.

✔ **Etiquetas:** si has añadido etiquetas —palabras descriptivas— a las fotos mientras las importabas desde la cámara, podrás encontrar fotos perdidas de forma más fácil ordenándolas por etiquetas.

✔ **Fecha:** esta opción ordena las fotos según la fecha en que las añadiste a la computadora y es una forma rápida de ordenar las fotos añadidas esta semana.

✔ **Tamaño:** esta opción ordena las fotos por tamaño, lo que permite saber cuáles acaparan el mayor espacio en el disco (es un modo muy útil de encontrar videos que grabaste sin querer con la cámara).

Si ordenas las fotos de diferentes maneras, normalmente podrás dar con la captura concreta que buscas. Los siguientes consejos también aumentan las probabilidades de encontrar una foto concreta:

✔ ¿Has encontrado una foto borrosa o fea? Haz un clic con el botón derecho en la foto y pulsa Eliminar. Si tiras la basura con la tecla Suprimir, encontrarás las fotos buenas más fácilmente.

✔ ¿Te acuerdas de las etiquetas que escribiste al importar las fotos desde la cámara? Escribe cualquier etiqueta en el cuadro Buscar de la biblioteca Imágenes, situado en la esquina superior derecha, y Windows 8 mostrará rápidamente fotos que tienen esa etiqueta concreta asignada.

Cómo corregir imágenes giradas

Antes, la inclinación de la cámara a la hora de hacer la foto daba igual: basta con girar la foto impresa para verla. La mayoría de las pantallas de computadora de hoy en día no se pueden rotar, por lo que Windows 8 gira la foto por ti —si averiguas cómo hacerlo.

El truco consiste en hacer clic con el botón derecho en cada foto que aparece de lado. Elige después Girar a la derecha o Girar a la izquierda para que los verdes acantilados se conviertan en verdes praderas.

✔ ¿Quieres cubrir todo el escritorio con una foto? Haz un clic con el botón derecho en la imagen y elige Establecer como fondo de escritorio. Windows inundará el escritorio con esa foto al instante.

✔ Pasa el puntero del ratón sobre cualquier foto para ver en qué fecha se hizo, la puntuación, tamaño y dimensiones.

Cómo ver una presentación

Windows 8 cuenta con una sencilla presentación que muestra las fotos una tras otra. No es muy elegante, pero es una forma integrada de enseñar fotos a amigos que se agrupan en torno a la pantalla de la computadora. Puedes hacer que las fotos empiecen a fluir a lo largo de la pantalla de estas dos formas:

✔ Cuando estés en una carpeta de la biblioteca Imágenes, haz clic en la pestaña Administrar y luego en el ícono Presentación (como el del margen) situado en la parte superior de la carpeta.

✔ Mientras estés viendo una sola foto en el Visualizador de fotos de Windows, haz clic en el botón grande y circular Ver presentación (que puede verse en el margen) situado en el centro de la parte inferior de la carpeta.

Windows oscurecerá la pantalla al instante, la llenará con la primera imagen y después avanzará por todas las imágenes de la carpeta.

A continuación, tienes más consejos para llevar a cabo presentaciones sobre la marcha correctamente.

✔ Antes de comenzar la presentación, gira todas las imágenes que estén de lado, en su caso, para que se queden al derecho: haz un clic con el botón derecho en la foto que esté de lado y elige la opción Girar a la derecha o Girar a la izquierda.

✔ La presentación únicamente contiene las fotos de la carpeta actual, no se adentra en las carpetas dentro de dicha carpeta ni muestra sus fotos.

✔ Elige solo unas pocas imágenes de la carpeta y haz clic en el botón Presentación para limitarla solo a esas imágenes (mantén pulsada la tecla Ctrl mientras haces clic en las imágenes para elegir más de una).

✔ No tengas inconveniente en añadir música a la presentación reproduciendo una canción en el Reproductor de Windows Media, tal como se describe en el capítulo, antes de empezar la presentación. También puedes, si compraste un CD de música tradicional de Guerrero durante las vacaciones, introducirlo en el reproductor de CD para incorporar una banda sonora a tu presentación de las vacaciones.

Cómo copiar fotos digitales en un CD o DVD

Tras configurar el programa de copias de seguridad Historial de archivos de Windows 8, como se describe en el capítulo 13, se llevará a cabo una copia de seguridad de tus fotos. No obstante, si solo quieres copiar algunas fotos de un CD a un DVD (quizá para compartirlo con otros), sigue leyendo.

Ve a la tienda de informática o de suministros de oficina y coge una pila de CD o DVD vírgenes. La mayoría de las computadoras pueden leer cualquier tipo de CD o DVD virgen, salvo los Blu-ray Disc.

Después sigue estos pasos para copiar archivos de la biblioteca Imágenes a un CD o DVD virgen:

1. **Abre la biblioteca Imágenes desde el escritorio, elige las fotos deseadas, haz clic en la pestaña Compartir de la Cinta de opciones situada en la parte superior y haz clic en el ícono Grabar en disco.**

   Elige las fotos y las carpetas que quieres copiar presionando la tecla Ctrl y haciendo clic en sus íconos. También, si quieres elegirlas todas, mantén pulsado Ctrl y pulsa la tecla A. Cuando hagas clic en

Cómo mantener organizadas las fotos digitales

Resulta tentador crear una carpeta llamada Fotos nuevas en la biblioteca Imágenes y empezar a guardar imágenes en ella. Sin embargo, cuando días más tarde tengas que encontrar una foto en concreto, el sistema rápidamente se volverá ineficaz. A las herramientas de importación de Windows 8 se les da muy bien nombrar cada sesión de fotos según la fecha y la etiqueta. Estos consejos también ayudan a mantener las fotos organizadas y a que sean fáciles de recuperar:

✔ Asigna a las fotos unas cuentas etiquetas, como "Casa", "Viajes", "Familia" o "Vacaciones". Si buscas en función de esas etiquetas, será muy sencillo ver todas las fotos hechas en tu casa, durante un viaje, en visitas a familiares o acontecimientos durante las vacaciones.

✔ Windows 8 asigna la etiqueta que has elegido a cada grupo de fotos que importas. Dedica un poco de tiempo justo después a asignar más etiquetas a cada foto (puedes asignar varias etiquetas a una sola foto si las separas mediante punto y coma).

✔ Si te aficionas a la fotografía digital, baraja la opción de usar alguno de los programas de fotografías de terceros, como Picasa, de Google (`http://picasa.google.com`). Cuentan con más características de manejo y edición de fotos y mejoran las herramientas básicas de Windows 8.

el ícono Grabar en disco, Windows 8 solicitará que introduzcas un disco virgen en la unidad.

2. **Introduce un CD o DVD virgen en la bandeja de la unidad de discos grabables y ciérrala.**

   Si estás copiando muchas fotos, introduce un DVD en la grabadora de DVD, ya que un DVD puede almacenar cinco veces más información que en un CD. Si vas a dar unas cuantas fotos a un amigo, introduce un CD virgen, pues son más baratos.

3. **Decide cómo quieres usar el disco:**

   Windows cuenta con dos opciones de creación de discos:

   • **Como una unidad USB:** elige esta opción cuando quieras que otras computadoras puedan leer el disco. Windows 8 tratará el disco casi igual que una carpeta, lo que te permitirá copiar más fotos al disco en otro momento. Es una buena opción si estás haciendo una copia de seguridad de unas pocas fotos solamente, ya que puedes añadir más al disco en otro momento.

- **Con un reproductor de CD/DVD:** elige esta opción para crear discos para usar en reproductores de CD y DVD integrados en televisores. Tras grabar un disco, se queda sellado, por lo que no podrás grabar nada más.

4. **Escribe un breve título para el disco de copia de seguridad y haz clic en Siguiente.**

   Escribe algo breve pero descriptivo. Al hacer clic en Siguiente, Windows 8 comenzará a crear una copia de seguridad de las fotos de esas carpetas en un disco.

5. **Haz clic en el botón Grabar o Grabar en disco, en su caso.**

   Si en el paso 3 escogiste la opción Con un reproductor de CD/DVD, haz clic en Grabar en disco para empezar a copiar fotos a un disco.

   Si en el paso 1 no elegiste ninguna foto o carpeta, Windows 8 abrirá una ventana vacía que muestra los contenidos del disco recién introducido: ninguno. Arrastra y suelta en esa ventana las fotos que quieres grabar.

¿En el CD o DVD no hay suficiente espacio para todos tus archivos? Por desgracia, Windows no es lo bastante inteligente como para avisarte de cuándo tienes que insertar el segundo disco. En cambio, se queja de no tener suficiente espacio y no graba ningún disco. Intenta grabar menos archivos e ir añadiendo más hasta que llenes el disco.

Parte VI

¡Ayuda!

NO TE RÍAS. VA MÁS RÁPIDO QUE EL SISTEMA QUE TENEMOS AHORA.

En esta parte...

Windows 8 puede hacer montones de tareas de muchas formas distintas, lo que también supone que pueden fallar miles de cosas en cualquier momento.

Algunos problemas son fáciles de resolver... Si sabes cómo, claro. Por ejemplo, un clic en el lugar equivocado hace que, de pronto, los íconos del escritorio desaparezcan. Pero otro clic en el lugar adecuado los volverá a colocar en su sitio.

Hay otros problemas más complejos, que suelen necesitar equipos de cirujanos informáticos que diagnostiquen, pongan remedio y, evidentemente, envíen la factura de manera sistemática.

En esta parte del libro, encontrarás ayuda para separar los problemas grandes de los pequeños. Sabrás si puedes arreglar un problema sin ayuda con solo un par de clics y una patadita. También sabrás cómo arreglar uno de los problemas informáticos más grandes: cómo copiar los archivos y ajustes de la computadora antigua a la nueva.

Capítulo 18

El caso de la ventana rota

A veces, tienes la ligera sensación de que algo va mal. La computadora muestra una extraña pantalla que nunca has visto antes o Windows empieza a ir más lento que las negociaciones en el Congreso.

Otras veces, es evidente que algo se ha averiado. Los programas se cuelgan, los menús no paran de saltarte a la cara o Windows 8 te recibe con un acogedor mensaje de error cada vez que enciendes la computadora.

La mayoría de los problemas que parecen más importantes se arreglan mediante las soluciones más sencillas. En este capítulo, te indicamos cuál es la correcta.

Las nuevas soluciones mágicas de Windows 8

Durante años, la Restauración de sistema era el arreglo indispensable de Windows cuando la computadora empezaba a funcionar con problemas. La Restauración del sistema se mantiene en Windows 8, como explico en el recuadro. Sin embargo, Windows 8 cuenta con tres nuevas y potentes herramientas que devuelven la salud a una computadora con problemas.

Esta sección explica cada nueva herramienta, cuándo conviene emplearla y la mejor forma de que despliegue su magia.

Cómo actualizar la computadora

Al tratar con una computadora especialmente enferma, a veces reinstalar Windows es la única cura. Reinstalar Windows en el pasado llevaba un montón de tiempo y esfuerzo. Si sumas el tiempo empleado instalando y copiando los archivos y programas a la computadora, podría equivaler a las horas de media jornada de trabajo.

La nueva herramienta Restaurar de Windows 8 permite solucionar este problema. Con tan solo pulsar unos botones, puedes indicarle a Windows 8 que se reinstale a sí mismo en la computadora. Y mientras se instala una copia de sí mismo, Windows 8 guarda tu cuenta de usuario, tus archivos personales, las apps descargadas de la Tienda de Windows y algunas de las configuraciones más importantes.

Si eliges la opción Restaurar, la configuración de las conexiones de redes inalámbricas quedarán guardada, así como la de la conexión móvil, en su caso. También recuerda cualquier configuración de BitLocker y BitLocker-To-Go, las letras asignadas a cada unidad y la configuración personalizada, además de la pantalla de bloqueo, el fondo de pantalla y el fondo de escritorio.

Cuando la computadora se despierte sintiéndose como nueva con su nueva copia de Windows 8, solo tendrás que instalar los programas del escritorio (el programa tiene el detalle de dejarte una práctica lista de los programas del escritorio, junto con enlaces a sus sitios web, para que sepas exactamente lo que tienes que volver a instalar).

Si quieres actualizar una computadora problemática, sigue estos pasos:

1. **Abre la barra Charms y haz clic en el ícono Configuración (como puede verse en el margen).**

   Puedes encontrar la nueva barra Charms si llevas el puntero del ratón a la esquina superior o inferior derecha, o deslizas un dedo hacia dentro desde el borde derecho de una pantalla táctil o si pulsas la combinación de teclas ▦ + C con el teclado.

Cuando haces clic en el ícono Configuración, aparece el panel Configuración.

2. **En la parte inferior del panel Configuración, haz clic en las palabras Cambiar configuración de la PC para abrir la pantalla Configuración. A continuación, haz clic en la palabra Uso general en el borde izquierdo de la pantalla Configuración.**

3. **Baja hasta el lateral derecho de la sección General de la pantalla Configuración. Cuando llegues a la sección llamada Restaurar tu PC sin afectar tus archivos, haz clic en el botón Comenzar.**

Windows mostrará la ventana que puede verse en la figura 18-1, donde se explica lo que le ocurrirá a la computadora.

4. **Haz clic en Siguiente para comenzar el proceso de actualización.**

5. **Si te lo solicita, introduce el disco de Windows 8, la unidad USB o cualquier otro medio con el que instalaste Windows.**

Al introducir el disco o la unidad, Windows 8 automáticamente toma los archivos que necesita.

¿No tienes ningún disco o unidad de instalación de Windows 8? Entonces haz clic en Cancelar. Por desgracia, no podrás usar la opción Restaurar.

6. **Haz clic en el botón Restaurar.**

Windows 8 actualizará la computadora empleando los archivos que necesite del disco o de la unidad que introdujiste en el paso anterior.

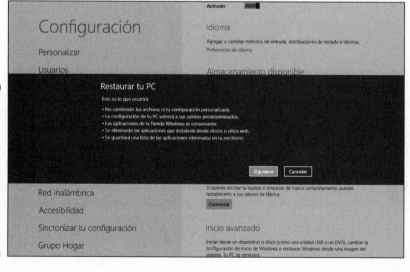

Figura 18-1:
En la ventana Restaurar tu PC, Windows te explica lo que estás a punto de hacer

Puede que la computadora se reinicie varias veces durante el proceso, que normalmente no lleva más de media hora.

Cuando la computadora se despierte, tendría que sentirse como nueva y tener ganas de volver a trabajar. Durante la restauración de la computadora, seguramente ocurra algo de lo siguiente:

✔ Si en el paso 5 introdujiste un DVD de Windows 8 en la computadora, vigila bien cuando la computadora se reinicie, ya que podría indicarte "Pulse cualquier tecla para arrancar desde el disco". No pulses ninguna tecla. Así Windows 8 se cargará desde el disco duro de la computadora y no desde el DVD.

✔ Cuando la computadora se despierte, encontrarás un enlace de Internet Explorer llamado Aplicaciones eliminadas esperando en el escritorio. Haz clic en él y se abrirá el explorador, que mostrará una página con enlaces a todas las apps y programas que tendrás que reinstalar, si piensas que te hacen falta, claro (y, si es así, necesitarás los discos de instalación de los programas para reinstalarlos).

✔ Poco después de que Windows 8 se despierte, acudirá a Windows Update para descargar e instalar montones de parches de seguridad.

✔ Tras actualizar la computadora, reinstala los programas uno a uno y reinicia la computadora después de cada instalación. Así podrás deshacerte de cualquier programa que se comporte mal y que haya causado los problemas que lo estropearon todo.

✔ Si estás conectado a una red, tendrás que indicarle a Windows 8 si se trata de una red doméstica o pública. También tendrás que volver a unirte al Grupo Hogar, una sencilla tarea que explico en el capítulo 15.

Eliminar todo de la computadora

La herramienta Restaurar de Windows 8, descrita en la sección anterior, actualiza tu PC instalando Windows, pero guardando la mayoría de la información. En cambio, la característica Quitar todo no guarda nada.

Si eliges la herramienta Quitar todo, tu copia de Windows, los programas, las apps y los archivos se borrarán. Dicho de otra forma, el programa deja la computadora completamente vacía. A continuación, Windows 8 se instala a sí mismo por arte de magia y te dejará con una computadora que funciona, pero sin tus programas, archivos o, incluso, sin la cuenta de usuario.

De hecho, nadie se dará cuenta nunca de que es tu computadora. ¿Por qué molestarse en hacerlo? Porque esta característica resulta muy práctica en dos situaciones:

✔ **Para empezar de cero:** borrar todo puede ser una solución mágica cuando nada más cura tu computadora. Aunque tendrás que reinstalar muchas cosas, borrarlo todo es una cura infalible como último recurso para versiones de Windows con problemas. De hecho, muchas tiendas de reparaciones cobran por realizar esta misma tarea.

✔ **Para borrar tus datos personales:** cuando hayas borrado todos los contenidos de la computadora, puedes regalarla o donarla a una ONG sin tener que preocuparte de que alguien pueda robar tu información personal.

Si quieres eliminar todo el contenido de tu computadora, sigue estos pasos:

1. **Abre la barra Charms y haz clic en el ícono Configuración (como el del margen).**

   Puedes encontrar la barra Charms si llevas el puntero del ratón a la esquina superior o inferior derecha, o si deslizas un dedo hacia dentro desde el borde derecho de una pantalla táctil, o bien si pulsas la combinación de teclas ▦ + C con el teclado.

   Cuando haces clic en el ícono Configuración, aparece el panel Configuración.

2. **En la parte inferior del panel Configuración, haz clic en las palabras Cambiar configuración de la PC para abrir la pantalla Configuración. A continuación, haz clic en la palabra Uso general en el borde izquierdo de la pantalla Configuración.**

3. **Baja hasta el lateral derecho de la sección General de la pantalla Configuración. Cuando llegues a la sección llamada Quitar todo y reinstalar Windows, haz clic en el botón Comenzar.**

   El programa te avisará de que borrará todos los archivos personales, los programas y las apps, como puede verse en la figura 18-2 y que devolverá la configuración a su estado original —como estaba la primera vez que se instaló Windows.

4. **Si te lo solicita, introduce el disco de Windows 8, la unidad USB o el otro medio con el que instalaste Windows.**

   Al introducir el disco o la unidad, Windows 8 automáticamente toma los archivos que necesita.

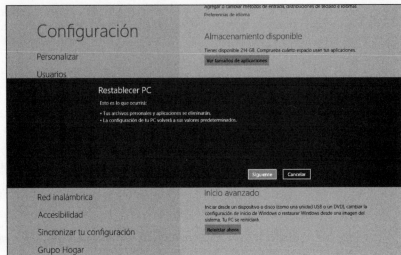

Figura 18-2:
El proceso
Quitar
todo borra
todos los
contenidos
del disco
duro y
reinstala
Windows 8

¿No tienes ningún disco o unidad de instalación de Windows 8? Entonces haz clic en Cancelar. Por desgracia, no podrás usar la opción Quitar todo.

5. Haz clic en el botón Siguiente y elige la forma en que quieres que se borren tus archivos personales.

El comando Quitar todo cuenta con dos opciones:

- **Quitar solo mis archivos:** elige esta opción únicamente si la computadora se quedará dentro del ámbito privado. Pese a que esta opción es relativamente segura, alguien que tenga las herramientas adecuadas podría extraer información borrada previamente.

- **Vaciar el disco completamente:** elige esta opción si vas a regalar o donar la computadora a desconocidos. Esta opción elimina los datos y deja el disco duro vacío del todo. Así se mantiene a salvo de todos, salvo de los especialistas más entregados que cuentan con caras herramientas de recuperación de datos.

6. Haz clic en la opción que prefieras y espera a que acabe el proceso. También puedes hacer clic en Cancelar para volver a la pantalla Configuración de la PC.

Se debería tardar menos de una hora en borrar los archivos. Vaciar el disco completamente llevará varias.

Cuando la computadora se despierte, será como si Windows 8 estuviera recién instalado en la computadora.

De hecho, la característica Quitar todo te deja frente a una copia de Windows 8 recién instalada. Llegados a este punto, tendrás que introducir la clave del producto, esa larga cadena de cifras y letras que vincula tu copia de Windows 8 con tu computadora (puedes encontrar la clave de producto en una etiqueta fijada a la carcasa de la computadora o en el interior de la caja del programa Windows 8).

✔ La característica Quitar todo te deja con una versión de Windows recién instalada. Por lo tanto, tendrás que crear nuevas cuentas de usuario, reinstalar todos los programas y recuperar los archivos a partir de una copia de seguridad.

✔ Si conservas una copia de seguridad de tus archivos a través del Historial de archivos, descrito en la siguiente sección, puedes recuperar fácilmente los archivos que una vez habitaban las bibliotecas Documentos, Música, Imágenes y Videos.

✔ La función Reiniciar de la opción Vaciar completamente el disco del paso 5 sobrescribe cada bit del disco duro de la computadora con caracteres al azar. Eso basta para alejar de tus datos a todo el mundo salvo a los matones más entregados.

Cómo recuperar las copias de seguridad usando Historial de archivos

El nuevo programa de copias de seguridad de Windows 8, el Historial de archivos, da más prioridad a guardar los datos, no los programas ni las apps. Después de todo, los programas y las apps siempre pueden reinstalarse. En cambio, muchos de los momentos que inspiraron la mayoría de tus fotos, videos y documentos no pueden volver a crearse.

Si quieres mantener tus archivos a salvo, el Historial de archivos crea, de forma automática, una copia de cada archivo de las bibliotecas Documentos, Música, Fotos y Videos. También copia todos los archivos del escritorio. Además, el Historial de archivos también crea esas copias cada hora.

El Historial de archivos hace que tus copias de seguridad se puedan ver y recuperar fácilmente, ya que permite repasar diferentes versiones de los archivos y carpetas y compararlas con sus versiones actuales. Si encuentras una versión mejor, con solo pulsar un botón la recuperarás.

El Historial de archivos no comienza a trabajar hasta que lo actives, un proceso que describo en el capítulo 13. Es mejor que lo actives ahora, pues, cuanto más pronto lo hagas, más copias de seguridad tendrás para elegir cuando lo necesites.

Si quieres explorar los archivos y carpetas con copia de seguridad y recuperar los que prefieras, sigue estos pasos:

1. **En el escritorio, abre la carpeta que contiene los elementos que te gustaría recuperar.**

   Por ejemplo, si quieres recuperar elementos que antes habitaban en las bibliotecas Documentos, Música, Imágenes o Videos, abre esa biblioteca en particular (en el borde izquierdo de cada carpeta existe un acceso con un solo clic a dichas bibliotecas).

   Si quieres recuperar un elemento de una carpeta en concreto dentro de una biblioteca, abre dicha carpeta.

   Si quieres ver versiones antiguas de un archivo en concreto, haz clic en el nombre de dicho archivo (no lo abras, tan solo elige su nombre para señalarlo).

   O, si quieres recuperar todos los contenidos, haz clic en la palabra Bibliotecas situada en el panel izquierdo.

2. **Haz clic en la pestaña Inicio en la Cinta situada en la parte superior de la carpeta y haz clic en el botón Historial.**

   Al hacer clic en el botón Historial, que puede verse en el margen, aparecerá el programa Historial de archivos, como se muestra en la figura 18-3. El programa tiene el aspecto de una carpeta antigua corriente. En la figura 18-3, por ejemplo, puede verse lo que ocurre al pulsar en el botón Bibliotecas del panel izquierdo de la carpeta y, a continuación, hacer clic en el botón Historial.

   El programa Historial de archivos muestra los contenidos de la copia de seguridad: bibliotecas, escritorios, contactos y sitios web favoritos.

   No dudes en abrir las bibliotecas y carpetas del interior de la ventana del Historial de archivos. También puedes colarte en esas carpetas para ver su contenido.

3. **Elige lo que quieres recuperar.**

   Señala y haz clic en las bibliotecas, archivos y carpetas hasta que veas los elementos que quieres recuperar.

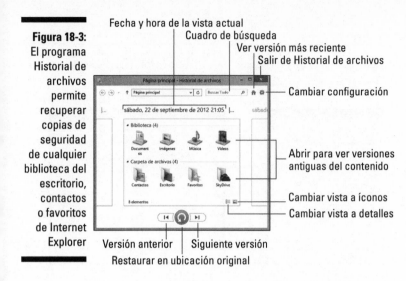

Figura 18-3:
El programa
Historial de
archivos
permite
recuperar
copias de
seguridad
de cualquier
biblioteca del
escritorio,
contactos
o favoritos
de Internet
Explorer

Fecha y hora de la vista actual
Cuadro de búsqueda
Ver versión más reciente
Salir de Historial de archivos

Cambiar configuración

Abrir para ver versiones
antiguas del contenido

Cambiar vista a íconos
Cambiar vista a detalles

Versión anterior │ Siguiente versión
Restaurar en ubicación original

- **Biblioteca:** si quieres recuperar toda una biblioteca —quizá la biblioteca Documentos— abre la biblioteca Documentos en la ventana del Historial de archivos.

- **Carpeta:** si quieres recuperar una carpeta entera, abre la biblioteca a la que pertenece. Cuando veas la carpeta, ábrela.

- **Archivos:** si quieres recuperar un grupo de archivos, abre la carpeta que los contiene para que los íconos de los archivos aparezcan en la pantalla.

- **Un solo archivo:** si quieres recuperar una versión anterior de un archivo, ábrelo desde la ventana del Historial de archivos, que mostrará el contenido de ese archivo.

Cuando estés ante lo que quieres recuperar, ve al siguiente paso.

4. **Desplaza el tiempo hacia delante o hacia atrás hasta encontrar la versión que quieres recuperar.**

Si quieres explorar varias versiones del archivo que estás viendo en ese momento, elige la fecha que señala a la izquierda situada en la parte inferior, como puede verse en la figura 18-4. Si quieres ver una versión más nueva, elige la flecha que señala a la derecha.

Mientras te mueves hacia delante o hacia atrás en el tiempo, no dudes en hacer clic para abrir bibliotecas, carpetas o archivos individuales y echar un vistazo en su interior hasta que estés ante la versión que quieres recuperar.

Figura 18-4:
Cuando mires
el contenido
de un archivo
concreto, haz
clic en las fle-
chas izquier-
da o derecha
situadas
en la parte
inferior para
ver versiones
anteriores y
posteriores
del archivo,
respectiva-
mente

Versión más antigua del documento

Versión más reciente del documento

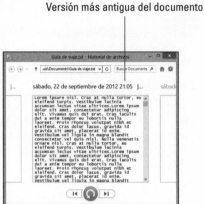

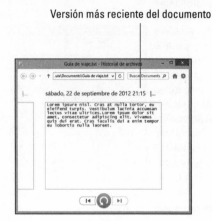

5. **Haz clic en el botón Restaurar para recuperar la versión que hayas elegido.**

   Ya estés mirando un archivo individual, una carpeta o los contenidos de toda una biblioteca, hacer clic en el botón Restaurar vuelve a guardar ese elemento en la ubicación donde solía estar.

   Sin embargo, representa un posible problema: ¿qué ocurre si intentas recuperar un archivo antiguo llamado Notas en el mismo sitio donde ya existe un archivo con ese nombre? Windows te avisará de este problema en la ventana de la figura 18-5, lo que te llevará al paso 6.

6. **Elige cómo quieres hacer frente al problema.**

   Si Windows detecta un conflicto sobre los nombres de los archivos que afecta al archivo que intentas recuperar, el Historial de archivos cuenta con tres formas de manejar la situación, como puede verse en la figura 18-5.

   - **Reemplazar el archivo en el destino:** haz clic en esta opción solo si tienes la certeza de que el archivo antiguo es mejor que el actual.

Figura 18-5:
Elige si
quieres
reemplazar
el archivo
existente,
omitir el
archivo o
elegir cuál
de las dos
versiones
conservar

- **Omitir este archivo:** haz clic en esta opción si no quieres recuperar ese archivo o carpeta. Esta opción te trae de vuelta al Historial de archivos, donde puedes explorar otros archivos.

- **Comparar información de ambos archivos:** esta opción, que suele ser la mejor de todas, permite comparar los tamaños y fechas de los archivos antes de elegir cuál conservar, si el archivo entrante o el ya existente. O, si lo prefieres, esta opción también permite conservar los dos archivos. Windows simplemente añade un número tras el nombre del archivo entrante y lo nombra, por ejemplo, Notas (1).

7. **Sal del Historial de archivos cerrando la ventana.**

   Puedes cerrar la ventana del Historial de archivos de la misma forma que con otras ventanas. Haz clic en la X situada en la esquina superior derecha.

El Historial de archivos no sirve solo para la sección del escritorio de Windows 8, ya que la pantalla Inicio también se beneficia. Este hecho se debe a que las app Fotos, Música y Videos de la pantalla Inicio obtienen los archivos para sus bibliotecas del escritorio, de las cuales el Historial de archivos realiza una copia de seguridad.

¿Quieres ver más información sobre el Historial de archivos? Pues sigue leyendo:

✔ Junto a las copias de seguridad de las bibliotecas y del escritorio, el Historial de archivos también almacena una lista de tus sitios web favoritos, que aparecían en la figura 18-3 con el nombre de Favoritos. También guarda el contenido de la carpeta Contactos (resulta excesivo si utilizas la app Contactos para gestionar tus contactos, ya que esta app se nutre de forma automática de contactos obtenidos de Facebook, Google y otros sitios).

✔ ¿Quieres recuperar todo en una computadora a la que has aplicado la herramienta Restaurar? Abre cualquier carpeta y haz clic en la carpeta Bibliotecas situada en el panel izquierdo. Elige Historial en la pestaña Inicio de la carpeta. A continuación, cuando se abra el Historial de archivos, como puede verse en la figura 18-3, haz clic en el botón verde Recuperar (que puede verse en el margen).

✔ Cuando compres un disco duro portátil para crear copias de seguridad, no escatimes en tamaño. Cuanto mayor tamaño tenga el disco duro que elijas, mayor número de copias de seguridad podrás guardar. Acabarás descubriendo lo tremendamente práctico que es el Historial de archivos.

Windows 8 no para de solicitarme permisos

Al igual que las versiones de Windows que lo preceden, Windows 8 dispone de cuentas de usuario de tipo Normal y Administrador. La cuenta Administrador, pensada para el dueño de la computadora, posee todo el poder. A los usuarios de cuentas estándares, en cambio, no se les permite realizar acciones que podrían dañar la computadora o sus archivos.

Pero no importa cuál de los dos tipos de cuenta sea la tuya, ya que, a menudo, te darás de bruces contra una versión de Windows 8 como un muro de seguridad. Si un programa intenta cambiar algo en la computadora, Windows 8 te atizará con un mensaje como el que puede verse en la figura 18-6.

Figura 18-6:
La pantalla de permisos de Windows 8 aparece cuando un programa intenta cambiar algo en la computadora

Cómo restaurar desde un punto de restauración

Los nuevos programas Actualizar y Restablecer de Windows 8 son maravillosos a la hora de resucitar una computadora enferma y son mucho más potentes que la antigua tecnología Restaurar sistema. Pero si confiabas en los programas Restaurar sistema de Windows XP, Windows Vista y Windows 7, Windows 8 todavía incluye Restaurar sistema —si sabes dónde encontrarlo.

Si quieres devolver la computadora a un punto de restauración donde funcionaba mucho mejor, sigue estos pasos:

1. **Haz clic con el botón derecho en la esquina inferior izquierda de cualquier pantalla y elige Sistema en el menú emergente. Cuando aparezca la ventana Sistema, haz clic en Protección del sistema en el panel izquierdo. Por último, cuando aparezca la ventana Propiedades del sistema, haz clic en Restaurar sistema.**

    Aparecerá la ventana Restaurar sistema.

2. **Haz clic en el botón Siguiente en la ventana Restaurar sistema.**

    En Punto de restauración del sistema aparecerán varios puntos de restauración.

3. **Haz clic en uno de los puntos de restauración de la lista.**

    Puedes ver más puntos de restauración disponibles marcando la casilla Mostrar más puntos de restauración.

4. **Haz clic en el botón Detectar programas afectados para descubrir cómo afectará el punto de restauración a los programas.**

    Esta práctica lista indica los programas que seguramente tendrás que reinstalar.

5. **Haz clic en el botón Siguiente para confirmar el punto de restauración elegido. Después, pulsa Finalizar.**

    La computadora hará un ruido sordo, se reiniciará y utilizará esas configuraciones previas que (esperemos) funcionaban bien.

Si el sistema ya funciona correctamente, no dudes en crear tu propio punto de restauración, como describo al principio del capítulo 13. Da un nombre descriptivo al punto de restauración como "Antes de dejar que la nana utilizara la computadora". De esta forma, sabes qué punto de restauración usar si las cosas salen mal.

Los usuarios de cuentas de usuario estándar verán un mensaje un poco diferente, que les pide que busque al dueño de una cuenta de Administrador para que escriba una contraseña.

Por supuesto, si las pantallas de este tipo aparecen demasiado a menudo, muchas personas se limitarán a ignorarlas y dar su aprobación, incluso si ello supone que acaban de dejar que un virus se acomode plácidamente en la computadora.

Por lo tanto, si Windows 8 te envía una pantalla de permisos, hazte esta pregunta: ¿me está pidiendo permiso Windows 8 para realizar algo que he hecho o que he solicitado yo? Si la respuesta es afirmativa, da tu aprobación para que Windows 8 pueda llevar a cabo tu petición. En cambio, si Windows 8 te envía una pantalla de permisos sin venir a cuento, cuando no has hecho nada, haz clic en No o Cancelar. Así evitarás que posibles sorpresas desagradables invadan tu computadora.

Si no tienes tiempo para este molesto nivel de seguridad y estás dispuesto a sufrir las consecuencias, puedes averiguar cómo desactivar los permisos de cuentas de usuario en el capítulo 11.

Necesito recuperar archivos borrados

Todos los que trabajan con computadoras conocen la angustia provocada al ver cómo se van al traste varias horas de trabajo: has borrado un archivo por error.

El programa de recuperación de archivos de Windows 8, el Historial de archivos, descrito previamente en este capítulo, te saca del apuro en casos así. Pero si no lo has activado nunca (una sencilla tarea que explico en el capítulo 13), Windows 8 cuenta con un modo sencillo de recuperar los archivos borrados: la Papelera de reciclaje.

Papelera de reciclaje

La Papelera de reciclaje funciona porque Windows no destruye realmente los archivos que borras, sino que los suelta en la Papelera de reciclaje (que puede verse en el margen), que se encuentra en el escritorio.

Abre la Papelera de reciclaje con un doble clic y verás todos los archivos o carpetas que has borrado las últimas semanas. En el capítulo 3 hablo de la Papelera de reciclaje, pero te doy un consejo: si quieres recuperar un archivo de la Papelera de reciclaje, haz un clic con el botón derecho en el archivo y elige la opción Restaurar.

Mi configuración está desordenada

A veces te gustaría tener las cosas de la forma que estaban antes de ponerte a revolverlas. Tu salvación yace en el botón Restaurar configuración predeterminada, que espera tus órdenes en lugares estratégicos colocados a lo largo de Windows 8. Si haces clic en ese botón, la configuración volverá a ser igual que la original de Windows 8.

A continuación tienes varios botones de Restaurar configuración predeterminada que podrían serte útiles:

✔ **Bibliotecas:** todas las carpetas del Panel de navegación enumeran tus bibliotecas —las colecciones de tus archivos y carpetas que trato en el capítulo 5. Sin embargo, si falta alguna de las bibliotecas (por ejemplo, la biblioteca Música), puedes volver a ponerla en su sitio. Si haces clic con el botón derecho del ratón en la palabra Bibliotecas, situada en el lateral derecho de cualquier carpeta y eliges la opción Restaurar bibliotecas predeterminadas, entonces reaparecerán todas tus bibliotecas: Documentos, Música, Imágenes y Videos.

✔ **Barra de tareas:** en el escritorio, haz clic con el botón derecho en una parte vacía de la barra de tareas y elige la opción Propiedades. Haz clic en el botón Personalizar y después en las palabras Restaurar comportamientos de ícono predeterminados, situadas en la parte inferior de la ventana Propiedades.

✔ **Internet Explorer:** si el programa Internet Explorer del escritorio parece estar repleto de barras de herramientas que no quieres, de *spyware* o, tan solo, de elementos extraños, utiliza el último recurso para devolver la configuración original: en Internet Explorer, haz clic en el ícono Herramientas (que puede verse en el margen) y elige la opción Opciones de Internet en el menú desplegable. Haz clic en la pestaña Opciones avanzadas y después en el botón Restablecer.

Esta acción elimina prácticamente todo, incluso las barras de herramientas, complementos y preferencias de los motores de búsqueda. Si también marcas la casilla Eliminar configuración personal de Internet Explorar, al hacer clic en el botón Restablecer también borrarás el historial de navegación y las contraseñas guardadas. Solo quedarán los favoritos, las suscripciones y unos pocos elementos (si quieres ver una lista completa de lo que se elimina, haz clic en la opción ¿De qué forma afecta el restablecimiento a mi equipo de esa página?).

✔ **Firewall:** si piensas que el Firewall de Windows no juega limpio, devuélvele su configuración original y empieza de nuevo (puede que tengas que reinstalar algún programa). En el escritorio, haz clic con el botón derecho en la esquina inferior de la pantalla y elige Panel de control. Cuando aparezca el Panel de control, elige la opción Sistema y seguridad y abre Firewall de Windows. Haz clic en la opción Restaurar valores predeterminados, situada en la columna izquierda.

✔ **Reproductor de Windows Media:** si la biblioteca del reproductor contiene fallos, dile que borre el índice y comience de nuevo. En el Reproductor de Windows Media, pulsa y suelta la tecla Alt, haz clic en Herramientas, elige Opciones avanzadas en el menú emergente y luego la opción Restaurar biblioteca multimedia (o, si has eliminado elementos por error de la biblioteca del Reproductor de Windows Media elige la opción Restaurar elementos de la biblioteca eliminados).

✔ **Colores:** Windows permite retocar los colores y sonidos del escritorio, a veces con el resultado de un caos desconcertante. Si quieres volver a los colores y sonidos predeterminados, haz clic con el botón derecho en el escritorio, elige la opción Personalizar y, luego, en la sección Temas predeterminados de Windows, escoge Windows.

✔ **Fuentes:** ¿alguna vez has retocado las fuentes hasta dejarlas irreconocibles? Devuélvelas a su estado de normalidad: en el Panel de control del escritorio, haz clic en Apariencia y personalización y, después, en Fuentes. En el panel izquierdo, haz clic en Configuración de fuentes y a continuación, en el botón Restaurar configuración de fuente predeterminada.

✔ **Carpetas:** Windows 8 guarda un montón de botones relacionados con las carpetas, los Paneles de navegación, los elementos que muestran, cómo se comportan y su forma de buscar elementos. Si quieres reflexionar con respecto a cualesquiera de sus opciones o devolverlas a su estado original, abre cualquier carpeta y haz clic en la pestaña Vista de la Cinta situada a lo largo de la parte superior. Cuando aparezca la lista desplegable, haz clic en el ícono Opciones y luego en Cambiar opciones de carpeta y búsqueda. En cada pestaña (General, Ver y Buscar) puedes encontrar un botón Restaurar valores predeterminados.

Por último, no te olvides de Actualizar, la nueva opción de Windows 8, descrita al principio de este capítulo. Aunque para muchos problemas resulta excesiva, restablece la mayoría de las configuraciones predeterminadas.

He olvidado mi contraseña

Si Windows no acepta tu contraseña en la pantalla Inicio de sesión, puede que no te hayas quedado completamente fuera sin la llave para acceder a tu propia computadora. Comprueba lo siguiente antes de ponerte a gritar:

✔ **Comprueba la tecla Bloq Mayús.** Las contraseñas de Windows diferencian entre minúsculas y mayúsculas, lo que significa que considera "AbreteSesamo" y "abretesesamo" como dos contraseñas diferentes. Si la luz de la tecla Bloq Mayús está encendida, vuelve a pulsar Bloq Mayús para apagarla. Prueba, entonces, a escribir la contraseña de nuevo.

✔ **Usa un disco para restablecer contraseña.** En el capítulo 14 explico cómo crear un disco para restablecer contraseñas. Si has olvidado la contraseña de tu cuenta estándar limitada, introduce ese disco para usarlo como una llave. Windows te dejará volver a acceder a tu cuenta, donde podrás crear rápidamente una contraseña más fácil de recordar (ve al capítulo 14 y crea un disco para restablecer contraseña ahora, si no lo has hecho ya).

✔ **Dejar que otro usuario restablezca tu contraseña.** Cualquier usuario que tenga una cuenta de Administrador en tu computadora puede restablecer tu contraseña. Indica a ese usuario que se dirija al Panel de control del escritorio (ver capítulo 12), que haga clic en Cuentas de usuario y protección infantil y luego en Cuentas de usuario. En esta sección, puede hacer clic en Administrar otra cuenta para ver una lista de todas las demás cuentas. Después, podrá cambiar la contraseña por otra que recuerdes más fácilmente si hace clic en el nombre de la cuenta y después en el enlace Cambiar la contraseña.

Nota: si has olvidado la contraseña de cuenta de Microsoft, abre cualquier explorador web y ve a `www.live.com`. Este sitio web te guía por los pasos necesarios para restablecer tu contraseña.

Si ninguna de estas opciones funciona, me temo que tu futuro es poco halagüeño. Compara la importancia de mantener los datos protegidos con contraseña con el costo de tener que contratar a un especialista en recuperación de contraseñas. En Google (`www.google.com`) podrás encontrar un especialista mediante la búsqueda "recuperar contraseña windows".

La computadora se ha quedado completamente pasmada

De vez en cuando, Windows pide un cambio y se va al campo para tumbarse bajo un árbol. Y tú te quedas ante una computadora que no te hace caso. Ninguna de las luces de la computadora parpadea. Los clics que haces presa del pánico no sirven para nada. Pulsar todas las teclas del

El programa se ha quedado pasmado

En ocasiones, alguno de los programas se quedará completamente pasmado, por lo que no tendrás forma de acceder al comando Cerrar normal. Si te ves caminando sobre terreno resbaladizo, los siguientes cuatro pasos liberarán el programa pasmado de la memoria de la computadora (y también de la pantalla):

1. **Mantén pulsadas las teclas Ctrl, Alt y Supr al mismo tiempo.**

   Esta combinación de teclas, conocida como el "saludo de tres dedos", siempre llama la atención de Windows 8, incluso cuando navega por aguas congeladas. Cuando aparezca una pantalla gris repleta de opciones, ve al paso 2.

   En cambio, si Windows 8 no responde, mantén pulsado el botón de encendido de tu computadora hasta que se apague. Pasados unos segundos, pulsa el botón de encendido de nuevo para reiniciar la computadora y averiguar si Windows 8 está de mejor humor.

2. **Elige la opción Iniciar el administrador de tareas.**

   Después, aparecerá el Administrador de tareas.

3. **Haz clic en la pestaña Procesos del Administrador de tareas, si es necesario, y haz clic en el nombre del programa pasmado.**

4. **Haz clic en el botón Finalizar tarea y Windows 8 hará desaparecer de repente el programa pasmado.**

   Si, después, la computadora parece un poco atontada, no te arriesgues y reiníciala.

teclado no sirve para nada o, lo que es peor, hace que la computadora pite cada vez que las pulsas.

Si nada se mueve en la pantalla (salvo el puntero del ratón, a veces), seguramente la computadora se ha quedado completamente pasmada. Intenta llevar a cabo estas propuestas, en el orden en que se encuentran, para corregir el problema.

✔ **Propuesta 1:** pulsa la tecla Esc dos veces.

   Este método muy pocas veces funciona, pero inténtalo de todas formas.

✔ **Propuesta 2:** pulsa Ctrl, Alt y Supr a la vez y elige Administrador de tareas en el menú que aparecerá.

   Si tienes suerte, el Administrador de tareas mostrará el mensaje de que ha descubierto una aplicación que no responde. El

Administrador de tareas enumera los nombres de los programas en funcionamiento en ese momento, incluido el que no responde. En la pestaña Procesos, haz clic en el nombre del programa que está causando problemas y, después, en el botón Finalizar tarea. Perderás todo el trabajo que no hayas guardado en ese programa, por supuesto, pero deberías estar acostumbrado a ello (si has pulsado la combinación Ctrl + Alt + Supr sin querer, pulsa Esc para salir del Administrador de tareas y volver a Windows).

Si, incluso así, no consigues resolver el problema, vuelve a pulsar Ctrl + Alt + Supr y haz clic en el ícono de Encendido (que puede verse en el margen) situado en la esquina inferior derecha. En el menú emergente que aparecerá, elige Reiniciar y la computadora se apagará y reiniciará, con suerte, de mejor humor.

✔ **Propuesta 3:** si las propuestas anteriores no funcionan, apaga la computadora con el botón de encendido (si solo consigues así que aparezca el menú Apagar la computadora, elige la opción Reiniciar. La computadora debería reiniciarse).

✔ **Propuesta 4:** si mantienes pulsado el botón de encendido durante el tiempo suficiente (normalmente de 4 a 5 segundos), la computadora dejará de oponer resistencia y se apagará.

Capítulo 19

Mensajes extraños: lo que has hecho no cuadra

*L*os mensajes de error de la vida real son muy fáciles de comprender. Un reloj digital que parpadea significa que tienes que ponerlo en hora. Los pitidos en el tablero de un coche significan que has dejado las llaves puestas en la marcha. Una mirada asesina de tu pareja significa que te has olvidado de algo importante.

Pero los mensajes de error de Windows 8, de no ser tan breves, podrían haber sido escritos por un comité del Congreso. Los mensajes de error pocas veces describen qué has hecho para causar el fallo o, lo que es peor, cómo arreglar el problema.

En este capítulo he recopilado algunos de los mensajes de error, notificaciones y simples y confusos errores de Windows 8 más comunes. Busca un mensaje que coincida con el problema que te ocurra y lee cómo manejar la solución de forma tan elegante como permita Windows 8.

USB DISK está desconectado. Vuelva a conectar la unidad e inténtelo de nuevo

Significado: el mensaje que puede verse en la figura 19-1 indica que el Historial de archivos, el programa de copias de seguridad de Windows 8, ya no funciona.

Causa probable: el Historial de archivos guardaba tus archivos en un disco duro portátil, una unidad USB o una tarjeta de memoria que ya no están conectados a la computadora.

Solución: busca el disco duro portátil o la unidad USB, vuélvela a conectar a uno de los puertos USB y vuelve a abrir el Historial de archivos, tal y como se describe en el capítulo 11, para comprobar que la configuración es correcta.

¿Desea instalar este software de dispositivo?

Significado: ¿está seguro de que este programa no tiene ningún virus, *spyware* y otros elementos dañinos?

Causa probable: al intentar instalar o actualizar un controlador para una de las piezas de la computadora, aparecerá una ventana parecida a la mostrada en la figura 19-2.

Figura 19-1: La unidad destinada a copias de seguridad no está conectada a la computadora

Figura 19-2:
¿Cree
que este
programa
es seguro?

Solución: si tienes la total certeza de que el archivo es seguro, haz clic en el botón Instalar. En cambio, si este mensaje aparece de forma inesperada o piensas que el archivo no es seguro, haz clic en el botón No instalar. En el capítulo 11 trato el tema de la informática segura.

¿Desea guardar los cambios?

Significado: la figura 19-3 indica que no has guardado los cambios en un programa y que tu trabajo está a punto de perderse.

Causa probable: estás intentando cerrar una aplicación, cerrar sesión o reiniciar la computadora antes de indicar a un programa que guardes los cambios del trabajo que has realizado.

Solución: busca el nombre del programa en la barra de título de la ventana. A continuación, busca ese programa en el escritorio (o haz clic en su nombre en la barra de tareas para traerlo al frente). Por último, guarda tu trabajo mediante la opción Guardar del menú (o pestaña) Archivo del programa o con un clic sobre el ícono Guardar del programa. En el capítulo 6 describo cómo guardar archivos. ¿No quieres guardar el archivo? Pues pulsa en No guardar para descartar los cambios y continuar.

Figura 19-3:
¿Quieres
guardar tu
trabajo?

¿Cómo quiere abrir este archivo?

Significado: el cuadro de diálogo de la figura 19-4 aparece cuando Windows no sabe qué programa creó el archivo sobre el que acabas de hacer doble clic.

Causa probable: los programas de Windows añaden códigos secretos, conocidos como "extensiones de archivo" al final de los nombres del archivo. Por ejemplo, cuando haces doble clic sobre un archivo del Bloc de notas, Windows descubre la extensión secreta y oculta del archivo y utiliza el Bloc de notas para abrir dicho archivo. En cambio, si Windows no reconoce el código de letras secreto del archivo, aparecerá ese mensaje de error.

Solución: si sabes con qué programa se creó el archivo misterioso, elígelo en la lista de programas que ofrece este mensaje (puedes hacer clic en Más opciones para ver otros programas, pero muy pocas veces serán capaces de abrir el archivo).

Sin embargo, si ninguna de las sugerencias de Windows es válida, elige Encontrar una aplicación en la Tienda (en el capítulo 6 trato este problema). Puede que tengas que descargar o comprar una app en la app Tienda de la pantalla Inicio.

Insertar el medio

Significado: la ventana de la figura 19-5 aparece cuando la computadora necesita algunos archivos originales de la instalación de Windows 8.

Causa probable: estás intentando usar alguna herramienta de resolución de problemas, como las opciones Restaurar tu PC sin afectar a tus

Figura 19-4:
Windows
no sabe
con qué
programa
abrir este
archivo

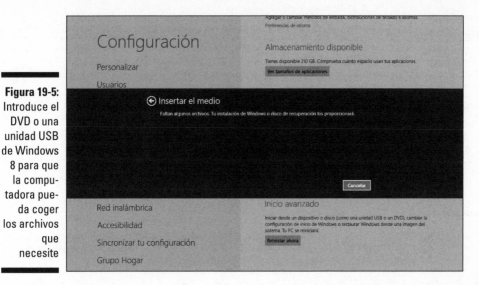

Figura 19-5: Introduce el DVD o una unidad USB de Windows 8 para que la computadora pueda coger los archivos que necesite

archivos o Quitar todo, que precisan usar archivos originales para que sustituyan a los archivos que faltan.

Solución: busca entre tus cosas hasta encontrar el disco o la unidad USB de Windows 8 original e introdúcelo en la computadora. Windows notará la presencia de los archivos entrantes y se encargará de todo.

Malware detectado: Windows Defender está tomando medidas

Significado: si el programa antivirus integrado con Windows 8, Windows Defender, encuentra en la computadora un archivo que puede ser peligroso, así te lo indica mediante el mensaje que puede verse en la figura 19-6. A continuación, Windows Defender eliminará el archivo para que no pueda dañar la computadora ni tus archivos.

Este aviso en concreto presenta el mismo aspecto tanto en el escritorio como en la pantalla Inicio: siempre aparece en la esquina superior derecha de la pantalla.

Causa probable: un archivo peligroso —*malware*— ha llegado a la computadora, probablemente por correo electrónico, en una unidad USB, en

Figura 19-6:
Windows
Defender
ha de-
tectado y
eliminado
un archivo
potencial-
mente pe-
ligroso de
la compu-
tadora

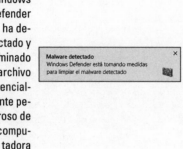

una computadora conectada a una red o desde un sitio web. Windows eliminará el archivo para que no cause ningún daño.

Solución: no tienes que hacer nada: Windows Defender ya ha atrapado y se ha llevado al malhechor.

Disco extraíble: elige lo que quieras hacer con unidades extraíbles

Significado: si aparece la ventana que puede verse en la figura 19-7, indícale a Windows qué quieres que haga con la unidad USB o la tarjeta de memoria que has introducido en la computadora.

Figura 19-7:
Indícale a
Windows
qué quieres
que haga con
la unidad USB
o la tarjeta
de memoria
que acabas
de introducir
en la
computadora

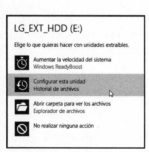

Causa probable: acabas de conectar una unidad USB (un lápiz de memoria) en el puerto USB de la computadora o de introducir una tarjeta de memoria, puede que de una cámara, en el lector de tarjetas de la computadora.

Solución: en la mayoría de las ocasiones, harás clic en la opción Abrir carpeta para ver los archivos. Así puedes ver los archivos almacenados y copiarlos o trasladarlos a otras carpetas de la computadora, aunque tienes otras tres opciones:

✔ **Aumentar la velocidad del sistema (Windows Ready Boost).** Haz clic en esta opción si tienes la intención de dejar el dispositivo conectado permanentemente a la computadora. Esta opción puede acelerar las computadoras más lentas que necesitan más memoria.

✔ **Configurar esta unidad (Historial de archivos).** Haz clic en esta opción para dejar este dispositivo conectado permanentemente para copias de seguridad. Una unidad USB de gran tamaño funciona bien con el Historial de archivos, como se describe en el capítulo 13.

✔ **No realizar ninguna acción.** Si haces clic en esta opción, el mensaje simplemente desaparecerá. Si quieres acceder al dispositivo más tarde, abre el Explorador de archivos desde el escritorio y después abre la tarjeta. Consejo: ¿ves la letra que aparece después de Disco extraíble en el mensaje? Esa es la letra que Windows ha asignado al dispositivo.

Inicia sesión con una cuenta de Microsoft

Significado: tienes que iniciar sesión con una cuenta de Microsoft para llevar a cabo diversas tareas en Windows 8. Si no tienes una cuenta de Microsoft, aparecerá el mensaje que puede verse en la figura 19-8. Como se describe en el capítulo 2, las cuentas de Microsoft permiten obtener los mayores beneficios de Windows 8.

Causa probable: has intentado utilizar las apps Correo, Contactos, Calendario o Mensajes, que precisan de una cuenta de Microsoft. Puede que también tengas que descargar una app de la tienda de Microsoft.

Solución: inicia sesión con una cuenta gratuita de Microsoft, como se describe en el capítulo 2.

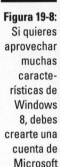

Figura 19-8:
Si quieres aprovechar muchas características de Windows 8, debes crearte una cuenta de Microsoft

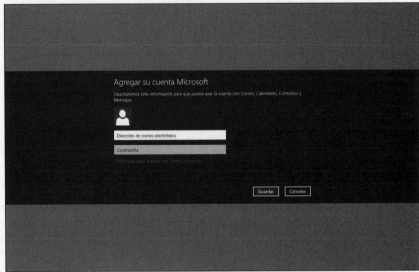

Se ha producido un error: no se pudo compartir las fotos con Correo

Significado: la app Correo ha intentado enviar fotos mediante tu correo electrónico sin lograrlo. No se ha enviado el correo electrónico.

Causa probable: en primer lugar, comprueba que la conexión a Internet funciona correctamente. Si la conexión a internet no es el problema, normalmente este mensaje aparecerá después de intentar enviar demasiadas fotos a un amigo. Los programas de correo electrónico se atascan con los archivos de gran tamaño y las cámaras de alta resolución de hoy en día crean fotos demasiado grandes como para enviar más de dos o tres a la vez.

Solución: no envíes más de dos fotos a la vez y redacta un correo electrónico para cada grupo. También puedes hacer clic en el enlace Enviar por Skydrive. De esta forma, las fotos se enviarán a un lugar de almacenamiento seguro en internet donde el destinatario puede descargarlas y evitar así las limitaciones del correo electrónico.

Figura 19-9:
El correo de Windows no ha podido enviar tu correo electrónico, seguramente porque has intentado enviar demasiadas fotos adjuntas

No hay ningún programa de correo electrónico asociado para realizar la acción requerida

Significado: el mensaje especialmente críptico de la figura 19-10 indica que has intentado enviar un correo electrónico desde el escritorio, pero que no has instalado ningún programa de correo electrónico.

Causa probable: a diferencia de la pantalla Inicio y su app Correo, el escritorio Windows 8 no cuenta con ningún programa incluido para enviar o recibir correos electrónicos (el escritorio no puede usar la app Correo). Si haces clic en las opciones Enviar o Enviar por correo electrónico de cualquier programa, este mensaje aparecerá hasta que no elijas e instales un programa de correo electrónico.

Solución: puedes descargar e instalar un programa de correo electrónico o configurar un programa de correo electrónico en uno de los muchos sitios web posibles. En el capítulo 10 muestro cómo elegir y configurar el correo electrónico.

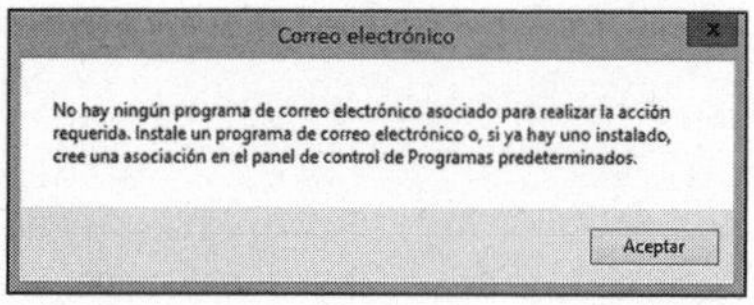

Figura 19-10:
Tienes que instalar un programa de correo electrónico en el escritorio

> **Correo electrónico**
>
> No hay ningún programa de correo electrónico asociado para realizar la acción requerida. Instale un programa de correo electrónico o, si ya hay uno instalado, cree una asociación en el panel de control de Programas predeterminados.
>
> Aceptar

No se reconoce el dispositivo USB

Significado: la figura 19-11 aparece si se ha producido algún problema al conectar un nuevo dispositivo al puerto USB de la computadora.

Causa probable: el dispositivo no es compatible con Windows 8 o, simplemente, se ha producido una falla técnica.

Solución: si has conectado un cable o un dispositivo a uno de los conectores de la computadora, desconéctalo. Espera 30 segundos y vuélvelo a conectar en un puerto USB distinto. ¿No funciona? Entonces déjalo conectado, pero reinicia la computadora.

Si sigue sin funcionar, la respuesta es clara: tienes que buscar un "controlador", un tipo especial de programa que permite que el aparato se comunique con Windows. En el capítulo 13 enseño el arte de buscar e instalar controladores.

Windows no está activado

Significado: si Windows no está activado, te da la lata con el mensaje que se muestra en la figura 19-12.

Causa probable: el plan de protección de copias de Microsoft obliga a todos los usuarios a activar su copia de Windows 8. Si está activada, la copia de Windows 8 queda vinculada a esa computadora en concreto, por lo que no puedes instalarlo en otra computadora, incluidas las tabletas y las portátiles.

Figura 19-11:
El nuevo dispositivo no funcionará hasta que instales el programa necesario

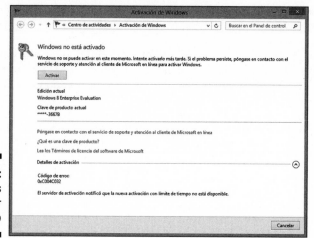

Figura 19-12:
Windows
debe estar
activado

Solución: elige el enlace Obtener más información acerca de este problema. Puede que te hayan vendido una versión falsificada de Windows. Busca el teléfono para llamar a Microsoft para hablar sobre a este asunto. Nota: si no has visto nunca este mensaje, es porque tu copia de Windows ya ha sido activada por el fabricante de la computadora, así que no tienes por qué preocuparte por este tema.

Actualmente no tiene permiso de acceso a esta carpeta

Significado: si ves el cuadro de diálogo de la figura 19-13, significa que Windows no dejará que te cueles en la carpeta que quieres abrir (el nombre de la carpeta aparecerá en la barra de título del mensaje). Cuando Windows no te deje colar en un archivo, aparecerá un mensaje similar.

Figura 19-13:
Busca a
alguien con
una cuenta
de Adminis-
trador para
que abra el
archivo o la
carpeta

Causa probable: la carpeta o archivo pertenecen a alguien con una cuenta de usuario diferente.

Solución: si tienes una cuenta de Administrador, puedes abrir archivos y carpetas de otras cuentas de usuario con un clic en Continuar. Sin embargo, si no tienes ninguna cuenta de Administrador, no podrás acceder a ellos.

Si el propietario de una cuenta quiere que otras personas puedan ver sus archivos o carpetas, deberá copiar o trasladar esos elementos a la Carpeta pública, una sencilla tarea que se describe en el capítulo 15.

Capítulo 20

Cómo cambiar de una computadora antigua a una nueva con Windows 8

· ·

En este capítulo

▶ Cómo copiar los archivos y ajustes de la computadora antigua a la nueva

▶ Cómo usar Windows Easy Transfer

▶ Cómo transferir archivos mediante un cable Easy Transfer, una red o un disco duro portátil

· ·

Cuando traigas una fascinante computadora nueva con Windows 8, le faltará lo más importante: los archivos de tu computadora antigua. ¿Cómo vas a copiar todos los archivos de ese antigua computadora con Windows de color apagado a esa nueva y brillante computadora con Windows 8? ¿Y cómo vas a encontrar todo lo que quieres trasladar siquiera?

Con el fin de resolver este problema, Microsoft surtió a Windows 8 de un camión de mudanzas virtual llamada Windows Easy Transfer. El programa Windows Easy Transfer no solamente toma datos de la computadora antigua, sino también los ajustes de algunos programas, como, por ejemplo, la lista de sitios web favoritos del explorador web.

No todo el mundo necesita Windows Easy Transfer. Si actualizas de una computadora con Windows XP, Windows Vista o Windows 7 a Windows 8, por ejemplo, Windows 8 conserva los archivos en su sitio.

No obstante, en caso de que tengas que copiar la información de una computadora con Windows antiguo a tu nueva computadora con Windows 8, en este capítulo se presenta y se describe el funcionamiento del programa.

Nota: Windows Easy Transfer solo funciona con Windows XP, Windows Vista, Windows 7 y Windows 8. No funciona con versiones anteriores de Windows como Windows Me o Windows 98.

Cómo elegir el modo de transferir la información antigua

Como ocurre en todas las mudanzas, su éxito depende de la preparación. En vez de hurgar en busca de cajas y cinta adhesiva, tienes que elegir cómo transferir la información a la computadora nueva.

Windows Easy Transfer dispone de tres formas diferentes de copiar la información de la computadora antigua a la nueva. Cada método funciona con distintos niveles de dificultad y a diferentes velocidades. Aquí tienes a los candidatos:

✔ **Cable Easy Transfer:** esta solución, que es la menos cara y la más fácil, consiste de un cable especial, que se parece a un cable USB normal que se ha tragado un ratón. Este cable suele estar abombado en el medio, como puede verse en la figura 20-1, y se consiguen en la mayoría de las tiendas de informática o en línea. Conecta un extremo a cada uno de los puertos USB de cada computadora y podrás empezar con la copia (no, un cable USB normal no funcionará).

Los cables Easy Transfer antiguos para Windows Vista o Windows 7 deberían funcionar perfectamente con Windows 8.

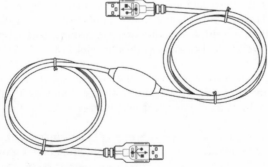

Figura 20-1:
Un cable
Easy
Transfer
suele estar
abombado
en el medio

✔ Si estás transfiriendo archivos desde una computadora con Windows XP o Vista mediante un cable Easy Transfer, como el de la figura 20-1, asegúrate de instalar los controladores incluidos con ese cable Easy Transfer (en el caso de versiones más recientes de Windows, no tienes de qué preocuparte, ya que Windows 7 y Windows 8 reconocen el cable de forma automática en cuanto lo conectas al puerto USB).

✔ **Disco duro externo:** Windows 8 lo denomina "disco duro externo", pero el resto de las personas lo llaman "disco duro portátil". Da igual como se llame el dispositivo, ya que esa cajita hace que copiar la información sea fácil y rápido. Algunos dispositivos portátiles se tienen que enchufar a una toma de corriente de pared y al puerto USB de la computadora, mientras que otros obtienen la alimentación directamente del puerto USB.

✔ **Unidad USB:** estos pequeños lápices de memoria, que suelen verse en los llaveros de los matados, se conectan a un puerto USB de la computadora. Por desgracia, a menudo carecen del espacio de almacenamiento suficiente para albergar todos los archivos de la computadora antigua. Las unidades USB son muy útiles, en cambio, para copiar el programa Easy Transfer de Windows 8 a tu antigua computadora con Windows XP o Windows Vista.

✔ **Red:** si has unido dos computadoras mediante una red (una tarea que trato en el capítulo 15), el programa Windows Easy Transfer puede transferir la información de tu antigua computadora de ese modo.

Si los equipos no se encuentran conectados mediante una red y están a más distancia que el alcance de un cable, la mejor opción es un disco duro portátil. Elige uno que tenga la misma capacidad que el disco duro del interior de tu nueva computadora. Cuando hayas terminado de transferir los archivos, puedes utilizar el disco duro para crear una copia de seguridad de los archivos de forma automática mediante el programa de fácil manejo llamado Historial de archivos de Windows 8, una sencilla tarea que describo en el capítulo 13.

Windows Easy Transfer no puede transferir archivos de una computadora de 64 bits a otra de 32 bits. Sin embargo, este hecho muy pocas veces representa un problema, ya que la mayoría de las computadoras antiguas son de 32 bits, mientras que las más modernas suelen ser de 64 bits.

No puedo copiar Windows Easy Transfer en mi antigua computadora

Windows 8 puede guardar una copia de Windows Easy Transfer en una unidad USB, un disco duro portátil o una ubicación de red, de forma que puedas usarlo en la computadora antigua. Pero ¿qué ocurre si tienes un cable Easy Transfer barato, pero no dispones de una red, un disco duro portátil o una unidad USB? Entonces tendrás que ir a la computadora antigua y descargar el programa Windows Easy Transfer del sitio web de Microsoft en (www.microsoft.com).

Cómo transferir información entre dos computadoras

Windows Easy Transfer funciona siguiendo unos pocos y breves pasos o una larga serie de etapas, en función del método que elijas para trasladar la información de la computadora antigua a la nueva: cable, red o unidad portátil.

Esta sección enseña a transferir la información desde la computadora antigua mediante cada uno de los tres métodos. El siguiente apartado está dirigido a los perfeccionistas que quieren escoger el tipo de información que van a transferir desde su computadora antigua:

Según el método de transferencia y la configuración de la computadora, los pasos indicados a continuación pueden ser un poco diferentes en la tuya. Pese a ello, el programa es muy útil a la hora de guiarte para trasladar la información de la computadora antigua a la nueva.

Asegúrate de iniciar sesión con una cuenta de Administrador tanto en la computadora antigua como en la nueva, ya que las otras cuentas no tienen los permisos para copiar archivos. Y ten en cuenta que puedes tomártelo con calma: siempre puedes volver a una pantalla anterior si haces clic en la flecha azul situada en la esquina superior izquierda de la ventana.

Antes de transferir los archivos desde una tableta o una computadora portátil, a una tableta o una computadora portátil, asegúrate de conectar la computadora a una toma de corriente. La transferencia de archivos consume energía, lo que podría agotar la batería de la computadora.

1. **En la computadora con Windows 8, abre el programa Windows Easy Transfer y haz clic en Siguiente en la pantalla de introducción.**

   Si quieres iniciar el programa, haz clic en una parte vacía de la pantalla Inicio. Cuando aparezca la barra App en la parte inferior de la pantalla, haz clic en el ícono Todas las aplicaciones para ver todas las apps instaladas. A continuación, haz clic en Windows Easy Transfer para cargar el programa.

   Si quieres cargar el programa de forma manual en una tableta con pantalla táctil, pasa el dedo hacia arriba desde la parte inferior de la pantalla para que aparezca la barra App. Después, toca el ícono Todas las aplicaciones de la barra App y, cuando aparezca la lista de apps, toca las palabras Windows Easy Transfer.

   Al hacer clic en el botón Siguiente, el programa Windows Easy Transfer pasará a la pantalla siguiente.

2. **Elige la forma en que se transferirán los elementos a la computadora nueva.**

   El programa dispone de las tres opciones descritas anteriormente en este capítulo: un cable Easy Transfer, una red o un disco duro externo o unidad USB.

3. **En el siguiente paso tienes que decidir si ejecutar Windows Easy Transfer en la computadora nueva o en la antigua —elige Este es mi nuevo equipo.**

4. **Según el método de transferencia, elige los pasos que correspondan.**

   Aquí es donde el programa difiere, según el método de transferencia, en lo siguiente:

   • **Un cable de Easy Transfer:** el programa preguntará si necesitas instalar el programa Windows Easy Transfer en la computadora antigua. Si la computadora antigua funciona con Windows XP o Windows Vista, el programa te ayudará a transferir el programa Windows Easy Transfer a la computadora antigua mediante una unidad portátil.

   Abre el programa Windows Easy Transfer en ambas computadoras y, a continuación, conecta el cable Easy Transfer entre dos puertos USB de la computadora. En el que tenga Windows 8, elige los archivos que quieres transferir, como se describe en el apartado "Cómo elegir los archivos, carpetas y cuentas que transferir" de este capítulo. Cuando hagas clic en el botón Transferir, el programa copiará los archivos a la computadora con Windows 8 y concluirá la tarea.

- **Una red:** el programa preguntará si necesitas instalar el programa Windows Easy Transfer en la computadora antigua. Si la computadora antigua funciona con Windows XP o Windows Vista, el programa te ayudará a transferir el programa Windows Easy Transfer a la computadora antigua mediante una unidad portátil.

  En la computadora antigua, abre el programa Windows Easy Transfer, sigue los pasos y elige la opción de transferencia por red. El programa te dará una clave de seis dígitos que deberás anotar.

  Vuelve a la computadora nueva, escribe esa misma clave de seis dígitos y las computadoras estarán conectadas mediante una red. Todavía en la computadora con Windows 8, elige qué quieres transferir, como se describe en el apartado "Cómo elegir los archivos, carpetas y cuentas que transferir" de este capítulo. Cuando hagas clic en el botón Transferir, el programa copiará los archivos a la computadora con Windows 8 y concluirá la tarea.

- **Un disco duro externo:** cuando el programa pregunte si ya has copiado los archivos de la computadora antigua al disco duro externo, contesta No. El programa preguntará entonces si necesitas instalar el programa Windows Easy Transfer en la computadora antigua. Si la computadora antigua funciona con Windows XP o Windows Vista, el programa te ayudará a transferir el programa Windows Easy Transfer a la computadora antigua mediante una unidad portátil.

  Desde la computadora antigua, abre el programa Windows Easy Transfer y conecta la unidad portátil si no lo está ya. Sigue los pasos de introducción, elige la transferencia mediante un disco duro externo y, a continuación, escoge qué quieres transferir, como se describe en el apartado "Cómo elegir los archivos, carpetas y cuentas que transferir" de este capítulo (si así lo solicita el programa, escribe una contraseña opcional como medida adicional de seguridad).

  Cuando el programa empiece a copiar la información al disco duro portátil, desconecta la unidad antigua y conéctala a la computadora nueva. En la computadora nueva, busca los archivos guardados, haz clic en el botón Transferir y el programa los transferirá a la computadora nueva (si has escrito la contraseña opcional, vuélvela a escribir antes de transferir los archivos).

5. **Terminar la transferencia.**

El programa te ofrece estas dos opciones:

- **Ver qué se transfirió.** Este informe bastante técnico muestra exactamente lo que ha sido transferido.

- **Ver una lista de aplicaciones que podría instalar en el nuevo equipo.** Otro informe demasiado técnico señala los programas que han sido instalados en la computadora. Puede que tengas que instalar algunos en la nueva para abrir algunos de los archivos transferidos.

Si es preciso, desconecta el cable Easy Transfer de ambas computadoras y guárdalo para posibles emergencias.

Si has transferido los archivos mediante un disco duro portátil, mantén la unidad conectada a la computadora nueva y úsala con el programa de copias de seguridad Historial de archivos, que se describe en el capítulo 13.

Ahora ya has terminado.

Cómo elegir los archivos, carpetas y cuentas que transferir

Independientemente del camino que hayas elegido para transferir tus archivos, al final llegarás a una ventana parecida a la que puede verse en la figura 20-2, junto con una petición del programa para que elijas qué quieres transferir.

Esta ventana aparecerá en la computadora antigua si estás realizando la transferencia mediante una unidad portátil. En cambio, si aparece en la computadora nueva, significa que la estás realizando mediante un cable o una red.

Figura 20-2:
Haz clic en Transferir para transferir todos los archivos posibles a la computadora nueva

Si quieres transferir todas las cuentas de usuario de la computadora antigua a cuentas de la computadora nueva, solo tienes que hacer clic en el botón Transferir. Si la nueva dispone del espacio suficiente, el programa copiará todos los archivos de la antigua a la nueva. También puedes borrar más tarde los elementos que no quieras de la computadora nueva, si así lo prefieres.

Sin embargo, si la computadora nueva no dispone del espacio de almacenamiento suficiente o no quieres copiar todos los archivos, puedes elegir los archivos que quieres transferir de la siguiente forma:

✔ **Cuentas de usuario:** mediante esta opción, tienes la posibilidad de eliminar las cuentas de usuario que no quieres transferir. Windows Easy Transfer coloca una marca de verificación junto a cada cuenta de usuario que va a transferir, como puede verse en la figura 20-2. Haz clic para eliminar la marca de verificación de las cuentas de usuario que no quieras transferir.

✔ **Opciones avanzadas:** ¿todavía no has configurado cuentas de usuario para todos en la computadora nueva? El área Opciones Avanzadas permite crear nuevas cuentas en la computadora nueva y llenarlas de los archivos entrantes correspondientes. Esta área también es muy práctica para computadoras antiguas con dos o más discos, pues permite planificar los contenidos de cada disco que irán a los discos de la computadora nueva.

✔ **Personalizar:** a veces ni siquiera necesitarás esta opción. Si quieres elegir qué tipo de elementos deben ser transferidos desde cada cuenta, haz clic en el enlace Personalizar, situado bajo el nombre de cada cuenta, y que se ve en la figura 20-2. Como puede verse en la figura 20-3, aparecerá una ventana que permite excluir tipos de elementos concretos. Elimina la marca de verificación de Videos, por ejemplo, para transferir de la computadora antigua todo salvo

Figura 20-3:
En esta
ventana
emergente
puedes
decidir los
archivos
de cada
cuenta
que serán
transferidos

los videos. Tras haber personalizado la transferencia, haz clic en la pequeña X roja de la esquina superior derecha de la ventana emergente para volver a la ventana Elegir lo que se desea transferir desde este equipo.

✔ **Avanzado:** el enlace Avanzado, que puede verse en la parte inferior de la lista emergente de la figura 20-3, está dirigido a los informáticos amantes de la microgestión. Al hacer clic en él, llegarás a un árbol de archivos y carpetas. Aquí podrás elegir los archivos y carpetas individuales que quieres copiar. Es una opción excesiva para muchos usuarios, pero existe, pese a todo. Cuando hayas terminado, haz clic en el botón Guardar para volver a la ventana Elegir lo que se desea transferir desde este equipo.

Cuando hayas terminado de ajustar el proceso, haz clic en el botón Guardar para empezar a copiar a la computadora nueva con Windows 8 los archivos y ajustes que has elegido con detenimiento.

Capítulo 21

Cómo moverse en el sistema de ayuda de Windows 8

No te molestes en buscar en este capítulo el meollo del asunto. A continuación tienes las formas más rápidas para hacer que Windows 8 facilite información útil cuando no sabes por dónde ir:

   ✔ **La tecla F1:** pulsa la tecla F1 en Windows o en cualquier programa.

   ✔ **La pantalla Inicio:** escribe la palabra "ayuda" directamente en la pantalla Inicio y haz clic en Ayuda y soporte técnico.

   ✔ **El signo de interrogación:** si ves un pequeño signo de interrogación azul cerca de la esquina superior derecha de una ventana, lánzate por él con un clic rápido.

En todos los casos, Windows 8 trae su programa Ayuda y soporte, plagado de tablas, diagramas, índices e instrucciones de los pasos que tienes que seguir.

El programa Ayuda a menudo aprovecha la información actualizada de sitios web de Microsoft, por lo que la ayuda será mejor si estás conectado a internet.

Este capítulo explica cómo sacar el mejor provecho del programa Ayuda y soporte técnico de Windows.

Consultas a un experto en informática de un programa

Prácticamente todos los programas de Windows cuentan con su propio sistema de ayuda. Para concertar una cita con el experto en informática de un programa, pulsa F1 y ve a la opción Ayuda del menú o haz clic en el pequeño signo de interrogación azul que aparece en el margen.

Si quieres buscar ayuda y empezar con las preguntas directas en el Reproductor de Windows Media, por ejemplo, sigue estos pasos:

1. **Elegir Ayuda en el menú del programa y luego Ver ayuda. También puedes pulsar F1 o hacer clic en el pequeño signo de interrogación azul.**

   El programa Ayuda y soporte técnico de Windows te dirige a la página dedicada al Reproductor de Windows Media (como la de la figura 21-1). En esta página, el programa enumera los temas que provocan la mayoría de los quebraderos de cabeza.

   El cuadro de texto Buscar de la parte superior de la ventana permite buscar en el índice de la ayuda del programa. Si escribes unas cuantas palabras que describan tu duda, el programa suele buscar la página exacta que necesitas, lo que te ahorra unos cuantos pasos.

2. **Haz clic en el tema sobre el que necesitas ayuda.**

   Por ejemplo, el hacer clic en el enlace Grabar música desde un CD le dice a Windows 8 que te explique con mayor detalle cómo copiar los archivos de música de un CD en tu computadora.

3. **Haz clic en el tema secundario que te interese.**

Figura 21-1:
Elige el tema que te causa problemas en el Reproductor de Windows Media

(Captura de pantalla)

Ayuda y soporte técnico de Windows

Buscar

Inicio de la Ayuda | Explorar la Ayuda | Ponerse en contacto con el servicio de soporte técnico

Windows Media Player: Recommended links

[Esta información es preliminar y está sujeta a cambios.]

You can use Windows Media Player to find and play digital media files on your PC or network, play CDs, and stream media from the Internet. You can also rip music from audio CDs, burn CDs of your favorite music, sync media files to a portable device, and find and purchase content on the Internet through online stores.

For more info, we recommend the following links:

· Burn a CD or DVD in Windows Media Player
· Rip music from a CD in Windows Media Player
· Set up a device to sync in Windows Media Player
· Privacy Statement

¿Esto le resultó útil?

Sí   No   Un poco

Ayuda en pantalla ▾   100%

Tras describir brevemente el tema, la página Ayuda presenta varios temas secundarios: en este punto puedes averiguar cómo editar la información de los medios, como los títulos de las canciones que has copiado. No te olvides de los temas enumerados a pie de página, pues te llevan a información que podría serte útil.

4. Sigue los pasos enumerados necesarios para llevar a cabo la tarea.

Windows 8 enumera los pasos que debes seguir para llevar a cabo una tarea o solucionar un problema, lo que te libra de tener que buscar en los menús del programa que te causa problemas. Mientras echas un vistazo a los pasos, mira también debajo de ellos, ya que, a menudo, puedes encontrar consejos que te facilitarán el trabajo de ahora en adelante.

Intenta mantener la ventana Ayuda y la ventana del programa que te causa problemas una junto a la otra. Así podrás ver los pasos de la ventana Ayuda y llevarlos a cabo en el programa sin que te distraigan las dos ventanas tapándose entre sí.

Guiarse por el sistema Ayuda de Windows 8 a veces puede ser muy complicado y puede obligarte a navegar por menús cada vez más detallados para encontrar información concreta. Pese a todo, utilizar la Ayuda sirve como último recurso cuando no encuentras la información en ningún otro sitio. Y suele ser menos vergonzoso que asaltar con preguntas a los hijos adolescentes del vecino.

Si una página de ayuda en concreto te ha causado una gran impresión, imprímela. Haz clic en el ícono de la impresora (en el margen) situado en la parte superior de la página. Windows 8 manda esa página a la impresora para que la tengas a mano hasta que la pierdas.

Cómo encontrar la información necesaria en la Ayuda y soporte técnico de Windows

Cuando no sepas por dónde empezar, abre la Ayuda y soporte técnico de Windows y comienza a buscar desde arriba.

Para abrir el programa desde la pantalla Inicio, escribe la palabra "ayuda". En cuanto empiezas a escribir la palabra, la pantalla Inicio se queda en blanco al instante y comienza a mostrar los nombres de las aplicaciones que coincidan. Cuando aparezcan las palabras "Ayuda y soporte técnico", haz clic o toca las palabras para abrir el programa. La ventana Ayuda y soporte técnico aparecerá en pantalla, como puede verse en la figura 21-2.

El programa cuenta con tres secciones:

✔ **Introducción:** esta sección sirve de introducción al nuevo y confuso Windows 8 y, además, explica cómo llevar a cabo las tareas básicas: cómo usar el ratón y el teclado, cómo manejar los dedos en una tableta táctil, cómo instalar programas o cómo añadir nuevos dispositivos e impresoras a la computadora.

✔ **Internet y redes:** esta sección abarca el tema de las conexiones en concreto: cómo conectarse a internet y a otras computadoras mediante una red.

✔ **Seguridad, privacidad y cuentas:** Windows, que constantemente intenta ser más seguro, explica cómo crear contraseñas seguras y evitar los virus y demás *malware*.

La Ayuda y soporte técnico de Windows funciona casi igual que una carpeta o un sitio web. Si quieres retroceder a la página anterior, haz clic en la flechita que apunta hacia atrás en la esquina superior izquierda. Esta flecha te servirá para salir si te has equivocado de camino.

Figura 21-2:
La ventana
Ayuda y
soporte
técnico
proporciona
asisten-
cia para
Windows y
tu compu-
tadora

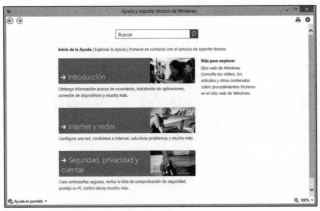

Cómo abrir los solucionadores de problemas de Windows

Cuando algo no funciona como debería, la sección Resolución del centro de Ayuda y soporte técnico de Windows puede sacarte del apuro. A veces aparece en forma de índice y reduce el alcance de tus problemas a un solo botón que los soluciona. Después, muestra el botón en la página Ayuda para que resuelvas tus problemas con un solo clic.

Otras veces, te pregunta sobre el problema y va reduciendo la lista de sospechosos hasta que encuentra al culpable (y el botón mágico que resuelve la situación).

Por desgracia, a veces no existe ese botón mágico. Si la señal inalámbrica de internet no es lo bastante potente, por ejemplo, el Solucionador de problemas te indica que te levantes y acerques la computadora portátil al transmisor.

Para abrir los solucionadores de problemas, sigue estos pasos:

1. **Haz clic con el botón derecho en el ícono del Centro de actividades de la barra de tareas del escritorio y elige Solucionar un problema.**

   La ventana Solución de problemas, que puede verse en la figura 21-3, puede hacer frente a un amplio abanico de cuestiones, de las generales a las específicas.

2. **Haz clic en el tema que te causa el problema.**

   La ventana cubre cuatro temas que imitan a sus equivalentes del Panel de Control, al que dedico el capítulo 12:

Figura 21-3:
Los programas solucionadores de problemas ayudan a resolver un gran abanico de cuestiones

- **Programas:** esta sección te guía para ejecutar programas antiguos que se negaron a funcionar en un principio en Windows 8. También echa un vistazo al explorador web e intenta solucionar los problemas que encuentra.

- **Hardware y sonido:** esta área muestra cómo identificar los problemas relacionados con los controladores, que son la causa más importante de las discusiones entre Windows 8 y los objetos que tienes conectados a la computadora o en su interior. También ayuda a identificar problemas con la impresora, los altavoces o el micrófono.

- **Redes e Internet:** acude a esta sección para buscar ayuda sobre las conexiones a internet, así como sobre los problemas habituales que se producen al conectar dos o más computadoras en una misma casa.

- **Sistema y seguridad:** esta sección, que es un cajón de sastre que contiene todos los demás elementos, ofrece ayuda con respecto a la seguridad y a mejorar el rendimiento de la computadora.

Haz clic en un tema y Windows 8 te llevará volando a la página que trata los problemas más comunes sobre ese tema. Ve haciendo clic en los temas secundarios hasta que encuentres el relacionado con tu problema en concreto.

3. Sigue los pasos recomendados.

A menudo te toparás con pasos numerados que solucionan el problema. Síguelos de uno en uno para acabar con el problema.

Cuando haces clic con el botón derecho en un ícono rebelde, es probable que veas la opción Solucionar un problema en una lista del menú emergente. Haz clic si quieres buscar el solucionador de problemas de ese elemento en concreto, lo que te ahorrará algo de tiempo.

En la parte inferior de la ventana, comprueba que marcas la casilla llamada Obtener los solucionadores de problemas más actualizados del Solucionador de problemas en línea de Windows. Esta función permite a Microsoft navegar por internet en busca de cualquier solucionador desarrollado recientemente para reforzar el arsenal de solucionadores de problemas de tu computadora.

Igual que con muchas secciones del sistema Ayuda de Windows, hay que conectarse a internet para ejecutar algunos de los solucionadores.

Parte VII
Los diez malditos

The 5th Wave — Rich Tennant

¡VAYA! CREÍA QUE LA IMAGEN DEL ESCRITORIO
SOLO SE APLICABA A LA PANTALLA.

En esta parte...

*N*ingún libro *Para Dummies* está completo sin su sección "Los diez malditos": listas con trocitos de información fáciles de leer. Por supuesto, las listas no siempre contienen diez puntos, pero ya sabes a qué me refiero.

La primera lista explica diez cosas que odiarás por completo del Windows 8 (seguidas de diez cosas para solventarlas).

La segunda lista contiene trucos exclusivos para los dueños de tabletas y portátiles. Por ejemplo, explica cómo cambiar el comportamiento de la computadora portátil cuando cierras la tapa, además de contarte cómo puedes activar o desactivar el modo avión cuando estés de viaje.

También he añadido instrucciones, paso a paso, para tareas que los dueños de computadoras portátiles repiten constantemente: iniciar sesión en redes inalámbricas y fijar el reloj para una franja horaria nueva.

Capítulo 22

Diez cosas que odiarás de Windows 8 (y cómo solucionarlas)

. . . .

En este capítulo

▶ Cómo evitar la pantalla Inicio

▶ Cómo evitar el escritorio

▶ Cómo parar las pantallas sobre permisos

▶ Cómo encontrar los menús de Windows 8

▶ Cómo hacer capturas de pantalla

▶ Cómo averiguar la versión de Windows que tienes

. . . .

*P*uede que pienses que Windows 8 sería perfecto si… (pon aquí tu queja).

Si piensas (o dices) estas palabras a menudo, lee este capítulo. En él no solo encontrarás una lista de diez o más de las cosas más molestas de Windows 8, sino también formas para solucionarlas.

¡Quiero evitar la pantalla Inicio!

Si piensas que la misteriosa y nueva pantalla Inicio es más llamativa que útil, en este capítulo encontrarás el modo de evitarla. Esta sección explica cómo permanecer en el escritorio lo máximo posible.

Cómo devolver el botón Inicio

Incluso antes de la llegada a las tiendas de Windows 8, algunos artesanos comenzaron a crear formas de devolver el botón Inicio y su menú a la barra de tareas del escritorio, con lo que evitaron, de un modo práctico, la pantalla Inicio.

Si buscas en Google "**botón Inicio Windows 8**", verás varios programas, incluido Lee-Soft's ViSoft (`http://lee-soft.com/visoft`). Como puede verse en la figura 22-1, el programa recupera el botón y el menú Inicio en Windows 8. Pese a ello, el programa mantiene la pantalla Inicio en su sitio, en caso de que tengas que volver a visitar esa tierra desconocida.

Si quieres lo mejor de los dos sitios —escritorio y apps—, prueba Start8 de StarDock (`www.stardock.com/products/start8`). Start8 devuelve el botón Inicio a su posición habitual. No obstante, al hacer clic en el botón Inicio, se abrirá la pantalla Inicio mostrando los íconos para todos tus programas y apps.

En el capítulo 3, en la sección que muestra cómo hacer que los programas sean más fáciles de encontrar, describo otras formas de evitar la pantalla Inicio.

Figura 22-1:
Varios programas y apps de Windows 8 devuelven el botón y el menú Inicio a la barra de tareas

Cómo saber cuándo reaparece la pantalla Inicio inesperadamente

La pantalla Inicio y el escritorio no son entidades independientes. No, pues los dos mundos se interrelacionan y un clic equivocado en el escritorio te lleva a las esquinas rectas de los mosaicos de la pantalla Inicio.

Por lo tanto, da igual cuántas tácticas para evitar la pantalla Inicio pongas en práctica, ya que, incluso así, volverás a la pantalla Inicio cuando realices una de las siguientes acciones:

✔ **Añadir cuentas de usuario.** El Panel de control del escritorio permite gestionar una cuenta de usuario. Puedes elegir que la cuenta de usuario sea Normal o de Administrador, cambiarle el nombre o, incluso, eliminarla completamente. En cambio, si tienes que añadir una cuenta de usuario —o, incluso, cambiar la imagen de tu propia cuenta—, te dejarán en la pantalla Configuración de PC de la pantalla Inicio para llevar a cabo la tarea.

✔ **Reproducir un archivo de música o ver una foto.** Windows 8 se configura automáticamente para utilizar las apps Música y Fotos de la pantalla Inicio. Abre una foto o un archivo MP3 en el escritorio y volverás a la tierra de la pantalla Inicio (en el capítulo 16, en la sección que trata sobre devolver la función de reproducir música al Reproductor de Windows Media, explico cómo solucionarlo. En el capítulo 17 explico cómo reasignar la parte de las fotos al Visualizador de fotos de Windows).

✔ **Iniciar la resolución de problemas.** A pesar de que la pantalla Inicio se especializa en tareas sencillas, también cuenta con dos de las más potentes herramientas de resolución de problemas de Windows 8: Restaurar y Quitar todo. Estas dos herramientas, descritas en el capítulo 18, suponen la panacea desesperada para computadoras achacosas. Sin embargo, no podrás acceder a estas herramientas desde el escritorio de ninguna forma.

En pocas palabras, incluso aunque vuelva a aparecer el botón Inicio en el escritorio, no impedirás que te dejen en la tierra de la pantalla Inicio. Disponte a estas inevitables excursiones ocasionales.

Quiero evitar el Escritorio

En una tableta con pantalla táctil, resulta tentador permanecer en la pantalla Inicio con sus mosaicos del tamaño de un dedo y sus íconos fáciles de tocar. Los usuarios de *smartphones* han disfrutado del estilo de vida de las apps durante años. Las apps de fácil descarga sirven de ayuda en prácticamente cualquier ámbito, desde la observación de pájaros a la reparación de coches.

El tamaño portátil y la gran pantalla de la tableta facilitan la lectura de libros, periódicos y revistas digitales. Y, además, puedes navegar por tus sitios web favoritos alejado de tu mesa de trabajo.

Sin embargo, permanecer acurrucado en el mundo de las apps de la pantalla Inicio puede resultar más complicado de lo que parece. Da igual cuánto intentes evitar el escritorio y sus controles del tamaño de una chincheta, pues acabarás en él siempre que lleves a cabo alguna de las siguientes acciones desde la pantalla Inicio:

✔ **Hacer clic en el mosaico Escritorio.** Esta app te lleva directamente a la zona del escritorio. Si quieres ocultar este u otro mosaico en la pantalla Inicio, haz un clic con el botón derecho en la app en cuestión para que aparezca la barra App y haz clic en el ícono Desanclar de inicio, que puede verse en el margen.

✔ **Explorar archivos.** La pantalla Inicio no es lo bastante sofisticada como para explorar tus archivos. En cuanto conectes una unidad USB o un disco duro portátil, el Explorador de archivos del escritorio saltará a la pantalla para encargarse del trabajo.

✔ **Gestionar una cuenta de usuario.** Puedes crear nuevas cuentas en la pantalla Inicio pero, para eliminar o cambiar una cuenta de usuario existente, necesitas el Panel de control del escritorio, que se trata en el capítulo 12.

✔ **Ver videos en Flash.** La versión de Internet Explorer de la pantalla Inicio abre la mayoría de sitios web correctamente. Pero en algunos sitios web no puede reproducir videos que emplean la tecnología Adobe Flash. Si no se puede reproducir un video, haz clic en una parte vacía del sitio web para mostrar la barra App. A continuación, haz clic en el ícono Herramientas de página (que puede verse en el margen) y elige la opción Ver en el escritorio. Aparecerá el Internet Explorer del escritorio para realizar la tarea.

✔ **Gestionar los dispositivos.** La pantalla Configuración enumera todos los dispositivos conectados a la computadora, desde impresoras a discos duros portátiles pasando por ratones. No obstante, solo mostrará los nombres. Si quieres cambiar la configuración de alguno de estos dispositivos, tendrás que visitar el Panel de control.

✔ **Gestionar archivos.** Puedes acceder a tus fotos y archivos de música desde las apps Fotos y Música de la pantalla Inicio, respectivamente. Aunque para cambiar esos archivos de cualquier forma (renombrar un archivo o carpeta, por ejemplo), se necesita visitar el escritorio. Allí llegarás cuando busques la fecha en que capturaste una foto, por ejemplo.

En pocas palabras, la pantalla Inicio funciona correctamente en tareas informáticas sencillas. En cambio, en lo que se refiere a ajustes de la configuración de la computadora, tareas de mantenimiento o incluso explorar archivos, tendrás que volver al escritorio.

Si ves que no queda más remedio que volver al escritorio para llevar a cabo ciertas tareas, visita con frecuencia la Tienda de Windows para buscar una app que pueda realizar la misma función. Microsoft nutre la tienda de más apps cada día. A medida que las apps se encargan de más funciones, visitarás el escritorio con cada vez menos frecuencia.

En cambio, hasta que las apps se pongan a la altura del escritorio, a los usuarios de tabletas tal vez les gustaría añadir un ratón Bluetooth portátil (que se describe en el capítulo 12) a su lista de la compra de cachivaches para realizar esas visitas inevitables al escritorio.

Windows me hace iniciar sesión constantemente

Windows 8, preocupado por la energía, suele poner la pantalla en blanco cuando no has tocado ninguna tecla durante unos minutos. Además, cuando pulsas una tecla con retraso para resucitar la pantalla, te enfrentas a una pantalla de bloqueo.

Para ir más allá de la pantalla de bloqueo, tendrás que escribir tu contraseña para volver a iniciar sesión en tu cuenta.

Algunos usuarios prefieren ese nivel añadido de protección. Si la pantalla de bloqueo aparece mientras pasas un largo rato en la máquina del café, estás protegido: nadie puede ir y fisgonear tu correo electrónico.

Otros usuarios no necesitan esa seguridad añadida y únicamente quieren volver rápido al trabajo. A continuación, tienes cómo acomodarte a los dos campos:

Si no quieres volver a ver nunca la pantalla de bloqueo, usa una única cuenta de usuario sin contraseña, como describo en el capítulo 14. Así se derrota toda la seguridad garantizada por el sistema de cuentas de usuario, pero es más práctico si vives solo.

Si quieres impedir que Windows solicite una contraseña cada vez que se despierte, sigue estos pasos:

1. **Haz clic con el botón derecho en la esquina inferior izquierda de la pantalla y elige Panel de control**

2. **En el Panel de control, haz clic en Sistema y seguridad y, después, en Opciones de energía.**

3. **En el borde izquierdo de la pantalla, haz clic en Requerir contraseña al reactivarse.**

   Cuando aparezca la ventana, la mayoría de las opciones estarán en color gris (no se puede acceder a ellas).

4. **Elige la opción Cambiar la configuración actualmente no disponible.**

5. **Elige la opción No requerir contraseña y haz clic en el botón Guardar cambios.**

Así te quedará un Windows más sencillo. Cuando la computadora despierte de la suspensión, estarás en el mismo sitio en que te quedaste cuando paraste de trabajar y no tendrás que volver a escribir la contraseña nunca más.

Por desgracia, te quedará un Windows menos seguro. Cualquiera que se acerque a la computadora podrá acceder a tus archivos.

Si quieres volver al Windows más seguro pero menos simpático, sigue los mismos pasos, pero, en el paso 5, elige la opción Requerir contraseña (recomendado). A continuación, pulsa el botón Guardar cambios.

La barra de tareas desaparece constantemente

La barra de tareas es una característica práctica de Windows 8 que normalmente ocupa la parte inferior del escritorio. A veces, por desgracia, desaparece y se pierde en el bosque. A continuación tienes unos pasos para buscarla y traerla de vuelta a casa.

Si la barra de tareas se aferra a un lateral de la pantalla —o incluso al techo— prueba a arrastrarla de vuelta a su sitio: en vez de arrastrar un borde, coge la barra de tareas entera del medio. Cuando el puntero del ratón llega a la parte inferior de la pantalla, la barra de tareas vuelve de repente a su sitio. Suelta el ratón y la habrás recapturado.

Sigue estos consejos si quieres evitar que la barra de tareas se vaya de paseo:

✔ Si quieres mantener la barra de tareas bloqueada en su sitio para que no se vaya volando, haz un clic con el botón derecho en una parte vacía de la barra de tareas y elige la opción Bloquear la barra de tareas. Sin embargo, recuerda que, antes de poder hacer cambios en la barra de tareas en el futuro, tienes que desbloquearla primero.

✔ Si pierdes de vista la barra de tareas cuando el puntero del ratón no flote cerca, desactiva la característica Ocultar automáticamente la barra de tareas. Haz clic con el botón derecho en una parte vacía de la barra de tareas y elige la opción Propiedades en el menú emergente. Cuando aparezca el cuadro de diálogo Propiedades de la barra de tareas, desmarca la casilla Ocultar automáticamente la barra de tareas (o, si quieres activar esa característica, elige la casilla).

No puedo alinear dos ventanas en la pantalla

Windows, empleando su arsenal de herramientas de arrastrar y soltar, simplifica la tarea de tomar información de una ventana y copiarla a otra. Por ejemplo, puedes arrastrar la dirección de una libreta de direcciones y soltarla en la parte superior de una carta en el procesador de palabras.

Sin embargo, lo más complicado de arrastrar y soltar llega cuando, para arrastrar, colocas dos ventanas en la pantalla, una al lado de la otra.

Windows 8 cuenta con una forma sencilla de colocar ventanas de forma paralela para arrastrar y soltar sin complicaciones:

1. **Arrastra una ventana hacia el borde izquierdo o derecho.**

   Cuando el puntero del ratón toque el borde de la pantalla, la ventana cambiará de tamaño para ocupar la mitad de pantalla.

2. **Arrastra la otra ventana hacia el borde opuesto.**

   Cuando el puntero del ratón llegue al borde opuesto, las dos ventanas quedarán alineadas, una junto a la otra.

También puedes minimizar todas las ventanas menos las dos que quieres alinear una junto a la otra. A continuación, haz un clic con el botón derecho en la barra de tareas y elige la opción Mostrar ventanas en paralelo. Las dos ventanas quedarán perfectamente alineadas en pantalla.

Prueba ambos métodos para descubrir cuál se ajusta a tus necesidades.

No puedo hacer algo, salvo que sea administrador

Windows 8 se pone tremendamente quisquilloso sobre quién hace qué en la computadora. El dueño de la computadora recibe la cuenta de Administrador. Y es el administrador quien normalmente da al resto de usuarios una cuenta Normal. ¿Y eso qué significa? Que solo el administrador puede llevar a cabo las siguientes tareas en la computadora:

✔ instalar programas y hardware;

✔ crear y cambiar cuentas para otros usuarios;

✔ abrir una conexión a internet;

✔ instalar determinado hardware, como cámaras digitales y reproductores MP3;

✔ realizar acciones que afecten a otros usuarios de la computadora.

Los usuarios con una cuenta Normal solo pueden hacer actividades bastante básicas de forma predeterminada. Esto es lo que pueden hacer:

✔ abrir programas instalados previamente;

✔ cambiar la imagen y contraseña de la cuenta.

Las cuentas de invitado están pensadas para niñeras o visitantes que no utilizan siempre la computadora. Si dispones de una conexión de banda ancha o de otra cuenta de internet "siempre activa", los invitados pueden navegar por internet, ejecutar programas o comprobar el correo electrónico (las cuentas de invitado no pueden comenzar una sesión de internet, pero sí utilizar una existente).

Si Windows te indica que solo un administrador puede llevar algo a cabo en la computadora, tienes dos opciones: pedirle a un administrador que escriba su contraseña y autorizar esa acción o convencer a un administrador para que actualice tu cuenta a una cuenta de Administrador, como se describe en el capítulo 14.

No sé qué versión de Windows tengo

Desde noviembre de 1985, Windows ha sido comercializado en más de una docena de versiones diferentes. ¿Cómo puedes saber qué versión es la que tienes instalada en la computadora?

Haz un clic con el botón derecho en la esquina inferior izquierda de cualquier pantalla. Cuando aparezca el menú emergente, elige Sistema. Cuando aparezca la ventana Sistema, busca cerca de la parte superior para averiguar qué versión de Windows 8 tienes: Windows 8 (para consumidores), Windows Pro (para pequeñas empresas), Enterprise (para grandes empresas) o Windows RT.

En el capítulo 1 describo las diferentes versiones de Windows.

La tecla Imprimir pantalla no funciona

A pesar de su nombre, la tecla Imprimir pantalla no envía una foto de tu pantalla a la impresora. En cambio, la tecla Imprimir pantalla (normalmente abreviada como Impr Pant) envía la foto de la pantalla a la memoria de Windows 8.

Llegados a este punto, puedes pegarla en un programa de tratamiento de imágenes, como Paint, y permitir que dicho programa envíe la foto a la impresora.

Sin embargo, Windows 8 cuenta con una nueva característica: si quieres capturar una imagen de toda la pantalla y guardarla como un archivo, pulsa ▣ + Impr Pant.

Así le indicarás a Windows que capture una foto de la pantalla actual y la guarde en la biblioteca Imágenes con el nombre "Capturas de pantalla" (si te interesa, Windows guarda esas imágenes en formato PNG y también captura el puntero del ratón). Las capturas de pantalla que le sigan serán guardadas con un número tras el nombre, como Captura de pantalla (2) y Captura de pantalla (3).

Cuando las hayas guardado, puedes enviar una captura de pantalla a la impresora con solo hacer clic con el botón derecho y pulsar Imprimir en el menú emergente.

Capítulo 23

Unos diez consejos para usuarios de tabletas y portátiles

*L*a mayor parte de este libro puede aplicarse tanto a los equipos de escritorio como a los portátiles y las tabletas. Windows 8 cuenta con una serie de funciones exclusivas para los usuarios de dispositivos portátiles, las cuales trato en este capítulo. También incluyo unos cuantos trucos y referencias rápidas para que este capítulo sea de utilidad a los usuarios de portátiles que buscan información con prisa.

Cómo cambiar al modo avión

A muchas personas les gusta trabajar con sus tabletas o portátiles durante un vuelo largo. Los dispositivos portátiles son estupendos para ver películas, entretenerse con juegos o ponerse al día con el trabajo.

Sin embargo, la mayoría de las aerolíneas obligan a desactivar la conexión inalámbrica durante el vuelo, lo que se conoce en la jerga de los aeropuertos como "modo avión".

Si quieres activar el modo de avión en una portátil o tableta, sigue estos pasos:

1. **Abre la barra Charms y haz clic en el ícono Configuración.**

   Si estás en una portátil, pulsa 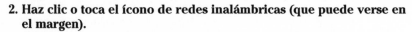 + I. Si tienes una pantalla táctil, desliza el dedo hacia dentro desde el borde derecho de la pantalla y toca el ícono Configuración (que puede verse en el margen).

   Aparecerá el panel de configuración.

2. **Haz clic o toca el ícono de redes inalámbricas (que puede verse en el margen).**

   Arrastra o desliza el interruptor del modo avión a Activado, como puede verse en la figura 23-1.

   La computadora se quedará en modo avión al instante y se apagará el radio inalámbrico de la computadora portátil.

Para desactivar el modo avión y volver a conectarte a internet, repite los pasos anteriores.

El modo avión no solo hace que la tableta y la portátil estén de acuerdo con las normas de seguridad de las aerolíneas, sino que también preserva la duración de la batería. Puedes poner la computadora en modo avión siempre que quieras, incluso cuando no estés dentro de un avión.

El modo avión no únicamente desconecta la conexión inalámbrica de la portátil, sino también el mecanismo móvil en caso de tener contratado un plan de datos móviles. Es una forma muy cómoda de apagar toda la actividad del radio de la computadora con solo pulsar un interruptor.

Figura 23-1: Arrastra o desliza el interruptor del Modo de avión a la posición Activado para activarlo durante el vuelo

Cómo conectarse a una red inalámbrica

Cada vez que te conectas a una red inalámbrica, Windows 8 guarda su configuración para que puedas volver a conectarte la siguiente vez. No obstante, la primera vez que intentes acceder a una red, tendrás que indicarle a la computadora que se tiene que conectar.

En el capítulo 15 explico las conexiones con mayor detalle, pero, a modo de referencia rápida, tendrás que seguir estos pasos:

1. **Si es preciso, enciende el adaptador inalámbrico de la portátil.**

   Algunas portátiles cuentan con un interruptor manual en algún lugar de la carcasa, mientras que otras lo mantienen encendido en todo momento (si tu computadora está en modo avión, apágala como se describe en la sección anterior).

2. **En el escritorio, haz clic en el ícono de redes de la barra de tareas, que puede verse en el margen (en la pantalla Inicio, busca la barra Charms, haz clic en el ícono Configuración y después en el ícono Redes).**

   Windows 8 enumera todas las redes inalámbricas que se encuentran a su alcance.

3. **Conéctate a una red inalámbrica con solo escribir su nombre y hacer clic en el botón Conectar.**

   En muchas ocasiones, basta con hacer clic en Conectar para que la portátil se conecte a internet al instante. Pero si la portátil pide más información, ve al paso 4.

Nunca te conectes a redes inalámbricas señaladas como conexiones ad hoc. Normalmente, los ladrones de datos preparan este tipo de redes con la esperanza de cazar a visitantes incautos.

4. **Escribe el nombre de la red inalámbrica y la contraseña o clave de seguridad, si es necesario.**

   Algunas redes privadas no difunden su nombre, por lo que Windows las señala como redes sin nombre. Si ves esa denominación o si Windows solicita la contraseña de la red, consulta al propietario de la red y pídele el nombre de la red y la clave de seguridad o la contraseña para poder acceder a ella.

   Al hacer clic en el botón Conectar, Windows 8 anuncia que se ha conectado correctamente. Asegúrate de marcar las dos casillas, Guardar esta red e Iniciar esta red automáticamente, para que te sea más fácil conectarte la siguiente vez que la red esté dentro del alcance.

Cómo cambiar la orientación de la pantalla de una tableta

Muchas tabletas de Windows han sido diseñadas para sujetarse en forma horizontal. Pero si las cambias de lado, giran automáticamente para que tu trabajo quede al derecho.

Por ejemplo, si giras la tableta en vertical, el escritorio se volverá estrecho y alargado.

La rotación automática es muy práctica cuando, por ejemplo, estás leyendo un libro digital, ya que las páginas, más finas y alargadas, se parecen más a las de un libro impreso. Sin embargo, si la pantalla gira de forma inesperada, la rotación automática se convierte en un estorbo.

Muchas tabletas cuentan con un botón en un borde que bloquea la rotación (dicho botón suele estar cerca del botón de encendido, por alguna razón). Al pulsar ese botón, se bloquea la pantalla o se le permite girar automáticamente.

Si tu tableta no tiene ese botón o no puedes encontrarlo, puedes activar la rotación automática directamente desde el escritorio de la siguiente forma:

1. **En la pantalla Inicio, haz clic en el mosaico Escritorio.**

2. **Haz clic con el botón derecho en un espacio en blanco del fondo de pantalla y elige Resolución de pantalla.**

3. **Busca la casilla con el texto Permitir rotación automática de la pantalla.**

   Cuando la marca de verificación se encuentra visible, Windows permite que la pantalla gire automáticamente para que siempre esté al derecho. Si quitas la marca de verificación, la pantalla se quedará en la posición actual, por mucho que muevas la tableta.

Repite estos pasos para activar o desactivar la rotación automática.

Cómo elegir qué hará la computadora portátil al cerrar la tapa

Cuando cierras la tapa de la portátil, significa que has parado de trabajar, pero, ¿por cuánto tiempo? ¿Durante la noche? ¿Hasta que salgas del metro? ¿Durante la larga hora de la comida? Windows 8 permite personalizar cómo quieres que se comporte el portátil cuando cierres la tapa.

Si quieres configurarla a tu gusto, sigue estos pasos:

1. **En el escritorio, haz un clic con el botón derecho en la esquina inferior izquierda de la pantalla y elige Panel de control en el menú emergente.**

2. **Haz clic en Sistema y seguridad, luego en Opciones de energía y por último, en el panel de la izquierda, en la opción Elegir el comportamiento del cierre de la tapa.**

   Como puede verse en la figura 23-2, Windows 8 cuenta con cuatro opciones para el cierre de la tapa según si la portátil esté enchufada a la corriente eléctrica o funcionando con la batería: No hacer nada, Suspender, Hibernar y Apagar.

   En general, elige Hibernar, ya que deja a la portátil en un estado de reposo con bajo consumo de energía, lo que permite reactivarla rápidamente para que puedas empezar a trabajar sin demora. Pero si vas a dejar la portátil sin usar toda la tarde, suele ser mejor apagarla. Así preservas la duración de la batería y, si la enchufas durante la noche, la batería del cargador estará completamente cargada cuando te despiertes.

Figura 23-2:
Cambia el comportamiento de la portátil según esté conectada a la corriente eléctrica o funcionando con la batería

Además, puedes elegir si la computadora debe pedir que escribas una contraseña al volver a encenderla (es recomendable poner una contraseña).

3. **Haz clic en el botón Guardar cambios para que los cambios sean permanentes.**

Cómo ajustar los equipos a diferentes ubicaciones

Los equipos de escritorio nunca se mueven de este, lo que facilita llevar a cabo algunos ajustes. Tan solo tienes que indicar tu ubicación una sola vez, por ejemplo, y Windows 8 configurará de forma automática la zona horaria, el símbolo de la divisa y otras cosas que cambian según el lugar del mundo.

Sin embargo, las ventajas de la movilidad de una tableta o una portátil se ven ensombrecidas por la agonía de tener que indicar al aparato dónde se encuentra exactamente. Esta sección proporciona los pasos necesarios para cambiar la ubicación a otra diferente.

Sigue los pasos para indicar a la portátil que estás en otra zona horaria:

1. **En el escritorio, haz clic en la esquina inferior derecha de la barra de herramientas.**

   En una ventanita aparecerán un calendario y un reloj.

2. **Haz clic en Cambiar la configuración de fecha y hora.**

   Aparecerá el cuadro de diálogo Fecha y hora.

3. **Haz clic en el botón Cambiar zona horaria, indica la zona horaria en la que te encuentras en la lista desplegable Zona horaria y haz clic en Aceptar dos veces.**

Si sueles viajar de una zona horaria a otra a menudo, sácale provecho a la pestaña Relojes adicionales en el paso 3, donde puedes añadir un segundo reloj. Para ver rápidamente qué hora es en Caracas, tan solo señala con el puntero de ratón sobre el reloj de la barra de tareas. Aparecerá un menú emergente que indica la hora local de tu zona y la de la otra ubicación que has añadido.

Cómo proteger la portátil antes de un viaje

En el capítulo 13 enseño a crear copias de seguridad de las computadoras de escritorio (que se lleva a cabo del mismo modo que con las portátiles). Por lo que más quieras, recuerda proteger la portátil antes de irte de casa o de la oficina. Los ladrones roban muchas más portátiles que computadoras de escritorio. Siempre puedes sustituir una portátil, pero no los datos que contiene.

Deja la información con copia de seguridad en casa y no en la bolsa de la portátil.

Índice

· ·

Nota: Como ya hemos dicho en la introducción, las referencias a programas, apps, menús, bibliotecas y carpetas se marcan con mayúscula inicial para distinguirlas de las acciones propiamente dichas. Las cursivas se utilizan únicamente en los términos ingleses que tienen un uso restringido en el campo de la informática. El resto de los términos de procedencia inglesa hemos optado por dejarlos en redonda, aunque no hayan sido aceptados todavía por la RAE, dado su uso constante.